KB180404

한국 방언의 지리적 분포와 변화

저자 김경숙(金京淑)

대구에서 출생하였으며 경북대학교 인문대학 국어국문학과 문학사, 동 대학원
문학석사 및 문학박사 학위를 취득하였다. 방언 음운론을 전공하며 현재 경북대
학교 국어국문학과에 출강하고 있다. 저서로는『글쓰기의 실제와 해설』,『사회
언어학적 조사와 연구 방법』(공역)이 있으며,「어중 [－＊g－], [－＊b－], [－＊z－]의
분화에 관한 지리언어학적 연구」,「방언 연구의 최근 동향과 과제」,「한국 방언
의 지리적 분포와 변화 연구」 등의 논문이 있다.

한국 방언의 지리적 분포와 변화

초판 인쇄 2015년 6월 18일
초판 발행 2015년 6월 28일

지은이 김경숙
펴낸이 이대현
편 집 권분옥
펴낸곳 도서출판 역락
　　　　서울시 서초구 동광로 46길 6-6 문창빌딩 2층
　　　　전화 02-3409-2058(영업부), 2060(편집부)
　　　　팩시밀리 02-3409-2059
　　　　이메일 youkrack@hanmail.net
　　　　역락블로그 http://blog.naver.com/youkrack3888
　　　　등록 1999년 4월 19일 제303-2002-000014호

ISBN 979-11-5686-193-5 93710
정 가 40,000원

이 도서의 국립중앙도서관 출판예정도서목록(CIP)은 서지정보유통지원시스템 홈페이지(http://seoji.nl.go.kr)와 국
가자료공동목록시스템(http://www.nl.go.kr/kolisnet)에서 이용하실 수 있습니다.(CIP제어번호: CIP2015014320)

한국 방언의 지리적 분포와 변화

김 경 숙

역락

머리말

　지리언어학에 눈뜨기 시작할 무렵, 미국 스탠포드 대학교 도서관에서 빛바랜 질리에롱의 언어지도 관련 논저들을 만났을 때의 감격을 지금도 잊을 수가 없다. 역사적 흔적들인 방언 자료를 정리하고 이를 지도로 제작하던 그의 모습이 낡은 책 위에 오버랩 되는 순간, 한 동안 걸음을 뗄 수가 없었다. 서가에 꽂힌 세계 각국의 방언학과 관련된 수많은 논문과 저서들을 보면서, 우리의 방언학에 대한 현주소를 돌아보게 되었다. 인위적인 표준어 틀에 갇혀 생생하게 살아 있는 지역어를 사투리라는 굴레를 씌워, 버려야 할 언어로 치부해 역사의 뒤안길로 사장시키면서, 관심을 갖지 않으려는 오늘날 중앙의 국어 입안자들이나 일부 학자들에 대해 안타까움을 지울 수 없다.

　1897~1901년대 자전거를 타고 프랑스 전국을 누비며 방언 조사를 했던 질리에롱과 그의 조사원 에드몽, 1910~1920년대 말을 타고 백두산에서 한라산까지 방언 조사를 했던 오구라 신페이의 열정이 없었다면, 100여 년의 세월이 흐른 지금 역사적 진실을 확인할 길이 없을 것이다. 방언 조사를 비롯한 데이터베이스 구축, 언어지도 작성 등은 개인이 연구하기에는 엄청난 비용과 시간, 노력 등이 요구되는 지난하고도 고된 작업으로 엄두조차 내기 어렵다. 따라서 많은 선진국에서는 국가적인 정책 사업으로 방언 자료를 전국적인 단위로 수집 · 정리 · 연구하고 있다. 방언에 대한 끊임없는 애정과 관심을 갖고 오늘날까지 지속적으로 조사 · 연구하고 있는 그들의 모습에서 문화국가로서의 자부심과 긍지를 읽게 되어 한편 부럽기 그지없다.

방언 자료는 대중들의 일상적인 삶과 역사를 간직한 소중한 문화적 자산이요, 중요한 사료가 된다. 언어는 끊임없이 변화한다. 변화하면서 그 어딘가에 흔적을 반드시 남기기도 하지만, 순간 자취를 완전히 감추기도 한다. 오구라 신페이 자료집에는 한 도내(道內) 전체에서 보이던 언어가 정신문화연구원 간행 자료집에는 전혀 보이지 않는가 하면, 그 반대 현상이 나타나기도 한다. 이들 중 어느 한 자료집이 존재하지 않았다면, 분명 잘못된 방언 연구나 역사적 결과를 도출하는 우를 범하게 되었을 것이다. 이처럼 시간의 흐름에 따른 지리적 분포의 확산과 변화 속에 나타나는 방언 자료는 국어사나 문화변용 연구에 중요한 근거를 제시해 준다. 방언 자료의 중요성을 다시 한 번 더 강조하지 않을 수 없다.

이 책은 2014년 6월 경북대학교 박사학위 논문으로 제출하였던 '한국 방언의 지리적 분포와 변화 연구'를 약간 수정·보완한 것이다. 몇 가지 눈에 띄는 문제점을 고치고 약간의 설명을 보탠 것을 제외하고는 발표 때의 모습 그대로이다. 남한이 중심이 되긴 하였지만, 필요에 따라 한반도 전체를 대상으로 하여, 자료 정리와 분류, 언어지도 작성, 방언 구획 확인, 체계적인 의미 해석 등이 이루어졌다. 문제점에 대한 보완과 보다 깊이 있는 연구는 후일을 기약하도록 하고 여기서 일단 세상에 드러내고자 한다. 이 책을 집필하면서 저자는 방언 자료의 귀중함을 거듭 알게 되었고, 나아가 국어사 해석의 새로운 문제점을 발견하게 된 점에서 의미 있는 논의였다고 자부한다. 결코 방언 연구는 구태의연한 시대착오적인 학문이 아니라, 우리들이 꾸준히 관심을 갖고 연구해야 할 미래지향적인 학문임을 거듭 강조하고 싶다.

이 책은 현장시간 상 약 100여 년의 시간차를 보이는 오구라 자료집과 정문연 자료집 간 방언형의 지리적 분포와 그 변화 추이를 비교·분석하는 데 목적이 있다. 그 결과 기존의 음운변화 규칙으로 설명되지 않은 많은 예외적인 현상들에 대한 해결책으로서의 설명적 타당성을 일정부분 확보하게 되었다. 이를 위하여 남한의 137개 군 지역에서 조사된 150여 개 음운현상과 관련된 어휘를 대상으로 80여 쌍의 언어지도를 제작하고 이를 상호 비교·해석하였다. 언어지도 해석은 크게 2가지 관점에서 이루어졌다. 하나는 어휘의 공간적 확산 이론에 바탕을 둔 지리언어학적 관점이요, 다른 하나는 형태음소론적 층위에 따라 차이가 나는 지리적 분포와 변화 추이이다. 이상의 관점을 바탕으로 국어 음운사에서 중요하게 다루었던 핵심과제인 'ㆍ'와 'ㅡ'의 변화, 'ㅣ'모음 역행동화, 어말 'ㅣ'의 첨가, 상향이중모음의 단모음화를 비롯하여, 어중자음 'ㄱ[ɣ], ㅸ[ß], ㅿ[z]'의 변화와 구개음화와 관련된 'ㅎ', 'ㄱ'의 변화 등을 논의하였다. 이로써 기존의 역사적 문헌 자료를 통해 얻어진 언어의 종적인 시간 변화 연구에 방언 자료를 통해 얻어진 횡적인 공간적 분포와 변화 추이가 고려됨으로써, 보다 균형 잡힌 국어사 해석이 가능해졌다고 본다.

21세기는 문화적 다양성이 더욱 요구되는 시대이다. 이러한 때 아무쪼록 이 책이 우리 민족의 다양한 문화를 반영하는 방언 자료의 소중함을 일깨워 줌으로써, 앞으로 방언 자료 수집과 연구가 개인뿐 아니라 국책사업으로 지속되어, 방언연구의 대중화가 이루어지는 데 조금이나마 보탬이 되었으면 한다.

책이 나오기까지 참으로 많은 분들의 도움을 받았다. 일일이 찾아뵙고 고마움을 전하여야 하겠지만, 지면을 빌려 감사를 드리고자 한다. 열심히 하지도 않고 늘 바쁘다는 핑계로 논문 완성을 차일피일 미루기만 하였던 못난 제자를 오랜 시간 믿고 기다려 주신 지도교수인 이상규 선생님께 머리 숙여 진심으로 감사의 마음을 전한다. 거칠고 난삽하기 이를 데 없는 글을 손수 다듬고 손질하여 논문으로 모양새를 갖추게 해 주시면서, 끝까지 격려를 아끼지 않으신 선생님이 계시지 않았다면, 결코 오늘의 학문적 결실을 보지 못하였을 것이다. 선생님의 무궁무진한 아이디어와 추진력 앞에 늘 부족하기만 해, 송구스럽고 죄송한 마음이지만, 장래 학문으로 그 은혜에 보답하고자 다짐해 본다.

아울러 바쁘신 가운데도 논문심사를 흔쾌히 허락해 주신 심사위원님들께도 감사의 말씀을 드린다. 논문의 전체적인 구성과 체계를 비롯하여 맞춤법, 띄어쓰기에 이르기까지 꼼꼼하게 짚어주며 조언을 아끼지 않으신 데 대해 거듭 감사의 말씀을 드린다. 그러나 무엇보다 학부 때부터 국어학에 관심을 갖게 하여 지금까지 학문의 끈을 놓지 않게 해 주시며 아낌없이 사랑을 주셨던 전재호 선생님을 비롯하여 정철 선생님, 홍사만 선생님께도 머리 숙여 감사의 말씀을 드린다. 특히, 적잖은 분량의 원고 편집, 언어지도의 컬러 인쇄 등 까다로운 조건 속에서도 이 책의 출판을 흔쾌히 결정해 주신 도서출판 역락의 이대현 사장님과 정성스럽게 편집해 주신 권분옥 팀장님 이하 편집부 여러분들께도 감사를 드린다.

방대한 자료 정리 및 분석, 수많은 지도 작성 등 실로 지난하면서도 더딘 작업이었지만, 항상 묵묵히 곁에서 지인들까지 동원하며 물심양면으로 도움을 주며 큰 힘이 되었던 남편, 멀리서 영문 초록을 다듬어 주며 마지막 힘을 더해 주었던 큰딸, 그 밖에 논문 완성을 위해 소소한 일상에 든든한 지원군이 되었던 둘째 딸과 막내아들 모두에게 감사의 마음을 전한다. 특히, 막내딸이 학위 받았다고 가장 기뻐해 주셨던 어머니, 학위 취득을 기다리다 보지 못하고 이제는 고인이 되셨지만, 항상 마음으로 든든한 후원자요, 정신적 지주가 되어주셨던 나의 아버지께 이 책을 바친다.

2015년 6월

김 경 숙

차례

제4장 전부모음화의 분포와 변화 추이___177

제5장 자음 분화형의 분포와 변화 추이___263

제6장 결론___359

제1장 서론

1.1. 현장 시간과 방언 구획

약 100여 년 동안의 시간적 차이를 보여주는 현장 시간적(apparent time) 의미를 갖는 [오구라] 자료집과 [정문연] 자료집[1] 간에 나타나는 방언의 지리적 분포와 변화 추이를 비교·분석하는 것은 의미있는 작업일 것이다. 기존의 음운변화 규칙이 적용되지 않은 수많은 예외를 설명하기 위해 또 다른 규칙들을 설정해야 했던 문헌 대상 연구의 한계를 일정 부분 보완하는 의의를 가지게 될 것이기 때문이다. 언어 변화 규칙들은 주변 방언들과의 상호관계를 통해 얻어진 역사적·지리적 요인에 의한 결과물이다. 따라서 이들 규칙들을 보다 정교화하기 위해서는 시간적·공간적 관

---

1) 전국 단위로 한국 방언을 체계적으로 집대성한 대표적 방언 자료집으로, 오구라 신페이가 1910~1920년대에 조사하고 1930년대에 수정·보완한 『朝鮮語方言の硏究(상권)』(1944)과 1980~1990년대에 한국정신문화연구원(현 한국학중앙연구원의 전신)에서 조사·간행한 『한국방언 자료집 I~IX』(1987~1995)을 가리킨다. [오구라] 자료집에 대한 전반적인 해설은 『조선어방언사전』(이상규·이순형 교열)을 참고로 하고, 본 연구에서는 각각의 명칭을 약식으로 [오구라] 자료집과 [정문연] 자료집으로 기술한다.

점에서 한국 방언 구획이 함께 논의될 필요가 있는 것이다. 이를 구체적으로 논의하면 다음과 같다.

첫째, 두 자료집 간에 방언 분화형의 지리적 분포와 변화 양상의 추이를 비교·분석하여 얻어진 결과를 통해 언어 변화나 확산의 기제를 찾게 된다면,[2] 그동안 국어사에서 쟁점이 되어온 음운 체계 및 변화 규칙과 관련된 예외적 문제에 대한 해결의 실마리를 일부 찾을 수 있을 것이다. 더욱이 약 100여 년 간의 '현장 시간'[3]적 의의를 갖는 두 자료집 간의 비교는 이전 시기의 음운 체계 및 언어 변화까지도 추정할 수 있는 근거를 마련하게 될 것이다.

두 자료집 간 '실재 시간(real time)'의 차이가 약 60~80년이므로, 두 자료의 조사는 '현장 시간(apparent time)'의 의미를 가지게 된다.[4] 한 개인이

---

2) 언어변화의 원리를 논증하기 위해 Labov(1994)와 Chambers, J. K. & Trudgill, P. (1998 : 149~153)이 제시한 핵심 방법론이다. 언어개신 또는 변화 진행에 관한 확산 가설의 주요 논점이 '현장 시간' 또는 '실재 시간'과 관련된 개신의 주체, 개신의 주요 내·외적 요인, 개신의 지리적 확산 등이다. 따라서 확산 이론은 본 연구의 이론적 모델이 되기도 한다.

3) 이 방법으로 논의한 연구에 Johnson, E.(1996)이 있다. 이는 1930년대 중반과 1990년대의 유사집단 자료의 차이점을 대조하여 미국 남동부 지역의 방언 어휘에 나타나는 시간적 변화와 변이형을 측정한 것이다. 교육수준, 지방색·지역성, 나이, 성별, 인종 등에 대한 사회·지역적 다양성이 어휘 변화에 지속적으로 영향을 끼치고 있음을 기술하였다. 이 연구도 실재시간으로는 55년 간 비교지만, 최초 언어 습득 나이로 조정되는 현장 시간으로는 제보자 나이에 따라(1937년 조사 시 90세, 1990년 조사 시 32세) 143년의 시간적 차이를 보이는 어휘자료를 대상으로 고찰하였음을 전제로 논의하고 있다. 한편, 일본의 국립국어연구소(2013)에서 야마가타 현 쓰루오카 시를 대상으로 공통어화 조사를 각 세대별(15세, 36세, 56세, 76세 대상)로 실시한 바, 현장시간에 입각한 방법론을 적용한 연구라 하겠다.

4) Labov가 진행 중에 있는 소리의 변화를 Martha's Vineyard를 대상으로 한 연구(1963)를 시작으로, New York 시를 대상으로 한 연구(1966)에 이르면서, 언어 변화 연구의 기본적 도구로 확고히 수립한 용어이다. Chambers, J. K. & Trudgill, P.(1998 : 151)에서 '현장 시간'의 의미를 보다 분명히 하고 있어 여기에 인용해 둔다. : Studying the diffusion of innovation in apparent time involves surveying the differences between the speech of people of different ages in the same community, while controlling the other independent

60~80년의 시차를 두고 실재 시간상의 조사는 불가능한 것이기 때문이다. 최초 언어 습득 나이로 조정되는 '현장 시간'의 개념으로는, 1910~1920년대에 조사된 10대 제보자[5])와 1980~1990년대에 조사된 60세 이상 제보자의 차이로 인해, 3세대 이상의 언어 차이를 반영하므로 두 자료집의 시간 차이는 약 100여 년 이상이 될 수 있다. 개신은 동일 세대의 생존 기간 이내에서보다 다음 세대로 옮아가는 기간에서 증가하는 경향을 보이고 있다(Chambers & Trudgill, 1998 : 150). 따라서 [오구라] 자료는 부모 언어를 습득한 제보자들의 10대 어린 시절 언어의 모습과 함께 그들 언어 속에 내재되어 있는 자신들의 부모 세대에서 사용한 언어의 모습까지 직·간접적으로 보여주는 자료이다. 이러한 의미에서 3세대 이상의 언어적 차이를 지니고 있는 제보자를 대상으로 조사된 두 자료집 간 비교 연구는 '현장 시간'에 따른 의미 있는 변화 결과를 도출해 낼 것이다.

언어 학습은 축적되고(cumulative) 연속적(continual)으로 이루어진다. 더욱이, 발음의 경우는 어휘와 달리 제보자가 최초로 습득한 당시의 언어 상태를 반영하는 경우가 일반적이다. 각 세대의 언어는 그 세대가 언어를 배우던 당시에 존재했던 언어를 반영한다.[6) [오구라] 자료의 1915년 조사

---

variables such as sex, social class and ethnicity. Studies in apparent time as opposed to real time have the obvious disadvantage of limiting the time interval between the comparison groups, since the comparison groups must necessarily be made up of contemporaries. As was noted for real-time studies involving the same population, one life span may be too short an interval for studying diffusion. The validity of apparent time studies hinges crucially upon the hypotheses that the speech of, say, 40-year-olds today directly reflects the speech of 20-year-olds twenty years ago and thus be compared and contrasted meaningfully to the speech of 20 year-olds today.

5) [오구라] 자료집의 제보자는 원칙적으로 보통학교(지금의 초등학교) 상급 남녀 생도(김덕호(2012 : 299)에서 당시 진학 상황을 고려하여 10대에서 20대 사이로 추정하고 있음.) 약 10명으로 선정되었다. 오구라는 조사 목적으로 나이 많은 부녀자들이 더 적절하다고 생각했지만 이들은 장시간 조사에 기다려 주지 않았으며 질문에 대해서도 적절한 답을 해 주지 못했기에, 무리지만 그들을 대신하여 초등학생을 선발하였다고 하고 있다.

시 제보자 나이가 평균 15세였다면, 최초 언어 습득 시기는 1900년이라고 할 수 있다. 그런데 어린아이의 발음은 부모 내지 조부모 세대의 것이 거의 그대로 구현된 것이므로, 1900년 이전 세대인 19세기 후반기의 언어까지 계산에 넣을 수 있게 된다. 그렇게 되면 19세기 후반기 언어의 모습을 산정할 수 있는 [오구라] 자료와 20세기 후반기 [정문연] 자료 사이에는 약 1세기 이상의 시간 차이를 찾을 수 있게 되는 것이다. 한편으로, 1985년에 조사된 70세 화자가 보여주는 언어 사실은 1915년 당시 15세 때 언어 사실을 보여주기도 한다. 이는 15세가 보여 주는 언어 사실은 실제로 70년 후인 1985년 70세 때까지 일어날 변화를 앞당겨 보여주는 것으로도 해석 가능한 것이다(한국사회언어학회, 2012 : 177). 그렇다면 결과적으로, 본 연구는 10대와 60·70대의 세대 간 언어차이에 따른 현장 시간적 해석을 통해, 조사가 불가능한 실재 시간의 차이를 파악하게 된 셈이다.7)

그러나 여기서 어린이를 대상으로 한 연구일 경우에는 Labov(1964 : 88~96)의 연구 결과나 캐나다 어린이를 대상으로 알파벳 글자 'z'의 발음을 연구한 결과8)에서 보여 주듯이, 연령 단계에 따른 발음의 변화도 존재

---

6) Chambers, J. K. & Trudgill, P. (1998 : 151), 현장 시간 방법에 따른 연구에서의 전제는 어린 시절 관찰되는 음성을 그들이 늙어서도 사용하여, 그것이 그 언어 집단의 표준형이 될 것이라는 것이다.

7) 물론 두 자료집이 Labov(1963)에서 제시하고 있는, 공시태 속에서 한 세대인 2·30년을 단위로 하여 세대별로 그 차이를 조사하는 현장 시간적 방법을 직접 적용하여 조사된 자료집은 아니다. 그러나 결과적으로는 10대와 60대의 세대 간 언어차이에 대한 조명을 통해 조사가 불가능한 실재 시간을, 현장 시간적 방법으로 증명하게 된 자료인 것이다. '현장 시간'은 사회언어학에서 사용되는 용어이다. 그러나 도시·사회방언학자가 개발한 개념과 방법을 전통방언학 자료에 적용하는 것 또한 학제 간 연구의 다양한 시각 마련에서 필요한 것이다. 그러한 의미에서 본 연구는 일종의 혼성의 방언학 생성물로 볼 수 있다. 전통방언학적 관점에서 모아진 자료를 사회방언학적 관점으로 재해석해보는 것은 방언학의 시야를 한층 높이는 것이라고 생각한다.

8) Chambers, J. K. & Trudgill, P.(1998 : 151~152), 많은 캐나다 어린이들이 'z'글자를 미국에서 사용되는 [zee]로 배운다. 그러나 어른이 되어서는 대부분이 캐나다에서 사용하는 [zed]로 바꾸어 버린다. [zee]의 [zed]로의 변화와 같은 연령 단계에 따른 변화 결과는 변

하고 있음을 간과해서 안 될 것이다. [오구라] 자료의 10대 제보자들이 자라서 어른이 되어 70~90세가 된 시점에서 조사된 자료가 [정문연] 자료이므로, 이러한 관점에서 본다면 두 가지 해석이 가능해진다. 하나는 [오구라] 자료의 제보자들이 나이가 들면서 과거 부모 세대 언어를 갈수록 닮아갔을 것이므로, [정문연] 자료에 올수록 보수형이 증가하는 면도 없지 않을 것이다. 또 다른 하나는 [정문연] 자료의 제보자를 60·70대 대상 남자로 정하였으므로, 당시 남자들의 수명과 연관을 지어볼 때, [정문연] 자료는 [오구라] 자료 제보자의 손자 세대의 언어를 반영한 것으로 볼 수도 있어 세대가 교체되면서 개신형으로 변하는 면도 많이 있을 것이다. 따라서 본 연구는 두 자료집 간 비교로, 약 1~1.5세기에 걸친 언어 변화 추이의 결과를 바탕으로 하여, 그 이전의 언어 모습이나 과거에 발생한 언어변화 추이, 나아가 언어 변화의 기제 및 방향을 예측할 수 있는 실마리를 제공하게 될 것이다.

특히 언어 변화에 영향을 미친 여러 내적 요인들 중에서도, 음운 체계와 관련된 음운 변화에 한정하여9) 고찰하고자 하는 이유가 바로 여기에

화 추이의 단계를 갖는다. 나이가 들수록 [zee]의 감소가 일어나고 있는 양상은 다음 세대에서도 되풀이되고 있다. 이와 같이 연령 단계에 따른 변화는 어린이들이 성장함에 따라 어른 사회에 순응해 가는 방법 가운데 하나인 셈이다.

뉴욕시 어린이를 대상으로 한 Labov(1964 : 89) 연구 결과에서도 어린이 언어는 부모 세대 언어를 반영할 뿐 아니라, 나이가 들수록 다음 표와 같이 부모 언어에 더욱 근접하기 때문에, 어린이들의 언어는 부단한 문화변용(acculturation)을 겪고 있다.

나이	부모 수준과의 일치 비율(%)	나이	부모 수준과의 일치 비율(%)
8-11	52	16-17	62
12-13	50	18-19	64
14-15	57	(20-39)	(84)

9) Wolfram, W. & Schilling-Estes, N.(1998 : 91), 통사·음운·어휘에서 언어적 변화의 폭이 가장 큰 부문은 어휘이며, 그 다음이 음운이다. 통사 부문이 가장 변화가 없는 영역이라 하겠다. 미국 방언학자들도 초기에는 방언 경계 지역에 있는 어휘를 중심으로 주로 논의한 데 비해, 90년대 후반부터는 음운론에 보다 강조점을 두고 연구를 진행하고 있다.

있다. 각 언어의 안정된 내부구조10)는 통사구조와 기초어휘를 비롯하여 음운이 포함된다.11) 이들 중 음운은 본래의 모습을 유지하는 경우가 대부분이다. 왜냐하면 음운 현상 즉, 각 단어의 발음 방법에서 문장의 어조에 이르기까지는 그 나라 국민, 또는 그 지역민이 아니면 잘 알아들을 수가 없기 때문이다.12) 따라서 본래의 모습을 가장 잘 유지하는 음운을 기준으로 한반도의 언어 구획을 정하는 것이 바람직하다고 하겠다.13)

따라서 본 연구에서 다루고자 하는 조사 항목으로도 국어 음운사에서 쟁점이 되어온 음운 체계와 관련된 음운 변화 현상을 반영하는 어휘들을 중심으로 선별하였다. 모음 체계와 관련하여서는 '♀'와 '으'의 변화와 전부모음화 현상을, 자음 체계와 관련하여서는 15세기 유성마찰음 계열의

___

언어구조의 가장 표층 부문인 음운 계통에 접촉하게 되면, 그 지역성을 띤 연속적 추이의 모습은 더욱 현저하게 나타나기 때문이다.

10) 언어의 안정된 내부구조란 주변언어나 방언에 큰 영향을 받지 않아 변화가 쉽게 이루어지지 않음을 의미한다.

11) 핫토리 시로우(1957), 『言語學における非國際性』, 東京大學學生新聞, 제183호, 하시모토 만타로 하영삼 역(1990 : 219)에서 재인용.

12) 예를 들어, 식민지 시기 한국인들이 강제로 일본어를 사용해야만 할 때, 단어나 문법은 거의가 일본어의 것이었으나 단지 발음만은 한국어 발음방식으로 일본어를 구사하였다. 오늘날에도 마찬가지로 인도인이나 멕시칸이 쓰는 영어나 한국인이 말하는 영어 등을 보아도 본토 발음과는 전혀 다른 자국민의 발음방법을 고수하고 있다. 아무리 교통이 발달하였다 하더라도 전라도, 경상도의 어조나 발음은 예나 지금이나 큰 차이가 없다. 다시 말해 발음의 변화는 거의 없다. 이는 음운 계통에서는 아직도 자신의 원래 성질을 고수하고 있다는 의미이다. 특히, 음성 변화는 어떤 지역 집단에 소속된다는 징표가 되는 경향이 강한 것으로 보인다. 음성적 지표들은 징표라기보다는 화자에게 전적으로 그 집단의 구성원이 되는 권리를 인식시키는 구체적인 표지인 것이다. 이는 함경도와 경상도에서 동일한 악센트 체계가 존재한다는 Ramsey, S. R.(1974)의 연구에서도 확인되고 있다. 조선 시대 때 경상도 주민이 함경도로 이주한 역사가 시간을 가로질러 현재까지도 어조에 선명히 남아 있는 것이다.

13) 또한 최명옥(1998a : 382)에서도 경상도 방언 구획 시 조사항목으로 선정된 대부분이 음운 면에 속하는 것이었다. 방언 상호간에 존재하는 체계상의 차이가 음운 면에서는 구체적으로 드러나지만, 어휘나 어법 면에서는 체계적인 방언차이를 드러내는 것이 실제로 불가능하다는 이유에서이다. 어휘의 경우에는 각기 그 자신의 역사를 가지고 있으며, 어법의 경우에는 조사항목의 수가 많지 않아, 체계적인 방언차이를 드러내지 못하고 있다.

존재 여부와 관련된 어중자음 'ㄱ : ø, ㅂ : ø, ㅅ : ø'의 대응 현상과 함께, 후음 'ㅎ'의 고대국어 단계에서의 존재 여부 내지 구개음화 발생과 관련된 'ㅎ : ㅅ'을 'ㄱ : ㅈ'의 대응 현상과 비교하여 살펴볼 것이다.[14]

둘째, 방언 연구의 또 다른 과제는 한국어의 하위 방언권을 구획하는 것이다. 체계에 대한 고려 아래 방언권을 비교하여 통시적 방언 분화 구조를 밝혀야 한다. 지금까지의 한국어의 방언 구획은 6~7개 방언 구역으로 나누거나, 크게는 남부방언과 북부방언으로 나누면서 그 방언 특성에 대해 연구를 진행하여 왔다. 특히, 이병근(방언학사전, 2001 : 24)과 황대화(1998)에서는 남북의 언어적 차이보다 동서의 언어적 차이가 보다 클 것이라는 점을 인정하고[15] 몇 가지 특징적인 현상들만을 간추려 비교 방법으로 그 차이를 논의[16]한 바 있다. 한반도는 1차 동서 분화를, 2차 남북 분화를 보이는 중층적인 변화를 경험하였다. 1차적 분화는 민족 기원과 관련한 동서방언[17]의 차이이다. 이후 남북이 분단되면서 2차적 방언분화를 겪게 되었다. 따라서 동서방언의 비교는 한국어의 근원을 찾아가는 역사

---

14) 신승용(2012 : 11)에서도 이들 음운사의 핵심 주제들을 구명하는 데, 방언 자료가 중요한 단서 내지 논거로 도입되었음을 정리해 두고 있다.

15) 물론 부분적으로는 동남방언과 서남방언의 공통성도 존재한다. 다만 본 연구는 큰 틀에서 동서 차이가 남북의 차이보다 큼을 논증할 것이다.

16) 황대화(1998), 『조선어 동서방언 비교 연구』에서 한반도 전체를 대상으로 국어학에서 중요하게 고찰되었던 국어학적 특성을 근거로 하여 동서간의 방언 차이를 논의한 바 있다. 1986년과 1996년에 직접 북한 지역을 현장 조사한 자료에 근거하여 108개 조사 지점을 대상으로 하였으나, 도 단위 중심의 방언권을 기준으로 두루뭉술하게 논의를 전개하다 보니 정교함이 많이 떨어졌다. 이 점에 착안하여 본 연구에서는 군 단위의 방언권으로 수집된 자료를 대상으로 하면서 논의의 정교함을 더하여 동서 방언간의 차이를 논의하고자 한다.

17) 여기서 동서방언이라 함은 한반도를 종적으로 나누어 동부방언은 육진방언(두만강 일대 방언), 동북방언(육진을 제외한 함경남북도 방언), 중부방언의 강원도 동부지방의 방언, 동남방언(경상남북도 방언)을, 서부방언은 서북방언(평안남북도 방언), 중부방언(황해도, 경기도, 충청남북도, 강원도 동부를 제외한 강원도 방언), 서남방언(전라남북도 방언), 제주방언을 포괄하는 지역을 말한다.

적 의미를 갖는 연구라 하겠다.

본 연구에서도 이 점에 주목하여 동서 차이를 나누는 주된 속성이 무엇인지 논의하되, 남한 지역에 한정하여 논의를 진행하고자 한다. 왜냐하면 논의의 출발점으로 삼은 [오구라] 자료는 한반도 전 지역을 대상으로 광범위하게 수집된 데 비하여, [정문연] 자료는 남한만을 대상으로 정밀하게 조사되었다는 점 때문이다. 그러나 한반도 전체를 고려하지 않은 연구는 개신의 흐름과 방향을 파악하는 데 중요한 걸림돌이 되기에, [오구라] 자료에서 논의된 북한 지역도 필요에 따라 논의의 대상으로 삼을 것이다.

1.2. [오구라] 자료집과 [정문연] 자료집

두 자료집 간 엄정한 상호 비교가 가능하기 위해서는 조사 기준이 완벽하게 일치되어야 할 것이다. 그러나 두 자료집 간의 제보자 선정이나 조사지점의 불일치[18] 등으로 말미암아 1 : 1 대응관계로 정밀하게 비교하기에는 문제가 존재할 수도 있다. 특히, 제보자 선정에 있어서 성별, 계층 등과 같은 언어 개신에 중요한 사회적 변인들을 고려하지 않았다는 문제점이 있다. 또한 남북한을 포함한 전 조사지점이 일정하지 않거나 일부 조사가 되지 않아, 두 자료집 간 긴밀한 상호 대응관계가 정확히는 이루

---

18) 조사계층은 [오구라] 자료집에서는 보통학교(현재 초등학교) 상급반에서 남녀학생 약 10여 명을 선발하는 것으로 정하였으나, [정문연] 자료집에서는 조사지점에서 3대 이상 거주한 농업종사자로, 타지방에서의 거주 경험이 없고 공직에 종사한 적도 없는, 가능한 초등교육 이하의 학력을 가진 사람으로 하되, 60세 이상(1980년 기준)의 남자를 대상으로 제보자 자격을 제한하였다. 조사지점은 [오구라] 자료집에서는 남북한 259개 군청소재지를, [정문연] 자료집에서는 남한 지역 138개(남양주 포함) 군 지점을 선택하였다.

어지지 않고 있다.

　그러나 본 연구의 주요 시각은 사회언어학적 관점이 아니다. 전통 지리
언어학적 관점에서 한국어 방언 전체의 지리적 분포가 시간적 거리를 두
고 어떻게 확산되어 가는지에 바탕을 두고 과거의 언어 변화 추이를 추정
해 내는 데 초점이 있다. 그렇기 때문에 그나마 북한 지역을 포함하여 남
한 지역 전체에서 군 단위를 중심으로 한 조사지점의 대략적 일치점을 찾
을 수 있는 두 자료집을 비교하는 것은 지역적 방언 차이의 큰 변화 흐름
을 짚을 수 있는 의의가 있으므로 크게 문제되지 않으리라 생각된다. 물
론 [오구라] 자료집도 [정문연] 자료집에 비하면 조사된 지점도 많지 않
아 엉성한 부분도 있지만, 남북한 통틀어 정밀 조사한 측면에서 볼 때 재
고할 만한 가치가 큰 자료임에는 틀림없다.[19] 더욱이 [정문연] 자료와 비
교해 볼 때, 방언형이나 지리적 분포 면에서 [정문연] 자료와 거의 일치하
고 있다. 그 당시 교통상황이나 조사여건 등을 고려한다면, 실로 놀라울
정도로 정밀하게 조사되었다. 한편, [정문연] 자료집 또한 북한 지역이 배
제됨으로써 [오구라] 자료집과 비교하기에도 지역적으로 정확히 일치하지
않고 있다. 그러나 남한 지역의 군 단위를 중심으로 정밀하게 조사됨으로
써[20] [오구라] 자료집에 대응해 시차를 두고 언어의 변화 추이를 비교하
기에는 현재로서 가장 적합한 전국 단위의 자료집이라 하겠다.

　[오구라] 자료는 비록 일본인이 수집한 자료이기는 하지만, 과학적이고
도 체계적인 방법으로 수집한 현대적 의미의 방언 자료집이다. 이 자료집
은 후대 [정문연] 자료집의 기본 모델이 되기도 하였으므로, 약 1세기를
사이에 두고 살아있는 언어의 변화 추이를 전반적으로 파악하는 데 기준

---

19) 오구라 신페이 저(이상규·이순형 교열)(2009 : 13~39)에서 오구라 자료 전반에 걸친
　　번역을 통해, 그의 저서에 대한 새로운 조명의 필요성을 제기하고 있다.
20) 순전히 우리나라의 전통적인 농촌사회 및 그와 관련되는 집단의 언어사실만을 조사하
　　겠다는 의도로 조사되었다.

이 될 만한 중요한 가치를 지닌 자료집이다.[21)]

한편, 10대 때 사용하던 언어가 반세기를 넘어 70~90대 노인이 되었
을 때, 각 지역의 언어가 어떻게 변화되었는가를 살펴보는, 연령 단계에
따른 사회언어학적 측면에서도 흥미 있는 단서를 제공해 줄 수 있다. 언
어 변화는 사회적 변화와 불가분의 관계에 있다. 특히 한국의 방언은 8·
15광복과 한국전쟁, 급격한 산업화 등 굴곡 많은 역사적 사건에 따른 화
자들의 이동 속에서도, 각자의 방언권에 남아 3세대를 살아온 화자들이
어느 정도 각자의 방언을 지키고, 또 어느 정도 주변에 동화되었는지를
살필 수 있다는 점에서 흥미 있는 논의거리가 될 것이다.

본 연구에서는 비교 대상이 가능한 남한 지역만을 대상으로 두 자료를
상호 비교해서 논의를 진전시켜야 하므로, 두 자료의 지역명 및 지점 번
호를 일치시켰다. 모든 조사지점이 조사된 [정문연] 자료집의 조사지점을
기준으로 하여 [오구라] 자료집의 조사지점을 일치시켜 재배열하였다. 전
체 지점수는 137개 지역(남양주 제외)으로 한정하였고 행정개편으로 지역명
이 변경된 경우는 [정문연] 자료집의 지역명과 일치시켰다. 또한 [오구라]
자료집에는 있고 [정문연] 자료집에는 없는 지역명의 자료는 현재 행정구
역명을 고려하여 [정문연] 자료집의 지역명에 대응하여 몇 개 지역을 묶

---

21) 그의 방언 연구 방법론은 당시의 언어학 연구의 흐름에 따라 역사언어학적 관점에 초점
을 두면서 한국어의 특징 연구와 함께 다른 언어와의 비교 연구에 있었다. 특히 'ㆍ'의
비음운화, 'ㅿ, ㅸ'의 소실, 어중자음의 약화·탈락현상과 같은 특정한 국어사적인 주제
를 중심으로 문헌의 보조적 증거자료로서 방언 자료를 수집하고 특정 방언형에 대한 지
리적 분포를 조사하여 방언 구획을 시도하였다. 그러나 제반 음운변화를 음운체계와의
유기적인 관련성 속에서 파악하지 못하였을 뿐 아니라, 방언차이를 역사적 변화의 결과
라는 관점에서 어떤 변화가 어떤 조건에서 변화하는 지를 밝히지 못함으로써 기술상의
정밀성을 보이지 못하였다. 그러나 그의 자료집과 논문들은 1910년대부터 1930년대
(1930년대에 수정기간을 가짐.)에 이르기까지 근 30여 년에 걸쳐 한반도 전역에 이르는
광범위한 지역을 배경으로 국어사적으로 중요한 의미를 가지는 자료를 대상으로 수
집·연구되어 오늘날 [정문연] 자료집의 기초가 되었음은 부인할 수 없다. 따라서 그가
수집한 자료와 관련 연구물들은 오늘날 재평가할 만한 가치가 매우 크다 하겠다.

어 일치시켰다. 각 도별 조사지점과 지점수를 비롯하여 지점명과의 관련
성을 도표로 정리하면 [표 1]과 같다.

[표 1] [오구라] 자료집과 [정문연] 자료집의 조사지점 비교

조사지점수		조사지점명			조사지점수		조사지점명		
남한 전체	도별	도명	[정문연] 조사 지역	[오구라] 조사 지역	남한 전체	도별	도명	[정문연] 조사 지역	[오구라] 조사 지역
1	1	경기도	연천	연천	70	12	전라북도	순창	순창
2	2	경기도	파주	개성,장단,문산	71	13	전라북도	남원	운봉,남원
3	3	경기도	포천	포천	72	1	전라남도	영광	영광
4	4	경기도	강화	강화	73	2	전라남도	장성	장성
5	5	경기도	김포	김포	74	3	전라남도	담양	담양
6	6	경기도	고양	경성	75	4	전라남도	곡성	옥과,곡성
7	7	경기도	양주	의정부	76	5	전라남도	구례	구례
8	8	경기도	가평	가평	77	6	전라남도	함평	함평
9	9	경기도	옹진	인천	78	7	전라남도	광산	광주
10	10	경기도	시흥	영등포	79	8	전라남도	신안	목포
11	11	경기도	광주	광주	80	9	전라남도	무안	목포
12	12	경기도	양평	양평	81	10	전라남도	나주	나주
13	13	경기도	화성	수원	82	11	전라남도	화순	화순
14	14	경기도	용인	용인	83	12	전라남도	승주	순천
15	15	경기도	이천	이천	84	13	전라남도	광양	광양
16	16	경기도	여주	여주	85	14	전라남도	영암	영암
17	17	경기도	평택	평택	86	15	전라남도	진도	진도
18	18	경기도	안성	안성	87	16	전라남도	해남	해남
19	1	강원도	철원	김화,철원	88	17	전라남도	강진	강진
20	2	강원도	화천	화천	89	18	전라남도	장흥	장흥
21	3	강원도	양구	양구	90	19	전라남도	보성	벌교,보성
22	4	강원도	인제	인제	91	20	전라남도	고흥	고흥
23	5	강원도	고성	흡곡,통천,장전, 고성,간성	92	21	전라남도	여천	돌산,여수
24	6	강원도	춘성	춘천,회양	93	22	전라남도	완도	완도
25	7	강원도	홍천	홍천	94	1	경상북도	영풍	영주
26	8	강원도	양양	양양	95	2	경상북도	봉화	내성

조사지점수		조사지점명			조사지점수		조사지점명		
남한 전체	도별	도명	[정문연] 조사 지역	[오구라] 조사 지역	남한 전체	도별	도명	[정문연] 조사 지역	[오구라] 조사 지역
27	9	강원도	횡성	횡성	96	3	경상북도	울진	울진,평해
28	10	강원도	평창	평창	97	4	경상북도	문경	문경
29	11	강원도	명주	주문진,강릉	98	5	경상북도	예천	예천
30	12	강원도	원성	원주	99	6	경상북도	안동	안동
31	13	강원도	영월	영월	100	7	경상북도	영양	영양
32	14	강원도	정선	정선	101	8	경상북도	상주	상주,함창
33	15	강원도	삼척	삼척	102	9	경상북도	의성	의성
34	1	충청북도	진천	진천	103	10	경상북도	청송	청송
35	2	충청북도	음성	음성	104	11	경상북도	영덕	영덕
36	3	충청북도	중원	충주	105	12	경상북도	금릉	지례,김천
37	4	충청북도	제원	제천	106	13	경상북도	선산	선산
38	5	충청북도	단양	단양	107	14	경상북도	군위	군위
39	6	충청북도	청원	청주	108	15	경상북도	영일	포항,흥해
40	7	충청북도	괴산	괴산	109	16	경상북도	성주	성주
41	8	충청북도	보은	보은	110	17	경상북도	칠곡	왜관
42	9	충청북도	옥천	옥천	111	18	경상북도	경산	경산
43	10	충청북도	영동	영동	112	19	경상북도	영천	영천
44	1	충청남도	서산	안면도,해미,서산	113	20	경상북도	고령	고령
45	2	충청남도	당진	당진,면천	114	21	경상북도	달성	대구
46	3	충청남도	아산	온양	115	22	경상북도	청도	청도
47	4	충청남도	천원	천안	116	23	경상북도	월성	경주
48	5	충청남도	예산	예산	117	1	경상남도	거창	거창
49	6	충청남도	홍성	광천,홍성	118	2	경상남도	합천	합천
50	7	충청남도	청양	청양	119	3	경상남도	창녕	창녕
51	8	충청남도	공주	공주	120	4	경상남도	밀양	밀양
52	9	충청남도	연기	조치원	121	5	경상남도	울주	울산
53	10	충청남도	보령	대천,보령	122	6	경상남도	함양	함양
54	11	충청남도	부여	부여,홍산	123	7	경상남도	산청	산청
55	12	충청남도	서천	염포,서천	124	8	경상남도	의령	의령
56	13	충청남도	논산	논산,강경	125	9	경상남도	하동	하동
57	14	충청남도	대덕	대전	126	10	경상남도	진양	진주
58	15	충청남도	금산	금산	127	11	경상남도	함안	함안

조사지점수		조사지점명			조사지점수		조사지점명		
남한 전체	도별	도명	[정문연] 조사 지역	[오구라] 조사 지역	남한 전체	도별	도명	[정문연] 조사 지역	[오구라] 조사 지역
59	1	전라북도	옥구	군산	128	12	경상남도	의창	마산
60	2	전라북도	익산	이리	129	13	경상남도	김해	부산,김해
61	3	전라북도	완주	전주	130	14	경상남도	양산	동래,양산
62	4	전라북도	진안	진안	131	15	경상남도	사천	사천
63	5	전라북도	무주	무주	132	16	경상남도	고성	고성
64	6	전라북도	김제	김제	133	17	경상남도	남해	남해
65	7	전라북도	부안	부안	134	18	경상남도	통영	통영
66	8	전라북도	정읍	정읍	135	19	경상남도	거제	거제
67	9	전라북도	임실	임실	136	1	제주도	남제주	성산,정의,서귀,대정
68	10	전라북도	장수	장수	137	2	제주도	북제주	제주
69	11	전라북도	고창	고창					

이상의 지점을 중심으로 하여 언어지도를 제작하기 위해서는 자료 정리가 선행되어야 한다. 두 자료집의 방언 자료들을 전사하는 방법이 각각 다르기 때문에, 이 또한 통일시켰다. 전사는 [정문연] 자료집에 나오는 한글 표제어를 기준으로 하여 소리 나는 대로 적는 것을 원칙으로 하되, 필요에 따라 형태소를 밝혀 적었다. 그러나 가능한 한 원 자료를 훼손하지 않는다는 원칙 하에서 한글로 전사하였다. 이렇게 전사된 방언형들 중에서, 언어지도 제작을 위해 두 자료 간 공통되거나 관련되는 총 180여 개 어휘에 대한 데이터베이스 구축이 이루어졌고, 이를 토대로 하여 약 300여 장의 언어지도를 완성하였다. 그 중 본 연구에서는 대표성을 띠는 150여 개 관련 어휘 분석과 함께 총 80여 쌍의 언어지도를 제시하였다. 논의 대상 어휘 목록은 [표 2]와 같다.[22]

---

22) ( ) 안의 어휘들은 두 자료집 모두 공통으로 조사되지 않은 어휘들로 [오구라] 또는 [정문연] 자료집 중 어느 한 자료집에서만 조사된 것들이다.

[표 2] 대상 어휘 목록

'오'와 '으' 분화형의 변화					전부 모음화의 변화			자음 분화형의 변화				
'오'의 변화		'으'의 변화			'이'모음 역행동화	어말 '이'의 첨가	상향이중모음의 단모음화	'ㄱ, ㅸ, ㅿ'의 대응			'ㅎ, ㄱ'의 대응	
어두음절	비어두음절	치찰음파의 결합	순음파의 결합	기타 음운파의 결합	개재자음 유무23)	아>애 어>에 오>외 우>위	야>애 여>에 요>외	ㄱ/ø	ㅸ/ø	ㅿ/ø	ㅎ/ㅅ	ㄱ/ㅈ
아/ 오/ 어/ 으	으/ 이/ 오/ 우	으/ 이	으/ 우	으/ 우/ 이/ 어	우/ 위/ 웨/ 이/ 외/ 왜/ 에	아/ 애 어/ 에 오/ 이 우/위 이/애	야/ 애 여/에/ 이 요/ 외	ㄱ/ø	ㅸ/ø	ㅿ/ø	ㅎ/ㅅ	ㄱ/ㅈ
말 파리 마을 팥 빨다 밟는다 맑다 마르다 팔다 나물 남 박쥐 흙	고픈가 깊으다 며느리 마르다 (다르다) (모르다) (다듬다) 가을 마을 아침 (마침-) 가루 자루 노루	벼슬 보습 버짐 부스럼 김매다 (쓰레기)	고드름 (비름) (비듬) (요즈음) (이름) 누이 누에	그네 노끈 (소금) (오금) (고름) 무릎 (두릅) 부스럼 (두드러기) (주근깨)	수염 모이 구유 (외양간) 고기 두루마기 토끼 노끈 아지랑이 지렁이 누에 (고사리) 두꺼비 (고삐) 다님 저녁 (마디) 다리미 멸치	가마솥 (치마) (고등어) (은어) (오징어) 화로 마루 마루 수수 (시류) (국수)	뺨 벼 병 별 벼락 뼈 며느리 혀 효자	가루 자루 노루 (시류) 모래 (도라지) 짜다 씻어 심는다 냅다 (시다) 벌레 시렁	누이 누에 확 (우엉) (아욱) 매워 부러워 벙어리 다리 (홀아비) 마름 (아그배)	가을 겨울 마을 여우 무 모이 구유 이어 나아 쪼아 가위 냉이 김매다	혀 형 (함) (효자) (헤아 리다)	김 겨 곁 겨울 키 같다 길이 기둥 (가지개) (겨드랑) (겹이불) 김매다

---

23) [표 2]에 언급된 어휘들 이외에도 개재자음이 'ㅁ'인 경우(어미+야, 아가미, 올가미, 피라미, 바구미, 다듬이, 꾸미, 홀어미)와 2개의 개재자음이 있는 경우(안기다, 감기었다, 장끼, 참기름, 왕겨/등겨, 바람벽) 등의 어휘도 분석 대상으로 삼았다. 이들은 [오구라] 자료집에는 조사되지 않고, [정문연] 자료집에만 조사된 어휘들이다.

1.3. 형태음소론적 층위와 언어의 공간적 확산 이론

본 연구 방법의 이론적 근거는 Labov(1994)와 Chambers, J. K. & Trudgill, P.(1998 : 149~153)이 제시한 '언어 확산 가설'과 밀접한 관련이 있다. 언어 개신 또는 변화 진행에 관한 확산 가설의 주요 논점이 개신의 주체, 내·외적 요인, 지리적 확산 등이기 때문이다. 변화 과정 속에서 확인되는 분화형들은 음운 및 형태음소론적 환경, 단어 구조와 같은 내적 요인과 성별, 계층, 직업, 사회적 관계(network) 등 사회·문화적인 외적요인24)으로 인해 발생하므로, 이들을 구별하여 논의하고자 한다. 나아가 이들 요인들에 의해 분화된 방언형들을 지리언어학적 관점에서 살펴보고 이를 토대로 자료를 지도화함으로써, 언어의 공간적 확산(spatial diffusion) 과정과 함께 카토그램(cartogram)을 통한 방언 구획 양상도 고찰할 것이다.

1) 형태음소론적 층위에 따른 분석

음운 규칙을 정밀화하고 관련된 음운 체계에 대한 유기적 해석을 추구하는 가운데 음운 변화 규칙만으로 설명되지 않는 수많은 예외가 존재하였다. 이를 설명하는 과정에서 형태음소론적 층위(morphophonemic level)가 그 문제를 해결해 줄 수 있다는 점에 착안하여 이를 기준으로 방언의 음운론적 변화 추이를 고찰할 것이다.25) 어휘 내부(lexical morpheme)와 형태

---

24) 농경사회를 근간으로 수집된 자료 특성 상, 본 연구에서는 다양한 사회·문화적인 외적 요인 중에서 김택구(1985)가 언급한 세시풍속과 관련된 기층문화에 한정하여 논의하고 자 한다.

25) 김경숙(1997)에서 '형태음소론적 층위'라는 용어를 어휘 내부와 형태소 경계-곡용과 활용의 굴절적 층위(level), 파생적 층위, 합성적 층위-를 포함하는 음운환경을 통칭하는 것으로 사용하여, 어중자음 [-*g-], [-*b-], [-*z-]의 분포 양상을 지리언어학적으로 고찰하여 그 차이점을 살펴본 바 있다. 그 결과 형태음소론적 층위가 어중자음의 분포 양상에 절대적인 영향을 미치고 있음을 입증하였다.

소 경계(morpheme boundary)라는 형태음소론적 층위에 따라 음운 변화의 차
이를 보여 준다는 사실26)은 잘 알려져 있다.

어휘 내부에서와 형태소 경계에서의 음운 변화는 대부분 어휘 내부에
서 형태소 경계 환경으로 확산(diffusion)되는 과정을 보여주고 있다. 일반적
으로 어휘 내부 환경에서는 개신이 빠르게 진행됨으로써, 어휘에 따른 변
화의 빈도 차이가 높다. 따라서 지역 간 점진적인 전이(gradual transition)가
일어나는 경향이 강한 데 비해, 형태소 경계 환경에서는 변화가 서서히
진행됨으로써, 지역 간 갑작스러운 전이(abrupt transition)27)가 일어나는 경
향이 강하다. 특히, 파생어와 합성어 형성의 형태음소론적 구성에 의한 어
휘화 과정은 다양한 통시적 정보를 갖고 있는 화석형인 경우가 일반적이
다. 따라서 이미 변화를 경험한 음운현상의 확산 과정을 확인하기 위해서
는 그 화석형(fossil)을 발견하기가 용이한 형태소 경계 환경을 고려할 필요
가 있는 것이다.28) 예를 들어 '붕'의 경우 문헌 자료나 현재 방언분화형
의 지리적 분포를 통해 볼 때, 중부방언에서도 15세기에 합성어에서는
'붕'계와 'ㅂ'계가 공존하는 예를 볼 수 있는데,29) '대범/대범', '말밤/말

---

26) 이병근(1976), 송철의(1977), 이병근(1981), 서보월(1983), 김정우(1984) 등에서 모음조화,
   모음탈락, 경음화, ㄹ탈락, 유성음 사이의 자음탈락, ㅣ역행동화, 자음중화, 어말자음군
   단순화, ㄴ삽입, 구개음화, 단모음화, 자모음화, 활음형성, '으'탈락, 움라우트 등의 음운
   현상들이 파생 경계와 관련하여 논의되었다.
27) Chambers, J. K. & Trudgill, P.(1998 : 105), 지도 위에 인접 방어 간의 특질을 경계 짓
   는 등어선을 그린다는 것은, 하나의 변인이 공간상의 어떤 특정 지점에서 다른 변인으
   로 갑자기 바뀐다는 사실을 의미하는 것이다. 그러므로 등어선으로 나타내기에는 형태
   소 경계 환경이 어휘 내부 환경보다 적절하다 하겠다.
28) Anttila, R.(1972 : 124)는 음운 변화가 일어나 재구조화의 일종인 음운 분리현상이 나타
   날 때 개신을 거부하는 쪽을 화석형이라 정의하고 있다. 그리고 이상규(1991 : 622)는
   합성어나 파생어 형성과 같은 형태음소론적 구성에서는 언어의 보수성 내지는 화석형
   이라고 하는 언어 변화의 통시적 결과를 발견하기가 용이하다고 보았다. 그 예로 경상
   방언형 '수껑'은 '슈+엉'으로 중세어형이 파생어 환경에서 화석화되어 잔존하고 있음
   을 제시하였다.
29) 최전승(1988)에서는 중부방언에서의 '붕>ㅂ' 음성실현 환경조건을 합성어 형성의 단어

밤' 등이 그것이다. 그러나 어휘 내부에서는 공존의 예를 찾아 볼 수가 없다. 이는 음운현상이 확산되는 과정에서 어휘 내부 환경보다 합성어의 경계 환경이, 고형(old form)을 유지하려는 경향이 더 큰 보수적인 환경임을 말해 주는 것이다.

파생이나 합성에 의해 새로운 어휘화 과정을 경험한 형태음소론적 구성은 화석화된 어기(base)나 접사(affix)가 끊임없이 소멸되거나 생성되기 때문에 명확한 조어과정을 해명하기 어려운 경우30)도 있다. 그러나 어휘 내부에서 이전 단계에 실현되었던 음운·형태·의미론적인 화석형이 파생이나 합성적 층위에서 발견될 수 있으므로, 층위를 기준으로 방언 경계를 설정함으로써 보다 풍부한 통시론적인 정보를 얻을 수 있게 되는 것이다. 그 결과 음성 변화 환경이 보다 정밀하게 설정됨으로써 음운규칙에 위배되는 많은 예외적 현상들을 해결할 수 있는 기술적인 타당성을 얻을 수 있게 된다.

이처럼 언어 변화의 내적 요인으로 형태음소론적 환경이 중요한 요인으로 작용하고 있으므로, 이를 고려하여 두 자료집의 비교가 이루어질 것이다. 어휘 내부 환경에서의 변화와 형태소 경계 환경에서의 변화 양상이 분명하게 지리적 분포상의 차이로 나타나고 있다. 따라서 본 연구에서는 두 자료집에 공통으로 조사된 어휘를 선택하되, 형태음소론적 층위인 '어휘 내부-용언 활용-파생어 및 합성어' 환경으로 구분하여 분석할 것이다. 다만, 공통으로 조사된 자료가 없을 경우에는 조사된 한 자료집만을 대상으로 그 지리적 분포를 살펴 기타 어휘와의 관련성을 통해 그 변화 추이를 추정해 볼 것이다.

경계에서 잔존하고 있다고 밝히고 있다.
30) 송철의(1983)에서는 통시 음운현상이 합성이나 파생의 환경에서 보수적인 화석형으로 남아 있기도 하나, 그렇지 못한 경우도 있다고 하였다.

이상의 내적 요인과 함께 언어 변화의 외적 요인으로 인구밀도, 성, 나이, 직업, 계층, 학력, 이주, 종교 등과 같은 사회·문화적 요인31)도 들 수있다. 다양한 변화의 원인을 총체적으로 살펴보기 위해서는 이들 외적 요인들까지 모두 고려해야 하겠지만, 본 연구에서는 수집된 자료 특성상 위에 열거한 사회·문화적 요인을 고려의 대상으로 삼을 수 없다. 사실 두자료집은 사회방언학적 관점에서 수집되기보다 전통적 방언학에 기초하여수집된 자료집이다. 특히, [오구라] 자료집은 서울을 중심으로 하는 수도권(경기도) 지역32)보다 방언적 요소가 강한 시골 지역을 중심으로 수집되었다. [정문연] 자료 역시 같은 맥락에서 사회적 요인은 전혀 고려하지 않은채 수집된 전통적 방언 자료집이다. 앞으로는 연구 영역을 사회도시방언학쪽으로 관심의 폭을 넓힘으로써 전통방언학과 사회방언학과의 교류를 통한 보다 진전된 사고와 방법론까지도 고려할 수 있는 자료조사가 나와야할 것이다. 이러한 점에서 앞으로 간행되는 대규모 국책사업 방언 자료집은 사회적 요인까지를 고려하여 반드시 조사되어야 할 것이다.

다만 본 연구는 실제로 Chambers, J. K. & Trudgill, P.(1998)에서 기술한 일종의 혼성의 방언학 생성물로 볼 수도 있다. 도시 사회방언학자가개발한 개념과 방법의 일부를 각 지역의 전통방언학에서 모아진 자료에적용하는 것이다. 오늘날 이들 자질의 사회적 요인을 고려하지 않고서는,언어학적 자질의 지역적 분포를 설득력 있게 말할 수 없으며, 또한 지리적 공간에 방언 자료들을 배치시키지 않고서는 언어에 영향을 미치는 사

---

31) 언어 외적 확산 요인을 학자들마다 약간씩 달리 제시하고 있다. Rogers(1983)에 따르면,
언어현상(phenomenon), 통신망(communication network), 거리(distance), 시간(time), 사회
구조(social structure) 등 5가지 요인을 제시하고 있고, Carver(1987)에 따르면, 문화지리
학적 관점에서 음식, 주거, 종교, 거리형태, 농사방법, 언어 등을 제시하고 있다.
32) 지도상에서 <경기>지역은 연천, 파주, 고양(경성) 지역을 제외하고는 거의 조사 지역에
서 제외되어 있음을 확인해 볼 수 있다. 사실 이 점이 논의를 전개하는 데 많은 걸림돌
이 되기도 하였다.

회적 자질을 논할 수도 없다. 여기서 방언학과 사회언어학 간의 교류를 통한 학제 간 연구의 다양한 시각 마련이 필요한[33] 것이다.

이에 본 연구에서는 언어·문화적 해석을 부분적으로나마 고려할 것이다. 언어는 문화이기 때문이다. 곧, 언어 변화의 내적 요인인 음운론적 환경과 형태음소론적 층위를 핵심 논의 방법으로 삼으면서, 필요에 따라 언어 변화의 외적 요인인 사회·문화적 관련성도 언급할 것이다. 여기에는 김택규(1985)에서 논의된, 지역 차에 따른 한국 기층문화[34]와 관련한 지역 간 세시풍속에 대한 비교 문화론적 의미가 활용될 것이다. 논의 대상으로 삼은 두 자료집의 방언 자료 또한 농경사회를 근간으로 수집된 것이므로, 기층문화가 방언에도 녹아 있을 것이기 때문이다.

2) 언어의 공간적 확산에 따른 분석

본 연구는 지리언어학적 관점에서 출발하고 있다. 따라서 언어 지도화 작업과 함께 언어 확산 유형과 이에 따른 방언 구획이 주요 논의 대상이 된다. 확산 가설의 주요 논점은 언어의 공간적 확산(spatial diffusion)이다. 확산의 일반적 모델로, Chambers & Trudgill(1998 : 166~186)이 제시한 '인접 지역의 영향(neighbourhood effect)', '건너뛰기 확산(jumping diffusion)', '도시 위계에 따른 확산(diffusion down the urban hierarchy)' 등이 있다. 이를 Bailey, Wikle, Tillery & Sand(1993 : 359~390)에서는 '물결 유형(wave model)', '하향 계층적 유형(hierarchical model)' 및 '인력설(gravity model)', '상향계층적 유형

---

33) 김경숙(2002 : 9)에서 영국 방언학의 경우, 미국과 달리, 전통방언학에서 출발하였지만, 연구 영역을 넓혀 사회방언학과 전통방언학과의 교류를 통한 보다 진전된 사고와 다양한 방법론들이 나오고 있음을 고찰하고 있다.
34) 김택규(1985)에서 기반적 문화, 전통문화, 고유문화라는 의미와 유사한 용어로 사용하고 있다.

(contrahierarchical model)' 등의 용어로 표현하고 있다. 그러나 후자의 경우는 Chambers & Trudgill(1998)이 언급한 확산 모형과 크게 다르지 않다. 이들은 유사한 현상을 사회언어학적 관점에서 확산 모형을 제시하고 있는 것이다.

  '인접 지역 확산'이나 '물결 유형(wave model)'은 지리적으로 인접해 있는 경우, 공통의 특질을 공유하는 예가 많이 있다. 곧, 변화가 어떤 시간 속의 한 지점 특히 중앙 지점에서 시작하여 점진적인 단계로 바깥쪽으로 확산됨으로써 보다 이른 변화가 외곽 지역에까지 이르는 것을 말한다. 이는 '접촉성 전염식 확산(contagious diffusion)'으로 설명하기도 한다. 이에 비해 '건너뛰기 확산'이나 '하향계층 유형(hierarchical model)' 및 '인력설 (gravity model)'은 지리적으로 인접하지 않은 지역으로 건너뛰어 확산되는 경우이다. 대개 이 유형은 역사적으로 문화 중심지였던 대도시에서 시작하여 점진적으로 인구밀도가 희박한 중소 도시로 파급된다. 이는 연못을 가로질러 돌이 건너뛰는 것과 같이 설명할 수 있는 것이다. 이러한 변화는 방사 중심지인 대도시로부터 비슷한 규모의 다른 도시 혹은 보다 작은 도시로 개신의 건너뜀이 이루어진다는 것을 보여주는 '도시 위계에 따른 확산'과 같은 개념으로 사용된 것이다. 이는 인구의 중심지에서 다른 지역으로 언어 개신형이 건너뛰는 패턴을 보여 주고 있어 '폭포식 확산 (cascade diffusion)'으로도 설명할 수 있다. 그러나 이와 반대로 시골지역을 중심으로 분포되어 있던 방언형이 인구 중심지로 확산되기 시작하여 대부분의 도시지역으로 퍼져 나가는 '상향계층적 유형'도 일부 확산 유형으로 나타나고 있다.

  따라서 본 연구에서는 Davis, A. L.(1950 : 264)이 구분한 언어 개신의 양상에 따른 핵방언 지역(core dialect), 잔재 지역(relic area), 전이 지역(transition area) 등과 관련하여, 방언형들이 위에서 열거한 공간적 확산 모형 중 어떤 모습으로 확산되는지를 각각 고찰할 것이다.

이와 같은 언어의 지리적 확산에 대한 고찰은 지리언어학적 방법론에 따라 언어변천사를 한눈에 볼 수 있도록 언어지도화하는 작업을 통해 이루어질 것이다. 지리언어학의 기본적 방법론은 언어지도를 매개로 자료를 분석하고 해석함으로써 다양한 언어학적 결과를 도출해 내는 것이다. 따라서 언어지도는 본격적인 방언학 연구의 선행 작업이 된다. 이상규(2003 : 196)에서 밝혔듯이, 언어지도의 목적이 언어지도를 통해 어떤 방언형이 가장 큰 세력을 지니고 있으며, 어디를 분기점으로 하여 방언이 분화하며, 그 방향이 어디로인가에 대한 정보를 시각적으로 나타내 보이는 데 있다. 이러한 방언 분화의 흐름은 궁극적으로 언어의 역사적 단계를 반영해 주기 때문에, 언어지도는 언어변천사를 지도화한 것이다.

전통적인 연구 방법론인 지리언어학을 방언 연구의 본령으로 재인식하게 된 시기는 1980년대 이후부터이다. 이익섭(1978), 이승재(1986) 등을 비롯하여 1980년대 이후 학계에서는 김영송(1963 : 경남), 천시권(1965), 이기백(1969) 등이 이미 시도하였던 언어지도를 통해 방언 구획을 살피는 기존의 전통적 연구 방법에서 진일보하여 방언을 구획하고 분석하였다. 이익섭(1981 : 강원), 이기갑(1986 : 전남), 소강춘(1989 : 전북), 김택구(1991 : 경남), 김충회(1992 : 충북), 최명옥(1994, 1998b : 경북), 김덕호(1997, 2001 : 경북), 강대갑(1998 : 경남), 박정수(1999 : 경남), 황인권(1999 : 충남), 김순자(2010 : 제주), 김정대(2012 : 경남) 등이 지리언어학을 방언연구의 기본적인 방법론으로 이용하면서 결실을 보게 된 진정한 의미의 도 단위 차원의 방언 연구인 것이다.

그러나 이들 연구들은 광역의 체계적인 방언 비교라고는 할 수 없다. 이들 작업이 전국적으로 망라되고, 통합될 때 비로소 한국 전체의 방언 구획은 그 목표에 도달할 것이다. 이제는 앞선 학자들이 정밀하게 연구한

도 단위별 하위방언권을 대상으로 한 지리언어학의 연구 토양 위에서, 전국 단위의 대방언권을 대상으로 한 지리언어학적 연구가 시도35)되어야 할 시점이다.

지리언어학의 기본적 방법론이 언어지도를 매개로 자료를 분석·해석하여 언어학적 결과를 도출해 내는 데 있기 때문에, 빠르고도 손쉬운 언어지도 작성이 무엇보다도 중요하다. 그러나 언어지도 작성은 세계 각국의 언어지도 제작 과정을 참고36)해 보더라도 알 수 있듯이, 기간, 인력, 경비 등이 많이 소요되는 지난한 작업이다. 그럼에도 불구하고 학계에서는 개인 컴퓨터를 이용하여 비교적 쉽고도 간단한 언어지도 작성 방법들을 끊임없이 다양하게 개발해 왔다.37)

전국적인 단위의 언어지도로는 대한민국 학술원이 간행한 한반도 전체를 대상으로 한 6장의 『한국언어지도첩』(1993)을 비롯하여, 두길수·안동언(2002)이 국립국어연구원 세종프로젝트 일환으로 개발한 『한국 방언 검색 프로그램』, 이익섭 외 4인 공저로 간행한 『한국언어지도』(2008) 등이 대표적이다. 특히, 『한국언어지도』는 한국정신문화연구원이 조사한 자료를 토대로 153개 항목의 지도와 함께 개별 어휘에 대한 해설을 덧붙인 명실상부한 전국 단위의 상징지도이다. 그러나 이 지도는 개별 어휘에 해당되는 지도의 의미를 지닐 뿐, 지도들 간에 체계적인 상관관계가 전혀 고려되지 않은 한계를 지니고 있다. 방언학의 최종 목적은 개별 어휘에서 도출된 다양한 해석을 통합하여 이를 유기적으로 체계화시키는 데 있기

---

35) 김경숙(1997), 이상규(2001)에서 카토그램을 활용하여 국어 음운의 방언분포와 분화 과정을 분석함으로써, 남한을 대상으로 한 전국적인 방언 구획이 시도된 바 있다.

36) 김경숙(2002)에서 영국, 북미, 일본을 중심으로, 2000년대 초기까지 외국의 방언 연구의 동향에 대한 개괄적 이해와 함께 앞으로의 연구과제에 대해 논의한 바 있다.

37) 대표적인 예로는 김덕호(1995a,b)의 '흔글'문서편집기를 이용한 디지털 언어지도, 이상규(2004)의 한국 방언지도 제작 시스템(KSEAL)에 의한 언어지도, 이상규(2005)의 방언지도 제작기(Map Maker)를 활용한 방언지도 등이 있다.

때문이다.

본 연구에서는 지금까지 시도된 다양한 지도 작성 방법 중 이상규(2005)가 개발한 '방언지도 제작기(Map Maker)'를 활용하여 방언지도를 작성하였다. 이것은 상징부호 언어지도를 제작하기 위한 도구로 윈도우즈 환경에서 간편하게 언어지도를 제작할 수 있을 뿐 아니라, 방언 자료 분석과 해석까지도 용이한 한층 진보된 총 천연색 방언지도 작성 도구이다. 본 연구의 출발선에 있었던 'Map Maker'를 활용한 지도 작성으로 인해 본 연구도 한층 수월하게 진행할 수 있었다. 지면을 빌려 다시 한 번 감사의 마음을 전한다.

이상의 지도화 작업을 거친 후 남한 전체를 대상으로 방언 구획이 이루어질 것이다. 방언 구획과 관련하여서는 곽충구(1995)가 제시한 '남북 절구형', '남북 사선형', '동서분화형', '동서분리형', '고립형', '팔랑개비형' 등의 유형을 참고하여 김경숙(1997)과 이상규(2001 : 186~191)에서도 시도한 바 있다. 특히, 이상규(2001)는 다양한 방언 어휘 분포 양상을 12개의 유형별로 분류함으로써 유형을 보다 세부적으로 구체화하여 제시하고 있다.38) 나아가 김덕호(1997, 2001), 김경숙(1997), 이상규(2001)는 이들 개별적 어휘들의 다양한 분포 유형을 종합하여 구조화시킨 카토그램(cartogram)을 활용하여, 방언 분포의 외각적 윤곽을 밝힘으로써, 방언 분포의 차이를 보다 명료화하였다. 이에 본 연구에서는 방언 분화형이 형태음소론적 층위에 따라 지리적 분포에 차이가 있음을 밝히는 데, 이 카토그램 기법을 활용39)하고자 한다.

---

38) 남북절구형(∨), 남북사선형(／), 남북역사선형(＼), 동서분리형(∣), 동서남부분리형(」), 좌함몰형(ㄱ), 우함몰형(ㄷ), 동남분리형(ᒣ), 서남분리형(」), 동해안분리형(Ɩ), 팔랑개비형(☆), 언어섬(○) 등으로 구분하고 있다.

39) 본 연구에서 구조화한 카토그램은 다음을 기준으로 작성하였다. 1)변화를 거쳐 도달한 [정문연] 자료를 대상으로 한다. 2)여러 어휘의 다양한 유형을 합쳐서 도출해 낸 최대한

1.4. 연구의 구성

이상, 137개 군 지역을 대상으로 조사된 150여 개 어휘에 해당하는 두 자료집의 방언 자료에 대해 각각 제작된 언어지도를 해석하고, 이를 바탕으로 하여 다음과 같이 6개의 장으로 구성하여 논의를 진행하고자 한다.

2장에서는 논의의 핵심 관점이자 전제가 되는 내용으로 구성되어 있다. 2장 1절에서는 문헌 자료와 방언 자료의 차이점을, 2장 2절에서는 음운 변화와 언어의 공간적 확산을, 2장 3절에서는 형태음소론적 층위에 따른 지리적 분포와 변화 추이 등을 각각 논의할 것이다. 따라서 다음 3~5장은 2장의 핵심 논지를 뒷받침하는 구체적이면서도 확장적인 논거로서의 역할을 하게 될 것이다.

3장, 4장, 5장에서는 국어사에서 주요하게 다루었던 음운 현상과 관련된 핵심 과제를 중심으로 두 자료집에 공통으로 조사된 어휘를 선별하여 두 자료집 간 방언 변이형의 지리적 분포와 그 변화 추이를 비교·분석할 것이다. 이때 약 100여 년의 시차를 보이는 두 자료집의 시각적 비교를 위한 언어 지도와 함께 방언 분화형의 출현 빈도수 및 빈도율과 두 자료 간 변화 차이를 분석한 표를 제시할 것이다. 제시된 지도와 표는 방언 자료들 간 상호 관계 및 변화 양상을 파악하는 데 유용한 도구로 쓰일 것이다. 구체적인 논의 대상은 다음과 같다.

3장 1절에서는 15세기 '♀'로 표기된 어휘들을 대상으로 어두 음절과 비어두 음절로 나누어 변화를 고찰할 것이며, 3장 2절에서는 15세기 '으'

의 방언 경계선을 기준으로 한다. 3)상호 대립되는 방언 분화형을 음영과 함께 표기한다. 4)음운 현상들 중에서 지리적 분포가 특별히 유형화하거나 특이한 경우를 중심으로 작성한다.

로 표기된 어휘들의 변화를 인접 음운인 치찰음과 순음을 비롯하여 기타 음운과의 결합적 변화 속에서 비교·분석할 것이다.

4장에서는 국어에 빈번하게 발생하는 전부모음화 현상이 적용되는 어휘를 대상으로 논의한다. 4장 1절에서 '이'모음 역행동화, 4장 2절에서 어말 '이'의 첨가, 4장 3절에서 상향이중모음의 단모음화 현상으로 각각 구분하여 논의할 것이다.

5장에서는 자음현상과 관련된 내용들을 논의한다. 5장 1절에서는 15세기 유성마찰음으로 존재했던 'ㄱ[ɣ], ㅸ[ß], ㅿ[z]'의 'ㄱ : ø, ㅂ : ø, ㅅ : ø' 대응관계를, 5장 2절에서는 후음 'ㅎ'의 고대국어 단계에서의 존재 여부 내지 구개음화 발생과 관련된 'ㅎ : ㅅ'을 'ㄱ : ㅈ'의 대응관계와 비교하여 방언 변이형의 지리적 분포와 시간적 변화 추이를 논의할 것이다.

6장 결론에서는 이제까지의 논의를 요약하고 정리해 본다.

[부록]에서는 [오구라] 자료집과 [정문연] 자료집 간 상호 비교가 용이하도록 각각 '한국언어지도'를 제시할 것이다.

제2장 형태음소론적 층위에 따른 방언 자료와 지리언어학

본 장에서는 두 자료집 간 대상 방언 자료에 대한 지도를 작성하고 이를 각각 분석한 후 상호 비교한 결과 방언형들이 보여주는 지리적 분포와 그 변화 추이의 주요 특징들이 제시되어 있다. 따라서 본 장은 어휘 확산 이론1)에 바탕을 둔 지리언어학적 관점에서 구체적으로 논의하고자 하는 본론의 전개 방향을 제시하는 전제가 될 것이다. 언어지도가 보여준 대표적 특징으로는 문헌 자료와 방언 자료의 차이점, 음운 변화와 언어의 공간적 확산, 형태음소론적 층위에 따른 지리적 분포와 변화 추이 등이 있다.

---

1) Labov(1994 : 421~439)는 일반적으로 어떤 음성 변화가 동일한 음성 환경을 구비하고 있는 어휘들로 확산되어 갈 때, 외적 조건에 따라 해당 변화를 수용하는 시간적 완급의 차이가 있음을 기존 연구들의 검토를 통해 결론을 내리고 있다. 이는 당시 소장학파 (Neogrammarian)의 주장인 소리의 변화는 항상 단계적(gradual)이며, 항상 규칙적(regular) 이며, 모든 단어에 동시(the same time)에 적용된다는 주장과 상반되는 입장이다.

2.1. 문헌 자료와 방언 자료의 차이점

과거의 문헌 자료들은 서로 다른 방언적 요소를 통일되고 규범화된 문자언어로 표기하면서 당시 구어의 모습을 그대로 보여주기도 하지만, 그렇지 않은 부분도 있기 때문에 국어의 과거 모습을 온전히 확인하기 어려운 점을 가지고 있다.[2] 그 결과 문헌 자료를 해석하는 학자들의 관점에 따라서도 어느 일정한 언어 변화의 출발과 지리적 확산 및 그 과정의 종료에 대한 판단과 해석에서 상당한 불일치를 보이게 되었다.[3]

이러한 문제에 대한 보완적 방법으로 방언 자료에 주목하게 된다. 방언 자료는 이전의 형태가 그대로 화석화되어 남아 있어 살아있는 국어사 자료가 된다. 특히, 방언 자료에 반영되는 음성 변화는 어휘 확산이라는 관점에서 볼 때, 개별 어휘에서 다른 어휘로, 일부 화자에서 다른 화자로, 한 지역에서 다른 지역으로의 점진적 확대 과정을 거치게 된다. 이러한 개별적인 어휘의 특성, 즉, 분절체상의 구성 조건, 형태음소론적 층위나,

---

2) 이기문(1998 : 13~14), 문헌 자료의 결함을 보충하기 위하여 국어사 학자들이 의존하는 것으로 비교 방법, 내적 재구 및 방언학 등이 있다. 특히, 국어사 연구에 있어서 빈약한 문헌 자료의 결함을 보충해 주는 가장 중요한 방법으로 지리언어학에 의해 발전되어 온 방언학을 언급하고 있다.

3) 최전승(2004 : 143)에서 문헌 자료에 반영된 표기상 관찰에 근거한 국어 음운사 연구에서 음운규칙의 출발과 그 완료에 해당되는 역사적 시기 설정이 연구자들의 관점에 따라 다양하였음을 제시하고 있다. 'ㆍ'의 비음운화의 경우, 유창돈(1964 : 28)은 15세기 중엽부터 'ㆍ'의 소실이 이미 출현하였으며, 17세기에 이르면 완전히 모음체계에서 제거된다고 파악하였다. 반면에, 송민(1986 : 98)은 제1음절의 'ㆍ'가 'ㅏ'에 완전 합류되기 시작한 시기가 16세기 말엽이었음을 논증하였다. 그러나 이숭녕(1988)은 제1음절의 'ㆍ'가 동요된 시기는 16세기 말엽이며, 음소로서의 /ㆍ/의 전면적 소실이 16세기 후기에서 17세기 초에 걸친 것으로 단정하였다. 유희의 『언문지』에서 'ㆍ'에 관한 증언과, 'ㆍ>ㅏ'의 변화를 표기상 대량으로 보여주는 18세기 말엽의 자료를 통하여 이기문(1972 : 121)은 'ㆍ'가 근대국어 모음체계에서 완전히 사라진 시기를 18세기 중엽 단계로 설정하였다. 또 다른 변화인 구개음화의 출현 시기와 소멸 시기 설정도 음운사 연구에서 역시 다양하게 추정하고 있다(이명규, 2000 : 14~16).

사용 빈도수, 사회 언어학적 요인 등이 반영된 언어변화의 점진적 확산 과정은 오랜 내적 시간 속에서 이루어져 방언에 그 흔적을 남기기 때문이 다(Chen 1978, 최전승 2004 : 144).

　실제로 방언 자료에 절대적으로 우세한 세력을 갖는 분화형이 문헌 자료에는 전혀 반영되지 않은 문제가 존재하고 있는 것이다. 예를 들면, '가위'의 경우 [지도 1-1, 1-2]에서 보듯이 남한의 전 지역에서 '가새' 또는 '가시개'형과 같이 'ㅅ'형(●형)이 'ø'형(■형)보다 광범위하게 나타나고 있다. 한반도 전체로 보면, [오구라] 자료에 <황해><평북><평남> 등 서북 지역을 제외한 전 지역에서 'ㅅ'유지형이 나타나고 있다. 그러나 15세기 이후 문헌 자료에는 'ㅅ'형이 보이지 않는 어형인 'ᄀᅀᅢ, 가의, 개, 가위, 가외'형 등으로 대부분 기록되어 있다. 이렇듯 전국적으로 광범위하게 나타나는 'ㅅ'형의 지리적 분포를 고려하지 않고, 일부 형태에 국한된 문헌 자료만 보고 국어사에서 'ㅅ'의 존재를 중요하게 다루지 않거나, 일부 지역의 방언형으로 처리하고 있는 것4)은 문제가 된다. 방언에는 탈락형(ø)이 침투하여 개신이 진행되었다 하더라도 'ㅅ'형은 여전히 그 지역에 남아 있는 것이다. 이처럼 생생한 방언 자료가 존재함에도 불구하고 문헌 자료에 출현하지 않거나, 출현이 드물다는 근거로, 규칙이 발생하지 않았다거나 뒤에 생겨난 것으로 판단하는 것은 고대국어에서부터 유지되었던 지역적 차이가 없어졌다는 가정을 전제해야 한다. 따라서 국어사를 해석함에 있어서 문헌 자료를 통해 얻은 결과를 방언 자료와 비교함으로써 검

---

4) '가위'에 대한 고어형 재구로 방언형을 근거 자료로 내세우는 경우에도 'ㅅ'유지형을 주로 경상도 방언형의 주요 특징으로 보고 논의하는 경우가 많다. 그러나 다른 어휘와 관련지어 지리적 분포와 그 변화 추이를 보면, 'ㅂ'유지형과 달리 'ㅅ'유지형은 경상도 지역보다 오히려 전라도를 중심으로 하는 서부 지역에서 보다 우세한 세력을 보이고 있다. 따라서 전국적인 분포양상을 고려하지 않은 채, 일부 지역의 방언형에 한정하여 고증할 경우, 또 다른 문제가 발생할 수도 있다. 이는 5.1장에서 구체적으로 논의할 것이다.

증·보완하는 태도5)가 반드시 필요하다.

또한 구개음화 규칙 발생의 선후 문제와 관련하여서도 문헌 자료와 방언 자료 간 해석의 차이가 존재하고 있다. 전라도를 진원지로 하여6) 'ㄷ, ㄱ, ㅎ'구개음화가 16세기에 발생한 것으로 보는 것이 문헌적 해석의 일반적인 입장이다.7) 해석의 근거로는, 발견되는 문헌 자료 시기와 문헌에 출현하는 어휘의 빈도수에 따라 규칙의 발생이나 완성 시기를 추정하고 있다. 특히, 과도교정의 출현이 반드시 구개음화가 활발하였기 때문으로 보기 어려운 경우도 있지만, 대부분 활발하게 나타나는 과도교정의 예를 통해 역추적하는 방식으로 구개음화 규칙의 완성 시기를 논하고 있다.

반면에, 방언 자료 분포에 따른 해석의 근거는 어휘 확산 가설에서 출발하고 있다. 이른 시기에 적용된 규칙의 경우, 오랜 시간이 지나면서 각각의 방언권으로 전파되거나 확산이 지속적으로 이루어지면서 지리적으로 멀리 떨어져 있는 지역에까지 확산이 이루어져 지리적 분포8)에서도

---

5) 이기문(1963 : 78), 이승재(1983 : 219~220) 등에서 중세어형 '강애'의 이전 형태를 재구하는 데 경상도 방언의 'ㅅ'형을 중요한 단서로 활용하여 논의한 바 있다.
6) 이명규(1990 : 34)에서 광복 후 직·간접적으로 구개음화를 다룬 연구 업적을 토대로, 구개음화는 동남 및 서남방언 그리고 동북방언에서 먼저 비롯되어 점차 확산됨에 따라 중앙방언에 이르기까지 그 세력을 뻗쳐 전파되면서 오늘에 이르렀으나 서북방언만은 이 현상의 영향을 아직까지 받고 있지 않은 것으로 정리하고 있다.
7) 김주원(1997 : 40)에서는 'ㄷ, ㄱ, ㅎ'구개음화가 16세기에 남부방언을 중심으로 거의 동시에 일어난 것으로 보고 있다. 칠대만법(1569)에 '규화'의 오교정된 형태로 나타나는 '듀화'를 증거로 'ㄷ, ㄱ'구개음화를 16세기로 추정하고 있다. 다만 'ㄷ'구개음화와 'ㄱ'구개음화 중에서는 과도오교정의 예로 보아 'ㄷ'구개음화가 먼저 일어난 것으로 보고 있다. 'ㅎ'구개음화도 몽산화상육도보설(1567)에 나오는 '셔'를 증거로 역시 16세기로 구개음화의 발생 시기를 추정하고 있다. 'ㅎ'구개음화의 경우는 16세기 중엽 충북방언을 반영하는 순천 김씨 묘 출토 편지에서의 '슈지'형을 통해 확인하고 있다.
8) 문헌 자료에 대한 해석 차이로 인해 생긴, 구개음화 규칙의 발생과 'ㅈ'경구개 위치로의 조음 위치 이동이라는 두 사건의 선후 문제를 해석하는 데, 방언의 지리적 분포가 중요한 단서로 활용되고 있다. 곽충구(1992 : 65)는 <황해>와 <육진> 두 지역 모두 'ㅈ'이 /ts/이지만, 황해도에서는 'ㄷ'구개음화가 완료되었음에 반해 육진방언에서는 여전히 'ㄷ'구개음화가 보수적이라는 사실을 지적하고 'ㄷ'구개음화가 'ㅈ'이 [ts]와 [ʃ]로 실현되는

광범위하게 나타나며, 자료 간 변화 차이도 크지 않는 등 안정적인 모습을 보여 준다. 이처럼 방언의 지리적 분포와 변화 추이라는 관점에서 본다면, 'ㄱ, ㅎ'구개음화 발생 시기 추정이 어느 정도 가능해진다. 방언 자료에서는 구개음화의 지리적 분포나 변화 추이가 지역적 유형성을 보이며 일관되게 나타나고 있기 때문이다.

예를 들면, [지도 2-1, 2-2]에서 보듯이, <전라도>지역에서 발현한 구개음화 현상이 'ㅎ'의 경우(혀)는 남한에서는 <경기>지역을 포함하여 전 지역에 'ㅅ'형이 나타나고 있다.9) 한반도 전 지역으로 확대하면, <평북><평남>만을 제외한 <함북><함남>지역을 포함하여 <황해>에 이르기까지 'ㅅ'형이 확산되어 있다. 그런데 비해 'ㄱ'의 경우(기둥)는 [지도 3-1, 3-2]에서 보듯이, <황해>는 물론 <경기>까지도 구개음화 적용형인 'ㅈ'의 확산이 이루어지지 못한 상태이다. 이처럼 'ㄱ'의 'ㅈ'으로의 교체형보다 'ㅎ'의 'ㅅ'으로의 교체형이 보다 광범위하게 분포되어 있을 뿐 아니라, 중앙어 간섭에 의한 선대어형회귀(先代語形回歸)10)로의 변화, 즉, 'ㅅ → ㅎ', 'ㅈ → ㄱ'으로 되는 변화율도 'ㅎ'의 경우가 'ㄱ'의 경우보다

단계에서 발생하였고, 이후 [ts]가 [ʃ]로 합류의 길을 걸은 것으로 설명하고 있다. 이렇듯 방언 자료를 통한 해석은 문헌 중심의 해석과는 다른 결론에 이르고 있다.

9) 김방한(1993 : 226~228)에서는 한국어의 'h'에 대해 알타이제어와 비교 연구한 람스테트(1953 : 13)와는 다른 입장 차이를 보이고 있다. 람스테트(1953 : 17)는 알타이 조어에 *h가 포함되어 있지 않다고 보고 한국어의 'h'는 대부분 역사적으로 's'에 소급한다고 했으나, 김방한은 한국어의 'h'(혀)는 원시퉁구스어 *h-~*x-와 일치하는 점이 있음을 들어, 'h'기원설을 인정하고 있다. 특히 *x- 뒤에 모음 -i-가 후속하면 *xi-가 si-로 변화했으며, 이 *xi-가 한국어의 'h'와 대응하는 예가 있음을 지적하고 있다. 이로써, 김방한은 i 앞에서 h>s로의 변화를 상정하고 있다. 이처럼 'ㅅ'과 교체를 보이는 'ㅎ'음의 기원에 대해 상반된 입장을 보이고 있음으로써, 이에 대한 논의가 보다 심층적으로 이루어져야 하겠지만, 본 연구에서는 학계의 일반적 입장을 따라 'ㅎ>ㅅ'으로의 구개음화 현상으로 보고 논의를 전개하고자 한다.

10) 'i' 또는 'y'모음 앞에서의 'ㅎ>ㅅ'로 변화되는 'ㅎ'구개음화가 <전남>을 진원지로 16세기 이래로 완성되어 전국적인 확산이 이루어진 이후, 또다시 중앙어의 간섭으로 인해 <경기>를 진원지로 'ㅅ>ㅎ'으로 변화하는 현상에 대해, 논자가 새로이 명명한 용어이다.

상대적으로 낮아11) 안정적인 모습을 보여 주고 있다. 따라서 어휘 확산 가설에 따르면, 'ㅎ'이 'ㄱ'보다 먼저 구개음화의 길을 걸은 것으로 해석해 볼 수 있는 것이다. 'ㄷ, ㄱ, ㅎ' 구개음 진원지를 <전라도>임을 전제로 할 때, 가능한 해석이다. 서남방언은 거의 변화가 없는 데 비해, 동남방언은 변화과정(ㅅ → ㅎ)에 있음을 지도를 통해서도 확인되고 있다.

이처럼 고어형을 찾거나 음운변화 현상의 시간적 선후 관계를 파악하기 위해서는 과거 문헌 속에서 이미 알고 있는 규칙의 종적인 변화를 지리언어학에서 확인한 횡적인 추이와 서로 대조한 다음에 언어 변화의 흔적을 찾아야 할 것이다. 더욱이 문헌 자료와 방언 자료 간 해석이 상충할 경우, 중앙어 중심의 규범화되고 통일된 문어보다 예전의 구어 모습을 고스란히 간직하고 있는, 한반도 전체를 조망하는 방언 자료를 통해 얻은 결과가 국어사를 해석하는 데 보다 타당한 설명적 관점이 되어야 할 것이다. 그 근거는 본 연구의 3~5장에서 구체적인 논의를 통해 기술될 것이다. 문헌 자료와는 사뭇 다른 모습으로 나타나는 방언형들의 지리적 분포와 변화 양상들이 각 음운현상에 일관되게 나타나고 있기 때문이다.

15세기 문헌 자료를 기준으로 그 이후 어형을 시간적 흐름만을 고려하여 분석하는 기존 국어사의 문헌 중심의 단선적 해석 태도12)는, 고대국어에서부터 유지되어 온 방언의 지역적 차이를 전제하지 않는 결과를 초래함으로써, 해석상 오류 발생의 소지가 많아 질 수 있다는 것이다. 물론 본 연구에서 기존의 문헌 자료를 대상으로 분석한 선행 연구들의 탁월한 성

---

11) 본 연구의 5.2에서 '혀(바닥)'과 '기둥'의 두 자료집의 출현 빈도율과 변화율을 분석하였다. '혀(바닥)'의 'ㅅ'형 출현 빈도율(%)은 [오구라] : [정문연]=99 : 93으로, 자료 간 변화차이가 '-6%'이다. 반면에, '기둥'의 'ㅈ'형 출현 빈도율(%)은 [오구라] : [정문연]=98 : 80으로 두 자료 간 변화차이는 '-18%'이다. '혀'가 '기둥'보다 상대적으로 변화율이 낮아 더 안정적인 모습을 보이고 있다. 이는 하나의 예를 보인 경우지만, 그 밖의 어휘에서도 이와 유사한 결과가 나타나고 있다.

12) 『한민족 언어정보화 통합 검색 프로그램』(2007)에서 주로 설명하는 방식이다.

과를 부정하려는 것은 아니다. 문제의 본질에 접근하기 위해서는 종적인 시간적 변화와 함께 횡적인 공간적 분포 추이까지 고려하는, 보다 균형 잡힌 시각이 필요하다는 것이다. 따라서 본 연구에서도 이 점을 고려하여 어휘 확산 가설에 근거를 두고 방언의 지리적 분포, 개신의 진원지 및 개신의 방향 등에 대한 실증적 자료를 확보함으로써, 기존 문헌 자료를 통해서 해결되지 못한 문제에 대한 대안을 제시하고자 한다.

2.2. 음운 변화와 언어의 공간적 확산

인구의 이동이 격심하지 않은 농경 중심 국가에서는 지리언어학적 방법론이 방언의 본질을 규명하는 적절한 수단으로 활용되어 왔다. 지역적 방언 분화는 대부분 그 언어가 겪은 상이한 역사적 과정의 투영이므로, 언어 내적 요인과 함께 논의되어야 할 또 다른 역사적 해석 방식이라 할 수 있다. 특히, 방언 분화는 주변 환경의 영향을 받아 이루어지므로, 음운 변화 규칙이 예외 없이 모든 단어에 일률적으로 적용되지 않고 지역을 달리하여 공간적으로 확산되어 나타나고 있는 것이다. 따라서 100여 년의 현장 시간차를 보이는 두 자료집 간 언어지도에 나타난 분화형의 지리적 분포 및 보수형과 개신형의 확산 과정을 파악하면 어휘가 변해가는 방향뿐 아니라, 과거의 변화 흐름까지도 추적할 수 있게 된다.

실제 한국 언어 지도에 Trudgill(1998 : 166~186) 또는 Sand(1993 : 359~390)가 제시한 확산유형과 유사한 유형들이 나타나고 있다. 이들이 제시한 유형을 참고하여 다음과 같이 명명함으로써 한국 방언의 확산 모형을 제시할 수 있다. 중앙어와의 접촉으로 인해 인접한 지역으로 물결처럼 확산되는 '하향 물결형'과 인접지역과는 다른 언어체계를 형성하는 '언어섬형',

대도시 중심으로의 '건너뛰기형', 일부 방언형의 확산으로 중앙어가 오히려 밀려나는 '상향 물결형' 등 몇 가지 확산 모형들이 나타나고 있어, 한국 방언의 확산 패턴을 읽을 수 있게 된다. 이를 구체적으로 살펴보면 다음과 같다.

첫째, '하향 물결형(hierarchical wave diffusion)'이 있다. 표준어 지위를 획득하게 된 어휘가 <경기>지역을 중심으로 강력한 세력을 형성하면서 인접지역인 <강원><충청>지역을 거쳐 <전북><경북><경남> 등지로 활발하게 확산되어 가는 유형이다. 이는 '접촉을 통한 인접지역으로의 점진적 확산(gradual diffusion)' 내지 '물결 확산(wave diffusion)'으로 설명되는 가장 대표적인 한국 방언 확산의 유형이다. 대표적인 예로 'ㄱ'구개음화와 관련된 '겨울' 어휘를 통해 확인해 본다. [지도 4-1, 4-2]에서 보듯이, [오구라] 자료집에 구개음화 형태인 'ㅈ'형(●형)이 큰 세력을 형성하며 전국적으로 분포되어 있었으나, 'ㄱ'형(■형)도 산발적이긴 하지만 <제주>를 제외하고 전국적인 분포를 보이며 나타나 있었다. 그러나 '겨울'형이 표준어의 지위를 갖게 되면서, [정문연] 자료에 와서는 'ㄱ'형이 <경기>를 중심으로 보다 강력한 세력을 형성하여, 남부 외곽지역(제주 포함)에 이르기까지 전 도내로 빠르게 확산되어 갔다. 그 결과, 전국적으로 'ㅈ'형(보수형)은 거의 사라지고 'ㄱ'형(개신형)으로 대부분 개신이 진행되었다.13) 특히 <충북>과 <충남>지역은 <경기>지역에 바로 이웃함으로써 <경기>의 영향을 가장 강력하게 받아, 보수형의 잔재 세력이 가장 희박한 지역14)이

---

13) '겨울'은 어휘 내부 환경이면서도 사용 빈도수도 높아, 형태소 경계 환경이나, 사용 빈도수가 낮은 다른 어휘에 비해 개신이 빠르게 진행되어 보수형의 잔재지역이 상대적으로 적다.

14) 조사가 결합되는 형태소 경계 환경에서는 <충남>의 홍성, 공주, 연기, 서천, 논산, 대덕 등지에서 '짊(이)'형이 보이고 있다. 그러나 어휘 내부 환경에서는 <충남>의 전 지역에서 '겨울'형만 보이고 있다.

되었다. 반면에 개신형의 침투에 가장 소극적인 지역은 <경기>에서 멀리
떨어진 외곽지역인 <전남>지역이다. 오히려 <전남>은 멀리 떨어진 중
앙어의 자격을 획득한 'ㄱ'형에 민감하게 영향을 받기보다 바로 이웃한
<전북>지역에서 사용하던 어휘 '시안'의 영향을 직접 받음으로써, [오구
라] 자료에서 보이지 않던 '시안'이 [정문연]에 와서는 '시안'과 보수형인
'ㅈ'형을 함께 사용하는 모습을 보이고 있는 것이다. <전남>에서의 '시
안' 사용 또한 '인접지역 영향'으로 확산된 대표적인 예가 되는 것이다.

여기서 흥미로운 점은 <충남>과 <전북>지역에서 보여주는 현상이다.
<충남>은 [오구라] 자료에서는 조사된 전 지역에서 'ㅈ'형을 사용하였으
나, [정문연] 자료에 와서는 'ㄱ'형이 전 지역에 침투되어 개신이 가장 빠
르게 진행되었다. <전북>은 [오구라] 자료에서는 다른 지역에서는 보이
지 않는 '시안' 어휘를 독자적으로 사용함으로써, 언어섬(language island)을
이루는 듯하지만, 한편으로는 이 '시안'과 함께 'ㄱ'형(겨울/겨울)과 'ㅈ'형
(저울(을)/저슬(실))도 함께 사용함으로써, 가장 복잡한 병존 방언 지역으로서
의 모습을 보여 주었다. 그러나 [정문연] 자료에 와서는 '시안'형은 거의
사용하지 않고 중앙어인 'ㄱ'형(겨울)'으로 대부분 개신이 이루어지면서 변
화가 빠르게 진행되었다.

여기서 '시안' 어휘의 독특한 변화 양상이 눈길을 끈다. [오구라] 자료
에서는 <전북>을 중심으로 나타나던 '시안'이 [정문연] 자료에 와서는
<전북>에서는 거의 사라지고 이웃한 <전남>을 중심으로 사용 지역이
남하한 양상을 보이고 있는 것이다. 이는 <전북>지역은 지역성을 고수하
기보다 중앙어로의 개신에 비교적 적극적으로 반응하고 있음을 보여 주
는 단적인 예라 하겠다. 반면에 <전남>지역은 개신이 진행되더라도 중앙
어('ㄱ'형)를 선택하기보다 이웃하는 <전북>지역에서 독자적으로 사용하
던 어휘인 '시안'을 수용함으로써, 구개음화 어휘('ㅈ'형)에 대한 강한 의지

를 보이고 있다. 이로써, 구개음화가 적용된 어휘 중에서 가장 개신이 빠른 어휘 내부 환경인 '겨울' 어휘에서도 <전남>지역에서는 개신형 'ㄱ'형의 침투가 활발하지 않다. 이는 <전남>지역이 구개음화 현상의 진원지임을 확인해 주는 중요한 단서가 되는 것이기도 하다.

'겨울'처럼 개신이 전국적으로 빠르게 진행되더라도 예전부터 각 지역에서 사용하던 보수형('저-'형)의 흔적은 여전히 잔재되어 있어 언어의 통시적 고찰을 가능하게 하고 있다. 그러나 <전북>을 중심으로 활발하게 나타나던 '시안'이라는 어휘가 1세기만에 <전북>지역에서 거의 사라지는 모습에서, 더 늦기 전에 각 지역에 흩어져 있는 방언을 적극적으로 수집하여 보전하려는 노력이 필요하다. [오구라] 자료가 없었다면, <충남>지역에서 'ㅈ'의 흔적을, <전북>지역에서 '시안'의 흔적을 확인할 길이 없을 것이다. 머지않아 <전남>지역에서도 'ㄱ'구개음화 어형이 흔적도 없이 사라질 수 있는 것이다. 자료의 부족으로 인한 해석의 오류가 예상된다. 안일하게 표준어 교육의 틀 안에 갇혀 소중한 지역의 방언들을 사장시켜서는 안 될 것이다. 한 세대인 20~30년을 기준으로 국가적인 차원에서 전국적인 방언조사가 반드시 이루어져야 함을 자료를 통해 시사하고 있다.

둘째, '언어섬형(language island)'이 보이고 있다. 중앙에서 시작된 음운변화와 관련된 방언형들이 '인접 지역의 영향'으로 개신이 점진적인 단계로 확산되어 갔으나, 외곽지까지 완전히 개신파가 도달하지 못하거나 인접 지역과 전혀 다른 언어 체계를 가지게 됨으로써, '언어섬'을 이룬 예도 보이고 있다. [지도 5-1, 5-2]에서 보듯이 '느물'의 경우, <경기>지역을 중심으로 남한의 중·동부 지역에 널리 분포하는 표준어형 '나물'형(●형)과 서남단 지역인 <전남>을 중심으로 분포하는 '노물'형(■형)의 분포 지역을 가르면서 그 사이에 제3의 어형인 '너물'형(▲형)이 <충남>의 서해안 지역에서부터 <전북>의 전 지역을 포함하여, <전북>에 인접한 <전남>의 북부와 동부 지역을 거쳐 <경남>의 서부 지역과 남해안 지역에 이르며 긴 역사선형(\)으로 띠를 형성하며 분포되어 있다. 즉, '어'형이 '아'형과 '오'형을 가르며 그 사이에 분포하는 형상을 보이고 있는 것이다.

이 지도를 통해 'ᄂᆞ물'의 음운 변화와 함께 개신 방향을 가늠할 수 있다. 15세기 'ᄋᆞ'를 갖던 '나물'이 'ᄂᆞ->노-', 'ᄂᆞ->너-', 'ᄂᆞ->나-'로 각각 세 방향으로 진행되면서, 음운체계 상 'ᄋᆞ'가 등거리 변화를 하고 있는 것이다. '오'와 '아'가 충돌하는 전이 지역에서는 '오'도 '아'도 아닌 '어'를 선택하고, 중앙에서 멀리 떨어진 서남단 지역에서는 '오'를 선택하고, 바다 건너 <제주>에서는 'ᄋᆞ'가 유지됨으로써, 'ᄋᆞ'의 변화가 중앙어와 다르게 각 지역마다 독자적으로 진행되고 있는 것이다. 이로써, 'ᄋᆞ>아'로 변화하는 중·동부 지역과 달리 'ᄋᆞ>어'형, 'ᄋᆞ>오'형, 'ᄋᆞ'유지형 등으로 각각 언어섬을 이루는 모양새를 보이고 있다.

또한 중앙에서 방사된 개신형과 보수형이 충돌하는 전이 지역에서, 두 어형에 존재하는 음운을 탈락시킴으로써, 언어섬을 이루는 경우도 있다. 예를 들어, [지도 6-1, 6-2]에서 보듯이[15] '형'의 경우, 구개음화의 진원지인 <전남>을 중심으로 하는 서남부 지역에는 [정문연] 자료에 와서도 '성'계열형(●형)이 여전히 강세를 이루며 개신이 거의 진행되지 않았다. 그러나 '형'계열형(■형)이 표준어로 세력을 형성하면서 '성>형'으로의 변화가 <경기>를 중심으로 시작되어 <강원><경북><경남> 등 동부 지

---

15) [오구라] 자료집의 경우, 조사 대상지임에도 불구하고 조사되지 않은 지점은 대개 다른 관련 어휘들과의 관계 속에서 볼 때, 조사의 필요성을 특별히 느끼지 못한 지역인 경우가 많아 보인다. 한 지역에서 특징적인 방언형이 일관되게 동일한 모습으로 나타나는 경우, 조사되지 않은 경향이 일부 보이고 있다. 음운론적 특성이 특별히 관찰되는 지역이 주된 조사지점이었음으로 판단된다. 오구라도 조사 시 음운체계와 관련한 지역적 특성을 어느 정도 인지한 상태에서 조사를 진행한 것으로 추측된다.

역으로 주로 진행되어 갔다. 개신이 진행되면서 'ㅎ'과 'ㅅ'이 공존하지 않고 'ㅅ'형만 나타나는 유일한 지역이 <전남>이다. 그 결과 [정문연]에 와서는 대략 '형/성' 계열이 한반도를 동서로 구분 짓는 형국을 보이게 되었다. 물론 변화가 진행되더라도 기존의 보수형은 그대로 잔존해 있어 역사성을 증언해 주고 있다.

그런데 개신형이 확산되는 가운데, 기존의 음운규칙에 예외가 되는 현상이 지리적 분포상 나타나고 있다. 'ㅎ'과 'ㅅ'이 충돌하는 경계 지역인 <충남>을 중심으로 <충북>의 중서부 지역에 'ㅅ'과 'ㅎ' 모두가 탈락된 '엉아'형(▲형)이 나타나고 있는 것이다. 북쪽 지역인 <경기>의 '형'과 남쪽 지역인 <전남><전북>의 '성' 사이의 경계 지역에서 'ㅇ'으로 자음을 탈락시킨 형태가 보이고 있다. 즉, 'ㅅ'과 'ㅎ'이 충돌하는 지역에서는 아예 자음을 탈락시켜 버림으로써, 이웃 지역과 다른 변화를 보이는 언어섬을 형성하고 있는 것이다. 이러한 현상은 <경남>의 진양에도 나타나고 있다. 동부 지역인 의창의 '행님'과 서부 지역인 하동의 '성'이 충돌하는 진양에서는 '엉'으로의 변화를 보이면서 이 지역 또한 언어섬을 이루고 있는 것이다.

이처럼 언어에 존재하는 공시적인 비규칙성은 주변 방언과의 지리적 상호관계의 결과로 나타나고 있음으로써, 방언 연구도 한반도 전체를 조망하는 거시적 태도가 필요하다. 기존의 행정권 중심의 도 단위별 하위 방언권에 한정된 논의는 전체적인 언어 변화나 그 추이를 파악하는 데 한계가 있기 때문이다. 또한 언어 내적 요인만으로 설명할 수 없는 많은 예외적인 음운규칙들이 방언 자료의 지리적 분포 및 추이를 통해 설명이 가능해지는 것이다.

셋째, '건너뛰기형(jumping diffusion)'이 있다. 방언 전파의 또 다른 양상은 인접하지 않는 지역으로의 '건너뛰기 확산'이다. [지도 7-1, 7-2]에서 보듯이, 어휘 '깊은'에서 둘째음절의 'ᄋ>으>우'로의 변화가 그 대표적인 예로 확인된다. [오구라] 자료에서는 전체 85개 조사 지역 모두16)에서 '-우-'형인 '기푸다' 또는 '지푸다'형만 나타났다. 그러나 [정문연] 자료에 와서는 한반도를 동서로 나누어 동부 지역에서는 <강원>의 일부 지역에만 '으'형(■형)이 침투해 있고 <경북><경남>지역에서는 원순모음화가 그대로 유지된 '우'형(●형)이 나타나고 있다. 그러나 서부 지역에서는 '으'와 '우'가 층을 이루며 나타나는 흥미로운 현상이 보이고 있다. 가운데 위치한 <충북>은 동부 지역은 '우'형이, 서·남부 지역은 '으'형이 나타나 동서로 나뉘는 모습이 분명히 나타나고 있다.

한반도의 서부 지역에서는 <전남>의 남부 지역은 '우'형이, 북부 지역은 '으'형이, <전북>은 '우'형이, <충남>은 '으'형이, <경기>의 남부 지역은 '우'형이, 북부 지역은 '으'형이 층을 이루며 번갈아 가며 나타나고 있는 것이다. 즉, 우(전남의 남부)-으(전남의 북부)-우(전북)-으(충남)-우(경기의 남부)-으(경기의 북부)로 나타나고 있다. 이는 '깊은'형이 표준어로 세력을 획득하면서 각 지역에 영향을 미치고는 있어도, 전면적으로 물결이 퍼지듯 주변 지역으로 차례차례 퍼져 나가지 않고 성큼성큼 건너뛰어 전파가 이루어지는 모양새를 보이고 있다. 서울을 중심으로 하는 <경기> 북부 지역에서 시작된 개신형 '깊은'은 인구밀도가 높은 각 시도의 중심지인 <충북>의 청주, <충남>의 대전, <전남>의 광주를 중심으로 하는 대도시로 개신의 건너뜀이 이루어지고 난 후, 다시 그 주변 지역으로 영향이 확산되어 간 것으로 해석해 볼 수 있다.

넷째, '상향 물결형(contrahierarchical wave diffusion)'이 있다. 비록 중앙어의 영향으로 지역에 따라 개신형이 깊숙이 침투하더라도, 각 지역의 고유한

---

16) 북한 지역은 [오구라] 자료에 <함남>의 고원, 영흥, 정평, 함흥, 신흥과 <함북>의 온성, 경흥만 조사되었는데, 모두 '지푸다'형으로 나타나고 있다.

보수형도 여전히 잔존하면서 개신형과 세력 다툼을 하며 그 흔적을 남길 뿐 아니라, 방언형의 세력이 오히려 강화되기도 한다. 아무리 중앙에서 개신파가 방사되더라도, 개신형을 수용하기보다 그 지역에서 유지되어 오던 기존의 고어형을 유지하려는 경향이 강하다. 그리하여 두 어형이 충돌하는 전이 지역에서는 중앙어로 개신하기보다, 주변의 방언형을 선택함으로써, 강한 지역성을 보이는 경향이 있는 것이다. 이는 중앙어로 개신이 되는 '하향 계층적 확산'에 반해 방언형으로 개신이 진행됨으로써, '상향 계층적 확산'과 관련지어 볼 수 있다.

[지도 8-1, 8-2]에서 보듯이, '가루a'의 경우 [오구라] 자료에서부터 <경기>지역에서 시작된 개신형 '가루'(●형)로 인해 전체적으로 개신이 진행되어, <강원>의 동해안 깊숙이, <경북>의 예천, 금릉 <경남>의 거창 <전남>의 광산(광주)을 중심으로 하는 장성, 곡성 등지에까지 개신형인 '가루'형이 침투하여 있었다. 그러나 [정문연] 자료에 와서는 이들 지역에서는 오히려 남부 지역을 중심으로 형성된 방언형인 '가리'(■형)로 나타나고 있는 것이다. 이들 도 경계지역에서는 오히려 방언형이 중앙어보다 세력이 강하여 '가루/가리'를 나누는 등어선이 다소 북쪽으로 올라간 형국이다.

이상, 다양한 방언 확산의 유형을 통해 살펴본 결과, 커다란 변화를 보인 경우도 있지만, 대부분 두 자료 간 큰 차이가 없는 경우가 많다. 특히, 형태소 경계 환경의 경우, 대략 1세기가 지나더라도 음운상 큰 변화 추이를 찾을 수 없다. 이는 오구라 「70여 년 전의 함경도 방언」이라는 논문[17]에서도 확인되었듯이, 방언 특히, 음운은 그리 쉽사리 바뀔 수 있는 것이

---

17) 이진호(2009 : 431), 오구라(1931)이 '六十年前の咸鏡方言'이라는 제목으로 中等朝鮮語講座에 실었던 논문을 1943년에 수정 보완함으로써, 10년의 시간이 흘러, 제목을 '70년 전'으로 바꾸었다 함. 1874년에 러시아인 M.Poutzillo가 간행한 사전에 나온 함경도 말과 당시 함경도 말을 비교하여 그 둘이 매우 비슷하다는 사실을 확인하고 있다.

아니므로, 예전의 모습을 그대로 간직하는 경우가 많다. 오구라도 이러한 사실을 증명하기 위해 이 논의를 했다고 한다. 현대에 와서 교통의 발달과 학교 교육으로 표준어가 잘 보급되었다 하더라도 여전히 각 지방의 고유한 방언적 특성이 남아 표준어와 방언의 공존 현상을 보이기 마련이다. 본 연구에서도 방언을 포함하여 언어라는 것이 쉽사리 그 특징을 바꿀 수 없는 존재라는 사실을 다시 한 번 더 증명한 셈이다.[18)

2.3. 형태음소론적 층위에 따른 지리적 분포와 변화 추이

그동안 음운 변화 규칙에 적용되지 않은 예외를 설명하는 과정에서 많은 시행착오가 있었다. 변화란 항상 일정한 방향성을 갖는 것임에는 틀림없다. 그러나 시간의 흐름에 따라 동일한 음운 변화 조건임에도 불구하고 변화에서 나타나는 예외와 지리·사회적인 요인에 의해 생겨나는 변화의 불일치에 대한 설명이 제대로 되지 못하였다. 이러한 예외적인 현상에 대한 해결책을 형태음소론적 층위를 기준으로 기술함으로써 설명적 타당성을 김경숙(1997)에서 확보한 바 있다. 음운 변화가 어휘 내부(lexical morpheme)와 형태소 경계(morpheme boundary)에 따라 차이를 보여 준다는 사실은 잘 알려져 있다.[19)

---

18) 앞서 언급한 하시모토 만타로(1977)도 유별사 연구에서 현대 남방 언어인 납서어에 나타난 모습이 고대 한어인 갑골문에서 보았던 형태('美百美(백명의 미인)'처럼 유별사의 중복 사용)와 조금도 변하지 않은 채, 동일한 모습(명사의 동형을 반복하는 구조)으로 존재하고 있다고 보고하고 있다. 김동소(2007 : 38)에서도 한국 전통 한자음과 그 이후 20세기까지의 한국 한자음 비교를 통해 큰 변화가 없음을 언급하였다. 이 점을 역사적으로 적용하여 15세기의 한국 전통 한자음 내에서 중세 한국어 이후의 음운 변화 요소를 파악해 낸다면 고대 한국어의 한자음과 음운 체계를 재구성해 낼 수 있다고 기술하고 있다.

실제로 보편적 음운 변화 현상들이 모든 단어에 일률적으로 예외 없이 적용되지 않고 형태음소론적 층위에 따라 지리적 분포를 달리하며 나타나고 있는 것이다. 어휘 내부 환경, 형태소 경계 환경인 용언활용, 파생어나 합성어에 따른 음운 변화가 지역을 달리하여 확연히 차이나고 있다. 곧, 어휘 내부와 합성어 환경의 지리적 분포의 차이, 합성어 환경에서보다 어휘 내부 환경에서의 빠른 개신 등의 특징이 나타나고 있다. 개신이 진행되는 가운데 출현하는 특이한 현상도 있다. 사회 구조의 변화로 인한 사용 빈도수에 따른 개신의 속도 차이, 지역적 보수성으로 인한 중앙어로의 개신 거부 등 사회·문화적인 특징도 간여하고 있음을 확인할 수 있다.

[지도 9-1, 9-2, 9-3]에서 보듯이, 'ㅅ : ø' 대응관계에 있는 어휘 내부 환경인 '아우'와 합성어 환경인 '아우보다'가 좋은 예가 될 것이다. 어휘 내부 환경에서는 'ㅅ → ø'로의 개신의 진행 속도가 상당히 빠른 반면, 형태소 경계 환경에서는 거의 변화가 없다는 것이다. '아우'의 경우에는 'ㅅ → ø'로의 개신이 [오구라] 자료에서부터 이미 상당히 진행되어 [정문연] 자료에 와서는 <제주>를 제외한 남한의 전 지역에서 'ㅅ'형은 보이지 않고 있다. 반면에, '아우보다'에서는 [정문연] 자료에 와서도 <경기>의 남부 지역을 포함하여 남한 전 지역에서 'ㅅ'유지형(●형)이 나타나고 있다. 이는 어휘 내부 환경에서와 합성어 환경에서 규칙 적용 정도가 확연히 달리 적용되는 예라 하겠다.

---

19) Anttila, R.(1972)는 음운 변화가 일어나 재구조화의 일종인 음운 분리현상이 나타날 때, 개신을 거부하는 쪽을 화석형이라 정의하였다. 김완진(1971a, 1974)에서 형태음소론적 층위에서 나타나는 조건이 음운론적 조건보다 적용 순위가 우선한다고 보았으며, 이병근(1976), 송철의(1977,1983), 곽충구(1983), 최현숭(1988), 이상규(1995) 등에서도 음운현상이 합성어나 파생어 환경에서 개신을 거부하는 보수적인 화석형으로 남아 있을 가능성이 크다고 보고 다양한 음운현상들을 논의한 바 있다.

이러한 현상은 [지도 10-1, 10-2, 10-3]에서 보듯이 '마을a', '마을가다' 어휘에서도 동일하게 나타나고 있다. 합성어 환경인 '마을가다'형은 [정문연] 자료에 <경기>와 <강원>의 남부 지역에까지 'ㅅ'유지형(●형)의 등어선이 올라가 있다. 반면에, 어휘 내부 환경인 '마을a'의 경우에는 [오구라] 자료에 <전북><전남><경북><경남><제주> 등 남부 지역을 중심으로 'ㅅ'유지형이 광범위하게 분포되어 있었으나, [정문연] 자료에 와서는 눈에 띌 정도로 개신이 진행되어 <경북>을 중심으로 일부 지역에만 'ㅅ'유지형이 나타나고 있을 뿐이다. 이러한 규칙의 예외적인 문제[20]는 형태음소론적 층위로 해결 가능해 보인다. 중앙어에서 시작된 개신형이 쉽게 개신을 경험하는 어휘 내부에서 먼저 적용되고, 화석형으로 굳어져 음운 변화의 영향을 거의 받지 않는 형태소 경계인 합성어나 파생어 층위에서는 여전히 보수형이 잔존해 있는 것이다.

또한 두 자료집 간 변화율에 있어서도 차이가 난다. 어휘 내부 환경에서는 앞서 '아우'에서 보았듯이, 두 자료 간 차이가 뚜렷하게 보일 정도로 개신의 속도가 빠른 반면에, [지도 11-1, 11-2]에서 보듯이, 파생어 환경에서는 두 자료집 간 차이가 거의 드러나지 않고 있다. '냉이'의 경우, '나생이'나 '나상구/나승개' 등과 같이 파생어 형태로 대부분 지역에서 나타나고 있다. 'ㅅ'유지형(●형)의 등어선이 <경기>와 <강원>지역까지 올라가 있을 뿐 아니라, 탈락형(■형)이 <경상도> 일부 지역에만 나타날 뿐, 두 자료집 간 변화 폭도 크지 않다. 이는 파생어나 합성어 환경에서는 고어형이 화석화된 채 내려오므로 그 어형이 쉽게 변하지 않는 경향이 강하기 때문이다. 따라서 고어형을 재구하기 위해서는, 사용 빈도수가 비교적

---

20) 곽충구(1983)는 동일 지역에 나타나는 '아우'와 '아수타다'를 모음 간 유성음화 규칙(s>z/v--v)으로는 설명하기 어렵다 보고, 's>z>ø'의 변화로 보지 않고 'ㅅ'탈락형인 '아우'를 사회·문화적 요인의 차용(borrowing) 결과에서 비롯된 것으로 보고 있다.

적은 어휘나 파생어·합성어 층위의 어휘, <전남>과 같은 강한 지역성을
갖는 곳의 어휘 등을 중점적으로 살필 필요가 있겠다.

형태음소론적 층위에 따라 달리 나타나는 변화 과정 속에서 부가적으
로 발견된 흥미로운 사실 3가지가 더 있다. 첫째, 어휘 내부 환경에서 개
신이 빠르게 진행되어, 그 지역에서 사용하던 보수형 '아시'를 더 이상 사
용할 수 없게 된 경우, 중앙어로 개신되기보다 '동생'이라는 제3어형으로
바꾸어 사용하고 있다는 점이다. 이러한 현상은 <전남>을 중심으로 일부
남부지방에서 나타나고 있다. 특히, <전남>지역은 다른 어휘들에서도 확
인[21]되었지만, 중앙에서 확산되는 개신형에 대한 배타성이 강한 지역으
로, 중앙 중심의 각종 음운규칙이 수용되지 않는 최후 방어선이 구축됨으
로써, 언어섬을 형성하는 경향이 강하다. 'ㅅ'에 대한 강한 인식을 가지고
있는 지역민들이 그들이 지금껏 사용해 온 보수형 '아시'(●형)를 버리고
개신형 '아우'(■형)를 사용해야 할 상황에서, 이들 지역 언중들 대부분은
개신형 '아우'를 받아들이기보다, '동생'(▲형)이라는 제3어형을 사용하여
그들만의 지역성을 유지하고 있는 것이다.

빠르게 개신이 진행된 어휘 내부 환경인 '마을a'의 경우에서도, <전
남>을 중심으로 보수형인 '마실'을 방언형으로 인식한 이들 지역 대부분
언중들은 개신형 '마을'(■형) 대신에 '동네'(▲형)라는 제3어형을 사용하여
강한 지역성을 드러내고 있다. 중앙어와 차별화된 지역적 보수성을 드러
내는 예라 하겠다. 특히, <전라도>를 중심으로 '동네' 어형이 자리 잡게
되면서, <전라도>지역에서 '마실'형이 거의 자취를 감춘 반면, <경상
도>지역에서 오히려 '마실'형이 '마을, 동네' 어형과 공존하며 '마실'의

---

21) 중앙어와 다른 계통의 제3어형을 가지는 특징은 전라도를 중심으로 '겨울(→ 시안), 김
(→ 해우), 아지랑이(→ 삼새미), 빨리(→ 싸게), 안다(→ 보듬다) 등의 어휘에서도 보이
고 있다.

흔적을 더 많이 보존하고 있는 것이다. 특히, <경북>지역은 다양한 어형이 공존하는 전이 지역의 성격이 강한데, '마을' 어휘를 통해서 다시 한번 더 확인할 수 있게 되었다.

둘째, 동일한 어휘 내부 환경이라 하더라도 사용 빈도수가 크지 않은 어휘[22]일수록 개신은 더디고, 일상적으로 자주 쓰는 생활 어휘일수록 개신이 훨씬 빠르게 진행되고 있음도 확인할 수 있다. 즉, '누이, 이웃 // 아우, 가을, 겨울' 등 일상적인 생활 어휘들이 '확, 다리 // 구유, 모이, 여우' 등 농사와 관련되거나 일상에서 비교적 자주 쓰지 않는 어휘보다 개신의 진행 속도가 훨씬 빠르다. [지도 12-1, 12-2]에서 보듯이, '확'의 경우는 'ㅂ → ø'으로의 변화에 있어 두 자료 간 차이가 거의 없다. 산업화·도시화로 인한 농촌사회의 변화가 이들 어휘의 사용 빈도수를 감소하게 만든 원인이라 하겠다. 이러한 어휘들은 사회 변화에 민감하지 않고 예전에 쓰던 어휘가 그대로 대물림하는 경향이 강하기 때문이다.

이처럼 음운 변화가 형태음소론적 층위에 따라 다른 양상을 보이며 점진적으로 확산되기 때문에 지역적인 분포에도 차이가 생겨난 것이다. 따라서 국어사 자료의 형태별 사용 시기에 따라 달리 나타나는 어형을 기준으로 국어사를 설명하는 태도에 부가하여 횡적인 지리적 변화 추이도 함께 고려하는 태도가 필요한 것이다.

---

22) 이는 과거와 다른 사회의 구조적 변동으로 인해 오늘날에 와서 사용 빈도수가 그리 많지 않은 농사관련 어휘인 '구유(구유/구시), 김매다(김/지심), 겨(겨/제), 키(키/치)'나 전통문화 관련 어휘인 '다리(다리/달비)' 등의 어휘에서 두 자료집 간 변화 차이가 거의 없음이 5장에서 확인되고 있다.

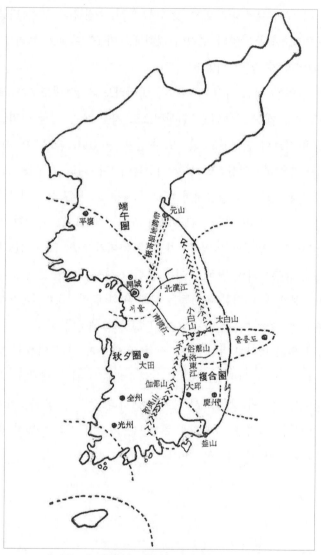

[지도 13] 한국기층문화영역도(김택규, 1985 : 453)

셋째, 이상의 언어지도 분석을 통해 얻어진 방언의 지리적 분포와 변화의 흐름이 [지도 13]에서 보듯이 김택규가 제시한 각 문화요소에 따른 기층문화의 3개 영역인 추석권, 단오권, 추석·단오 복합권23)과 거의 일치하고 있음을 확인할 수 있다. 방언의 지리적 분포 상 주요 특징과 기층문화를 비교하면 다음과 같다.

방언	기층문화
ㄱ. 동서 분화에 따른 방언 분포의 차이	단오권, 추석권, 추석·단오 복합권의 차이
ㄴ. 서울·개성 등지를 중심으로 하는 중서부 지역어가 중앙어로서의 자격을 획득하면서 갖게 된 강력한 개신형의 확산	신분 및 중앙지향성의 사회의식으로 인해 촉진된 중앙집권적 경향의 복합적인 다층문화 형성
ㄷ. 중앙어로의 변화를 거부하는 지역적 성향이 강한 전라방언과 주변의 다양한 어형을 수용하여 전이 지역으로서의 특성을 지닌 경상방언과의 차이	서남 지역은 벼 재배를 통한 곡창지대 형성으로 무대예술인 판소리가 성행하면서 다른 지역에서 발달한 가면극(들놀음)이 사라짐. 반면에, 동남지역은 북방문화의 남하로 인해 북쪽지역은 단오권과 유사하고, 낙동강 이서지역은 남서부 추석권의 동진으로 복합적인 문화권을 형성함.
ㄹ. 함경방언과 경상방언과의 유사성	민중에서 선출된 광대가 농악에 맞춰 춤추는 탈놀이인 <함북>의 북청사자놀음과 <경북>의 하회별신의 탈놀음 및 <경남>의 오광대와 들놀음 계통의 가면극과의 유사성(추석·단오 복합권의 특징). 이에 비해 다른 단오권(서북지역)에는 무격(巫覡)이 삼현육각에 맞춰 무대에서 춤을 춤으로써 <함북>과 차이가 나며, 추석권에는 가면극이 없음.

이렇듯, 방언은 농촌세시를 기반으로 한 한국기층문화의 지역적 영역24)과 상당히 닮아 있음을 확인할 수 있다.

---

23) 김택규(1985：447~469)에서는 벼재배와 잡곡재배를 생산의 기반적 수단으로 삼아 온 한국의 기층문화의 지역성에 대한 가설로, 추석권, 단오권, 추석·단오 복합권 등 3개 영역을 설정하고 그 지역적 특성을 유형화하고 있다. 각 영역에서의 세시풍속, 의·식·주생활, 민간신앙, 민속예능, 발굴문화재 등에서 보이는 중층적 문화요소를 통해 각 지역적 특성을 유추함으로써, 농촌 세시에서 추석을 중시하는 지역(벼재배권-백제)과 단오를 중시하는 지역(잡곡재배권-고구려), 양자의 복합권(신라, 가야)을 설정하고 있는 것이다.

24) 김택규(1985：477), 단오권은 남한강과 소백산맥을 잇는 동서라인의 이북이며, 추석권은 속리산·가야산·지리산을 잇는 남북라인의 서쪽이 되고, 그 동쪽인 경상남북도는 복합권이 된다. 서울을 중심으로 한 중서부는 수도문화복합권이며, 소백산맥과 추가령 지구대와 태백산맥을 잇는 삼각지대는 복합권의 성격이 짙은 것으로 보고 있다.

제3장 '♀'와 '으' 분화형의 분포와 변화 추이

본 장에서는, 두 자료집의 대비를 통해 중세 국어에 '♀'와 '으'로 표기된 어형의 방언적 변화 추이를 지리적 분포라는 관점에서 살펴보고, 그것이 갖는 국어사적 의의에 대해 논의하고자 한다. 이 두 모음은 국어의 모음체계를 통시적으로 언급할 때, 늘 논의의 중심에 있었던 것이다. 이들 음소의 존재 여부, 모음체계상의 위상, 변화의 과정 및 그 결과 등과 관련해 많은 논의들이 있어 왔으니, 이숭녕(1954a, 1977), 김방한(1964), 김완진(1971b), 박병채(1971), 이기문(1972, 1977), 이승재(1977, 2004), 강신항(1980), 최명옥(1982, 1987), 현평효(1985), 최전승(1986), 이기갑(1986), 김영진(1987), 한영균(1990), 백두현(1992a,b,c), 곽충구(1994), 정승철(1995), 김동소(1998) 등이 대표적이라 하겠다.

그러나 논의가 많았던 만큼, 드러난 문제점도 적지 않았다. 연구의 방법론과 관련하여 언어 보편성에 대한 전제의 문제, 문자와 음성 구분에 대한 인식의 문제, 차용 관계에 나타나는 음운 현상 고려의 문제, 통시적 변화의 타당성 점검의 문제, 체계의 논리적 타당성 확보의 문제 등은 앞으로 더욱 더 세부적으로 보완해야 할 것들이다. 따라서 이 장에서는 이러한 점을 염두에 두면서 선행 연구 성과의 바탕 위에서 약 100여 년의 현장시간차를 보이는 두 자료집에 나타난 'ᄋ'와 '으'의 변화 추이를 방언의 지리적 분포라는 관점에서 살펴보고자 하는 것이다. 이러한 논의는 중앙어만의 국어사가 아닌, 방언의 역사를 포함한 진정한 의미의 국어사를 정립하는 데 적잖은 의의를 가질 것으로 기대된다.

3.1. 'ᄋ'의 변화

'ᄋ'는 역사적으로 중요한 모음이다. 고대국어 연구에서부터 'ᄋ'의 존재 여부 문제를 비롯하여 그 음가에 대한 논의 등이 핵심적인 주제가 되었다. 고대국어에 'ᄋ'의 존재 여부는 모음체계 재구뿐만 아니라, 한국어와 알타이제어와의 관계를 밝히는 데에도 중요한 과제였기 때문이다. 'ᄋ'를 음소로 인정하지 않으려는 견해도 있다.[1] 그러나 국어사의 일반적 견해[2]는 15세기에는 음운으로서의 자격을 가지고 있었으나, 16세기에 들어오면서부터 'ᄋ'의 음가가 소실되기 시작하여 18세기 후반부터는 음운으로서의 기능을 잃게 되어, 오늘날에 와서는 <제주도>를 제외하고는 쓰이지 않게 되었다는 것이다.

---

1) 김동소(2003, 2007)은 'ᄋ'를 음소로 인정하지 않는 대신 인위적 표기, 곧, 지역마다 다양한 방언적 발음을 포괄하기 위한 절충적 표기 기호로 'ᄋ'를 사용하였다는 것이다.
2) 특히, <제주>방언에 첫 음절 위치에서 사용되고 있는 'ᄋ'의 공시성을 통해 'ᄋ'의 존재를 인정하고 있다. <제주>방언의 모음체계와 관련하여 예전부터 지속적으로 오구라 신페이(1945), 현평효(1985 : 311~324), 특히 정승철(1995 : 18~53, 96~102)에서 정밀하게 기술하고 있는 'ᄋ'음소가 양순음 아래에서도 그대로의 모습을 유지하고 있다. 즉, 양순음 아래에서 '으>우'로의 원순모음화는 경험하였으나, 'ᄋ>오'로의 원순모음화는 경험하지 않았다.

이처럼 그 소실로 말미암아 국어의 음운 체계 변화까지 가져오는 등 역사적으로 중요한 변천을 보인 'ᄋ'에 대해서 수많은 검토가 이루어졌다. 그런데 문헌 자료와 다른 모습으로 나타나는 방언 자료에는 'ᄋ' 변천의 흔적이 그 지역적 분포와 변화 추이를 달리하며 나타나고 있다. 방언에 나타나는 공시적 교체형들은 선행 시기에 일어난 통시적인 음운규칙을 반영한 음성적 변화의 결과이다. 따라서 중세 문헌 자료에 'ᄋ'로 표기되었던 단어들이 두 자료집이 발간되던 시기에 여러 방언들에서는 어떤 분화형으로 나타나고 있으며, 표준어 간섭으로는 어떤 변화가 발생하였는지 등에 대해 그 지리적 분포와 변화 양상을 지리언어학적 관점에서 검토해 보는 것은 의미 있는 고찰이라 하겠다. 이 절에서는 'ᄋ'의 변화를 어두 음절에서와 비어두 음절에서의 변화로 나누어 분석해 본다.

1) 어두 음절에서의 'ᄋ'의 변화

어두 음절의 'ᄋ'는 18세기 후반에 이른바 제2단계 소실로 인해 '아'로 변화했다는 것이 학계의 일반적인 견해이다(이기문, 1998 : 210~212 참조). 그러나 이기문(1998 : 210)에서는 어두 음절에서 'ᄋ'가 다른 모음으로 변한 최초의 예로 중세어 최후의 문헌인 『소학언해』(6 : 122)의 '흙'(土)이었음을 언급하고, 17세기 초에 간행된 『동국신속삼강행실』에도 그 '흙'이 여러 군데 나타났으며, 이 밖에도 후자에는 'ᄉ매>소매'(열녀도 4 : 14)의 예도 보인다고 지적한 바 있다. 이 두 예는 'ᄋ'의 2단계 소실인 'ᄋ>아'와 달리, 오히려 제1단계 소실인 'ᄋ>으, ᄋ>오'를 보여주고 있어 주목된다는 점을 언급하고 있다.[3]

---

3) 이기문(1998)에서는 언급되지 않았지만, '톡>턱'처럼 어두 음절의 'ᄋ'가 중앙어에서 '어'로 변화한 것도 있다.

그런데 본 연구에서 논의의 대상이 되는 두 자료집의 방언 자료를 살펴보면, 어두 음절의 'ㆍ'가 많은 지역에서 '아'로 대응되고 있지만, '오'나 '어'로 대응되는 예도 보이고 있어 이에 대한 보다 면밀한 고찰이 필요하다. 먼저, 'ㆍ>아' 대응의 예부터 보기로 한다.

(1) 단음절
가. 순음 아래 : 몬(伯), 몰(馬), 붋>퐅(腕), 묽다(淸), 붉다(明), 붋다(踏), 섈다(吸), 풀>프리(蠅), 폿(小豆), 프다(掘), 폴다(賣)

나. 치조음 아래 : 눕(他), 둘(月), 둙(酉), 쏠(女), 쏨(汗), 쌀(米), 춤(眞),4) 놀다(飛)

다. 연구개음 아래 : 굴(蘆), 굴다(替), 곰다(沐), 곹다(同), 쫄다(鋪)

(2) 2음절 이상
가. 순음 아래 : 모딕(節), 모술(村), 모춤, 모르다(乾,裁), 몬지다(撫), 바람(風), 불써(已), 붉쥐(蝠), 폴독(腕), 샐르다(速)

나. 치조음 아래 : 느몰(茶), 논호다(分), 드래(橡), 드록, 드토다(爭), 스시(間), 술피다(察), 존자리(蜻蜓), 줌자다(眠), 춧쌀(糯米)

다. 연구개음 아래 : 구르(粉), 구음(料), 구새(剪), 구늘다(細)

라. 후음 아래 : 후느(一), 후르(一日)

위 예에 보이는 어두 음절의 'ㆍ'가 '아'로 대응하는 지역은 남한에서는 대체로 <경기><강원><충북><충남><경북> 등 중·동부 지역이다. (1,2가) 경우를 제외한 나머지의 경우에는 <전북><전남><경남> 등지에서도 대부분 '아'로 대응되고 있음을 두 자료집에서도 확인할 수 있다.5) 그러나 (1,2가)의 경우에는 'ㆍ'가 '아'로 대응하지 않고 '오'나 '어'

---

4) 'ㅈ'계는 오늘날 구개음으로 발음되지만, 중세국어에서는 치조음으로 발음되었기에 여기에 포함시킨다.
5) 제주 지역에서는 여전히 'ㆍ'가 발음되는 것으로 보고되고 있다.

로 대응하는 지역이 일부에 보이고 있다. 먼저 'ᄋ·>오'와 관련되는 문제를 논의해 본다.[6]

(1) 'ᄋ· > 오'의 변화

중세국어 문헌 자료에 어두 'ᄋ·'로 나오는 예가 방언 자료집에서 '오'로 대응되는 예는 적지 않지만, 두 자료집 모두에 나오는 어휘를 정리하면 다음과 같다.

(3) 가. 몰(馬), 풀>ᄑ리(蠅), 붉쥐(蝠)
　　 나. ᄆ술(村), ᄑᆺ(小豆)
(4) 몱다(淸), ᄆᆯ다(乾,裁), ᄇᆲ다(踏), ᄲᆯ다(吸), ᄑᆯ다(賣)
(5) ᄂᆞ물(菜), 눔(他)

(3)과 (4)는 형태 범주에 따라 체언과 용언으로 각각 분류되는데, 모두 '순음의 순행 환경'에서 나타나는 예이다. '붉쥐'의 경우는 합성어 환경으로, '몰, 풀'과 구분된다. (3가)와 (3나)는 다시 'ᄋ·' 뒤에 오는 자음이 유음이냐 아니냐[7]에 따라 나뉜다. 이와 달리 (5)는 'ᄋ·'가 '순음의 역행 환경'에서 나타나는 예이다. 'ᄋ·'가 '오'로 대응하는 경우는 주로 남한의 경우에는 <전남>을 중심으로 <전북>과 <경남>의 일부 지역에서만 관찰되고 있다. 북한의 경우에는 [오구라] 자료에 대부분 <함북>의 최북단 지

---

6) 순음 아닌 환경에서는 치조음 아래에 'ᄋ·'가 오는 'ᄂᆞ물(菜), 눔(他), 논호다(分), ᄃᆞ투다(爭), -ᄃᆞ록'에서 'ᄋ·'가 일부 방언에서 '아' 아닌 다른 음으로 바뀌는 예가 있다. 이에 대해서는 뒤에서 언급하기로 한다.
7) 'ᄆᆞ지-(撫)>몬지-, ᄆᆞ디(節)>모디, ᄆ아들(長子)>몬아들, ᄇᆞ시-(照)>보시-, ᄇᆞ수-(碎)>보수-' 등의 예에서 보듯이, 뒤에 오는 자음은 가장 많이 나오는 'ᄅ'의 예를 비롯하여 대부분 'ᄂ, ᄃ, ᄉ' 등 치조음에 국한된다. 그러나 이승재(2004 : 220)는 구례지역에는 'ᄌ, ᄎ' 앞에서도 원순모음화가 일어났다고 보고 [-grave]환경 모두를 설정하고 있다.

역인 육진방언을 중심으로 <함남>의 일부 지역에만 잔존해 있는 것으로 보고되고 있다.8) 순음의 순행 환경과 역행 환경으로 나누어 이들 관계를 살펴보되 합성어 환경인 '붉쥐'의 경우는 별도로 다루고자 한다.

① 순음의 순행 환경

순음 아래에 오는, 문헌 자료 어두 음절의 'ᄋᆞ'가 '오'로 대응하는 현상을 원순모음화로 이해하고 있음은 널리 알려진 사실이다(이숭녕 1954a, 이기문 1977, 이승재 1977, 백두현 1992c, 곽충구 1994a, 최전승 2004 등 참조). 'ᄋᆞ> 오'의 변화(대응)를 원순모음화라고 보는 데에는 'ᄋᆞ'를 음소로 본다는 기본 전제가 깔려 있다. 이러한 입장의 바탕에는 'ᄋᆞ'가 '오'로 대응되는 지역에서도, '오'로 실현되는 어휘의 이전 형태의 문헌 표기가 모두 'ᄋᆞ'유지형이었음을 근거로 보기 때문이다.

예컨대, 중세국어 문헌에 '몰'로 나타나는 '말(馬)'이 두 자료집에는 <경기><강원><충북><충남><경북>지역에서는 '말'로, <전북><전남><경남>의 일부 지역에서 '몰'로 실현된다. 기존의 해석대로라면, <경기> 등 중·동부 지역에서는 'ᄋᆞ'의 비음운화로 '몰>말'의 변화를 거쳤다. 이는 18세기 후반에 'ᄋᆞ'의 음소 자격 상실로 인해 'ᄋᆞ'가 '아'에 합류한 것으로 해석하는 것이다. 그러나 <전남>을 비롯한 남부 지역에서 관찰되는 '몰>몰' 변화 현상은 'ᄋᆞ'의 비음운화의 결과가 아니라 원순모음화라는 음운 현상의 결과로 해석하고 있는 것이다. 어두 음절의 'ᄋᆞ'는

---

8) 그러나 어휘마다 다소 차이가 있다. '마을(村)'의 경우, [오구라] 자료에 북한 지역에서는 'ᄋᆞ>오'형이 다른 어휘들에 비해 비교적 광범위하게 나타나고 있다. '몰'형으로 <황해> 해주, 옹진, 태탄, 장연, 은율, 안악, 재령, 황주, 서흥, 수안 등 대부분 지역을 비롯하여 <함남>풍산, 갑산, <함북>회령, 종성, <평북>박천, 구성, 강계, 자성 등지에까지 비교적 널리 분포되어 있다. 단음절 어휘 '말(馬)'의 경우보다 광범위하게 'ᄋᆞ>오'형으로 나타나고 있다.

'아'로 합류하는 것이 공식인데, 'ㅇ>오'는 그 공식에서 벗어나 있기 때문이다. 동일한 음운인 'ㅇ'를 두고 한쪽에서는 비음운화를, 한쪽에서는 원순모음화를 주장하고 있는 것이다. 더욱이, <전북> 지역어를 대상으로 '오'에 대응되는 'ㅇ' 문제를 논의한 소강춘(1989)에서는 'ㅇ>오'로의 원순모음화로 보지 않고, 그 지역에서는 처음부터 '오'로 존재했다고 주장하기도 한다.

이처럼 서로 다른 견해를 보이는 'ㅇ'의 대응 문제를 두 자료집에 등장하는 방언 자료를 면밀하게 검토함으로써, 이 문제에 대한 해결의 실마리를 마련해보고자 한다. 이를 위해 먼저, (3), (4)와 관련되는 예들을 다음 [표]와 같이 유형별로 정리하고, 이를 [지도]로 제시함으로써, 방언형의 지리적 분포 및 변화 추이에 대해 논하고자 한다.9)

---

9) [표]는 다음 기준에 따라 작성되었다. '문헌 자료'는 『한민족 언어정보화 통합검색 프로그램』에서 16~20세기까지 형태별 사용 시기에 따라 정리한 자료를 가져온 것이다. '빈도율'은 소수점 한 자리에서 반올림한 숫자이므로 총 백분율이 간혹 100%가 맞지 않은 경우도 있다. '자료 간 변화차이'는 [오구라] 자료와 [정문연] 자료 간 전체 출현 빈도율(%)의 단순한 차이를 의미한다. '±' 표시는 방언형의 증감 비율을 의미한다. 두 어형이 공존할 때에는 출현 빈도수가 전체 방언형에서 가장 낮은 방언형에 산입하였으며, 공존 지역의 출현 지점수를 ( ) 안에 넣어 표시하였다. '×'는 미조사 지역이며, 방언형이 존재하지 않는 경우에 도(道)를 명시하지 않은 경우도 있다. 표에는 두 자료 간 공통된 어휘를 싣는 것을 기본으로 하지만, 필요에 따라서는 한 자료집에만 조사된 어휘를 싣기도 한다. 이러한 기준은 아래의 [표]에서도 모두 동일하게 적용된다.

[표 3-1] 어두 음절 '९>오' 변화의 지리적 분포와 변화 추이('ㄹ' 앞 체언의 경우)

음운 환경	형태소 층위	표준어 (15C 표기)	문헌 자료	[오구라] 자료			[정문연] 자료			자료 간 변화 차이
				방언형	도별 출현지점수 /도별 총 조사지점수	전체출현 빈도수와 빈도율(%)	방언형	도별 출현지점수 /도별 총 조사지점수	전체출현 빈도수와 빈도율(%)	
순 음 뒤 + 'ㄹ' 앞	형태소 내부 (체언 어간말 모음)	말 (ᄆᆞᆯ)	ᄆᆞᆯ 말	ᄆᆞᆯ	경기 0/3 강원 0/11 충북 0/1 충남 0/12 전북 2/10 (아/오 : 공존 2) 전남 6/12 (아/오 : 공존 6) 경북 0/12 경남 4/13 (아/오 : 공존 4) 제주 0/2	12/76 (16)	ᄆᆞᆯ	경기 0/18 강원 0/15 충북 0/10 충남 0/15 전북 0/13 전남 5/22 (아/오 : 공존 3) 경북 0/23 경남 0/19 제주 0/2	5/137 (4)	− 12
		파리 (ᄑᆞ리)	ᄑᆞ리 파리	ᄑᆞ리 포랭이	경기 0/2 강원 0/12 충북 × 충남 0/12 전북 5/8 (아/오 : 공존 1) 전남 18/19 경북 0/15 경남 1/13 제주 0/2	33/83 (40)	ᄑᆞ리 포랭이	경기 0/18 강원 0/15 충북 0/10 충남 0/15 전북 7/13 (아/오 : 공존 4) 전남 21/22 (아/오 : 공존 2) 경북 0/23 경남 7/19 (아/오 : 공존 4) 제주 0/2	35/137 (26)	− 14
평균 출현 빈도율 및 변화율[28→15%(-13)]										

[표 3-1]은 (3가)로 정리된, 표준어 '말(馬)'과 '파리(蠅)'에 대응하는 방언형 '몰'과 '포리, 포랭이'가 도별로 어떤 빈도율을 보이는지를 정리한 것이다. '몰'의 경우, 두 자료집 모두 '몰'형이 <전남>을 중심으로 존재하고 있다. [오구라] 자료에는 <전북><경남>에까지 '오'형이 보였으나,

[정문연] 자료에 와서는 <전북><경남>에서는 '오'의 존재가 보이지 않고 있다. '포리, 포랭이'의 경우도 '물'의 경우와 마찬가지로 도별 지리적 분포에 있어서는 비슷하다. 즉, <경기><강원><충북><충남><경북><제주> 등 6개 지역에는 '오'형이 나타나지 않고, <전남><전북><경남>지역에서만 나타나고 있다. 다만, '오'형의 분포에 있어 '말'의 경우보다 광범위하게 나타나고 있으며, 두 자료 간 변화 차이도 '말'에 비해 크지 않아 [정문연] 자료에서도 <전북><경남>에서 '오'계가 관찰되고 있음이 다를 뿐이다.

여기서 [오구라] 자료의 중요성이 다시 한 번 더 강조되지 않을 수 없다. 만약에, [오구라] 자료가 없었더라면, 오늘날 <전북>과 <경남> 두 지역에는 '말'만이 존재하고, 이것은 중세국어 어형인 '물'에서 변화하였으며, 그러한 변화는 'ᄋ̆'의 비음운화의 결과라고 결론짓는 오류를 범하게 되었을 것이다. 그렇다면, 이 두 지역에서의 '말'은 '물>말'로의 변화를 거친 것이 아니라, '물>몰>말'로의 변화를 거친 것이라고 해야 한다.10) <경기> 등 중·동부 지역에서는 'ᄋ̆>아'로 변화했다면, <전남>을 비롯해 <전북><경남>지역의 경우는 'ᄋ̆>오' 변화를 거쳤다가 다시 '오>아'의 변화를 경험했다고 해야 하는 것이다. '오>아'의 변화는 표준어의 영향으로 인한 새로운 중앙어의 개신파가 이들 지역에 밀려온 결과이다. 이처럼 지리적 분포의 변화에 따른 방언의 흔적은 국어사 연구에 중요한 근거를 제시해 주는 자료임을 다시 한 번 더 확인할 수 있게 되었다.

다음으로는 개신과 관련하여 논의하기로 한다. '물'은 [지도 14-1,

---

10) '물>몰'로의 변화를 원순모음화라고 해야 하는지, 아니면 애초 이들 지역에는 문제의 모음이 'ᄋ̆'가 아니라 '오'였다고 해야 하는지에 대한 필자의 견해는 뒤에서 제시될 것이다.

14-2]에서 보듯이, '아'로의 개신도 아주 활발하게 일어나고 있다. [오구라] 자료에는 <전남>을 중심으로 <전북><경남>의 일부 지역에도 '오'형(■형)이 나타났으나, [정문연] 자료에 오면서는 <전남>에만 '오'형이 나타나고 있는 것이다. 그러나 '오'의 최후 방어선인 <전남>에도 [오구라] 자료에서부터 개신이 진행되어 '오/아'형이 공존하였다. '말'의 경우는 이른 시기부터 개신이 되었다.

그러나 '푸리(蠅)'의 경우에는, '물'과 같은 체언임에도 불구하고 [지도 15-1, 15-2]에서 보듯이, 두 자료집 모두 <전남>의 거의 전 지역을 중심으로 하면서 <전북>의 중부 지역에까지, <경남>의 동부 지역에까지 '오'형(■형)이 깊숙이 분포하고 있어 어두음이 'ㅁ'이나 'ㅂ'계열 어휘에 비해 출현 빈도율이 높다. 자료 간 개신의 진행 속도도 비교적 느리다고 할 수 있다. 'ㅂ', 'ㅁ'계열의 어휘에서는 체언일 경우에는 보통 [정문연] 자료에 와서는 '오'형이 <전북>이나 <경남>에서는 거의 나타나지 않는데 이와 좋은 대비가 된다. '푸리'의 경우에서는 [정문연] 자료에 와서도 여전히 '오'형이 유지되고 있다.

다음으로는, 'ᄋ' 뒤에 오는 자음이 'ㄹ'이 아닌 (3나)의 'ᄆ술(村)'과 'ᄑᆽ(豆)' 어휘를 중심으로 논의해 본다. 이들 어휘는 다음 [표 3-2]와 같이 요약된다.

[표 3-2] 어두 음절 'ᄋ·>오' 변화의 지리적 분포와 변화 추이('ㄹ'이외 체언의 경우)

음운 환경	형태소 층위	표준어 (15C 표기)	문헌 자료	[오구라] 자료			[정문연] 자료			자료 간 변화 차이
				방언형	도별 출현지점수/도별 총 조사지점수	전체출현 빈도수와 빈도율(%)	방언형	도별 출현지점수/도별 총 조사지점수	전체출현 빈도수와 빈도율(%)	
순음 뒤 + 'ㄹ' 아닌 경우	형태소 내부 (체언 어간말 모음)	마을 (ᄆᆞᅀᆞᆶ)	ᄆᆞᅀᆞᆶ ᄆᆞᅀᆞᆯ ᄆᆞᅀᆞᆶ ᄆᆞᅀᆞᆯ ᄆᆞ올 ᄆᆞ옳 마을 마올	모실 모슬	경기 0/3 강원 0/3 충북 0/5 충남 0/6 전북 6/9 전남 10/12 경북 0/12 경남 6/19 (아/오 : 공존 3) 제주 0/2	22/71 (31)	모슬	경기 0/18 강원 0/15 충북 0/10 충남 0/15 전북 0/13 전남 2/22 경북 0/23 경남 0/19 제주 0/2	2/137 (1)	- 30
		팥 (ᄑᆞᆾ)	ᄑᆞᆾ ᄑᆞᆾ ᄑᆞᇀ ᄑᆞᆾ ᄑᆞ옻ㅊ ᄑᆞᇀ 팟ㅊ 팡ㅊ 팥	폿	경기 0/3 강원 0/11 충북 0/1 충남 0/12 전북 4/10 (아/오 : 공존 1) 전남 16/17 (아/오 : 공존 1) 경북 0/14 경남 10/14 (아/오 : 공존 5) 제주 0/2	30/84 (36)	폿	경기 0/18 강원 0/15 충북 0/10 충남 0/15 전북 5/13 (아/오 : 공존 2) 전남 22/22 (아/오 : 공존 1) 경북 0/23 경남 10/19 (아/오 : 공존 7) 제주 0/2	37/137 (27)	- 9
평균 출현 빈도율 및 변화율[34→14%(-20)]										

[표 3-2]의 두 어휘가 [표 3-1]의 두 어휘와 다른 점은 'ᄋ·' 뒤에 오는 음운이 'ㄹ'이 아니라는 점이다. 그런데 '오'의 지리적 분포라는 측면에서 보면, '몰, 푸리'의 결과와 근본적으로 동일하다. <경기><강원><충북><충남><경북><제주>에서는 '오'가 발견되지 않고, <전남>을 중심으로 <경남><전북> 일부에서 '오'를 발견할 수 있기 때문이다. 그러

나 개신의 결과 면에서 보면, '마을'보다는 '팥'에 '오'의 잔존율이 훨씬 높음을 알 수 있다. 그것은 [표 3-1]에서 확인한 '몰'과 '포리'의 경우와 그 궤를 같이한다. 이는 뒤따르는 자음의 영향보다 앞선 자음의 음운론적 강도11)가 작용한 것으로 보인다. 즉, 같은 순음이라도 'ㅁ'보다는 'ㅍ'에서 잔존율이 높은 것이다. 순음 중에서 'ㅍ'의 음운론적 강도가 가장 강하므로(최태영, 1981 : 129), 순음 아래에 오는 같은 체언이라도 '몰, ㅁ술'보다는 '포리, 폿'의 경우에 '오'의 분포가 더 넓다는 해석을 가능하게 한다. '마을b'와 '팥'의 언어 지도는 [지도 16-1]12)~[지도 17-2]13)와 같다.

여기에서 부가적으로, [정문연] 자료에는 조사되지 않았지만 [오구라] 자료에 일부 언급되어 있는 어휘로 '오'형이 나타나는 예를 논의할 필요가 있다. 'ㅂ룸'의 경우, 북한 지역 일부만 조사되었는데, <함남>풍산, 갑

---

11) 소강춘(1989 : 200)에서 'ㅁ,ㅂ,ㅍ,ㅃ'의 음운론적 강도에 따라 '오'의 적용 정도의 차이가 있음을 언급하였다. 음운론적 강도로 보면 순음 중에서 비음인 'ㅁ'과 유기음인 'ㅍ'이 'ㅂ, ㅃ'보다 강하다고 논증하고 있다.

12) 'ㅁ술'의 경우, '몰'과 같이 [지도 16-1, 16-2]에서 보듯이, [정문연] 자료에 와서는 개신을 대부분 경험하였다. [오구라] 자료에 '오'형은 <전남>대부분 지역과 <전북>의 중남부 지역, <경남>의 남해안 지역 등지에서 두루 나타났다. 그러나 [정문연] 자료에 오면서 '오'형은 <전남>영암(모슬/동내)과 장흥[동네<(모슬)]에만 일부 보이면서, '아'형으로 개신이 거의 이루어졌다. 그러나 북한 지역에서는 유독 '마을'의 경우가 '오'로 나타나는 다른 어휘(함북, 함남)에 비해 '오'형이 비교적 광범위하게(황해, 평북, 함북, 함남 등) 나타나고 있어, 어휘마다 다소 차이를 보이고 있다.

13) '퐀(표)'의 경우, '포리'와 비슷한 분포를 보이는데, [지도 17-1, 17-2]에서 보듯이, [정문연] 자료에 와서 '아'형으로 개신이 다소 진행되었을 뿐, 두 자료 간 큰 차이가 없다. 두 자료집 모두 <전남>을 중심으로 <전남>과 인접한 <전북>의 남부 지역과 <경남>의 서부 지역 및 남해안을 따라 동해안 지역에까지 '오'형이 비교적 널리 분포하고 있다. <전북>과 <경남>에는 '아'와 '오'형이 공존하는 양상을 보이나, <전남>지역은 [정문연]에 와서 오히려 '오'형이 강화된 느낌을 주고 있다. 즉, 영광과 광산의 경우 [오구라] 자료에 '팥'형이 보였으나, [정문연] 자료에 와서는 어휘 내부(폳>팥), 조사 결합형(폿이), 합성어(폳죽) 환경 모두에서 '폳'형만 나타나고 있다. 이처럼 '팥'은 두 자료집 간에 약간의 지역적 차이가 보일 뿐, '폳'형이 한반도의 남부 지역을 중심으로 큰 차이 없이 일관되게 유지되고 있음을 확인해 볼 수 있다. 북한에서는 [오구라] 자료에 <함북>의 회령, 종성, 경원에 '오'형(폳)으로 나타나고 있다.

산, <함북>회령, 종성 등지[14]에 '보롬'형이 보이고 있다. 이들 지역은 <전라도>지역만큼 첫 음절에서 'ᄋᆞ>오'로 나타나는 현상이 활발하게 적용되는 지역이다. '볼써'의 경우에도 '오'형이 [오구라] 자료에 <전남>의 나주, 여천에 '볼서'형으로, 영암, 강진, 보성에 '볼세'형으로, <경남>하동에 '볼소'형 등으로 나타나고 있다. 그러나 '샐리(速)'의 경우에는 남한 지역은 거의 개신이 진행되어 <전북>과 <경남>의 조사 지역 모두에서 '빨리'형만 나타났으며, <함북>회령, 종성, 경원 등지에만 '뽈리'형이 조사되고 있다. 특이한 점이 <전남>지역(순천, 강진, 영암, 목포, 장성, 담양, 곡성)에서는 개신이 빠르게 진행되면서 '빨리' 어휘 대신에 제3의 어휘인 '싸게'라는 어휘를 사용하고 있다는 점이다.[15] 'ㅃ'계열의 경우에는 'ᄋᆞ>오'의 변화를 보이는 다른 계열의 어휘에 비해 개신의 속도가 상당히 빠르다. 이는 'ㅍ' 계열과 좋은 대조를 보이고 있다. '폴(臂)'의 경우[16]에서는 'ㅍ' 아래 나타나는 '픗, 푸리' 어휘와 유사한 분포를 보이며 상대적으로 넓게 나타나고 있다.

요컨대, 순음 아래 'ᄋᆞ'가 오는 체언의 경우, 그 지리적 분포와 변화 추이는 다음과 같이 요약된다. '오'형이 남한에서는 <전남>을 중심으로 <전북><경남>의 일부 지역에 분포하되, <전남>지역이 두 자료집 간 변화율에서 가장 낮다. 한편, 북한에서는 <함북>의 최북단 지역(회령, 종성, 경원-육진방언)을 비롯하여 <함남>의 일부 지역에 주로 나타나고 있다.

---

14) 곽충구(1994a)는 온성, 종성, 회령 지역은 'ᄋᆞ>오' 및 '으>우' 원순모음화를 모두 경험하고, 경흥 지역은 '으>우'원순모음화만 경험하고, 경원 지역은 전이 지역으로 'ᄋᆞ>오' 원순모음화 규칙이 비생산적이라고 보고하고 있다.

15) 2장에서도 언급하였듯이, <전남>지역은 중앙에서 방사되는 개신형을 거부하는 경향이 강하다. 대신에 제3의 다른 어휘로 교체하여 그들만의 고유한 지역성을 지키려는 경향이 있다.

16) 특히, '팔뚝'과 같이 파생어 환경에서 '오'형인 '폴뚝'형으로 나타나는 경우가 많다. <전북>지역에서는 모두 파생어 환경으로 나타나고 있어 단일어 환경에서보다 훨씬 넓은 지역에 '오'형이 분포되어 있다.

'오'형이 나타나는 어휘도 많지 않으며, 여기에 음운론적 강도가 작용하면서 '물'과 'ᄆᆞ술'의 경우가 'ᄑᆞ리, ᄑᆞᆯ'의 경우보다 개신이 빠르게 진행되어 갔다.

다음으로는 'ᄋᆞ>오'가 용언의 환경에서 나타나는 경우를 살펴보고자 한다. 앞서 언급한 (4)와 관련된 어휘를 정리하면 [표 3-3]과 같다.

[표 3-3] 어두 음절 'ᄋᆞ>오' 변화의 지리적 분포와 변화 추이(용언의 경우)

음운 환경	형태소 층위	표준어 (15C 표기)	문헌 자료	[오구라] 자료			[정문연] 자료			자료 간 변화 차이
				방언형	도별 출현지점수/도별 총 조사지점수	전체출현 빈도수와 빈도율(%)	방언형	도별 출현지점수/도별 총 조사지점수	전체출현 빈도수와 빈도율(%)	
순음 뒤 + 'ᄅ' 앞	형태소 내부 (용언 어간말 모음)	맑다 (ᄆᆞᆰ다)	ᄆᆞᆰ다 맑다	목다 몰다	경기 0/0 강원 0/3 충북 0/5 충남 0/6 전북 1/9 (아/오 : 공존 1) 전남 5/12 (아/오 : 공존 2) 경북 0/12 경남 5/14 (아/오 : 공존 4) 제주 0/2	11/63 (17)	목다 몰그다	경기 0/18 강원 0/15 충북 0/10 충남 0/15 전북 0/13 전남 4/22 (아/오 : 공존 3) 경북 0/23 경남 2/19 (아/오 : 공존 2) 제주 0/2	6/137 (4)	- 13
		마르다 (ᄆᆞᄅᆞ다)	ᄆᆞᄅᆞ다 ᄆᆞ르다 몰으다 마르다 말으다 몰ᄋᆞ다 말르다	모른다 몰룬다	경기 0/1 강원 0/3 충북 0/5 충남 0/6 전북 2/9 (아/오 : 공존 1) 전남 11/11 (아/오 : 공존 2) 경북 0/11 경남 9/14 (아/오 : 공존 2) 제주 0/2	22/62 (35)	모른다 모런다 모룬다 모린다 몰른다 몰라진다	경기 0/18 강원 0/15 충북 0/10 충남 0/15 전북 3/13 전남 21/22 경북 0/23 (아/오 : 공존 1) 경남 7/19 제주 0/2	31/137 (23)	- 12

밟는다 (넓는다)	넓다 밟다 밥다	봄는다 볼른다	경기 0/1 강원 0/3 충북 0/5 충남 0/6 전북 5/9 (아/오 : 공존 1) 전남 10/10 경북 0/12 경남 9/14 (아/오 : 공존 1) 제주 0/2	24/62 (39)	봄는다 봄넌다 본넌다 볼런다 볼븐다 볼분다	경기 0/18 강원 0/15 충북 0/10 충남 0/15 전북 4/13 전남 21/22 경북 0/23 경남 9/19 (아/오 : 공존 1) 제주 0/2	34/137 (25)	- 14
빨다 (샐다)	샐다 뿐다 뿔다 싸다 빨다 뿔다	뿐다	경기 0/1 강원 0/3 충북 0/5 충남 0/6 전북 0/9 전남 17/19 경북 0/11 경남 4/19 제주 0/2	21/75 (28)	뿐다	경기 0/18 강원 0/15 충북 0/10 충남 0/15 전북 0/13 전남 7/22 경북 0/23 경남 1/19 제주 0/2	8/137 (6)	- 22
팔다 (폴다)	폴다 팔다	폰다	경기 0/3 강원 0/3 충북 0/6 충남 0/6 전북 0/9 전남 16/20 (아/오 : 공존 2) 경북 0/14 경남 5/13 제주 0/2	21/76 (28)	폰다	경기 0/18 강원 0/15 충북 0/10 충남 0/15 전북 0/13 전남 18/22 (아/오 : 공존 2) 경북 0/23 경남 0/19 제주 0/2	18/137 (13)	- 15
평균 출현 빈도율 및 변화율[29→14%(-15)]								

[표 3-3]에서 보듯이, 어두 음절 '♀' 변화의 지리적 분포가 (4)의 용언 '넓다(淸), ᄆᆞᆯ다(乾,裁), 넓다(踏), 샐다(吸), 폴다(賣)'의 경우도, (3)의 체언 '몰, 프리, ᄆᆞᆯ, ᄑᆞᆷ'의 경우와 도별 분포에 있어서는 대동소이하다. 즉, <전남>을 기준으로 하여 <경남>과 <전북> 일부 지역에 '♀>오'의 변

화를 확인할 수 있는 반면에, 여전히 <경기><강원><충북><충남><경북><제주>에서는 'ᄋ>오'의 변화를 확인할 수 없다. [표 3-1]~[표 3-3]의 대비를 통해 'ᄋ>오' 혹은 'ᄋ>아'의 변화가 지역에 따라 상당히 체계적으로 진행되었음을 알 수 있다. 용언 환경에서 언어 지도를 보이면 [지도 18-1]~[지도 20-2]와 같다.

다만, 용언 어간 말의 경우가 체언 어간 말의 경우보다 분포 범위가 다소 넓은 경향을 보이고 있다. '오'형(■형)이 나타나는 어휘 자료에서도 체언 어간 말 환경에 비해 다소 많으며, 두 자료 간 변화차이도 용언의 경우(15%)가 체언의 경우(16%)에 비해 크지 않아,17) 용언의 경우는 개신형 '아'형(●형)의 침투가 [정문연] 자료에 와서도 <전남>지역에서는 거의 이루어지지 않고 있다. 이는 모음 변화에 있어서 용언 어간 말 위치가 체언 어간 말 위치보다 음운변화의 물결에 덜 휩쓸리는 위치라는 것이다. 제주방언의 어두음절의 'ᄋ'가 분포 위치에 따라 변화 속도와 변화 방향이 다름을 보여주고 있는 것과도 무관하지 않다.18)

'쌀다, 붉다, 넓는다'의 경우, <전남>을 중심으로 '오'형이 나타나고 있는데, 대체로 체언어간 말 모음의 경우보다 그 분포가 넓다. 다만, 'ㅃ' 계열인 '쌀다'가 'ㅂ'계열인 '넓는다'에 비해 지리적 분포도 좁고 자료 간 변화차이도 크다. [지도 18-1, 18-2]에서 보듯이, '쌀다(洗)'는 '넓는다' 어휘에 비해 [오구라] 자료에서부터 일찍 개신이 진행(28%)되어, '오'형이 <전남>을 중심으로 <경남>의 서남해안 지역에만 나타나고 <전북>에

---

17) (4)에 정리된 용언 '묽다(清), ᄆᆞ르다(乾,裁), 넓다(踏), 쌀다(吸), 폴다(賣)'의 경우(15%)와 (3)의 체언 '몰, ᄑᆞ리, ᄆᆞᄉᆞᆯ, ᄑᆞᆺ'의 경우(16%)의 두 자료 간 평균 변화율이다. 두 환경 간 차이가 그리 크지 않지만, 개별 어휘를 살펴볼 때, 급격한 변화를 보이는 경우는 용언보다 체언 환경인 경우가 많다.

18) 정승철(1995 : 26~27), 제주 방언의 어두음절 'ᄋ'는 어간말 위치에서 먼저 동요가 일어나 'ᄋ>아'의 변화를 보이던 중, 어떤 이유에 의해 그 변화 방향이 바뀌어 모든 위치에서 'ᄋ>오'의 변화를 보이게 되었다는 것이다.

는 전혀 나타나지 않았다. <전남>에도 '오'형이 나타나지만, 이미 '아'형
이 북부 지역을 중심으로 많이 침투하여 공존하고 있다. [정문연] 자료에
와서는 더욱 개신(6%)이 이루어져, 해안을 따라 <전남>의 서남부 지역까
지 대부분 개신되어, 북부 지역을 제외한 중동부 7개 지점에만 '오'형이
잔존해 있는 정도이다. <전남>의 북부 지역과 <경남>지역은 거의 개신
이 이루어졌다.

반면에, '넓는다'는 [지도 19-1, 19-2]에서 보듯이 '오'형(■형)의 분포
가 두 자료집 모두 <전남>의 전 지역을 중심으로 <전북>과 <경남>의
남부 지역에 이르기까지 비슷한 분포를 보이고 있다. 다만, [정문연] 자
료에 와서 <전북>과 <경남>지역은 '아'로 다소 개신이 되었지만, 여전
히 <전남>을 중심으로 '오'형(봄-/볿-)이 나타나고 있다. '♡>오'의 변화
를 보이는 다른 'ㅂ' 아래의 어휘보다 그 분포 범위(39→25%)가 비교적
넓다.

그 밖에, '붉다(明)' 어휘에서도 '북다'형이 나타나는 <제주>를 제외하
고 '박다, 발다'와 '복다, 볼다'에서와 같이 '아/오'로의 대응관계가 나타
나고 있다. [오구라] 자료에서는 '오'형의 분포가 <전남>을 중심으로
<전북>의 남부 지역(순창, 남원)과 <경남>의 서부 및 남해안 지역(함양, 하
동, 진양, 의창, 김해, 남해, 통영, 거제)에 나타나고 있어, '넓는다'와 비슷한 분
포를 보이고 있다. 그러나 [정문연] 자료에 와서는 <전북>과 <경남>은
모두 개신이 되었고, <전남>에만 나타나고 있다. <전남>은 신안을 제외
한 전 지역에서 '복다'형이 나타나되, 대부분 지역에서 '박다'형과 같이
공존하여 개신이 많이 진행되었다. 그러나 여전히 구례, 광산, 승주, 광양,
영암, 보성, 고흥, 여천 지역에서는 '오'형만 나타나고 있다. 용언 어간 말
모음 '넓는다'와 '붉다'의 경우는 '포리'에서의 '♡>오' 분포 지역과 거의
일치하는 모습을 보이고 있다.

'ㅁ'계열인 '무르다(乾)'와 '묽다(淸)'의 경우에서도 '오'가 체언 어간 말
모음 '물'의 경우보다 넓게 분포되어 있다. [지도 20-1, 20-2]에서 보듯
이, '무르다(乾)'는 '오'형이 <전남>을 중심으로 넓게 분포(35 → 23%)되어
있으며, 두 자료 간 변화 차이(-12)도 다른 어휘에 비해 상대적으로 작다.
[정문연] 자료에 와서 <경남>지역을 중심으로 개신이 다소 이루어졌을
뿐이다. <경남>의 서부 지역인 함양과 하동을 비롯하여 동부 지역인 의
창, 김해, 양산에서 개신이 완전 이루어졌다. 그러나 '오'형이 <전남>을
중심으로 세력을 형성하면서 <전북>의 남부 지역과 <경남>의 서남부
지역에 여전히 잔존해 있다. '묽다(淸)'의 경우는 이른 시기부터 개신이 이
루어져 '무르다'나 '넓는다' 등의 어휘보다 출현 빈도율(17 → 4%)이 낮다.
그러나 두 자료 간 변화 차이는 이들 어휘들과 비슷하다(-13).

'폴다(賣)'의 경우, 두 자료 간 큰 차이는 없다. 다만, <전남>북부 지역
이 [오구라] 자료에서부터 개신이 시작되어 [정문연] 자료에 와서는 장성,
담양, 곡성, 구례, 화순, 광양에 개신형이 침투해 있을 뿐이다. 그 밖의 지
역은 여전히 '오'형이 세력을 형성하고 있다. 그러나 <경남>지역은 [오
구라] 자료에 서남 지역을 중심으로 일부 나타나던 '오'형이 완전히 개신
이 되면서 '판다'형만 나타나고 있다. 흥미로운 것은 [오구라] 자료에 '판
다'형이 나타나던 영광, 광산, 나주 지역은 오히려 보수형으로 인식되는
'폰다'형으로 통일되어 나타나고 있다는 점이다. 따라서 <전남>지역은
개신형도 어느 정도 받아들이고 있지만, 보수형인 '오'형을 유지하려는
경향이 다른 지역에 비해 상대적으로 크다고 하겠다. 이는 이 지역이 갖
고 있는 강한 지역성이 언어를 통해 표출된 것으로 해석해 볼 수 있겠다.

② 순음의 역행 환경

다음으로는 순음의 역행 환경인 (5) '느물'(柔)과 '눔'(他)이라는 두 어휘를 대상으로 '♀>오'의 변화를 살펴보기로 한다. 이들 어휘는 다음 [표 3-4]와 같이 요약된다.

[표 3-4] 어두 음절 '♀>오' 변화의 지리적 분포와 변화 추이('느물'과 '눔'의 경우)

음운 환경	형태소 층위	표준어 (15C 표기)	문헌 자료	[오구라] 자료			[정문연] 자료			자료 간 변화 차이
				방언형	도별 출현지점수 /도별 총 조사지점수	전체출현 빈도수와 빈도율(%)	방언형	도별 출현지점수 /도별 총 조사지점수	전체출현 빈도수와 빈도율(%)	
순음 앞	형태소 내부 (체언 어간말 모음)	나물 (느물)	느몷 느물 느믈 느믈 나물	노물	경기 0/0 강원 0/3 충북 0/5 충남 0/5 전북 0/6 전남 10/19 (어/오 : 공존 2) 경북 0/12 경남 0/14 제주 0/2	10/66 (15)	노물 노무새	경기 0/18 강원 0/15 충북 0/10 충남 0/15 전북 0/13 전남 14/22 (어/오 : 공존 2) 경북 0/23 경남 0/19 제주 0/2	14/137 (10)	- 5
		남 (눔)	눔 남	놈	경기 × 강원 × 충북 × 충남 0/1 전북 0/15 전남 6/11 경북 0/7 경남 0/13 제주 2/2	8/49 (16)	놈	경기 0/18 강원 0/15 충북 0/10 충남 0/15 전북 0/13 전남 15/22 경북 0/23 경남 0/19 제주 1/2	16/137 (12)	- 4
평균 출현 빈도율 및 변화율[16→11%(-5)]										

순음 앞에 '♀>오'로 나타나는 예는 '느물, 눔' 외에도 '亽매(袂), 곰추다(藏), 말숨(言)' 등의 예가 더 추가된다. 『한민족 언어자료 정보화』에도 '亽매'는 대부분의 지역에서 '소매'로 나타나고 '눔'은 <전남>을 중심으

로 <경남> 일부 지역과 <황해><평남><강원>지역에서 '놈'형이 나타
나고 있다. '굼추다' 역시 '으>오'로의 변화형인 '곰추다'형이 <함남>
<함북>지역에 나타나고 있다. 두 자료집에 공통되는 '느물, 늠'을 중심으
로 살펴보면, 순행동화 경우보다 출현 빈도율과 자료집 간 평균 변화율
(5%)이 낮음을 알 수 있다.

  '느물(菜)'의 경우, 두 자료집 간 큰 변화 없이 모두 '오'형이 <전남>에
만 나타나고 있다. 다만, <전남>에서 [오구라] 자료집에 나타났던 '나물'
형이 [정문연] 자료집에 와서 '노물'형으로 바뀌는 지역(영광, 함평, 광산)이
일부 나타나면서 오히려 개신을 거부하는 듯한 인상을 보여 주고 있어 눈
길을 끈다. 이는 <전남>지역이 다른 지역에 비해 비교적 '오'형을 지키
려는 지역색이 강함을 의미하는 것이라고 볼 수 있다. 이에 비해, <경남>
은 '오'형 아닌 '어'형이 나타나던 함양, 하동, 고성, 통영, 거제 등에서 모
두 '아'형이 나타나고 있어 개신이 <전남>에 비해 빠르게 진행되었다고
하겠다.

  '늠(他)'의 경우에서는 '놈'형이 [오구라] 자료에 <전남>의 광산, 무안,
나주, 영암, 강진, 보성과 <제주> 전 지역에 나타나고 있다. [정문연] 자
료에 와서는 <전남>의 전체 22개 조사지점 중 15개 지점(영광, 함평, 광산,
신안, 무안, 나주, 화순, 영암, 진도, 해남(놈>남), 강진, 장흥, 보성, 고흥, 완도)에서
'오'형이 나타나고 있어 <전남>은 순음의 역행 환경에서도 '오'형이 활발
하게 일어남으로써, '오'형이 가장 늦게까지 잔존해 있는 지역이라 하겠다.

  ③ 합성어 환경
  형태소 내부 환경에서와 달리, 합성어 환경에서의 '으>오' 변화가 남한
에서는 <경북>지역에까지 나타나고 있어, '으>아'와 '으>오' 변화를 구
분 짓는 등어선이 상당히 올라가 있음을 확인할 수 있다.

[표 3-5] 어두 음절 'ᄋᆞ>오' 변화의 지리적 분포와 변화 추이(합성어의 경우)

음운 환경	형태소 층위	표준어 (15C 표기)	문헌 자료	[오구라] 자료			[정문연] 자료			자료 간 변화 차이
				방언형	도별 출현지점수 /도별 총 조사지점수	전체출현 빈도수와 빈도율(%)	방언형	도별 출현지점수 /도별 총 조사지점수	전체출현 빈도수와 빈도율(%)	
순음 뒤 + 'ᄅ' 앞	합성 어	박쥐 (붉쥐)	붉쥐 벼부 박쥐	복주 뽁주 복쥐 뽁쥐 뽁지 뽈쩌	경기 0/3 강원 0/3 충북 0/5 충남 0/6 전북 3/9 전남 12/12 경북 4/12 경남 12/14 제주 0/2	31/66 (47)	복쥐 빅쥐 뽁쥐 뽈쥐 뽈지 뽈쩌	경기 0/18 강원 0/15 충북 0/10 충남 0/15 전북 4/13 (아/오 공존 1) 전남 19/22 경북 8/23 경남 12/19 제주 0/2	43/137 (31)	16

예컨대, '붉쥐(蝠)'의 경우, 전체 출현 빈도율(47 → 31%)이 두 자료집 모두 'ᄋᆞ>오' 변화를 보이는 형태소 내부의 다른 어휘들에 비해 상당히 높게 나타나고 있다. [지도 21-1, 21-2]에서 보듯이, '오'형이 두 자료집 모두 <전남>을 비롯하여 <전북><경남>은 물론 어휘 내부에서 보이지 않던 <경북>의 북부 지역에까지 나타나고 있다. 북한에는 [오구라] 자료에 <함북>회령과 함께 주로 '아'형이 나타나는 <황해>에까지 '오'형이 보이고 있다.[19] '붉쥐'의 어근인 '붉->볽-'의 변화는 『염불보권문』동화사본에도 확인되고 있다. 따라서 'ᄋᆞ>오'로의 변화에 보다 강한 영향을 미치는 환경은 음운론적 강도보다 형태론적 층위라 하겠다.

---

19) <전남>광산, 승주 등에 '뽁쥐'형이, 장성, 무안, 나주, 영암, 강진, 보성 등에 '복쥐'형이, 곡성, 구례에 '복주'형이, 담양, 여수에 '뽁주'형이, <전북>장수, 남원에 '복주'형이, 순창, 남원에 '뽁주'형이, <경남>거창, 합천, 창녕, 밀양에 '뽈쥐'형이, 양산, 하동, 진주, 김해, 통영, 거제, 남해 등지에 '뽈쩌'형이, 함양에 '뽁지' 형이, <경북>영주, 예천에 '뽈쩌'형이, 청송, 고령에 '뽈쥐'형이, <함북>회령에 '뽈쥐'형이, <황해>연안, 옹진, 태탄, 장연, 은율, 안악, 재령에 '뽁쥐'형이 나타나고 있다.

형태소 내부에서는 음운론적 강도가 상대적으로 낮은 'ㅂ'이라도 용언 어간 말 환경에서는 음운론적 강도가 가장 높은 'ㅍ'의 경우인 '프리'의 분포와 거의 비슷한 분포를 보이고 있어, 체언 어간 말 환경에서보다 다소 넓게 분포되어 있다. 형태소 내부에서보다는 합성어 환경에서 '오'형의 분포는 훨씬 넓게 분포되어 있는 것이다.

요컨대, 'ㅁ,ㅂ,ㅃ,ㅍ' 아래 '으>오'의 분포 양상을 보면, <전남>을 중심으로 분포하되,[20] 형태소 층위에 따라 개신의 정도가 달리 나타나고 있는 것이다. 체언 어간 말 환경에서는 '오'형이 [오구라] 자료에서 이미 시작된 개신이 [정문연] 자료에 와서는 더욱 빠르게 진행되어 감으로써, 한눈에 보기에도 개신의 변화가 확연히 드러나고 있다. 즉, 체언 어간 말 환경에서는 '오'형이 [오구라] 자료에서부터 <전남>을 중심으로 <전북>과 <경남>에 나타나되, 이들 지역은 <전남>의 접경 지역에만 나타나고 있다. 개신형 '아'형의 침투도 [오구라] 자료에서부터 <전남>지역 깊숙이 이루어졌다. 반면에, 용언 어간 말 환경에서는 '오'형이 나타나는 어휘도 체언 어간 말 환경보다 많다. 두 자료 간 변화도 크지 않을 뿐만 아니라, 개신형 '아'형의 침투가 [정문연] 자료에 와서도 <전남>지역에서는 거의 이루어지지 않고 있다. 이에 비해, 합성어 환경에서는 <경북>의 북부 지역에까지 '오'형이 분포하고 있다.

---

20) 이 방언에서 실현되는 어휘에는 이들 외에 순음과 'ㄹ' 사이에 '으'가 오는 '볼(丈), 바람(風), 샐리' 등과, 'ㄹ'이 아닌 'ㅁ다(寸), ㅂ수어서(粉碎)' 등이 추가된다. 또 '드투다(爭), ㄴ호다(分), -드록' 등과 같이 뒤에 원순모음 '오/우'가 오는 환경에서도 '오'로 변하는 경우가 나타나고 있다. 더욱이 '보션>버선, 몬져>먼저, 몬지>먼지, 본도기>번데기, 보리, 포대기, 본다'의 경우처럼 중세국어에서 원래 '오'를 유지하던 어사들로 중부 지방에서는 비원순모음화를 겪었지만, 이 지역에서는 그대로 보전이 되고 있는 예도 있다. 이상의 예들에서 보듯이, 어두 음절에서 <전남>을 중심으로 하는 서남방언에서는 순음 환경에서 규칙적으로 거의 대부분 '오'로 나타나고 있다. 반면에, 이들 어휘는 중부 지역을 비롯하여 <경북>지역에서는 대부분 '으'의 비음운화가 이루어져 '아'로 나타나고 있다.

또한 중앙어로서의 자격을 획득한 'ᄋ>아'로의 개신형이 침투하는 방향은 남한 지역에서는 서남쪽이 아니고 동남쪽을 향해 있다. 이는 <경남>보다 <전남>이 보다 보수성이 강한 지역임을 입증하는 단적인 예라 하겠다. 따라서 <전남>에서 사용하는 소리들이 보다 보수형일 가능성이 크다. 이러한 현상은 비단 'ᄋ'의 '아/오'의 변화에만 해당되는 것이 아니라, 다른 음운 변화에도 거의 예외 없이 적용되고 있다.

따라서 'ᄋ'의 변화는 한반도 전체에서 일부 음운론적 강도가 고려되면서 형태론적 층위를 달리하며 '아'로 개신이 진행되어 가고 있다. 다만, 남한의 최남단인 <전남>을 중심으로 한 남부 일부 지역과 북으로는 <함남>의 풍산, 갑산, 삼수, 장진과 <함북>의 회령, 종성, 경원 등 최북단 지역인 육진방언을 중심으로 '오'형이 최후 잔존하는 지역으로 파악된다.

④ 'ᄋ>오' 변화의 방언 구획

이상 살펴본 어두 음절에서의 'ᄋ>오' 어휘들의 형태음소론적 층위에 따른 지리적 분포를 토대로 하여, 방언 구획을 카토그램(cartogram)으로 나타내면 다음과 같다. 물론 어휘마다 분포에 차이가 있을 뿐 아니라, 언어 변화 또한 진행 중에 있어 정확하게 등어선을 긋기가 쉽지 않다. 그러나 형태음소론적 층위에 따라 등어선이 그어지는 위치가 대략적으로 유형화되어 나타나고 있다. 이러한 점을 고려하여 그려진 아래 카토그램은 변화를 거쳐 도달한 [정문연] 자료를 기준으로, 각 층위 별로 '오'가 최대로 분포한 어휘를 대상으로 등어선을 그어 작성된 것이다. 아래 나오는 카토그램들도 모두 이 원칙을 따라 작성되었다. 특히 'ᄋ' 변화에서의 카토그램은 'ᄋ>오/우'와 같은 원순모음화와 관련하여 상호 비교가 이루어진 것들이다.

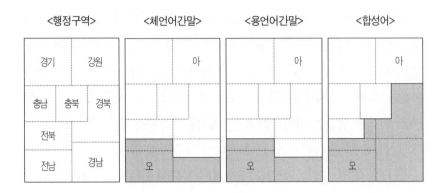

| <행정구역> | <체언어간말> | <용언어간말> | <합성어> |

(2) 'ᄋᆞ > 어'의 변화

어두 음절에서는 'ᄋᆞ>어'로의 변화(파리/퍼리, 팥/펕, 나물/너물, 놈/넘 등)도 일부 지역에서 관찰되고 있다. 특이한 점은 '아'의 분포 지역(중·동부 지역)과 '오'의 분포 지역(전남 중심)을 가르는 그 사이 접경 지역(전북 중심)에서 '어'가 띠를 형성하며 주로 나타나고 있다는 것이다. 지리적 분포라는 관점에서만 보면, 'ᄋᆞ'가 각 지역을 중심으로 'ᄋᆞ>오', 'ᄋᆞ>어', 'ᄋᆞ>아'로의 각기 다른 변화가 이루어졌음으로 기술할 수 있다. 이는 모음 변화에 대한 '동일과정설의 원리(uniformitarian principle)'[21]로 설명이 가능하다. 한 단계씩 이동하여 도달할 수 있는 음운론적 공간의 범위에 있는 '어'의 출현은 'ᄋᆞ>오'로의 변화가 개신형 'ᄋᆞ>아'로 변하는 관계를 구명할 수 있는 근거가 될 수도 있을 것이다. 그러나 계열과 서열의 위치가 서로 상이한 '오>아'로의 급격한 변화를 거부하면서 이들 지역의 언중들은 '어'를 선택함으로써, 그 부담을 줄이며 서서히 개신형 '아'로의 변화를 흡수하고 있다는 해석도 가능해진다.[22]

---

21) 최전승(2004 : 678)에 모음 변화의 세 가지 원칙을 요약하고 있는 바, 이를 참고하기 바람.
22) 이는 최전승(2009 : 350)에서 양순음 다음에 일어난 '오>아'모음 변화의 음운론적 동인을 쉽게 추출할 수 없다고 하면서 김동소 견해(2005 : 13)를 반박하는 데 대한 반론의

여기서 <전북>을 중심으로 <충남><경남>에 이르는 지역에 길게 띠를 형성하며 나타나는 'ᄋ>어' 변화를 <육진>방언에서의 'ᄋ>어'로의 변화(곽충구, 1994 : 257)와 제주방언에서의 'ᄋ>어'로의 변화(정승철, 1995 : 34~36)와 관련지어 논의해 볼 필요가 있겠다. 곽충구는 김완진(1978 : 132~135)의 견해에 따라 'ᄋ'의 말기적 증상으로 '어'의 후설화와 관련된 모음체계의 변화로 해석하고 있다. 이에 반해 정승철은 현평효(1962)의 근거를 들면서 중앙어의 영향을 받은 젊은이들 사이에 나타나는 세대 차이로 설명하고 있어, 해석하는 관점에 차이가 존재하고 있다. 그러나 모두 음운변화는 어휘에 따라 그 변화 속도가 다르다는 논리에 바탕을 둔 해석이라는 점에서는 공통점이 있다. 이들과의 관계에 대한 고찰은 차후 논의 거리로 두고, 본 연구에서는 두 자료 간 지리적 분포 면에서 그 변화 추이를 살피는 데 한정하고자 한다.

두 자료집에 공통으로 나타난 어휘들의 변화 추이를 비교한 결과 'ᄋ>어'형의 지리적 분포상 차이가 나타났다. 순음의 순행 환경과 역행 환경으로 나누어 해당되는 어휘를 정리하면 다음과 같다.

    (1) 순음의 순행 환경 : 포리, 폿
    (2) 순음의 역행 환경 : 는물, 눕

논거가 될 수도 있지 않을까하는 의문을 제기해 본다. 어떠한 음운론적 조정이 양순음 다음에 연결된 동일한 자질의 모음 '오'를 비원순의 '아'로 이동시키게 하는 직접적인 계기가 없다고 말하지만, '오'와 '아' 사이를 가르는 지역에 널리 띠를 이루며 '어'가 분포하는 양상을 통해 '오→어→아'로의 변화 추이를 재구하는 데 크게 무리가 없어 보일듯하다. 이미 [오구라] 자료에서부터 <경북>을 비롯하여 <전남> 등지에 '오, 어, 아'가 공존하고 있기 때문이다. 여기서 '어'가 '오'와 '아' 사이에 분포하는 통시적 이유는 앞으로 연구되어야 할 과제일 것이다.

① 순음의 순행 환경

먼저 (1)의 경우 전체 조사지점 대비 출현 빈도수와 변화율을 분석하면 [표 4-1]과 같다.

[표 4-1] 어두 음절 '으>어' 변화의 지리적 분포와 변화 추이(순음 아래의 경우)

음운 환경	형태소 층위	표준어 (15C 표기)	문헌 자료	[오구라] 자료			[정문연] 자료			자료 간 변화 차이
				방언형	도별 출현지점수 /도별 총 조사지점수	전체출현 빈도수와 빈도율(%)	방언형	도별 출현지점수 /도별 총 조사지점수	전체출현 빈도수와 빈도율(%)	
순음 아래	형태소 내부 (체언 어간말 모음)	파리 (ᄑᆞ리)	ᄑᆞ리 파리	퍼리	경기 0/2 강원 0/12 충북 × 충남 2/12 (아/어 공존 2) 전북 1/8 (아/어 공존 1) 전남 1/18 경북 0/15 경남 0/13 제주 0/2	4/83 (5)	퍼리	경기 0/18 강원 0/15 충북 0/10 충남 1/15 전북 5/13 (아/어 공존 1) 전남 1/22 경북 0/23 경남 1/19 제주 0/2	8/137 (6)	+ 1
		팥 (ᄑᆞᆺ)	ᄑᆞᆺ ᄑᆞᆾ ᄑᆞᆺ ᄑᆞᇀ ᄑᆞᇀ ᄑᆞᆺ ᄑᆞᆾ 팥	펕	경기 0/3 강원 0/11 충북 0/1 충남 0/12 전북 0/10 전남 0/17 경북 0/14 경남 0/14 제주 0/2	0/84 (0)	펕	경기 0/18 강원 0/15 충북 0/10 충남 0/15 전북 2/13 (아/어 공존 1) 전남 0/22 경북 0/23 경남 0/19 제주 0/2	2/137 (1)	+ 1
평균 출현 빈도율 및 변화율(5→4%(-1))										

순음 아래 순행 환경에서의 '으>어'의 변화를 살펴보면, '팥'의 경우, '어'형인 '펕'형이 [오구라] 자료에서는 보이지 않았으나, [정문연] 자료에

와서 <전북>의 동부 지역인 진안(팔/펄)과 장수(펄)에서 일부 보이고 있다. '포리'의 경우는 '어'형의 분포가 '펄'의 경우보다 넓어지면서 [오구라] 자료에 <충남>부여(파리/퍼리)와 서천(파리/퍼리), <전북>김제(파리/퍼리/포리), <전남>고흥(퍼리)에서 나타나던 '어'형이 [정문연] 자료에 와서 <전북>의 북부 지역인 익산, 완주, 김제, 장수 등을 중심으로 <충남>서천에서 <경남>함양을 잇는 역사선형(\)의 띠를 형성하며 확산되는 경향을 보이고 있다.

그 밖에 [정문연] 자료에만 조사된 '몬져'의 경우에도 '오'형이 분포되어 있는 <전남>과 그와 인접한 <전북>의 순창과 남원을 경계로 그 남쪽 지역에서는 '오'형이, 그 북쪽 지역부터 중부 지역에 이르기까지 '어'형인 '먼저'형이 분포하고 있다.23)

② 순음의 역행 환경

다음으로 (2)순음 앞의 역행 환경인 'ᄂᆞ물(茱)'과 'ᄂᆞᆷ(他)' 어휘를 분석하면 [표 4-2]와 같다.

---

23) [한민족 언어 정보화]자료에는 북한 지역에서 '아'형인 '만저, 만제, 만져, 만지, 매재, 맨제, 맨츰' 형이 나타나고 있다. <평북><평남>을 중심으로 <함남><함북>에 이르기까지 '아'형이 분포하고 있으며, 그 아래로 <황해>의 신천, 옹진을 비롯하여 <경기><충남>에 이르기까지 '어'형이 분포하고 있다.

[표 4-2] 어두 음절 '◦>어' 변화의 지리적 분포와 변화 추이(순음 앞의 경우)

음운 환경	형태소 층위	표준어 (15C 표기)	문헌 자료	[오구라] 자료			[정문연] 자료			자료 간 변화 차이
				방언형	도별 출현지점수/도별 총 조사지점수	전체출현 빈도수와 빈도율(%)	방언형	도별 출현지점수/도별 총 조사지점수	전체출현 빈도수와 빈도율(%)	
순 음 앞	형태소 내부 (체언 어간말 모음)	나물 (ᄂᆞ물)	ᄂᆞᄆᆞᆶ ᄂᆞ물 ᄂᆞ믈 ᄂᆞ물 나물	너물	경기 0/0 강원 0/3 충북 0/5 충남 2/5 전북 4/6 전남 9/19 (오/어 : 공존 2) (아/어 : 공존 1) 경북 0/12 경남 4/14 (아/어 : 공존 1) 제주 0/2	19/66 (29)	너물 너무새	경기 0/18 강원 0/15 충북 0/10 충남 8/15 전북 13/13 (아/어 : 공존 1) 전남 9/22 (아/어 : 공존 2) 경북 0/23 경남 2/19 제주 0/2	32/137 (23)	- 6
		남 (ᄂᆞᆷ)	ᄂᆞᆷ 남	넘 (넘의)	경기 × 강원 × 충북 × 충남 1/1 전북 9/15 전남 5/11 경북 1/7 경남 13/13 제주 0/2	29/49 (59)	넘 (넘+의)	경기 0/18 강원 0/15 충북 0/10 충남 10/15 (남+의 : 7/15) 전북 3/13 (남+의 : 9/13) 전남 6/22 (남+의 : 7/22) 경북 3/23 (남의 : 3/23) 경남 13/19 (남의 : 17/19) 제주 0/2	35/137 (26)	- 33
					평균 출현 빈도율 및 변화율[44→25%(-19)]					

(1)과 (2)의 어휘들은 '◦>어'로의 변화만 보이는 것이 아니라, '◦>오'로도, '◦>아'로도 변화를 보이므로, 이들과의 관계를 두 자료 간 출현 빈도율로 대비해 보면, 순음의 순행 환경과 역행 환경에 차이가 있음을 발

견할 수 있다. 순음의 순행 환경에서는 '♀>어'의 변화[3 → 4%]가 역행 환경[44 → 25%]에서보다 월등히 낮다. '♀>오'와의 비교에서는, '♀>오'의 경우[38 → 27%]가 '♀>어'의 경우[3 → 4%]보다 월등히 높다. 반면에, 순음의 역행 환경에서는 '♀>어'로의 변화[44 → 25%]가 순행 환경[3 → 4%]에서보다 월등히 높이 나오고 있다. 뿐만 아니라, '♀>오'와의 비교에서도, '♀>어'로의 변화[44 → 25%]가 '♀>오'로의 변화[16 → 11%] 보다도 높다. 이것이 의미하는 바는 순음의 순행 환경에서는 '♀>어'보다 '♀>오'로의 변화를 지향하고, 역행 환경에서는 주로 '♀>어'로의 변화를 지향하고 있다는 것이다.

'나물(菜)'의 경우에는 '♀'의 '어'로의 변화가 더욱 확산되어 나타나고 있다. 2장에서 살핀 [지도 5-1, 5-2]에서 보듯이, 'ᄂᆞ믈'은 지역에 따라 '노물', '너물', '나물'로 각각 다르게 변화가 진행되어 갔다. '어'형이 두 자료집 모두 <충남>의 서해안 지역에서부터 <전북>의 전 지역을 포함하여, 특히 '어'형은 <전북>에 인접한 <전남>의 북부와 동부 지역을 거쳐 <경남>의 서부 지역과 남해안 지역에 이르는 긴 역사선형(\)의 띠를 형성하며 <충남>의 중동부 지역과 <전남>의 서남부 지역 사이에 분포되어 있다. 이처럼 '♀'가 '오'형으로 변화된 형태가 <전남>을 중심으로 여전히 나타나고 있지만, 한편, <전북>을 중심으로 '어'형이 나타나면서 '오'형의 분포가 다소 축소되었다. 즉 '너물'형이 남한의 중동부 지역에 널리 분포하는 '나물'형과 서남단 지역인 <전남>을 중심으로 분포하는 '노물'형의 분포 지역을 가르면서 그 사이에 분포하는 양상이 나타나고 있는 것이다. '나물'은 어두 음절에서 15세기 '♀'형인 'ᄂᆞ믈'로 표기되었던 형태가 방언 자료에 어두 음절이 '오/어/아'형으로 나타나면서 그 지역적 대비가 극명히 나타나는 대표적인 어휘이다.

'놈(他)'의 경우는 'ᄂᆞ믈'의 경우보다 '♀'의 '어'로의 변화가 훨씬 더 광범위하게 나타나고 있다. 그러나 두 자료집 모두 <전북>을 중심으로 <전남>의 북부 지역을 거쳐 <경남>에 이르기까지 긴 띠 모양을 형성하며 역사선형(\)으로 '아'형과 '오'형의 지역을 양분하며 그 사이에 분포하고 있는 모양새는 'ㄴ물'과 다르지 않다.24) [정문연] 자료에 와서는 [오구라] 자료에서보다 '어'형이 확대되어 나타나고 있다. <충남>의 서남부 지역과 <전북>고창, 순창, 남원 등 <전남>에 인접한 남부 지역과 <전남>의 북·동부 지역, <경남>의 대부분 지역을 포함하여 <경북>의 경산(남/넘), 영천(남/넘), 달성(넘) 등지에까지 나타나고 있다. <경북>에는 개신형인 '남'과 공존하는 모습을 보이고 있다. <충남>에서 시작하여 긴 띠를 형성하며 <경남>에 이르고 있어 다른 어휘에 비해 비교적 넓은 지역에서 '어'로 나타나고 있다.

요컨대, '어'형이 '아'형과 '오'형을 가르며 그 사이에 분포하는 형상을 보이고 있는 것이다. <전북>은 '어'형 분포의 중심 지역이다. <충남>의 동부 지역은 '아'형이, 중부 지역은 '아/어'형이, 서부 지역은 '어'형이 각각 분포하는 양상을 보이고 있다. 이에 비해, <전남>은 <전북>에 인접한 북부와 동부 지역에는 '어'형이, 그 밖의 지역에서는 '오'형이 세력을 양분하며 분포되어 있다. 이처럼 '팥', '파리', '나물', '남' 등의 어휘를 통해 'ᄋ'의 '어'로의 변화도 일부 확인할 수 있었다.

이로써 'ᄋ' 음운 변화의 진행방향도 가늠할 수 있게 되었다. 방언형 '오'로 발음하던 지역과 중앙어 '아'로 발음하던 지역 사이의 언중들은 '아'도 '오'도 아닌 '어'로의 변화를 선택함으로써, 독자적인 변화를 모색하는 모양새를 보이고 있다.25) 여기서 'ᄋ>오', 'ᄋ>어', 'ᄋ>아'로의 변

---

24) 즉, '넘'형이 <전북>의 완주, 진안, 무주, 김제, 정읍, 임실, 장수, 순창, 남원과 <충남>의 금산, <전북>에 맞닿은 <전남>의 북부 지역인 장성, 담양, 곡성, 승주, 여천과 <경남>의 거창, 합천, 창녕, 밀양, 함양, 하동, 진양, 김해, 의창, 양산, 남해, 통영, 거제 등지에 긴 역사선형의 긴 띠를 이루며 분포하고 있다.

화를 보이는 'ᄋᆞ' 모음에 대해 모음 체계에서의 위치나 발생의 순서 등
몇 가지 의문이 생긴다.

③ 'ᄋᆞ>오'와 'ᄋᆞ>어' 변화에 대한 해석

지금까지 순음의 순행 환경과 그 역행 환경에서 'ᄋᆞ'가 '오' 또는 '어'
로 변화한 예를 두 자료집을 통해 확인하면서, 관련된 몇 가지 사실을 기
술해 왔다. 논의의 대상이 되는 자료가 체언인가 용언인가, 순행 환경인가
역행 환경인가, 형태소 내부 환경인가 형태소 경계 환경인가에 따라 'ᄋᆞ>
오'와 'ᄋᆞ>어' 분포 지역과 그 변화율을 고찰한 결과, 'ᄋᆞ>오' 변화를 일
단 원순모음화로 보고자 한다.[26] 'ᄋᆞ>오' 변화의 진원지는 <전남>지역
이며, <전북>과 <경남>의 일부 지역에 주로 영향을 미치되, <경북>지
역에까지 그 영향권에 있었음을 확인해 볼 수 있다.[27] 반면, <경기>를
중심으로 <강원><충북><충남> 등 중·동부 지역에서는 'ᄋᆞ>아'로의
변화를 경험하였다.[28] 특히 합성어 환경(붉쥐)에서 <황해>와 <경북>지
역에도 '오'가 나타나므로, 이전 시기에 중부 지역에도 'ᄋᆞ>오'로의 변화
가 있었을 가능성을 추측해 볼 수 있다. 그리고 '아'와 '오'의 분포 지역
사이에 <전북>을 중심으로 <충남>과 <경남>을 잇는 지역에 '어'형이

---

25) 한편, 'ᄋᆞ>어'로의 변화를 소강춘(1989)과 이병근(1970b)에서 언급한 'ㅅ>ㅇ>ㅓ'로의 해
석과도 관련지을 수 있다. '오>아'보다 '오>어>아'가 보다 자연스러운 변화로 볼 수
있는 이유가 <경북>을 비롯하여 일부 남부 지역에 '오/어/아'가 모두 보이기 때문이다.
이러한 관점에서의 해석은 이들 지역이 예전에는 '오'였을 가능성도 배제할 수 없다는
점과도 관련된다.

26) 'ᄋᆞ>오'의 변화에 대한 기존 견해로는 원순모음화설[이숭녕(1954a), 이기문(1977),
이승재(1977), 백두현(1992c), 곽충구(1994a), 최전승(2004) 등]과 기저 음소설[소강
춘(1989)]로 대립되고 있다.

27) 합성어 환경에는 <황해>와 <경북>지역에까지 'ᄋᆞ>오'로의 변화 흔적이 남아 있다.

28) 일부 북한 지역의 예도 들었으나, [정문연] 자료에 북한 방언이 등재되어 있지 않아 단
정적으로 말하기는 쉽지 않다. <제주>지역에는 여전히 'ᄋᆞ'가 쓰이기 때문에, 소수 예
를 제외하면 'ᄋᆞ'는 그대로 'ᄋᆞ'로 발음된다고 보면 될 것이다.

나타나고 있다.

이상 'ᄋ'의 지리적 분포를 통해, 결론적으로 'ᄋ>오>아(몰>몰>말)'로의 변화를 상정할 수 있다. 특히, <경남>과 <전북>의 일부 지역에서 보이는 'ᄋ(몰)'형의 분포를 통해, 2단계의 변화과정을 거쳐 오늘날 '아(말)'형에 이르렀음을 확인할 수 있다. 즉, 1단계는 원순모음화(ᄋ>오)를 경험한 단계이고, 2단계는 그것이 다시 표준어 어형인 '오>아(말)'형으로 변화한 단계이다. 1단계에서는 당시 중앙어가 변화한 방향(ᄋ>아)으로의 개신이 미처 이루어지지 않았다면, 2단계에 와서 지금의 중앙어(표준어) 쪽으로 흐르는 개신의 물결을 받아들인 것이라고 해석해 볼 수 있다.

여기에서 문제는, 'ᄋ>오'로의 원순모음화가 먼저 일어났는지, 'ᄋ>아'로의 비음운화가 먼저 일어났는지에 대한 해명이 있어야 할 것이다. 이점과 관련하여 주목되는 견해가 백두현(1992c)과 이승재(2004)이다. 백두현(1992c : 233)에서는 'ᄋ'의 비음운화 현상(ᄋ>아)이 원순모음화 현상보다 먼저 일어난 것으로 파악하고 있다. 즉, 17세기에 이미 중앙어에서는 'ᄋ'의 비음운화가 일어나기 시작하였다는 내용을 근거로, 어두 음절의 'ᄋ'는 '아'에 합류되기에 이르지만, 이 'ᄋ'의 비음운화 현상은 모든 지역으로까지 확산된 것은 아니었다고 보고 있다. 이에 대해 구례지역을 중심으로 원순모음화를 논의한 이승재(2004 : 219~233)에서는 원순모음화가 'ᄋ>아'의 변화보다 먼저 일어난 것으로 설명하고 있다. 근거로 중앙어의 경우 원순모음화가 17세기 말엽에, 'ᄋ>아'의 변화가 18세기 중엽에 일어났다는 실증적 사실을 통해서 확인된다고 보고 있다. 두 견해에서 논거도 다르고 입장도 다른 차이를 보이고 있다. 모두 문헌을 통해 해석한 관점의 차이로 볼 수 있다.

이에 본 연구에서는 두 견해를 참고로 하여, 언어의 보편적인 견해에서[29] 볼 때나, 확산 가설로 볼 때, 원순모음화가 먼저 일어난 것으로 보고

제3장 'ᄋ'와 'ᄋ' 분화형의 분포와 변화 추이   93

자 한다. 이미 서남 지역을 중심으로 'ᄋ>오'로의 원순모음화가 진행되었기에,30) 이들 지역에서는 중앙에서 시작된 'ᄋ>아'로 변화되는 개신파의 물결에 쉽게 휩쓸리지 않다가, 그 후, 표준어로 강력한 세력을 형성한 중앙어에 차츰 동화되어 간 것이다.

여기서 이승재(2004 : 228)는 구례지역의 원순모음화 규칙이 중앙어와 다른 (3)과 같은 역사적 발전 과정 중의 어느 한 단계에 속하는 모음체계를 바탕으로 한다고 제시하고 있다.

(3) 이   으   우
     어   ᄋ   오
         아

'ᄋ>오'변화와 관련하여 'ᄋ>어'와 'ᄋ>아' 변화 모두가 남한 지역에서 지역적으로 층을 이루며 나타나고 있음을 고려할 때, (3)의 모음체계를 구례지역에 한정하기보다 남한 전체를 대상으로 설정하는 데에도 무리 없이 적용되리라 생각된다. 'ᄋ'의 위치를 중앙어와 달리 (3)과 같이 '어, 오, 아' 사이에 둠으로써, 'ᄋ>어', 'ᄋ>오', 'ᄋ>아'로의 변화가 동일과정설의 원리에 따라서도 자연스럽기 때문이다. 남한 전체로 볼 때, 'ᄋ>오'로의 원순모음화가 서남부 지역을 중심으로 먼저 일어나 하나의 세력을 형성하여 <전북><경남>을 비롯하여 <경북>지역으로까지 영향을 미치고 있는 가운데, 중부 지역을 중심으로 진행된 'ᄋ>아'로의 비음운화가 또 하나의 세력을 형성하며 남하하면서, '아'와 '오'가 만나는 전이 지

---

29) Hooper(1976)는 'elsewhere'조건을 이루는 일반적인 변화인 'ᄋ>아'의 변화가 [labial]자질에 따르는 원순모음화보다 뒤에 적용되어야 하는 것이 보편적인 규칙이라고 하였다.

30) 최전승(2004 : 143~194)은 『염불보권문』 각 판본(대구, 경북, 황해도)에 나타나는 '믄져'와 15세기 문헌어에 나타나는 '몬져'를 대비하면서, 원순모음화는 15세기 이전에 이미 진행된 것으로 보고 있기도 하다.

역에서는 '아'도 '오'도 아닌 '어'를 선택한 것으로 보인다. 이처럼 방언형
과 중앙어가 만나 세력 다툼을 하는 전이 지역에서 다른 어형을 선택하여
언어섬을 이룬 경우는 '형'의 어휘에서도 나타나고 있어, 어느 정도 유형
성을 보이고 있다.

이상으로 살펴 본 방언형의 지리적 분포의 추이에서, 국어사의 어느 시
기에 'ᄋ'의 변화와 관련되는, 적어도 어두 음절에서 세 가지 다른 방향의
변화가 있었음을 확인할 수 있다. 여기에서 두 자료집의 가치를 다시 한
번 더 생각하게 된다. 이처럼 진정한 의미에서의 국어사 연구는 중앙어에
한정하기보다 방언의 역사를 포함하는 거시적 태도에서 고찰할 필요가
있는 것이다.

2) 비어두 음절에서의 'ᄋ'의 변화

중세국어의 'ᄋ'가 비어두 음절에서는 어두 음절에서와 달리 방언형에
서 '으'를 비롯하여 '오/우', '이' 등 다양한 음성적 변이형들로 나타난다.
어두 음절에서는 절대 다수가 '아'였지만, 비어두 음절에서는 절대 다수
가 '으'로 나타나고 있다. 그러나 양순음과 결합하거나 앞뒤 음절의 모음
이 '오'일 경우, 규칙적으로 '우'로의 변화가 일어나기도 한다. 설단음과
결합하면 '이'로도 나타나고 있다. 국어사에서는 이른바 15~16세기에 걸
쳐 'ᄋ>으'로의 1단계 변화가 완성되었다고 보고 있다(이기문, 1972 : 118).
그러나 16세기에 와서 '으>ᄋ'로의 역표기가 [+cor]자질을 갖는 설단성
자음이 선행할 때 활발히 나타나고 있음에 주목하여 'ᄋ'와 [+cor]자질과
의 관련성을 깊이 있게 논구한 바 있다.[31] 이와 관련하여 백두현(1992 :

---

31) 백두현(1992 : 63-73)에서 [+cor]자질과 'ᄋ'와의 관련성을 음성학적으로 접근한 김승
   곤(1983 : 81)과 현우종(1988 : 28,42)의 실험음성학적 연구를 토대로 '스, 드, 즈, 츠'의
   'ᄋ'는 설단자음과 'ᄋ'모음 간의 포르만트의 차이를 극복하기 위해 'ᄋ'가 본래 지닌

69-70)에서는 송민(1986 : 135)의 주장인 [+cor]자음 뒤의 'ᄋ·'가 더 오래 유지되고 더 분명하게 인식된 결과 [+cor]뒤의 '으'까지 'ᄋ·'로 표기되면서 'ᄋ·'가 오래 유지되었다고 보는 견해에 반박하고 있다. 설단음인 'ᄃ, ᄉ, ᄌ, ᄎ'와 관련하여 'ᄋ·'의 후설성이 약화되면서 'ᄋ·'가 '으'로 비음운화되고, 이어서 '으'가 주변 음운에 의해 '오/우' 또는 '이'로의 2차적 변화를 경험한 것으로 해석하고 있다.

이처럼 어두 음절에서뿐만 아니라 비어두 음절에서도 'ᄋ·'표기가 15세기 초기 문헌에서부터 혼란을 보이고 있어 이를 두고 학자들 간에도 많은 논란거리가 되고 있다. 특히, [±cor]자음과 관련된 어휘들이 대부분 표기상 혼란을 보이고 있음으로써, 본 절에서는 이들 어휘를 중심으로 방언자료에서는 지리적으로 어떤 모습으로 분포하고 있으며, 그 변화 추이는 어떤 양상을 띠고 있는지를 고찰해 본다. 'ᄋ·'가 표준어에서 '으'로 변화하는 경우와, '이'로 변화하는 경우, '오'로 변화하는 경우로 각각 나누어 살펴보기로 한다.

(1) 'ᄋ· > 으'의 변화

다음의 예들은 오늘날 표준어에서 'ᄋ·>으'로 나타나는 단어들로, 대부분 [±cor]자질에 따라 'ᄋ·>으'로의 변화를 보이고 있다.

(1) 'ㅁ/ㅂ/ㅃ/ㅍ' 아래 : 가. 낡ᄇ다, 밧ᄇ다, 골ᄑ다, 알ᄑ다
              나. 기ᄑ다(깊다)
(2) 'ㄴ' 아래 : 가. ᄀ·늘(陰), 하늘(天)
              나. 마늘(蒜), 바늘(針), 비늘(鱗), 며늘(婦)

후설성이 약화되었다고 해석하고 있다.

(3) 'ㄷ' 아래 : 아둘(子), 미둡(結), 모돈(全), 반두시(必), ᄀ둑하다(滿), 다
둠다(練), 보드랍다(軟)

(4) 'ㄹ' 아래 : 노릇(戲), ᄯᄅ롬, ᄀᄅ치다(敎), 오르다(登), 니르왇다(起), 다
르다(異), ᄆᄅ다(乾), 모르다(不知), 바르다(直), ᄇᄅ다(塗), ᄲᄅ다(速)

(5) 'ㅅ/ㅿ' 아래 : 가슴(隔), 사슴(鹿), 말씀(言), ᄀ술(秋), ᄆ슴(心), ᄆ술
(村), 마순(마흔)

(6) 기타 : 사올(사흘), 나올(나흘)

그러나 이들 어휘들은 15세기에서부터 비어두 음절에서 'ᄋ>아'로, 또
는 'ᄋ>으'로 표기상 혼란을 보여 주었던 만큼, 오늘날 방언에서도 '으/우
/어/아/이' 등 다양한 방언 분화형으로 나타나고 있다. (1)은 순음과의 관
계에서, 원순모음 '우'로의 변화(나뿌다, 바뿌다, 고푸다, 아푸다, 기푸다)가 어
두 음절에서와 마찬가지로 집중적으로 나타나고 있다. (2나)의 경우는 첫
소리가 순음으로 시작하는 조건에서 둘째 음절의 'ㄴ'과 결합하는 경우로,
표준어(마늘, 바늘, 비늘, 며느리)에서와 달리, 'ᄋ'가 '으'가 아닌 '우'로 발음
되는 경향(마눌, 바눌, 비눌, 며누리)을 일부 지역에서 보이고 있다. (3)과 (4)
의 경우에서도 '으' 이외에 '우'나 '이'로 발음되는 경우가 일부 지역에
나타나고 있다.32) (5)의 경우는 'ᄋ'가 '이'로 바뀌어(가심, 사심, 가실, 마실/
모실) 나타나기도 하며, (6)의 경우는 '아/어'형(사알, 사헐, 사얼/나할, 나알, 나
헐, 나얼)으로 나타나고 있다.

위의 어휘들 중에서 두 자료집 모두 나오는 어휘를 중심으로 논의 대상
어휘를 정리하면 (7)~(10)과 같다.

---

32) 황대화(1998)에는 (3)과 (4)의 경우는 'ᄋ>으'를 경험한 후, 2차적 변화를 입지 않았다고
한다. 그러나 [정문연] 자료를 살펴보면, 어휘에 따라 그 분포양상에 차이가 있지만, 일
부 지역, 특히, <경북><경남><전남><전북> 등지에서 '으' 아닌 '이'나 '우'가 나타
나고 있다. 물론, 이들은 인접한 음운의 영향을 받아 이루어진 음운변동의 결과로 볼
수 있다.

(7) 기푸다, 고푸다

(8) ᄆ·늘, 며늘이

(9) 다듬다, ᄆ·르다, 다르다, 모르다

(10) ᄀ·술, ᄆ·술

이들 어휘의 지리적 분포와 변화 추이를 비교해 보면, 'ᄋ·'가 '으/우/어/아/이' 등 다양한 형태의 변이형을 보이며 지리적 분포를 달리하여 나타나고 있다. (7)~(10)의 환경으로 각각 나누어 이들 어휘들의 지리적 분포와 그 변화 추이를 살펴보기로 한다.

① 'ㅁ, ㅂ, ㅃ, ㅍ' 아래의 경우

먼저 (7)의 방언 분화형을 중심으로 내용을 요약하면 [표 5-1]과 같다.

[표 5-1] 비어두 음절 'ᄋ·>으' 변화의 지리적 분포와 변화 추이('ㅍ' 아래의 경우)

음운환경	형태소층위	표준어(15C표기)	문헌자료	[오구라] 자료			[정문연] 자료			자료 간 변화 차이
				방언형	도별 출현지점수/도별 총 조사지점수	전체출현 빈도수와 빈도율(%)	방언형	도별 출현지점수/도별 총 조사지점수	전체출현 빈도수와 빈도율(%)	
순자음아래	용언어간말모음	깊다(기푸다)	기푸다	'우'형 기푸다 지푸다	경기 2/2 강원 12/12 충북 7/7 충남 11/11 전북 × 전남 21/21 경북 16/16 경남 14/14 제주 2/2	85/85 (100)	'우'형 기푼 지푼	경기 7/18 강원 12/15 충북 4/10 충남 1/15 전북 13/13 전남 10/22 경북 23/23 경남 19/19 제주 2/2	91/137 (66)	− 44
				'으'형 기푸다 지푸다	경기 0/2 강원 0/12 충북 0/7 충남 0/11 전북 ×	0/85 (0)	'으'형 기푼 지푼	경기 11/18 강원 3/15 충북 6/10 충남 14/15 전북 0/13	46/137 (34)	+ 34

					전남 0/21 경북 0/16 경남 0/14 제주 0/2	전남 12/22 경북 0/23 경남 0/19 제주 0/2	
	고픈가 보다 (고푸다)	골프다 골프다 골파다 고프다 골푸다 곱프다 곱푸다 곱흐다	미조사됨	'우'형 고푼-	경기 8/18 강원 13/15 충북 10/10 충남 15/15 전북 13/13 전남 10/22 경북 22/23 경남 19/19 제주 2/2	112/137 (82)	
				'어'형 고편-	경북 1/23	1/137 (1)	
				'으'형 고픈-	경기 10/18 강원 2/15 전남 12/22	24/137 (17)	

 순자음 아래에서는 오늘날 표준어에서는 각각 '낟ㅸ다>나쁘다, 밧ㅸ
다>바쁘다, 알ㅍ다>아프다, 골ㅍ다>고프다'에서처럼 'ᄋ>으'로 선택되
었다. 그러나 실제 방언에서는 '으>우'로 변하는 '믉다>묽다, 믄득>문득,
허믈>허물, 브즈런하다>부지런하다, 거플>꺼풀, 쓸>뿔'에서처럼, 이들
어휘들도 대부분 지역에서 원순모음화를 경험하여 '나뿌다, 바뿌다, 아푸
다, 고푸다'로 소리나고 있다. [표 5-1]에서 보면, [정문연] 자료에 '깊은'
과 '고픈-'의 '우'로의 평균 출현 빈도율(74%)이 '으'로의 평균 출현 빈도
율(26%)보다 월등히 높게 나타나고 있어, 한반도 전체에서 원순모음화 현
상은 보편성을 갖는 규칙으로 대부분 지역에 분포하고 있다. 그러나 원순
모음화의 진행 방향이 비어두 음절에서는 서부 지역을 중심으로는 절대
적인 영향을 미치지 못하고, 동부 지역으로 향해 있어, 동부 지역은 원순
모음화가 비교적 안정을 이루어 두 자료집 간에도 큰 차이가 없다. 반면

에 서부 지역은 '으/우'가 지역 간 층을 이루며 교체되는 불안정한 모습을 보이며 변화 속에 놓여 있다.

용언 어간 말 환경인 '깊(ᄋ·)다'의 경우에는 2장의 [지도 7-1, 7-2]에서 보듯이, [오구라] 자료집에 85개 전체 조사 지역 모두에서 '우'형인 '기푸다' 또는 '지푸다' 형만 나타나고 있어 원순모음화가 강하게 작용하여 원순모음화가 완성된 모습을 보였다. 그러나 [정문연] 자료에 와서는 용언 활용형 '깊은'의 경우, <경기><충북><충남><전남> 등 한반도의 서부 지역을 중심으로 '으'형(■형)이 우세한 세력을 형성하게 되었다. 특히, [정문연] 자료에 오면서 <충남>은 금산을 제외하고 모두 '으'형으로의 변화를 경험하였다. <전남>은 '으'와 '우'가 12 : 10으로 '으'가 다소 높게 나오고 있다.

한반도를 동서로 나누어 동부 지역에서는 [정문연] 자료에 와서 <강원>의 일부 지역에만 '으'형이 침투해 있고 <경북><경남>지역에서는 원순모음화가 그대로 유지되고 있다는 점이다. 그러나 서부 지역에서는 '으'와 '우'가 층을 이루며 번갈아 나타나는 흥미로운 현상이 보이고 있다. 즉, 우(전남의 남부)-으(전남의 북부)-우(전북)-으(충남)-우(경기의 남부)-으(경기의 북부) 등으로 층을 이루며 '우'와 '으'가 번갈아 가며 '건너뛰기' 유형으로 확산되는 모습을 보이고 있는 것이다. 이는 중앙에서 시작된 개신형 '으'형이 인구밀도가 높은 교통의 요충지를 중심으로 영향을 먼저 끼친 후 이들 지역을 교두보로 하여 다시 주변 지역으로 영향이 확산되어 간 것으로 해석해 볼 수 있다.

이처럼 원순모음화 현상이 서부 지역에서는 '으'와 '우' 간의 변화가 지역에 따라 불안정한 모습을 보이고 있는 데 반해, 동부 지역에서는 안정을 보이고 있어 두 자료집 간에도 큰 차이가 없이 나타나고 있다. 이러한 현상은 [오구라] 자료에서만 조사된 'ᄋ·'계열 어휘는 아니지만, '기쁘다'의 경우에도 보이고 있다. <전북>과 <전남>에 '으/우'형이 공존하는 모습을 보이고 있어, 원순모음화 현상이 이들 지역에서는 안정적이지 않다. 즉, '우'형이 <전남>순천, 광주, 곡성과 <제주>에, '으'형이 <전북>남원, 순창, 정읍, 김제, 전주와 <전남>장성, 담양 등지에 나타나고 있다.

이러한 현상은 [정문연] 자료에만 조사된 '고픈가 보다'에서도 일부 확인해 볼 수 있다. '으'형(■형)이 주로 나타나는 <경기>의 북부 지역과 <전남>의 남부 지역을 제외한 남한의 대부분 지역에는 [지도 22-2]에서 보듯이 '우'형(●형)인 '고푼-'형이 전국적으로 분포되어 있다.33) 역시 원순모음화와 관련하여 불안정한 모습이 <경기>와 <전남>지역에서 주로 나타나면서 언어섬을 이루는 형상을 하고 있다. 특히 <전남>지역을 양분하여 남부 지역을 중심으로 'ᄋ>으'형이 나타나고 있다. 그런데 <전남>의 남부 지역은 어두 음절에서는 순음 환경에서 'ᄋ'가 원순모음 '오'로 나타나는 현상이 가장 큰 세력을 형성(ᄆᆞᆯ>몰, ᄑᆞᆯ>폴, ᄑᆞᆺ>폿, ᄆᆞ술>모실, ᄑᆞ리>포리)한 지역이다. 그러나 비어두 음절에서의 'ᄋ'의 변화 양상은 사뭇 다르다. 오히려 음성적 강도가 가장 강한 순음 'ㅍ' 아래 원순모음 '우'로 나타난 '고푼-'이 아니라, '으'형인 '고픈-'이 전체 22개 조사지점 중 <전남>의 남부 지역을 중심으로 하는 12개 지점(무안, 나주, 화순, 승주, 광양, 영암, 해남, 장흥, 보성, 고흥, 여천, 완도 등지)에서 나타나고 있다.

이러한 현상은 원순모음화와 관련하여 <전남>지역에서 어두 음절(형태소 내부 환경)과 비어두 음절(형태소 연결 환경)이 다른 기제에 의해 움직이고 있다고 생각해 볼 수 있는 실마리를 제공해 준다.34) 일반적으로 비어두

---

33) 즉, '우'형이 <경기>의 김포, 시흥, 광주, 양평, 화성, 용인, 여주, 안성 등 주로 남부 지역과 <강원>의 화천, 영월을 제외한 전 지역에서, <충북><충남><전북>의 각각 전 지역에서, <전남>의 영광, 장성, 담양, 곡성, 구례, 함평, 광산, 신안, 진도, 강진 등 북부 지역과 해안 지역, <경북><경남><제주>의 각각 전 지역에 분포되어 있다.

34) 소강춘(1989 : 193~219)에서도 형태소 내부(어두 음절)와 형태소 연결 환경(비어두 음

음절에서의 'ᄋᆞ'의 원순모음화 현상은 'ᄋᆞ>으'로의 1단계 변화를 거친 뒤 2단계('으>우')에서 나타나는 보편적 변화 현상으로 거의 대부분 지역에서 나타나고 있다. 그럼에도 불구하고 어두 음절에서 강력한 원순모음 '오'를 지닌 <전남>지역이 비어두 음절에서는 오히려 변화에 가장 민감하게 반응하고 있다. 더욱이 <전남>을 포함하여 한반도의 서부 지역에서는 '으'와 '우'가 지역을 달리하여 번갈아 층을 이루며 변화가 급격하게 진행되고 있는 것이다.

<전남>지역은 비어두 음절에서는 'ᄋᆞ'가 '우'로 변하는 현상이 그리 활발하지 않다. 이러한 현상은 후술할 순음을 가지고 있는 설단음 환경에서 나타나는 'ᄋᆞ'의 변화를 보이는 어휘들에서도 확인되고 있다. 반면에 북한 지역에서는 동일한 환경에서 '으'형태보다 '우'형태가 대부분 지역에서 나타나고 있다. 즉, <함남>단천, <함북>성진, 길주, 경성, 청진, 종성, 경흥 등 최북단 지역을 제외하고는 <황해>를 중심으로 대부분의 지역에서 '우'형이 나타나고 있다. '우'형이 전국적으로 활발히 일어남에도 불구하고 <전남>지역은 비어두 음절에서 '우'형보다 '으'형이 우세하다.

따라서 어두 음절과 비어두 음절에서의 'ᄋᆞ'의 변화는 원순모음화라는 관점에서 볼 때, 동일한 기제로 움직였다고 보기는 어렵다.[35]

절)으로 구별하여 원순모음화 현상을 논한 바, <전북> 방언권의 모음체계가 중앙어권의 모음체계와 동일한 것이라는 가정을 재구해 볼 여지가 있다고 결론을 내리고 있는 것과도 무관하지 않다.

35) 여기서 선행 학자들의 순자음 아래에서의 'ᄋᆞ'의 변화에 대한 논란거리에 다다르게 된다. 김동소(2005), 조규태(2005)는 <전남>지역을 중심으로 하는 남부 지역에서는 어두 음절에서는 'ᄋᆞ>오'로의 변화가 아니라. 원래부터 양순음 아래에서 '오'음을 가진 어형이었다는 것이다. 즉 어두 음절에서는 원순모음화가 적용되지 않았다는 주장이다. 그러나 국어사의 일반적인 입장은 'ᄋᆞ'의 변화를 비어두 음절 위치에서 일어난 'ᄋᆞ>으'(부분 합류)의 1단계 변화와 18세기 중엽 이후에 어두 음절 위치에서 완료된 2단계 변화 'ᄋᆞ>아'(완전 합류)의 긴 역사적 과정으로 설명하고 있는 것이다. 그러나 원순모음화가 나타난 시기에 대해서는 학자들 간 시각적 차이가 존재하고 있다.

그러나 어두 음절과 비어두 음절에서 달리 나타나는 '으'의 변화를 어휘 확산 가설에 근거하여, 형태소 층위에 따라 시차를 달리하여 적용되는[36] 원순모음화 현상으로 설명이 가능하다. 우선 어두 음절에서는 원순모음화가 통시적으로 오랜 시기를 거치며 1차적 변화가 전면적으로 완성되면서 그 흔적이 <전남>을 중심으로 하는 최남단과 육진방언의 최북단에 일부 남아 고착되어 큰 변화를 겪지 않게 되었다. 그러나 비어두 음절에서는 표준어로 채택된 '으'형이 중앙어로의 위상을 갖게 되면서, 원순모음화가 적용된 어휘들은 '우>으'로의 2단계 변화를 또다시 경험하게 된 것이다. 이 때, 어두 음절보다 비어두 음절이 변화를 쉽게 수용하므로, <경기>지역을 중심으로 서부 지역에서는 '으'와 '우'가 지역적 유형성을 보이며 불안정한 모습을 띠며 급변하는 모습을 보이게 된 것이다. 이 때, '으'로의 개신의 진행방향은 서남부 지역을 향하고 있다.

이상의 논의를 바탕으로 비어두 음절에서의 순음 아래의 '으>우' 변화의 방언 구획을 카토그램으로 나타내면 다음과 같다. '으'형은 서부 지역을, '우'형은 동부지역을 중심으로 나타나는 경향을 보이고 있다.

<행정구역>

경기	강원
충남	충북	경북
전북	
전남	경남

<용언어간말>

우

으

---

36) 이는 앞서 논의한 '으>어'로의 변화를 곽충구(1994)와 정승철(1995)에서 어휘에 따라 음운변화를 입는 속도가 다름으로 설명한 것과도 일맥상통한다.

② 순자음 + 'ㄴ' 아래의 경우

[표 5-2] 비어두 음절 '♀>으' 변화의 지리적 분포와 변화 추이(순음 + 'ㄴ' 아래의 경우)

음운 환경	형태소 층위	표준어 (15C 표기)	문헌 자료	[오구라] 자료			[정문연] 자료			자료 간 변화 차이
				방언형	도별 출현지점수 /도별 총 조사지점수	전체출현 빈도수와 빈도율(%)	방언형	도별 출현지점수 /도별 총 조사지점수	전체출현 빈도수와 빈도율(%)	
ㄴ 아래	체언 어간말 모음	며느리 (며ᄂ리)	며ᄂ리이 며느리 며놀 며늘이 며늘 며누리 며나리	'우'형 며누리 미누리 메누리 메눌	경기 3/3 강원 12/13 충북 8/8 충남 12/12 전북 10/10 전남 9/18 경북 10/16 경남 8/14 제주 ×	72/94 (77)	'우'형 메누리 며누리 매누리 미누리 메누라기 메누래기	경기 18/18 강원 15/15 충북 9/10 충남 12/15 전북 7/13 전남 1/22 경북 5/23 경남 2/19 제주 2/2	71/137 (52)	− 25
				'어'형	0	0/94 (0)	'어'형 메너리 미너리	전북 1/13 전남 2/22	3/137 (2)	+ 2
				'아'형 미나리 메나리	강원 1/13 (아/우 : 공존 2) 전남 1/18 경북 0/16 (아/우 : 공존 2) 경남 0/14 (아/우 : 공존 1)	2/94 (2)	'아'형	0	0/137 (0)	− 2
				'이'형	0		'이'형 메니리	전북 1/13	1/137 (1)	
				'의[i]'형	전남 8/18 (으/우 : 공존7) 경북 5/16 (으/우 : 공존 9)	13/94 (14)	'의[i]'형 며느리 미느리 메느리 메느리 메느래기	충북 1/10 충남 3/15 전북 4/13 전남 19/22	27/137 (19)	+ 5
				'의[ɨ]'형 메느리 매느리	경북 1/16 (어/으 : 공존 1) 경남 6/14	7/94 (7)	'의[ɨ]'형 메느리 매느리	경북 18/23 경남 17/19	35/137 (26)	+ 19

					(으/우 : 공존 3)	며느리 미느리 메늘 매늘 미늘		

위의 (8)에 제시된 어휘들의 방언 분화형을 중심으로 내용을 요약하면 [표 5-2]와 같다.

첫째 음절이 순자음으로 시작하는 조건에서 둘째 음절의 'ㄴ'과 결합하는 경우37), 표준어에서는 '마눌>마늘', '바눌>바늘', '비눌>비늘', '며눌>며느리' 등 '♀>으'로 나타나지만, 방언에서는 '♀>으>우'로 발음되는 경향(바눌, 마눌, 비눌, 며누리)을 보다 광범위하게 보인다. [표 5-2]에서 보듯이 '며느리'의 경우, '우'로의 출현 빈도율(77→52%)이 두 자료집 모두 '으'를 비롯한 기타 음운으로의 출현 빈도율(23→48%)보다 크다. [오구라] 자료를 통해 살펴보면, '마늘'의 경우 '♀>으'로의 변화가 일부 지역38)에서만 관찰되고 있다. '며느리' 역시 <전남>지역에서만 '우'보다 '으'형태가 더 자주 나타나고 있을 뿐이다.

반면에, '우'형태가 보다 광범위하게 <경기><강원><충북><충남><전북> 등 중부 지역에 두루 나타나고 있다. 북한 지역에서도 '으'형태보다 '우'형태가 대부분 지역에서 나타나고 있다. <황해>를 중심으로 <함남><함북> 등지에 '으'형태보다 '우'형태가 대부분 지역에서 나타나고 있다. 이처럼 비어두 음절에서는 중앙에서 시작된 2단계 변화인 '으>우'로의 변화가 전국적으로 세력을 확대해 갔으나, 최남단인 <전남>지역

---

37) '하눌>하늘/하눌, 그늘>그늘/그눌, 가늘다>가늘다/가눌다'에서 보듯이, 어두 음절이 순자음이 아닌 경우에도 방언에는 '우'형으로 나타나는 경우가 많다.

38) '으'형인 '매늘'형이 <충남>금산, <전북>진안, 무주, 임실, 장수, 남원, <전남>곡성, 여천 등지에서 보이고 있다. '어'형인 '마널'이 <전북>완주, 김제, 순창, 남원과 <경남>하동에 조사되고 있을 뿐이다.

까지는 크게 영향을 미치지 못하여 '우'형보다 '으'형이 우세한 양상을 보이고 있는 것이다. 그러나 [정문연] 자료로 올수록, 표준어의 영향으로 '으'로의 변화율이 '우'로의 변화율보다 상대적으로 증가하고 있음을 확인할 수 있다.

'며느리(子婦)'를 중심으로 지도를 살펴보면, [지도 23-1, 23-2]에서 보듯이, 문헌 자료에 보이는 '며누리, 며나리, 며느리'형을 포함하여 '의/우/어/아/이'형 등의 다양한 형태가 방언 자료에 나타나고 있다. 특히, '우'형 (■형)이 [오구라] 자료(77%)에서 중부 지역을 중심으로 전국적인 분포를 보였으나, [정문연] 자료에 오면서 '우'형이 감소하고(52%), '으[ɨ]'형(● 형)(14 → 19%)이나 중화된 '으[ㅸ]'형39)(▲형)(7 → 26%)으로 다수의 변화를 경험하였다.

중앙에서 시작되어 전국적으로 세력을 확장해 가던 '우'형이 남부 지역에까지 영향을 미치는 듯하였으나, 이들 지역 깊숙이까지는 완전히 영향을 미치지 못하고 있어 '으'형이 여전히 남아 있는 것이다. 'ㄴ' 아래 '으>우'로의 변화는 보편적인 음운 변동 규칙이 아니므로 더욱 이들 지역에서는 2단계 변화인 '으>우'로까지 가지 못하고 1단계 변화인 '♀>으'에 그치고 있는 것이다. 보편적인 음운 규칙이 아니므로, [오구라] 자료에 <경남>지역을 중심으로 <경북> 일부 지역에 '으[ㅸ]'형이 부분적으로 분포되어 있고, <전남>지역을 중심으로 '으[ɨ]'형이 전반적으로 분포되어 있었으나, [정문연] 자료에 와서는 오히려 '으'형이 세력을 확장하면서 '우'

---

39) 실제 이 방언에서 중화된 [ㅸ]는 [ɨ]도 [ə]도 아닌 중간 위치에서 발음되는 것이 보통이지만, 모두 얼핏 들으면 '으'보다 '어'에 가까운 소리들이다. [정문연] 자료에서는 방언형의 한글 표기 방법으로 경북에서는 [ㅸ]를 '어'로, 경남에서는 [ㅸ]를 '으'로 각각 나타내고 있다. 백두현(1992a)에서는 문헌상으로 '으 : 어'의 중화현상을 18세기 후기에 발생하여 19세기 중엽 경에 발달한 것으로 추정하고 있다. 지도상에서는 '으[ɨ]'형과 '으[ㅸ]'형을 구별하기 위해 '으[ㅸ]'형을 '어'로 표기하였다.

형을 밀어내는 형국을 보이고 있다. 그 결과, '우'형의 등어선이 [오구라] 자료에서보다 [정문연] 자료에 와서는 중부 지역 쪽으로 오히려 올라간 모습을 보이고 있는 것이다. <경남>지역을 중심으로 하는 '의[ɨ]'형이 <경북> 일부 지역을 제외하고 <경북> 전역으로까지 확대되었다. 이는 보편성이 떨어진 규칙일 경우에는, 중앙어로의 개신에 그다지 적극성을 보이지 않는다는 것으로 해석을 해 볼 수 있다.

특히, '의/우'형이 가장 강하게 충돌하는 지역이 [오구라] 자료에 보면 <전남>의 북부 지역과 <경북>이며, <경남>에도 일부 나타나고 있다. 이것이 의미하는 바는 이들 남부 지역을 중심으로 세력을 형성하고 있던 '으'형과 중부 지역을 중심으로 강한 세력을 갖고 분포되어 있는 '우'형이 <전남><경북><경남>에서 충돌하면서 이들 지역에 '으/우'형이 공존하는 양상을 보인다는 것이다. 그 결과, [정문연] 자료에 와서는 서남 지역을 중심으로는 '으[i]'형으로, 동남 지역을 중심으로는 '의[ɨ]'형으로, 중부 지역은 '우'형으로 각각 분화되어 가는 경향을 보이게 되었다.

방언의 지리적 확산을 고려할 때, [정문연] 자료에 와서 <경북>과 <경남>지역에는 일부 '우'형이 남아 있는데 비해, 서남부 지역에서는 [오구라] 자료에서 '우'형으로 나타나던 일부 지역이 [정문연] 자료에 오면서 대부분 '으'형으로 변화가 진행된 곳이 많다. 특히, <전남>의 북부 지역까지 '우'의 영향을 받아 '우/으'형이 공존하였으나, [정문연] 자료에 오면서 오히려 <전남>에서 주로 분포된 '으'형으로 통일되어 간 것이다. 이는 동남방언과 달리 중앙어로의 개신을 거부하는 <전남>의 지역적 보수성으로 기인된 결과일 것이다. 이런 현상은 다른 예에서도 자주 목격되고 있다. 사실 최남단인 <전남>지역은 중부 지역의 영향을 가장 늦게 받아들이는 지역으로 지역적 보수성이 가장 강하다. 비어두 음절에서는 'ㅍ' 아래 나타나는 원순모음화 현상을 포함하여 순음 환경에서의 'ㄴ' 아래의 경우, '으'가 '우'로 변하는 현상이 이 지역에서는 그리 활발하지 않다는 것이다. 그러한 의미에서 '며느리'는 '♀'형의 변천과정을 가장 잘 살필 수 있는 대표적인 어휘라 하겠다.

한편, [오구라] 자료에 산발적으로 일부 지역에 보이던 '아'형인 '미나리/메나리'형은 [정문연] 자료에 와서 보이지 않고, 대신 '이'형인 '메니리'가 나타났지만, 이 역시 지역적 유형성을 형성하지 못하고 극히 일부 지역에 나타나고 있다. 그러나 <평북>박천, 영변, 희천, 구성, 강계 지역에 '이'형이 일부 나타나고 있다.

북한 지역에도 조사 지역이 많지 않지만, 조사 대상 지역 대부분(<황해>의 전 지역, <함남>의 단천을 제외한 전 지역, <함북>의 나남, 무령, 무산, 회령 등지)에서 '우'형인 '메누리'가 나타나고 있고, '으'형인 '메느리'는 <함남>단천, <함북>성진, 길주, 경성, 청진, 경흥 등 최북단 지역에 나타나고 있다. <함북>에는 '으'형과 '우'형이 비슷한 분포를 보이고 있다.

따라서 '며느리'의 경우를 통해 확인할 수 있듯이, 지리적 분포와 확산이라는 관점에서 볼 때, 비어두 음절에서는 '으>우'로의 변화는 중앙에서 시작되어 남하하였으나, <전남>지역까지 개신을 시키지 못하였다. 그 결과, <전남>은 '♀>으'로의 1단계 변화만을 경험하고 중앙에서 시작된 '으>우'로의 2단계까지 나아가지 못함으로써, 중앙어와는 다른 변화 양상을 보이고 있는 것이다.

③ 'ㄷ'과 'ㄹ' 아래의 경우

위의 (9)에 제시된 어휘의 방언 분화형을 중심으로 내용을 요약하면 [표 5-3]과 같다.

[표 5-3] 비어두 음절 '으>으' 변화의 지리적 분포와 변화 추이('ㄹ' 아래의 경우)

음운환경	형태소층위	표준어(15C표기)	문헌자료	[오구라] 자료			[정문연] 자료			자료 간 변화 차이
				방언형	도별 출현지점수/도별 총 조사지점수	전체출현빈도수와 빈도율(%)	방언형	도별 출현지점수/도별 총 조사지점수	전체출현빈도수와 빈도율(%)	
ㄹ 아래	용언 어간말 모음	마르다 (모르다)	모르다 모르다 몰으다 마르다 말으다 몰으다 말르다	'우'형 몰룬다	경기 0/1 강원 0/3 충북 0/5 충남 0/6 전북 2/9 (으/우 : 공존 1) 전남 11/11 경북 0/11 경남 4/14 (으/우 : 공존 2) 제주 0/2	17/62 (27)	'우'형 모룬다	전북 1/13 (으/우 : 공존 1)	1/137 (1)	26
				'어'형	0		'어'형 말런다	전북 1/13	1/137 (1)	
				'이'형	0		'이'형 마린다 모린다	전북 4/13 전남 5/22 경북 15/23 경남 9/19	33/137 (24)	
				'으[i]'형 마른다 말른다 모른다 몰른다	경기 1/1 강원 3/3 충북 5/5 충남 6/6 전북 7/9 전남 0/11 (으/우 : 공존 1) 경북 11/11[i] 경남 10/14[i] 제주 2/2	45/62 (73)	으[i]'형 마른다 말른다 모른다 몰른다	경기 18/18 강원 13/15 충북 10/10 충남 15/15 전북 7/13 전남 17/22 경북 8/23[i] 경남 10/19[i] 제주 2/2	100/137 (73)	0
							기타 파랜다	강원 1/15	1/137 (1)	

   'ㄷ'과 'ㄹ' 아래의 경우에서도 '으>으>우/이/어'로 다양하게 나타나고 있으나, '으'형이 가장 광범위하게 분포하고, 그 다음이 '이'형이다. 'ㄷ'

과 'ㄹ' 아래 '♡>으'로 나타나는 어휘로는 (11)과 (12)의 예들이 있다.

> (11) 'ㄷ' 아래 : 아돌>아들, 미듭>매듭, 모돈>모든, 반ᄃ시>반드시, ᄀ
> 독하다>가득하다, 다듬다>다듬다, 보ᄃ랍다>보드랍다
> (12) 'ㄹ' 아래 : 노롯>노릇, '쏜롬>따름, ᄀ르치다>가르치다, 오ᄅ다>
> 오르다, 니ᄅ완다>일으키다, 다ᄅ다>다르다, ᄆ르다>마르다, 모ᄅ
> 다>모르다, 바ᄅ다>바르다, ᄇ르다>바르다, 쌘ᄅ다>빠르다

　그러나 일부 방언에서 '♡>으>우/이/어'로 발음되는 경우가 두 자료집
에 보이고 있다. 다만, 'ᄆ르다'의 경우를 통해 확인할 수 있듯이, '으'로
의 변화(73→73%)가 가장 많다.40) '우'형은 [오구라] 자료에 27%로 나타
났으나, [정문연] 자료에서는 1개 지점에서만 보이는 등 '우'로의 변화 대
신에 '이'로의 변화(24%)가 우세하게 나타나고 있다. '다듬다, 다ᄅ다, ᄆ
르다, 모ᄅ다' 등을 중심으로 그 지리적 분포와 변이 추이를 살펴보자.
　'다듬어'가 [정문연] 자료에 <전남>담양과 <경남>합천에서 '따듬어
[t'adɨmɐ/ə]'로 발음되는 경우가 발견되는데, 이는 뒤에 오는 'ㅁ'의 영
향을 받은 것이다. '다ᄅ다'의 경우는 [정문연] 자료에 '이'형인 '다리다'
가 <경북>지역을 중심으로, <전북><전남><경남> 등지에서 나타나고
있다.41) '모ᄅ고(지)' 역시 많은 지역에서 '이'형인 '모리-고(지)[mori-
go(ji)]'로 나타나고 있다.42) 'ᄆ르다'의 경우, [오구라] 자료에 '우'형인

40) 황대화(1998)에는 '우'와 '이'의 경우는 '♡>으'를 경험한 후, 2차적 변화를 입지 않았
다고 한다. 그러나 [정문연] 자료를 살펴보면, 어휘에 따라 그 분포양상에 차이가 있지
만, 일부 지역, 특히, <경북><경남><전남><전북> 등지에서 '으' 아닌 '이'나 '우'가
나타나고 있다. 물론 이들은 인접한 음운의 영향을 받아 이루어진 2차적 음운변동의 결
과이다.
41) <경북>지역(봉화, 울진, 문경, 예천, 안동, 영양, 상주, 청송, 영덕, 금릉, 선산, 군위, 성
주, 경산, 영천, 고령, 달성, 월성)을 중심으로, <전북>임실, 고창, <전남>담양, 곡성,
구례, 광양, 여천, <경남>울주, 산청, 하동, 고성, 남해, 거제 등지에서 나타나고 있다.

'몰룬다[mollunda]'가 <전남>지역을 중심으로, <전북><경남> 등지에서 나타나고 있다.[43] 어두 음절에서 'ㅁ' 아래 'ᄋᆞ'가 '오'로 나타나는데, 그 영향으로 비어두 음절에까지 '우'가 나타난 것으로 보인다. 그러나 [정문연] 자료에 와서는 이들 지역 대부분이 '으'나 '이'로 바뀌어 나타났다. 특히, <전남>지역은 '으'형인 '모른다'로, <경남>지역은 '이'형인 '모린다'로 바뀌는 경향이 강하다.

이들 어휘 중 'ᄆᆞᄅᆞ다(乾)'를 중심으로 지도를 살펴보면, [지도 24-1, 24-2]에서 보듯이, 비어두 음절 'ᄋᆞ'가 '으' 이외에 '우'형(■형)으로 나타나기도 한다. 비어두 음절 'ᄋᆞ'가 '우'로 변화하는 것은 순음인 'ㅁ'으로 시작되는 조건에서 '우'로 발음되는 경향을 보인 것이다. 그러나 [오구라] 자료에서 유지된 '우'가 [정문연] 자료에 와서는 '으/이' 등으로 완전히 변화되어 나타나고 있다. [정문연] 자료에서 유일하게 '우'형이 나타나는 지역이 <전북>남원이지만, 이 지역 역시 '으'형인 '모른다'와 공존하고 있어 '으'로의 개신이 완전히 이루어진 상태이다. 그 밖에 [오구라] 자료에서 '으'형과 '우'형이 공존해 나타나던 <전남>광산도 '모린다'로, <경남>김해, 양산도 '마런다'로 변화되었고, '우'형으로만 나타나던 <전북>순창을 비롯하여 <전남>대부분 지역도 '이'형, 또는 '으'형으로 나타나고 있다. 이는 앞서 논의한 '며느리'의 경우와 마찬가지로 'ㄹ' 아래 '우'로의

---

42) <경북>지역(울진, 문경, 예천, 영일, 상주, 의성, 청송, 영덕, 군위, 영일, 성주, 경산, 영천, 달성, 청도, 월성 등 많은 지역)을 중심으로, <전북>부안, 정읍, 장수, 고창, 남원, <전남>영광, 장성, 담양, 곡성, 구례, 함평, 광산, 화순, 승주, 광양, 고흥, <경남>거창, 밀양, 울주, 하동, 진양, 사천, 고성, 남해, 통영, 거제 등지에 보이고 있다. 또한 '우'형인 '몰루-/모루-'로 나타나는 지역도 있다. <전북>익산, 진안, 무주, 임실, 장수 등지가 해당된다.

43) <전남>지역(장성, 담양, 곡성, 구례, 광산, 신안, 승주, 영암, 강진, 보성, 여천)을 중심으로, <전북>순창, 남원, <경남>하동, 김해, 양산, 남해, 통영, 거제 등지에서 나타나고 있다.

변화가 보편적인 현상으로 보기 어렵기 때문에 'ㄹ' 아래에서 오히려 전설고모음인 '이'로 변화하든가, 2단계 변화를 거부하고 원래 '으'모습을 유지하고 있는 것이다.

④ 'ㅅ, ㅈ, ㅿ' 아래의 경우

위의 (10)에 제시된 어휘들의 경우에는 'ᄋ̯>으>우'로의 변화보다 'ᄋ̯>으>이'로의 변화가 주로 나타나고 있다. 이들의 방언 분화형을 중심으로 그 내용을 요약하면 [표 5-4]와 같다.

[표 5-4] 비어두 음절 'ᄋ̯>으' 변화의 지리적 분포와 변화 추이('ㅅ/ㅿ' 아래의 경우)

음운 환경	형태소 층위	표준어 (15C 표기)	문헌 자료	[오구라] 자료			[정문연] 자료			자료 간 변화 차이
				방언형	도별 출현지점수 /도별 총 조사지점수	전체출현 빈도수와 빈도율(%)	방언형	도별 출현지점수 /도별 총 조사지점수	전체출현 빈도수와 빈도율(%)	
ㅅ/ㅿ 아래	체언 어간말 모음	가을 (ᄀᆞᅀᆞᆯ) 44)	ᄀᆞ슬 ᄀᆞᅌᆞᆯ ᄀᆞᅀᆞᆯ 가을	'이'형 가실 ᄀᆞ실	경기 0/0 강원 1/2 (으/이 공존 1) 충북 0/0 충남 1/1 전북 9/9 (으/이 공존 1) 전남 14/18 (으/이 공존 2) 경북 5/5 경남 14/14 제주 2/2	46/51 (90)	'이'형 가실	경기 0/0 강원 0/0 충북 3/3 충남 0/0 전북 3/3 전남 15/15 경북 5/5 경남 4/4 제주 0/2	30/32 (94)	+ 4
				'으'형 가슬	강원 1/2 (으/이 : 공존 1) 전남 4/18	5/51 (10)	'으'형 가슬 ᄀᆞ슬	제주 2/2	2/32 (6)	4
		마을 (ᄆᆞᅀᆞᆯ)	ᄆᆞ슗 ᄆᆞ슬 ᄆᆞᅀᆞᆯ ᄆᆞᅀᆞᆯ	'이'형 마실 모실 ᄆᆞ실	경기 0/0 강원 0/0 충북 0/0 충남 1/1	45/48 (94)	이'형 마실 ᄆᆞ실	강원 3/3 충북 1/1 경북 20/20 경남 3/3	28/29 (97)	+ 3

			전북 9/9 전남 8/11 경북 11/11 경남 14/14 제주 2/2			제주 1/2		
ᄆᆞᆯ ᄆᆞᆶ 마을	'우'형 모술 ᄆᆞ술	전남 2/11 제주 0/2 (우/이 : 공존 2)	2/48 (4)	'우'형	0			- 4
	'으'형 마슬	전남 1/11	1/48 (2)	'으'형 모슬 ᄆᆞ슬	제주 1/2	1/29 (3)	+ 1

'ㅅ, ㅈ, ㅿ' 아래에서 'ᆞ'가 표준어에서는 '으'로 나타나고 있다. 그 예로 '가ᄉᆞᆷ>가슴', '사ᄉᆞᆷ>사슴', '말ᄊᆞᆷ>말씀', 'ᄀᆞ술>가을', 'ᄆᆞᄉᆞᆷ>마음', 'ᄆᆞ술>마을', '마ᄉᆞᆫ(마흔)>마흔' 등이 있다. 그러나 방언에서는 'ᆞ'가 '으'를 거쳐 '이'로 바뀌어(가심, 사심, 가실, 마실/모실) 전설고모음화가 나타나는 경우가 훨씬 강하다. 두 자료집에 공통으로 나타나는 'ᄀᆞ술'과 '마술'의 경우, '가실'과 '마실'에서 보듯이 'ᆞ>으>이'로의 평균 출현 빈도율(92→95%)이 그 밖의 방언 분화형 '으, 우'형의 평균 출현 빈도율(8→5%)보다 월등히 높다. 이는 'ᆞ>으>이'의 변화를 겪은 경우이므로 3.2절과도 관련이 있지만, 15세기 'ᆞ'형으로 표기된 어형이므로 본 절에서 다루도록 한다. 두 자료집에 공통으로 나타나는 'ᄀᆞ술>가을'과 'ᄆᆞ술>마을' 등을 중심으로 비교하되, 지도는 'ᄀᆞ술'의 경우만 대표적으로 제시하기로 한다.

'ᄀᆞ술(秋)'의 경우 [지도 25-1, 25-2]에서 보듯이 'ㅅ' 아래 'ᆞ'가 '이' 형(■형)으로 나타난 '가실'형이 [오구라] 자료에는 <전북><전남><경

---

44) 전체 82개 조사지점 중 'ㅅ'형인 '가실/가슬'형이 사용된 지점만(51개 지점)을 대상으로 산입한 결과이다. '가을'형이 나타나고 있는 나머지 25개 지점은 산입 대상에서 제외시켰다. '마을'의 경우도 동일하게 적용하였다.

남>의 대부분 지역을 비롯하여 <경북>의 동해안을 거쳐 <강원>의 명주 지역에까지 널리 분포되어 있었으나, [정문연] 자료에 이르러서는 '가을'형으로 전국 대부분 지역이 개신되었다. 그 결과 '가실'형 분포의 중심지였던 <전남>에도 해안 지역을 제외한 대부분 지역에 '가실'형과 '가을'형이 공존하거나 '가을'형으로 통일되어 있다. <전북><경남><경북> 지역도 이와 같은 현상이 나타나고 있다. 특히, 두 자료집의 차이점으로 [오구라] 자료에 <전남>을 중심으로 나타났던 '가슬'형은 [정문연] 자료에 와서 '가을'형으로 개신이 되거나 '가실'형으로 나타났지만, <충북> 지역에는 [오구라] 자료에는 나타나지 않던 '가실'형이 [정문연] 자료에 나타나고 있다는 점을 들 수 있다. 이처럼 대부분 지역이 '가을'형으로 개신이 진행되었지만, 여전히 두 자료집 모두에서 '가실'형만 나타나는 지역으로는 <전남>진도, 완도, 고흥, 여천, 광양뿐이다. 이들 지역은 남해안 섬 지역으로 개신형이 미처 도달하지 않고 보수형이 잔존해 있는 상태이다.

여기서 눈길을 끄는 특징적인 현상은 중앙어를 중심으로 하는 개신형 '가을'형이 남한 대부분 지역으로 영향을 미쳤으나, 남부 지역을 중심으로 세력을 형성하던 보수형인 '가실'형도 여전히 그 지역에 남아 개신형과 공존하는 형국을 보일 뿐 아니라, [정문연] 자료에 와서 오히려 '이'형이 증가하였다는 점이다.

'ᄆᆞ술(村)'의 경우도 'ᄀᆞ술(秋)'의 경우와 큰 차이 없이 지리적으로 분포하고 있다. [오구라] 자료에서 '마울'형으로 나타나던 형태들이 [정문연] 자료에서는 모두 '마을'형으로 통일되어 나타나고 있다. 개신의 진행 속도 역시 아주 빨라 고어형인 '마실/모실'형이 대부분 개신이 이루어져 '마을'형으로 통일되거나 전혀 다른 어형인 '동네'형으로 개신이 이루어졌다. 그러나 일부 지역에서는 오히려 [오구라] 자료에서 보이지 않던 '마실/모

실'형이 [정문연] 자료에 나타나거나 그대로 유지되는 경우가 보이기도 한다.[45]

이처럼 [정문연] 자료에 와서 '가실>가을, 마실/모실>마을'로 대부분 개신이 진행되었지만, 이들 개신형과 함께 여전히 'ㅅ' 아래 'ㆍ'가 '이'형인 '가실, 마실'형으로 공존하여 있는 것이다. '이'형은 두 자료집 모두 <전북><전남><경북><경남><제주> 등 남부 지역을 중심으로 나타나고 있다.

요컨대, 비어두 음절에서의 'ㆍ'의 변화는 어두 음절에서와 달리 방언에서 상당히 다양한 형태로 나타나고 있다. 즉, 'ㆍ'음 자체의 1단계 변화보다 주변음의 영향으로 생긴 2단계 변화에 의해 다양한 형태로 나타나고 있다는 것이다.

(2) 'ㆍ > 이'의 변화

다음으로는 표준어로 'ㆍ>이'로의 변화를 보이는 예들을 살펴보고자 한다. 관련 어휘로는 다음 (1)의 예들이 있다.

  (1) ᄆᆞ즈막>마지막, 남죽(죽)하다>남짓하다, ᄆᆞ춤내>마침내, ᄂᆞ즈기>나
     직이, 아ᄎᆞᆷ>아침

(1)은 'ㆍ'가 'ㅈ, ㅊ'와 결합하여 오늘날 표준어에서는 '이'로 바뀐 경

---

45) <강원>양양, 명주, 영월, <충북>중원, <경북>영풍, 봉화, 예천, 안동, 영양, 상주, 청송, 영덕, 선산, 군위, 영일, 문경, 성주, 칠곡, 경산, 영천, 고령, 달성, 청도, 월성, <경남>산청, 통영, <제주>북제주 지역이 여기에 해당한다. 이들 지역 대부분이 [정문연] 자료에 와서 고어형인 '마실'형과 개신형인 '마을'형이 함께 공존하지만, 일부 지역에서는 고어형 '마실'형만 나타나는 경우도 다소 보인다. <강원>양양, 영월, <충북>중원, <경북>문경, 안동, 상주, 성주, 경산, 영천, 달성, <제주>북제주가 이에 해당한다.

우이다. 그러나 황대화(1997 : 14)에서 서북방언, 육진방언, 동북방언 등에서는 '아츰>아츰'형이 발음되어 '۰̣>으'로의 변화 양상을 관찰하고 있다. 이는 후기 문헌에 보이는 'ㅁ즈막/마즈막, 남즉ㅎ다, 느즈기, ㅁ츰내'와도 일치하는 것으로 보고 1단계 '۰̣>으'로의 변화에 그친 경우이다.

두 자료집에 공통으로 조사된 '아침'을 대표적인 예로 들어보기로 한다. <황해>에는 '아침/아칙/아척'형이, <함남>에는 '아침/아츰/아적/아직' 형만 나타나고 있다. 이것으로만 보면, '۰̣>으>이/어/우'로의 2차적 변화가 벌써 완성되었다고 볼 수 있다. 그러나 <경상도>지역을 중심으로 '으[ɛ]'형이 나타나고 있어 '으'형의 흔적을 찾을 수 있겠다. 관련 어휘의 지리적 분포와 변화 추이를 요약하면 [표 6]과 같다.46)

[표 6] 비어두 음절 '۰̣>이' 변화의 지리적 분포와 변화 추이

음운 환경	형태소 층위	표준어 (15C 표기)	문헌 자료	[오구라] 자료			[정문연] 자료			자료 간 변화 차이
				방언형	도별 출현지점수 /도별 총 조사지점수	전체출현 빈도수와 빈도율(%)	방언형	도별 출현지점수 /도별 총 조사지점수	전체출현 빈도수와 빈도율(%)	
ᄎ 아 래	어 휘 내 부	아침 (아츰)	아츰 앗츰 아젹 아츰 아침 앗츰 앗침 ۰̣츰 '어[ə]'형 아척	'어[ə]'형 아척	경기 1/3 (이/어 : 공존 3) 강원 × 충북 × 충남 0/1 전북 5/9 (이/어 : 공존 5) 전남 5/6 (이/어 : 공존 5) 경북 × 경남 0/1 제주 1/2	12/22 (55)	'어[ə]'형 아척 아적	경기 0/18 강원 3/15 (이/어 : 공존 3) 충북 0/10 충남 0/15 전북 3/13 (이/어 : 공존 3) 전남 6/22 (이/어 : 공존 3) 경북 0/23 경남 0/19 제주 1/2	13/137 (9)	- 46

46) '아침'형이 대부분 지역에 나타나기 때문에 출현 빈도수가 적은 형태인 '어[ə]'형과 '으[ɛ]'형을 중심으로 고찰하였으며, 대상 방언형이 나타나지 않은 지역은 표시하지 않았다.

				(이/어 : 공존 1)			(이/어 : 공존 1)		
			'의[ㅌ]'형 아측	경남 1/1 (이/으 : 공존 1)	1/22 (5)	'의[ㅌ]'형 아측	경북 5/23 (이/으 : 공존 4) 경남 3/19 (이/으 : 공존 2)	8/137 (6)	+ 1
합성어	마침 맞게 (마춤)	(마침) 마초아 마초와 마줌 마춤 마좀 마즘 마침		미조사됨		'이'형 마치	경기 11/11 강원 14/15 충북 9/10 충남 14/14 전북 12/12 전남 21/21 경북 23/23 경남 17/17 제주 2/2	123/125 (98)	
						'우'형 마추	강원 1/15 충북 1/10	2/125 (2)	

 '아츰'의 경우, [지도 26-1, 26-2]에서 보듯이, [오구라] 자료의 조사지
점이 많지 않아 정확한 비교는 어렵지만, 부분적 차이가 있을 뿐 [오구라]
자료에 나타나던 '아침(●형)'형은 [정문연] 자료에도 그대로 이어져 왔으
며, '아척(■형)'의 형태도 여전히 지역을 달리할 뿐 나타나고 있다. '아츰'
형은 <경북>과 <경남>을 중심으로 하는 '으'와 '어'의 중화형인 [ㅌ]로
만 나타날 뿐, 이들 지역을 제외하고는 '으'형이 나타나지 않고 있다. 사
용 빈도수도 많을 뿐 아니라 보편적인 음운변동 현상으로 어휘 내부 환경
인 '아춤'의 경우 이른 시기부터 'ᄋ>으>이'로의 개신이 이루어진 것으
로 볼 수 있다.
 <경기><충청>지역은 모두 '아침'형만 나타나고 있다. <강원>의 경
우는 '아척', '아척' 등의 형태가 일부 지역에 나타나고 있다. <전북>지
역에는 [오구라] 자료에 많이 보이던 '아척' 형이 [정문연] 자료에 와서는
진안(아척), 김제(아적), 임실(아적/아척) 지역을 제외하고는 모두 '이'형인 '아

침/아칙/아직'으로 바뀌었다. 물론, '어'형으로 나타나던 진안, 김제, 임실
지역에서도 '아침'형과 공존하여 나타나고 있어 전 지역이 '이'형으로 개
신이 진행되었다.

<전남>지역 역시 [오구라] 자료에 장성, 담양, 신안, 강진, 여천 등지
에 '아침'과 공존하여 나타나던 '아칙'형이 [정문연] 자료에 오면서 광산,
신안, 진도, 강진, 여천, 완도 등지에서 모두 '아적'형으로 변해 나타나고
있어 자음만 'ㅊ'이 'ㅈ'로 바뀌었을 뿐 '어'는 여전히 유지되어 있다. 특
히, <전남>지역에서 특이하게 나타나는 현상은 [오구라] 자료에서 보이
던 '아침'이 [정문연]에 와서는 오히려 보이지 않는 지역이 존재하고 있
다. 예를 들어, 장성, 신안, 여천 등지에서는 [오구라] 자료에 '아침'과 '아
칙'이 공존했지만, [정문연]에 와서는 '아직/아적'형만 보고되고 있다. 물
론, '아침'형이 보이긴 하지만, 다른 도에 비해 출현 빈도수가 그리 높지
않다. 담양, 곡성, 구례, 광산, 화순, 승주, 해남, 강진, 완도에만 '아침'이
나타나고 있을 뿐이다. '아침'보다 오히려 '아직/아칙/아적'으로 변화가 이
루어졌다.[47]

그러나 중화형 '의[ɰ]'형이 <경북>과 <경남>을 중심으로 나타나고
있다. <경남>의 경우는 [정문연] 자료에 와서 밀양과 진양에는 단일어일
경우에는 '아침'이지만, 합성어일 경우는 '아즉때[ajɰkt'E]'처럼 '의[ɰ]'음
이 나타나면서 고어형이 보이고 있다. 물론 <경남>지역에서도 '아즉'형
만 보이는 합천을 제외하고는 전 지역에서 '아침'형이 나타나고 있다.

[정문연] 자료에 와서 '아침'의 변이형이 가장 많이 나타나는 지역은
<전북>과 <경북>이다. <전북>과 <경북>에는 '아침' 이외에도 '아칙/

---

47) 이승재(2004 : 239)에서는 『계림유사』에 보이는 '旦曰阿捺'을 근거로, '아침'을 '*아즉+
옴>*앚곰>*앚홈>아춤>아침'의 과정으로 추측하고 있다. '아척', '아칙' 등의 방언형을
'아직'류와 '아침'류 방언의 혼효(混淆)형으로 해석하고 있다.

아직/아척/아적'형이 공존하고 있다. <전북>옥구, 익산, 무주, 장수를 제외한 지역, <경북>영풍, 봉화, 울진, 안동, 영양, 청송을 제외한 대부분의 지역에서는 '아침'과 함께 다른 변이형이 공존하여 나타나고 있다. 이는 <전북>과 <경북>지역이 주변 지역의 영향을 가장 많이 받는 전이지역의 성격을 보인다 하겠다. 이에 비해 <전남>지역은 거의 대부분 지역에서 '아직/아적'형이 나타나고 있어, 가장 지역색을 잘 유지하고 있는 곳이다.

한편, 북한 지역에서는 <황해>의 대부분 지역에 '아침'과 '아칙/아척/아적'형이 공존하고 있다. 다만 연안(아척)과 해주(아적)를 제외하고는 '이'형인 '아침'의 공존형으로 '아칙'이 함께 나타나고 있다. <함남>에는 '이'형인 '아침/아칙/아직', '어'형인 '아척/아적', '우'형인 '아춤' 등 다양한 변이형이 나타나고 있다. 대부분 지역에는 '이'형과 '어'형이 공존하지만, 신고산, 안변, 덕원, 문천, 고원, 영흥 등지에는 '아춤'과 '아적'이 공존하고 있어 '이'형으로 변화가 아직 진행되지 않은 지역으로 남아 있다.

이상, '아침' 이외에도 'ᄋᆞ>으>이'로의 변화를 보이는 단어로 '어떤 경우나 기회에 꼭 알맞게'라는 의미의 합성어 '마침맞게'가 있다. 이 단어는 [정문연] 자료에만 나타나는데, '으'형으로 나타나는 방언형은 없고 '이'로만 나타나고 있다. <강원>양양과 <충북>단양에 '마추'형이 나타날 뿐, 남한 전 지역에서 '마치-' 또는 '마침-'형이 나타나고 있다. 이 어휘도 옛 문헌에서는 둘째 음절에서 'ᄋᆞ'형을 갖는 '마초아(와), 마춤, 마줌'이라는 세 가지 어형으로 나타났다. '마초아'와 '마춤'은 '맞-'이라는 어근을 공통 요소로 가진다. 이와 기원을 달리하는 어근 '맞-'에서 생겨난 말인 '마줌, 마좀, 마즘'형도 보였다. 옛 문헌에 존재하였던 '마초아', '마춤', '마줌'과 같은 다양한 어형들은 현대의 표준어에서는 '마침'만 살아남았다. '마초아'와 '마좀'형은 후행하는 'ㅁ'의 영향으로 'ᄋᆞ>오'로 원순모음화가 적용된 형태이다. <강원>양양과 <충북>단양에 보이는 '마추'형이 관련 있어 보인다.

요컨대, '마침'에는 'ᄋ'가 '으'로 나타나는 변이형은 방언형으로 보이지 않는다. 합성어 환경임에도 불구하고 '으'형은 전혀 보이지 않고 있다. 'ᄋ>으>이'로의 2단계 변화가 완성된 후 형성된 어휘로 볼 수 있다.

이 밖에도 표준어에 둘째 음절에서 'ᄋ>으>이' 변화와 관련하여 '의>이'의 변화를 보이는 어휘들도 있다. '모기>모기, 둥기다>당기다, 무티>마디, 소리>소리, 나비>나비, 션비>선비, 노푀>노피, 가시다>가시다, 몬지>먼지, ᄀᆞᆯ히다>가리다' 등의 어휘를 그 예로 들 수 있겠다. 이들 단어들은 문헌상 비어두 음절에서 '의>의>이'로의 변화 과정을 겪은 것으로 설명하고 있다. 즉, 'ᄋ'가 '으'로 바뀌면서 '의'도 '의>의'가 된 후 다시 단모음화 과정을 거쳐 '의>이'로 변화를 경험하였다는 것이다.

이들 중 '나비>나비'의 [오구라] 자료를 보면, 많은 지역이 조사되지 않아 정확한 분포 양상은 알 수 없지만, 크게 '나비/나부/나배' 등 세 가지 유형이 산발적으로 전국에 나타나고 있을 뿐, '나븨'형처럼 '의' 방언형은 보이지 않고 있다. '나비'형이 대부분의 지역에 나타나고 있다.[48) 즉, <강원><충북><충남><전북><전남><경북><경남><제주> 등지에 나타나고 있다. '나부'형도 <강원><충북><충남><전북><전남><경북><경남> 등지에 나타났다. 한편, '나배'형은 <경북>의 일부 지역에 나타

---

48) 즉, '나비'형이 <강원>양양, 명주, <충북>중원, 단양, 청원, 보은, 영동, <충남>천원, 홍성, 공주, 서천, <전북>김제, <전남>광산, 나주, 승주, 여천, <경북>영풍, 울진, 청송, 안동, 영일, <경남>창녕, 의창, 김해, 통영, 거제, <제주>전 지역 등지에 나타나고 있다. '나부'형도 <강원>삼척(나붕이), <충북>단양, 보은, <충남>논산, 금산, <전북>완주, 진안, 무주, 김제, 정읍, 임실, 장수, 순창, 남원, <전남>장성, 담양, 곡산, 구례, 신안, 영암, 강진, 보성, <경북>울진, <경남>거창, 합천, 밀양, 울주, 함양, 하동, 진양, 김해, 남해 등지에 나타났다. '나배'형은 <경북>의 예천, 의성(나뱅이)에 나타나고 있다.

나고 있다. '나부'는 'ㅂ'의 영향으로 원순모음화가 일어났고, '나배'는 보수형인 '나비'가 변한 어형이다.

(3) 'ᄋ > 오(우)'의 변화

① 순음 아래의 경우

순음과의 결합에서 'ᄋ>오(우)'의 경향이 뚜렷하게 나타나고 있다. 어두 음절에서뿐만 아니라, 비어두 음절에서도 이러한 현상은 뚜렷하게 나타나므로 일종의 규칙성을 띤 음운의 결합적 변화 현상이라 하겠다. 이러한 현상이 나타나는 어휘로는 (1)~(3)과 같은 예들이 있다.

(1) ᄀᄫᆞᆯ>ᄀᆞ올>고을>골(고을), ᄃᆞ뵈다>ᄃᆞ외다>되다, ᄒᆞᄫᆞ사>ᄒᆞ오사>ᄒᆞ온사>혼자, ᄀᆞ리ᄫᆞ다>ᄀᆞ리오다>가리우다, 사오나ᄫᆞᆫ>사오나온>사오나운>사나운, 보ᄃᆞ라ᄫᆞᆫ>보ᄃᆞ라온>보드라운, 갓가ᄫᆞ니>갓가오니>가까우니

(2) ᄉᆞ뭇>ᄉᆞ못>사뭇, ᄉᆞ뭋다>ᄉᆞ못(몿)다>사무치다, 아ᄆᆞ>아모>아무

(3) 뵈ᅀᆞᆸ다>뵈ᅀᆞ옵다>뵙다

이러한 현상은 'ᄋ'와의 대립 관계에 있는 '으'와의 결합에서도 두드러지게 나타나므로(허믈>허물, 니블>이불, 더브러>더부러, 치븐>치분(추운), 므거븐>무거운, 어듭다>어둡다) 순음과 결합된 'ᄋ'나 '으'가 '오/우'로 변화하는 현상은 순음에 이끌려 변화된 원순모음화 규칙의 결과이다. 이 규칙은 대부분 지역에 광범위하게 나타나는 보편적 현상이다.

② 'ㄹ' 아래의 경우

다음의 예에서 보듯이 'ᄋ>오' 변화 현상은 'ㄹ'과 결합된 'ᄋ'의 경우

에도 활발하게 나타난다.

(4) ᄀᆞ르(粉)>ᄀᆞ로>가로>가루, ᄂᆞ르(津)>ᄂᆞ로>나로>나루, 노르(獐)>노
로>노루, ᄆᆞ르(廳)>ᄆᆞ로>마로>마루, ᄌᆞ르(柄)>ᄌᆞ로>자로>자루, ᄒᆞ
르(一日)>ᄒᆞ로>하로>하루, 니르>니로>니루>이루, 바르(正)>바로>
바루, ᄀᆞ르(橫)>ᄀᆞ로>가로/가루

이상의 단어들은 보편적인 음운 변동 현상이 아님에도 불구하고 국어
사에서 'ᄅ' 아래에서 'ᄋ·>오'로의 1단계 변화를 경험한 후 2단계에서
'오>우'로의 변화를 경험하고 있다.[49] 이들은 모두 중앙어를 중심으로
체언 어간 말 모음에서 일어난 변화들이다. 체언 어간 말 모음에서는
'ᄅ' 아래에서 'ᄋ·' 또는 '으'가 '오/우'로의 변화를 중부 지역을 중심으
로 대부분 지역에서 광범위하게 경험하고 있다. 그러나 용언 어간 말 모
음의 경우에는 대부분이 'ᄋ·>으'로의 1단계 변화(-르-)에 그치는 경향이
강하다. 물론 일부 지역에 '-루-'형이 나타나는 등, 그리 활발하지는 않
지만, 'ᄋ·>으>우'로의 2단계 변화도 남부 지역에 일부 일어나고 있다.
그러나 남부 지역을 중심으로 [정문연] 자료에 오면서는 중앙어의 영향
을 받는 '우'형으로의 변화보다 'ᄅ' 아래 'ᄋ·>으'로의 변화에 그치고 있
는 것이다.

예컨대, 'ᄆᆞ르다(乾)'의 경우 비어두 음절에 '우'형이 나타나는 '몰룬다'
형이 [오구라] 자료에서 <전남>의 11개 전체 조사지점 모두와 <전남>
에 인접한 <전북>의 순창, 남원과 <전남>에 인접한 <경남>의 남해안

---

49) 최전승(2004 : 200)에서 모음조화를 해석하는 기본적 관점으로, 둘째 음절 이하에서는
   어간말 모음 '우'는 이차적으로 형성된 것으로, 이것은 먼저 모음조화 규칙이 적용되고
   그 다음 여기서 파생된 출력에 모음상승 규칙(오>우)이 뒤따르는 상대적 연대(relative
   chronology)와 관련지어 설명하고 있다.

지역(하동, 남해, 통영, 거제 등)을 중심으로 나타나고 있다. 그러나 [정문연] 자료에 와서는 어두 음절에서는 '오'형을 그대로 유지하고 있으나, 비어 두 음절은 모두 '우'형으로 나타나지 않고 대신에 '으/이'형으로 나타나고 있다. 어두 음절의 영향으로 '몰룬-'형으로 발음하였지만, 'ㄹ' 아래에서 는 (5)에서 보듯이, 'ᄋ>으>우'로의 변화를 겪지 않고 'ᄋ>으'로의 1단계 변화에 머무르는 경향이 강하다.

> (5) 다ᄅ다>다르다, 바ᄅ다>바르다, 모ᄅ다>모르다, ᄆᄅ다>마르다, 오 ᄅ다>오르다, ᄲᄅ다>빠르다

그러나 아래의 예들도 용언의 경우이지만, 'ᄋ'가 '우' 또는 '이'로의 변화를 위의 용언 어간 말 모음의 경우보다 여러 지역에서 상당히 광범위 하게 경험하고 있다. (6)은 양순음 'ㅂ,ㅃ,ㅍ'와 결합된 경우이며, (7)은 구 개음 'ㅈ,ㅊ'와 결합된 경우로, 이들은 음운적 결합에서 나타나는 음운 변 동으로 인한 보편적인 변화 현상으로, 'ㄹ' 아래의 'ᄋ'변화 양상과는 다 른 경우이다.[50]

> (6) 골프다>고프다>고푸다, 밧ㅂ다>바쁘다>바뿌다, 알프다>아프다>아 푸다
> (7) 남죽ᄒ다>남즉하다>남짓하다, 가시다>가스다>가시다

요컨대, 일반적인 음운 변동 현상, 즉, 원순모음화, 전부모음화 등은 비

---

50) 황대화(1998)은 단어조성법에 의한 음운론적 변화로서 순수한 음운론적 변화와는 별개 의 문제로 보고 있다. 즉, 위치적 변화나 이화작용에 의한 변화로 보고 있지 않다. 최전 승(2004 : 195~242)에서도 용언활용형 환경의 비생성적인 성격을 설명하기 위해 <전 남>방언에 나타나는 '(춤)추-'가 보여주는 특이한 활용형(츠-/치-)을 예를 들어, 보수형 의 잔재가 남아 있는 용언의 보수성을 설명하고 있다.

교적 광범위한 지역에 적용되어 'ᄋ·>으>오/우' 또는 'ᄋ·>으>이'와 같이
2단계까지 변화를 활발하게 경험한다. 그러나 'ㄹ'자음 아래의 'ᄋ·>오/우'
로의 변화는 일반적인 음운변동 현상이 적용되는 단어들이 아니다. 그럼
에도 불구하고 한반도의 중·서부 지역을 중심으로 'ᄋ·>오/우'로의 활발
한 변화가 체언 어간 말 환경에서 나타나고 있다. 'ㄹ' 아래에서의 'ᄋ·'의
변화는 체언 어간 말 환경에서는 '오/우'로 활발하게 일어나지만, 변화를
늦게 수용하는 용언 어간 말 환경에서는 '오/우'로의 변화가 자유롭지 못
해 일부 지역에서만 'ᄋ·>오/우'로의 변화가 나타나고 있다. 그만큼 체언
어간 말 환경에서보다 용언 어간 말 환경에서 변화가 자유롭지 못한 보수
성을 가지고 있다는 것이다.

한편, 방언에서는 보편적인 음운변동 현상이 아닌 'ㄹ' 아래에서 'ᄋ·>
으>우'로 변하기보다 'ㄹ' 아래에서 '이'로 변하는 전설고모음화 현상이
남부 지역을 중심으로 나타나고 있다. 이는 보편적 규칙이 아닌 'ㄹ' 아래
'ᄋ·>으>우'로 변하는 중앙어로의 개신을 거부하고 전설고모음화를 유지
하려는 독자적인 노선을 걷고 있는 것이다. 그러나 두 자료 간 평균 출현
빈도율과 변화율['ᄋ·>우'(38→51%), 'ᄋ·>이'(60→45%)]에서 보듯이, 중앙
어의 영향으로 차츰 '우'로의 개신이 [정문연] 자료로 갈수록 증가하는 추
세이다.

따라서 본 절에서는 두 자료집에 공통으로 나타난 어휘들 중 '오/우'로
의 변화가 비교적 활발하게 일어나는 어휘 내부 환경인 'ᄀᄅ·(粉)', 'ᄌᄅ·
(柄)', '노ᄅ·(獐)' 등의 어휘를 중심으로 그 지리적 분포와 변화 추이를 살펴
본다. 'ᄋ·'가 방언형으로 '우, 오, 이'형 등으로 다양하게 나타나고 있으므
로, 이를 기준으로 내용을 정리하면 [표 7]과 같다.

[표 7] 비어두 음절 'ᄋ>오(우)' 변화의 지리적 분포와 변화 추이

음운환경	형태소층위	표준어(15C 표기)	문헌자료	[오구라] 자료			[정문연] 자료			자료 간 변화 차이
				방언형	도별 출현지점수/도별 총 조사지점수	전체출현빈도수와 빈도율(%)	방언형	도별 출현지점수/도별 총 조사지점수	전체출현빈도수와 빈도율(%)	
ㄹ 아래	체언 어간 말 모음	가루 (ᄀᆞᄅᆞ)	ᄀᆞᄅᆞ ᄀᆞᄅᆞ ᄀᆞᄅ ᄀᆞ로 가루 갈오 갈우 가로	'우'형 가루 ᄀᆞ루	경기 3/3 강원 2/3 충북 5/5 충남 6/6 전북 6/9 전남 1/11 경북 3/12 경남 0/14 제주 2/2	28/65 (43)	'우'형 가루 갈루 ᄀᆞ루	경기 18/18 강원 8/15 충북 10/10 충남 15/15 전북 9/13 전남 2/22 경북 7/23 경남 1/19 제주 0/2	70/137 (51)	+ 8
				'오'형	0		'오'형 가로	경북 3/23 (우/이/오 : 공존 3) 경남 3/19	6/137 (4)	+ 4
				'이'형 가리 갈리 갈기	강원 1/3 전북 3/9 전남 10/11 (우/이 : 공존 2) 경북 9/12 (우/이 : 공존 1) 경남 14/14 (우/이 : 공존 1)	37/65 (57)	'이'형 가리 갈리 갈기 깔기	강원 7/15 전북 4/13 전남 20/22 경북 13/23 경남 15/19 (우/이 : 공존 1)	59/137 (43)	- 14
				'으'형	0		'으'형 ᄀᆞ르 ᄀᆞ를	제주 2/2 (우/으 : 공존 1)	2/137 (2)	+ 2
		자루 (ᄌᆞᄅᆞ)	줄ᄋ ᄌᆞᄅᆞ 줄ᄅ ᄌᆞᄅ	'우'형 자루	경기 3/3 강원 2/3 충북 5/5 충남 6/6 전북 5/9 전남 0/9 경북 1/12 경남 0/14 제주 0/2	22/63 (35)	'우'형 자루 잘루 ᄌᆞ룩	경기 17/18 강원 11/15 충북 10/10 충남 14/15 전북 9/13 전남 1/22 경북 6/23 경남 3/19 제주 1/2	72/137 (53)	+ 18
				'오'형	제주 1/2	1/63 (1)	'오'형	경북 1/23	3/137 (0)	0

표제어	분화형	지역 (변화 전)	빈도	분화형	지역 (변화 후)	빈도	변화율
		즈록		(1.5)	자로즈록	경남 1/19 제주 1/2 (우/오 : 공존 1)	(2)	
		'이'형 자리잘기	강원 1/3 전북 4/9 전남 9/9 경북 11/12 경남 14/14	39/63 (62)	'이'형 자리잘리잘기	강원 4/15 (우/이 : 공존 4) 전북 4/13 전남 22/22 경북 15/23 경남 15/19	59/137 (43)	- 19
		'아'형 즈락	제주 1/2 (오/아 : 공존 1)	1/63 (1.5)	'아'형 자락	경기 1/18 충남 1/15	2/137 (1)	0
		'으'형	0		'으'형 자르	경북 1/23	1/137 (1)	+ 1
노루 (노루)	놀ᄋ 노로 노르 놀ᄂ 놀르 노루 놀우	'우'형 노루	경기 3/3 강원 1/3 충북 5/5 충남 6/6 전북 5/9 전남 0/12 경북 2/12 경남 1/14 제주 0/2	23/66 (35)	'우'형	경기 18/18 강원 7/15 충북 10/10 충남 15/15 전북 8/13 전남 0/22 경북 5/23 경남 4/19 제주 0/2	67/137 (49)	+ 14
		'오'형	0		'오'형 노로	강원 1/15 전남 1/22 경북 1/23	3/137 (2)	+ 2
		'이'형 노리 놀갱이	강원 2/3 (우/이 : 공존 2) 전북 4/9 전남 12/12 경북 10/12 (우/이 : 공존 2) 경남 13/14 제주 2/2	43/66 (65)	'이'형 놀기 놀갱이 놀게이	강원 7/15 전북 5/13 전남 21/22 경북 17/23 경남 15/19 (우/이 : 공존 1) 제주 2/2	67/137 (49)	- 16

'ᄋᆞ>이'의 평균 출현 빈도율 및 변화율[61→45%(-16)]

'ᄋᆞ>우'의 평균 출현 빈도율 및 변화율[38→51%(+13)]

<황해>를 중심으로 시작된 '우'형(●형)이 북으로는 <평남><평북>으로, 남으로는 <경기><강원>의 중서부 지역을 비롯하여, <충북><충남>의 전 지역과 <전북>의 북부 지역에 이르는 남한의 서부 지역에까지 개신이 진행되었다. 반면에 <강원>과 <경북>의 동부 지역과 <함북><함남>의 동북 지역에는 'ㄹ' 아래 'ᄋ>우'로의 변화보다 '이'형(■형)으로 변화를 보이고 있다. 비어두 음절의 '우/이'형의 분포가 한반도를 동서로 구분하는 중요한 잣대가 되고 있는 것이다. 남부 지역과 동북 지역은 아직 '우'로의 개신이 진행되지 않아 고어형의 모습을 그대로 보이고 있다고 할 수 있다.

중앙어를 중심으로 시작된 현상이지만, 보편적인 음운 변동 현상이 아니므로, 체언 어간 말 모음(가ᄅ>가로>가루) 환경에서는 비교적 변화를 쉽게 수용하여 2단계 변화('ᄋ>오>우')까지 모두 경험하였다. 그러나 용언 어간 말 모음(ᄆᄅ다)에서는 1단계 변화(ᄋ>으)에 그치고 있다. 'ㄹ' 아래 'ᄋ>으>우'의 변화가 보편적 음운 변동 현상이 아니므로, 변화를 수용하는 속도가 체언 어간 말 환경보다 느리기 때문이라고 할 수 있다. 용언 어간 말 환경은 체언 어간 말 환경에 비해 변화를 쉽게 수용하지 못하는 보수적인 환경인 것이다. 'ᄀᄅ(粉)', 'ᄌᄅ(柄)', '노ᄅ(獐)'가 거의 비슷한 지리적 분포와 변화 양상을 보이고 있어, 여기서는 'ᄀᄅ(粉)'를 중심으로 지리적 분포와 함께 변화 추이를 구체적으로 살피되, 'ᄌᄅ'와 '노ᄅ'의 경우는 지도만 제시한다.

'ᄀᄅ(粉)'의 경우 2장에서 논의한 [지도 8-1, 8-2]에서 보듯이, 둘째 음절 'ᄋ'는 방언형으로 '우'형(43 → 51%)과 '이'형(57 → 43%)이 지역을 양분하며 분포하고 있으며, 극히 일부 지역에서 '으'형과 '오'형도 [정문연] 자료에 와서 나타나고 있다. '이'형은 개신형 '우'형에 의해 감소하는 추세(-14%)를 보이는 반면, '우'형은 증가하는 추세(+8%)를 보이고 있다.

　'우'형(●형)은 <경기><충북><충남>의 전역을 중심으로 하되, 남으로
는 <전북>의 중부 지역까지, 동으로는 <강원>의 중서부 지역에 이르기
까지 분포함으로써, 한반도의 중서부 지역을 중심으로 분포하는 경향을
보이고 있다. 북한 지역에는 <황해>의 대부분 지역과 <평남>평양 <평
북>박천, 영변, 희천, 강계, 자성, 후창 <함남>신계 등 한반도의 서북지
역을 중심으로 '우'형이 나타나고 있다. <강원>의 동남부 지역과 <경
북>은 '우/이'형이 공존하는 양상을 보이고 있다. <전남>과 <경남> 등
남부 지역에는 '우'형이 거의 분포하지 않는다.

　반면에, '이'형(■형)은 두 자료 모두 <전남>과 <경남>을 중심으로 하
면서 <경북>의 중동부 지역에 이르기까지 주로 남부 지역에 분포되어
있다. <전남>과 접경 지역인 <전북>의 고창, 정읍, 순창, 남원 등 남부
지역에도 '이'형이 나타나고 있다. 다만, [오구라] 자료에서 <전북>의 접
경 지역인 <전남>의 장성, 광산, 곡성에는 '우'형이 나타났으나, [정문연]
자료에 오면서 오히려 '우>이'로의 변화를 보이고 있다. 이는 <전남>지
역이 '으>우'로의 변화를 거부하는 '으>이' 변화의 중심지라 하겠다.
<경남>의 경우도 두 자료에 약간의 변화가 있지만 차이가 크게 없다. 전
반적으로 '이'형이 우세하지만, <전북>의 접경 지역인 함양에서 '이>우'
의 변화를 보이고, 의창, 밀양, 양산에서 '이>오'로의 변화가 일부 보이고,
통영에 '우'형이 부분적으로 나타날 뿐이다. 특이한 점이 <전남>과 <경
남>의 해안 지역인 진도, 해남, 통영에는 '우'형이 나타나고 있어, 내륙과
다른 방언형을 보이고 있다.

　북한 지역에는 <함북><함남>도 대부분의 지역에 '갈기'형태가 광범
위하게 나타나고 있다. 따라서 '이'형은 한반도 북동부 지역과 남한의 동
남부 지역과 서남부 지역에 이르기까지 나타나고 있다.

　<경북>에는 [오구라] 자료에서 서부 지역은 '우'형이, 동부 지역은

'이'형이 우세한 모습을 보이며 동서로 구분되는 듯한 모습을 보였으나, [정문연] 자료에 와서는 전반적으로 다양한 형태가 전 지역에 공존하는 현상을 보여주고 있다. 즉, '갈기, 가리/갈리, 가루, 가로' 등의 형태가 공존하고 있어 전이 지역의 성격이 강하게 나타나고 있다. '가루'는 <충북>의 영향을, '가로'와 '가리/갈리'는 <경남>의 영향을, '갈기'는 <강원>의 영향을 각각 받은 듯 보인다.

<강원>은 전반적으로 '우'형이 우세하나 동해안 지역을 중심으로 'ㄱ+이'형이 세력을 확장하여 '우'형과 공존하여 [정문연] 자료에 이르고 있다. [오구라] 자료에는 조사된 지점이 많지 않아 정확히 알 수는 없지만, 양양과 울진 지역에서 조사되므로, 이는 '갈기'형으로 대부분 나타나는 <함남>의 영향으로 볼 수 있다. 이 '갈기'형은 <경북>지역에까지 영향을 미치고 있다.

요컨대, 'ㄱㄹ'의 경우, 'ㄹ' 아래에서 'ㅇ'가 '우'로의 변화를 서북 지역을 중심으로 중서부 지역에 이르는, 한반도의 서부 지역에서 세력을 확장하였으나, 북동부 지역과 남부 지역에까지는 그 영향력이 크게 미치지 못하였다. 이로써 크게는 '우'형과 '이'형이 북쪽에서부터 한반도를 동서로 가르는 형국을 보이고 있다. '우'형을 중심으로 하는 중앙어의 영향으로 중부 지역까지는 '우'형이 전반적으로 우세하여 그 세력을 확장하고 있지만, 남부 지역과 동북 지역까지는 세력이 미치지 못함으로써, 이들 지역은 '이'형이 우세한 분포를 보이고 있다. 그 결과 중부 지역인 <강원>에서, 중서부 지역은 거의 개신이 이루어졌으나, 동해안 지역에서 <경북>에 이르는 동부 지역은 개신형 '우'와 보수형 '이'가 충돌하여 공존하는 형국을 보이고 있다. <전남>과 <경남> 등 남부 지역은 여전히 '이'로 남아 있는 것이다. 그러나 개신의 방향은 동남부 지역으로 향해 있어, <전남>은 거의 개신이 이루어지지 않았다.

'르' 아래에서의 비어두 음절 '약>으>오(우)' 변화의 형태음소론적 층위에 따른 방언 구획을 카토그램으로 그리면 다음과 같다. '이'형이 최대로 나타난 경우를 고려하여 그렸다.

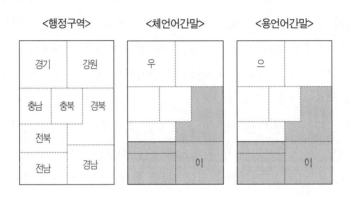

이상, 비어두 음절에서의 '약'의 변화를 종합하여 얻은 결론은 다음과 같다.

첫째, 표준어로는 '약'가 '으', '이', '오' 등으로 나타나고 있다. 그러나 방언형으로는 이들 이외에도 음운 환경과 관련하여 '으'가 '의/우/어/아/이' 등으로, '이'가 '으/이/어/우' 등으로, '오'가 '오/우/이/으' 등으로 아주 다양하게 나타나고 있다.

둘째, 이들 음성적 변이형들이 다양하더라도 무질서하게 나타나는 것이 아니라 지리적으로 일정한 유형을 이루며 규칙적으로 나타나고 있는 것이다. 중앙어에서 시작된 개신파의 영향으로 개신이 진행되지만, 그 이전의 고어형태는 여전히 지역성을 보이며 유지되고 있다. 특히 동북 지역과 서남부 지역을 중심으로 하는 중앙에서 멀리 떨어진 최극단 지역에는 중앙어와는 다른 고어형을 유지하는 경향이 강한 것이다.

셋째, 지리적 분포 상으로 서남 지역의 변화 폭보다 동남 지역이 변화의 폭이 훨씬 큼을 알 수 있다. 다시 말하면, 개신의 진행이 동남 지역이 빠르고, 서남 지역이 느리다는 것이다. <경기>를 중심으로 하는 중부 지역의 개신형을 받아들이는 속도가 동남 지역이 훨씬 빨라, 고어형 및 개신형을 비롯한 다양한 형태가 공존하는 빈도수도 동남 지역이 많아 전이 지역의 성격을 많이 보이고 있다. 반면에, <전남>은 중앙어의 영향을 거부하는 경향이 상당히 강하여 개신형의 침투가 남한 전체에서 가장 느리게 진행되는 지역이다. 곧 <전남>이 고어형의 잔재 지역이라 할 만하다.

그 이유를 여러 가지 관점에서 생각해 볼 수 있겠지만, 두 자료 간 시간적 흐름을 살펴볼 때, 인구이동과 같은 역사적·사회적 요인이 산맥이나 지형 등 지리적 요인보다 컸으리라 짐작된다. 첫째, <경북>과 <경남>은 한국전쟁을 거치면서 피난민들로 인해 많은 지역민들과의 교류가 서부 지역보다 빈번하였을 것으로 추정해 볼 수 있다.[51] 둘째, 논농사 중심 지역에서는 인구가 집중되면서 인구의 이동도 거의 없는 정착민이 주로 거주하므로, 외부의 영향을 잘 받지 않는다. 따라서 <전남>과 <경남>은 서해사면과 남해사면 하천유역에 집중적으로 분포하는 논농사 지대로서 한국의 곡창지대를 형성하는 곳이므로(권혁재 외, 2001 : 138), 이 지역의 언어가 보수성을 지니는 것은 당연하다고 하겠다. 또한 <경북>에

---

51) 권혁재 외(2001 : 94~97), 1945~1955년 동안의 인구이동량과 이동방향은 정치상황의 변화에 따라, 북한의 월남민과 <서울><경기><강원><충청>지역에 살고 있던 사람들의 상당수가 남부지방으로 대량 이동함으로써, 영남지방의 과밀화를 가져왔다. 1955년 이후 인구이동의 흐름은 점차 도시를 지향한 인구이동의 양상을 나타내면서, 1960년대 경제개발계획이 실시되면서는 시·도간 이동량이 시·도내 이동량에 비해 많은 가운데 지난 30여 년 간 인구이동률이 20%내외를 나타내고 있다. 즉 인구 5명당 1명 꼴로 거주지를 이전하고 있는 셈으로, 이동성향이 매우 높은 편이다. 특히, 수도권 지향의 인구이동의 결과 1995년말 서울의 경우 43.5%만이 서울 출생이고, 나머지는 다른 시도 출신들이 거주하고 있는 것으로 나타났다. 특히 <전남>(9.5%)과 <경기>(8.1%)의 비율이 높은데, <전남>출신의 타향살이 비율은 60%로 가장 높게 나타나고 있다. 곧 <전남>은 전출인구는 많지만, 전입인구는 거의 없다는 뜻이다.

비해 <경남>지역의 언어적 보수성이 강한 이유도 여기에 있다고 하겠다.

넷째, 개신의 변화는 모든 어휘에 일률적으로 적용되지 않고 형태음소
론적 층위에 따라 개별 어휘들이 지리적 시차를 두고 변화가 이루어지고
있다. 예컨대 보편적인 음운변동 현상이 아닌 'ㄹ' 아래 'ᄋᆞ>오'의 변화
(ᄀᆞᄅᆞ, ᄌᆞᄅᆞ, 노ᄅᆞ 등)가 체언 어간 말 환경에서는 활발하게 일어나지만 용
언 어간 말 환경(다ᄅᆞ다, ᄆᆞᄅᆞ다, ᄲᅡᄅᆞ다 등)에서는 잘 일어나지 않는다는 것
이다.

다섯째, 개신의 진행 속도는 두 자료 간 비교를 통해 확인한 결과 도별
분포라는 큰 흐름 속에서는 그리 큰 차이가 없다. 곧 약 100여 년의 시차
는 언어 변화 특히 음운변화에 크게 영향을 미치지 못하는 기간이다. 따
라서 이를 토대로 이전 시기의 음운변화 추이까지도 짐작해 볼 수 있는
근거를 마련하게 되었다. [오구라] 자료와 [정문연] 자료를 비교해 보면
근 100여 년의 차이를 두고 지역적 차이가 다소 있을 수 있지만, 음운의
완전한 통일 또는 전면적 변화는 일어나지 않고 있다. 다만, 보수형과 개
신형이 각각의 지역적 영역을 유지하며 세력을 형성하다가 차츰 중앙어
의 영향을 받아 개신이 진행되면서 중앙어로 통일되어 가는 현상을 보이
는 단어가 있는가 하면, 이와 달리 어형의 분화가 단순하던 단어가 갈수
록 복잡하게 분화되어 가는 양상을 보이는 경우도 있다. 개신형으로 통일
되어가더라도, 지역적 분화는 여전히 남아 있다.

오늘날처럼 교통과 교육의 발달로 발음의 통일을 꾀하고 있는 현실에
서조차 여전히 지역적 분화는 존재하고 있고 오히려 그 분화양상은 더욱
복잡해지고 있다. 특히 비어두 음절에서의 'ᄋᆞ'의 경우는 더 복잡한 분화
형이 나타나고 있다. 이처럼 오늘날 지역마다 다른 소리로 발음되고 있는
단어들이 각각 세력을 형성하며 존재하고 있는 것이다.

3.2. '으'의 변화

훈민정음 창제 시 기본모음인 '으'는 고대국어 모음체계 연구에서부터 줄곧, 'ᄋ'와 함께 '으'의 존재 유무가 선행 학자들에 의해 핵심 과제로 논의 대상이 되어 왔다. '으'를 고대국어 모음으로 인정하는 학자에는 김영진(1987), 박병채(1971) 등이 있고, 인정하지 않는 학자에는 김완진(1971b), 이기문(1972), 이숭녕(1978), 유창균(1983), 이돈주(1995), 김동소(1998) 등이 있다.

김동소(2007 : 87~91)에서 고찰하였듯이, 15세기 '으'에 대응되는 모음이 '어' 또는 '이'와 섞여 나타나는 예시들이 고대 고유명사와 향가 표기를 비롯하여 『계림유사』에서부터 나타나고 있다. 또한 백두현(1992a : 129~136)에서도 18~20세기에 이르기까지 '으'와 '어' 표기의 혼란이 영남 문헌뿐만 아니라 <충북>을 비롯하여 중앙에서 간행된 문헌에도 보고되고 있음을 검토한 바 있다. 방언 자료에서도 '으'를 '어'로 발음하는 경향이 가장 강한 지역으로 동남방언과 황해방언을, '어'를 '으'로 발음하는 경향이 강한 지역으로는 충남방언과 개성방언을 각각 들 수 있다.[52]

이처럼 문헌과 방언 자료를 통해 모음 '으'는 항상 변화를 지향하는 불안전한 모음임을 알 수 있다. 훈민정음 해례의 제자해에서도 모음 'ᄋ'와 '으'는 구축(口蹙)과 구장(口張)에 대하여 어떤 값도 부여되지 않은 중립적 모음이었다.[53] 따라서 이러한 중립성이 동일한 어휘에서도 15세기에 '비

---

52) 황대화(1998 : 37~38)에서 '으'를 '어'로 바꾸어 발음하는 경향이 가장 강한 지역으로 동남방언과 황해방언을 들고 있다. 백두현(1992a : 130)에서도 황해방언의 모습을 보여주는 『염불보권문』 구월산 본에서 '으'를 '어'로 표기한 예를 보고하고 있다. 한편, 개성지역에서는 노년층을 중심으로 '어'를 '으'로 발음하는 경향이 강한데, '거지>그지, 거짓말>그짓말, 없다>읍다, 어깨>으깨, 껌정>끔정, 어른>으른, 어런' 등의 예를 보고하고 있다.

늘/비눌', '바늘/바눌', '며느리/며ㄴ리' 등과 같이 'ㅇ'와 'ㅡ'를 혼동하여
사용하기도 하고, 인접하는 자·모음에 동화될 수 있는 바탕이 되었던 것
으로 보고 있음을 백두현(1992a : 226)에서도 밝힌 바 있다.

'으'가 자음과의 결합에서는 그 자음의 성질에 따라 '이'나 '오/우' 등
으로 변하는 현상이 있다. 'ㅅ,ㅈ,ㅊ'와 결합할 때는 '으'가 '이'로, 'ㅁ,ㅂ,
ㅃ,ㅍ'와 결합할 때는 '으'가 '오/우'로 변화하고 있다. 이상의 두 가지 결
합적 변화는 일부 어휘들이 표준어로 채택되기도 하는 등 상당히 생산적
이고 보편적인 현상이다. 그러나 'ㄱ,ㄲ' 등 연구개음과의 결합에서 '우'
또는 '이'로, 'ㄴ'과의 결합에서 '우'로 변화하는 등 '으'의 다양한 변화
양상도 확인되고 있다. 이러한 현상은 전국적 단위로 나타나는 보편적인
현상은 아니고 일부 지역에서만 확인되고 있다.

'으'가 인접한 자음이나 모음의 영향을 받아 방언에 따라 '으'가 원순
모음 '우'나 전설모음 '이'로 변화하여 나타나는 경우가 전국적 단위에서
보이고 있다. 또한 인접하는 음운과 크게 관련 없이 '으'가 개별 어휘에
따라 '이/우/어/아' 등 다양한 형태로 나타나는 경우도 있다. 따라서 '으'
는 이들 모음과 변별되지 않고 변이음으로 쓰이는 경우가 많아 보인다.

'으'가 인접 음운에 영향을 받아 '이'로의 변화나 '오/우'로의 변화에
가장 민감하게 반응하며 고어형을 유지하려는 경향이 강한 지역은 <전라
도>를 중심으로 하는 서남 지역이다. 인접 음운과 관계없이 '으'형을 유
지하려는 경향이 강한 지역은 대체로 <충남>을 중심으로 하는 중부 지
역이다. <경상도>를 중심으로 하는 동남 지역은 인접 음운의 영향에 민
감하게 반응하여 서남방언과 같은 변화 흐름을 보이면서도 지역색 강한

---

53)

	아	어	ㅇ	으	오	우
구축(口蹙)	-	-	-	-	+	+
구장(口張)	+	+	-	-	-	-

'으[ɨ]'로의 변화도 함께 보이는 지역이다.

따라서 '으'의 변화가 한반도의 동서를 가르는 중요한 변수가 되고 있다. 서부 지역에서는 '으'를 고수하려는 <충남>의 영향과 '으>이' 또는 '으>오/우'로의 변화에 가장 민감하게 반응하는 <전라도>가 충돌하면서 다양한 모음이 나타나고 있다. 반면에, 동부 지역에서는 '으>이' 또는 '으>오/우'로의 변화를 수용하면서도 '으[ɨ]'를 지키려는 동남방언의 영향으로 다양한 모음이 나타나고 있어, 동서 차이가 분명하다.

이렇듯 다양한 변이음으로 나타나는 '으'의 변화를 관찰하기 위해 본 절에서는 인접 음운과의 결합적 관계를 중심으로 방언에서는 '으'가 어떤 변이형으로 나타나며, 지리적으로는 어떻게 분화·변화하는지 그 추이 과정을 확인해 보고자 한다.

그러나 동일한 어휘에서도 15세기 때부터 'ᄋ̆'와 '으'가 혼동하여 쓰인 경우도 있고, 2차적 변화를 경험한 후 'ᄋ̆>으'가 된 경우도 있기 때문에 본 장에서는 앞 장에 부가하여 이를 함께 논의하고자 한다.

1) 치찰음과의 결합적 변화

방언에서 치찰음인 'ㅅ,ㅈ,ㅊ' 뒤에서 '으>이'로 변하는 전설고모음화 현상이 남한 전 지역에서 상당히 생산적으로 나타나고 있다.

   (1) 구실, 다시마, 싫다(<슳다), 싱겁다(<슴겁다), 씻다(<쁫다), 심심하다
      (<슴슴하다), 마지막(<마즈막), 지레(<즈레), 지름길(<즈름길), 짐짓
      (<짐즛), 짓(<즛), 버짐(<버즘), 짐승(<즘승), 징검다리, 편집, 아직
      (<아즉), 넌지시(<넌즈시), 아지랑이, 오직(<오즉), 일찍(<일쯕), 거짓
      (<거즛), 움직이다(<음즈기다(움즈기다), 묵직하다(<묵즉ᄒ다), 부지
      런히(<브즈러니), 질러가다, 찢다(<쯪다), 짖다(<즞다), 질다(<즐다),

느직하다(<느즉하다), 어질다(<어즐다), 끔찍하다(<금즉하다), 찢다
(<뜯다), 진흙(<즌흙), 아침(<아춤>아츰), 칡(<츩), 마침(마춤>마츰),
거칠다(<거츨다), (눈을)치다(<츠다), 침(<츰), 며칠(<며츨), 기침(<기
츰), 원칙(<원측)

(2) 습관>십관, 가슴>가심, 구슬(珠)>구실, 쓸개>씰개, 스물>시물, 스
님>시님, 부스름>부시름, 보습>보십, 벼슬>베실, 쓸개>씰개, 쓰
다>씨다, 쓸다>씰다, 쓰러지다>씨러지다, 사슴>사심, 머슴>머심,
말씀>말씸, 쓰레기>씨레기, 쇠스랑>쇠시랑, 거스르다>거시르다, 스
치다>시치다, 지슴(김)>지심, 즉시>직시, 즐겁다>질겁다, 즐기다>
질기다, 즈음(즈슴), 늦은>늦인, 갖은>갖인, 증명>징멩, 슬그머니>
실그머니, 스물>시물, 슬며시>실며시, 쓸쓸하다>씰씰하다, 쓰다>씨
다, 망측하다>망칙하다, 움츠리다>움치리다

위 예들은 역사적으로 '으>이'로의 변화를 경험한 단어들로 '으'와
'이'가 통용되는 단어들이다. 그러나 위의 (1)은 전설고모음화가 표준어로
수용된 단어이고, (2)는 표준어로 수용되지 못한 단어들이다. 이러한 차이
를 최전승(2004 : 252)은 해당 음성 변화의 어휘 확산 가설로 설명하고 있
다. 일정한 부류의 단어들이 오랜 기간 지속되는 동일한 성격의 음성 변
화에 적용될 수 있는 구조 기술을 갖추고 있으나, 공시적인 어느 한 단계
를 기준으로 삼았을 때, 그 변화를 수용하는 완급의 속도가 일정하지 않
았다는 것이다.

그렇다면, 이들 변화 양상이 지리적으로는 어떤 분포를 보이며, 그 변
화 추이는 어떻게 달라지는지를 형태음소론적 층위를 고려하여 살펴보기
로 한다. 두 자료집에 조사된 어휘를 선택하면 다음 (3)과 같다.

(3) 벼슬, 보십(보습), 버즘(버짐), 브스름(부스럼), (쓰레기), 기슴(김)미다,
(거짓말)

(3)의 어휘들 중 '쓰레기'는 [정문연] 자료집에만, '거짓말'은 [오구라] 자료집에만 조사되었으나, 두 자료집 간 큰 차이가 없는 파생어와 합성어 환경이므로 여기서 간단히 언급하기로 한다. (3)의 지리적 분포와 변화 추이를 비교한 결과, '으'가 '의/이/어/우' 등의 변이형을 보이며 지리적 분포를 달리하여 나타나고 있다. 이들을 형태음소론적 층위 곧, 어휘 내부, 파생어 및 합성어 환경으로 각각 나누어 살펴본다.

① 어휘 내부 환경

어휘 내부 환경인 '벼슬, 보습, 버짐' 등을 중심으로 전체 조사지점 대비 출현 빈도수와 변화율을 분석하면 [표 8-1]과 같이 정리된다.

[표 8-1] '으'와 치찰음과의 결합적 변화의 지리적 분포와 변화 추이(어휘 내부 환경)

음운 환경	형태소 층위	표준어 (15C 표기)	문헌 자료	[오구라] 자료			[정문연] 자료			자료 간 변화 차이
				방언형	도별 출현지점수 /도별 총 조사지점수	전체출현 빈도수와 빈도율(%)	방언형	도별 출현지점수 /도별 총 조사지점수	전체출현 빈도수와 빈도율(%)	
ㅅ 아래	어휘 내부	[오구래] 벼슬 (官) (벼슬) [정문연] (닭의) 벼슬	벼슬 (官) 벼슬 벼술 벼슬 벼슬 벼살 벼슬 벼실	'으'형 벼슬 베슬 배슬	경기 × 강원 0/12 충북 0/8 충남 4/13 전북 0/8 전남 2/19 경북 0/1 경남 1/14 제주 0/2	7/77 (9)	'으'형 벼슬 베슬 배슬 비슬	경기 3/18 강원 1/15 (타 어형5) 충북 1/10 충남 5/15 전북 0/13 전남 5/22 경북 2/23 경남 3/19 제주 ×	20/135 (15)	+ 6
				'이'형 벼실 베실 배실 비실	경기 × 강원 12/12 충북 8/8 충남 9/13 (으/이 : 공존 2) 전북 8/8	70/77 (91)	'이'형 벼실 베실 배실 비실	경기 8/18 강원 9/15 충북 8/10 충남 10/15 전북 13/13 전남 17/22	102/135 (75)	- 16

					(으/이 : 공존 1) 전남 17/19 (으/이 : 공존 1) 경북 1/1 경남 13/14 (으/이 : 공존 1) 제주 2/2			경북 21/23 경남 16/19 제주 ×		
				'우'형	0		'우'형 베술	충북 1/10	1/135 (1)	+ 1
				기타 형	0		기타 형	경기 7/18 강원 5/15	12/135 (9)	+ 9
보습 (16C : 보십)	보십 보삽 보습			'으'형	아래 지역 제외 미조사됨		'으'형 보습 버습 버슨	경기 1/18 강원 1/15 충북 2/10 충남 1/15 전북 0/12 전남 3/22 경북 3/23 경남 10/19 제주 0/2	21/136 (15)	
				'이'형 보십	경기 × 강원 0/10 충북 0/1 충남 × 전북 4/4 전남 1/1 경북 × 경남 × 제주 0/2	5/18 (28)	'이'형 보십 버십	경기 15/18 (으/이 : 공존 1) 강원 0/15 충북 4/10 충남 13/15 전북 12/12 전남 16/22 경북 2/23 경남 4/19 제주 0/2	66/136 (49)	+ 21
				'어'형 버섭	강원 9/10 충북 1/1	10/18 (55)	'어'형 버섭 버선 보섭	경기 1/18 강원 13/15 충북 1/10 전남 2/22 제주 2/2	19/136 (14)	- 41
				'아'형 보삽	강원 1/10 제주 2/2	3/18 (17)	'아'형 보삽	강원 1/15	1/136 (1)	- 16

			'우'형	0		'우'형 보슴	충북 1/10	1/136 (1)	+ 1
			.			기타 형	경기 1/18 충북 2/10 충남 1/15 전남 1/22 경북 18/23 경남 5/19	28/136 (20)	
지 아 래	버짐 (16C : 버즘(癬))	버즘 버줌 버좀 버슴 버슴	'으'형 버즘 (버듬)	경기 × 강원 0/11 충북 6/8(3) 충남 (12/13) 전북 (5/9) 전남 1/10 경북 6/15 경남 4/12 제주 ×	34/78 (44)	'으'형 버즘 (버듬) 비점 비접 버섣 버섬	경기 (2/18) 강원 2/15 충북 5/10(4) 충남 (15/15) 전북 (7/13) 전남 0/22 경북 4/23 경남 4/19 제주 0/2	39/137 (29)	( )은 버듬 형태 임. - 15
			'이'형 버짐	강원 11/11 (으/이 : 공존 2) 충북 2/8 (으/이 : 공존 1) 충남 1/13 (으/이 : 공존 1) 전북 4/9 (으/이 : 공존 1) 전남 9/10 경북 9/15 (으/어 : 공존 1) 경남 8/12	44/78 (56)	'이'형 버짐 버찜 보짐 뵈짐 버심 버치	경기 16/18 (으/이 : 공존 1) 강원 10/15 충북 4/10 충남 0/15 전북 6/13 전남 20/22 경북 19/23 경남 15/19 제주 1/2	91/137 (66)	+ 10
			'어'형	0		'어'형 버점 비점	강원 1/15 전남 2/22	3/137 (2)	+ 2
			'우'형	0		'우'형 버줌 (버둠)	강원 1/15 충북 (1/10) 제주 1/2 (이/우 : 공존 1)	3/137 (2)	+ 2
			기타 형	0		기타 형	강원 1/15	1/137 (1)	+ 1

'으>이'변화의 평균 출현 빈도율 및 변화율(58→63%(+5))

'으'가 치찰음과의 결합에서는 남한 대부분 지역에서 '으>이'로의 변화가 생산적으로 나타나고 있다. 다만, <충남>이 '으>이'로의 변화에 적극적이지 않다. 이 지역에서는 '으'형에 대한 강한 인식이 '버짐'형을 '버듬'형으로까지 과도 교정해 버릴 정도이다. 이 지역은 [오구라] 자료에 '이'형으로 나타났다가 [정문연] 자료에 와서 '으'형(■형)으로 나타나기도 한다. 반면에, <전북><전남>은 '이'형(●형)이 가장 강한 지역이다.

<경북>지역은 다른 지역들에 비해 주변의 어형을 흡수하여 다양한 어형들이 공존하고 있는 전이 지역의 성격이 강하게 나타나고 있다. 반면에, <전라도>지역은 [오구라] 자료에 다양한 어형들이 공존하여 나타났지만, [정문연] 자료에 와서는 그들만의 강한 지역색을 가지며 단일어형으로 통일되어 가는 경향을 보였다. 단일어형인 '버짐'이나 '벼슬'의 경우에는 '으'형이 큰 세력을 형성하는 <충청>지역을 제외한 전 도 단위에서 '이'형이 우세하게 분포되어 있다. 그러나 파생어형인 '브스름'이나, 합성어형인 '기슴미다'의 경우에는 <충청>을 비롯하여 <전남>에까지 '으'형의 흔적이 남아 있다. 이는 어휘 내부에서보다 형태소 경계환경에서 '으'형에 대한 잔존 의식이 강함을 보여주는 예라 하겠다.

어휘 내부 환경인 표준어형 '벼슬, 보습, 버짐' 등은 그 지리적 분포가 거의 비슷하므로, 여기서는 대표성을 띠는 '버짐'을 중심으로 그 지리적 분포와 변화 추이를 지도를 통해 보다 구체적으로 분석해 본다.

'버짐(癬)'은 16세기 '버즘'에서 전설고모음화를 거쳐 나타난 형태를 표준어형으로 삼은 경우이다. 방언 자료에서는 '으/이/우'형 등이 다양하게 나타나고 있다. [지도 29-1, 29-2]에서 보듯이, [오구라] 자료에서는 <경기>지역 전체가 조사되지 못해 정확한 분포를 파악하기 어렵긴 하지만, [정문연] 자료를 통해 유추해 보면, <충남>을 중심으로 하여 <충남>에 인접한 <충북>의 서·남부 지역과 <전북>의 북부 지역에는 '버듬'형이 우세하다. <충남>이 '버듬'형의 핵방언 지역이라 할 만하다. 이 '버듬'형은 원래 어형이 '버즘'인데, 이를 '버듬'에서 유래한 말로 잘못 인식하여 과도 교정한 결과 나타난 어형으로, 구개음화의 부정회귀로 보는 것이 일반적인 해석이다. <경북>과 <경남>의 동해안을 중심으로 한 일부 지역에 '으'와 '어'형의 중화형인 '의[ɰ]'소리로 한 무리를 형성하며 나타나고 있다.

반면에, <경기>와 <강원>의 대부분 지역을 포함하여 <전북>의 남부 지역, <전남><경북><경남>의 대부분 지역에는 '이'형이 우세하다. '우'형은 뒤에 오는 'ㅁ'의 영향으로 '으>우' 변화를 경험한 것으로 볼 수 있는데, 산발적으로 나타나고 있을 뿐이다. '이'형(●형)과 '으'형(■형)을 중심으로 두 자료 간 차이를 비교하면, 가장 두드러진 변화가 <충북>지역에서 일어나고 있다. 즉, [오구라] 자료에서는 <충북>의 대부분 지역에 '으'형이 분포해 있다. 서남부 지역인 진천, 청원, 보은, 영동 등에서는 <충남>의 영향으로 '버듬'형이, 동북부 지역인 중원, 단양, 괴산 등에서는 '버즘'형이 분포되어 있었으나, [정문연] 자료에 와서는 <충북>의 동북부 지역이 '버즘>버짐'형으로 개신되었다. 이 지역은 <경기><강원><경북>의 접경 지역으로 '버짐'형이 우세한 주변 지역의 영향으로 개신이 이루어진 것이다. <충북>지역을 제외한 다른 도에서는 두 자료 간 큰 변화가 없다. 이처럼 '으'형이 보이는 <충남>을 중심으로 <충북>의 남부 지역과 <전북>의 북부 지역을 제외하고는 '이'형이 전국적인 분포를 이루며 조금씩 개신이 진행되고 있다.

그 밖에 '벼슬'과 '보습'의 경우에도 '으>이'형이 보편적인 현상이다. '벼슬'의 경우54)는 '이'형의 출현 빈도율(91 → 75%)이 '으'형의 출현 빈도

---

54) 두 자료집에 공통으로 조사된 바가 없다. [오구라] 자료에는 '벼슬(官)'이, [정문연] 자료에는 '(닭의)벼슬'이 각각 조사되었다. 이 두 어휘는 동일한 의미의 단어는 아니지만,

율(9 → 15%)보다 월등히 높다. [오구라] 자료에 조사되지 않은 <경기>와
<경북>지역을 제외한 남한 대부분 지역에서 [오구라] 자료에 '이'형이
나타났고, 이 어형은 [정문연] 자료에도 그대로 유지되는 모습을 보이고
있다. 다만, '으'형이 다른 지역에 비해 비교적 빈번하게 나타나는 지역은
<충남>과 <전남>지역이다. 오늘날 표준어형인 '벼슬'의 영향으로 '이'
형이 '으'형으로 변화한 곳이 있지만, <강원>고성, <충북>중원, <충남>
연기, <전남>신안, 영암, 강진, 장흥 등 몇 곳 안 된다.

농기구로, 쟁기의 술바닥에 맞추어 땅을 갈아 흙덩이를 일으키는 데에
쓰는 삽인 '보습'의 경우, 문헌에 보이는 최초 형태는 16세기의 '보십'이
다. [오구라] 자료에는 대부분 조사되지 않았기에, [정문연] 자료를 중심
으로 살펴보면, 둘째 음절의 변이형에 따라 '으/이'를 비롯하여 '어/아/우'
등 다양하게 나타나고 있다. 그 중 '이'형이 남한의 대부분 지역에서 세력
을 형성하고 있다. 즉, '이'형(출현 빈도율, 28 → 49%)이 '어'형(출현 빈도율,
55 → 14%)과 '으'형(출현 빈도율, 15%)에 비해 [정문연] 자료집으로 올수록
증가하는 추세를 보이고 있다. '이'형은 <경기>의 가평, 평택을 제외한
전 지역과 <충북>의 진천, 제원, 단양, 괴산과 <충남>의 보령을 제외한
전 지역, <전북>전 지역, <전남> 대부분 지역, <경북>고령, 청도55)
<경남>함양, 진양, 사천, 남해 등이 해당한다.

북한 지역에서는 [오구라] 자료에 '보십'형이 <황해>에 나타나고 있다.
일반적으로 다른 어휘에서는 북한 지역에서 '이'형이 잘 관찰되지 않았다.
'보삽'형이 <함북><함남><평북>지역에서 주로 관찰되고 있다.

'ᄉ' 아래에서의 '으'의 변화 양상을 살피는 데 어느 정도 도움이 될 수 있을 것이다.
55) 특히 <경북>의 경우는 '보습'형 어휘를 거의 사용하지 않고 '소부, 끝날, 헉쩡이날, 홀
   칭이, 알쇄, 쟁기날, 홀쩡쇄' 등 다양한 어휘가 나타나고 있다.

② 파생어 및 합성어 환경

형태소 경계 환경인 파생어 '부스름'과 합성어 '기슴민다'를 중심으로, 전체 조사지점 대비 출현 빈도수와 변화율을 분석하면 [표 8-2]와 같다.

[표 8-2] '으'와 치찰음과의 결합적 변화의 지리적 분포와 변화 추이(형태소 경계 환경)

음운 환경	형태소 층위	표준어 (15C 표기)	문헌 자료	[오구라] 자료			[정문연] 자료			자료 간 변화 차이
				방언형	도별 출현지점수 /도별 총 조사지점수	전체출현 빈도수와 빈도율(%)	방언형	도별 출현지점수 /도별 총 조사지점수	전체출현 빈도수와 빈도율(%)	
△ 아 래	파 생 어	부스름 (브스름)	브스름 브스름 브스름 브으름 브으룸 브으름 부으름 부스름	'으'형 부스름 부슬먹 (부럼)	충남 1/6 전북 1/9 전남 4/18	6/57 (11)	'으'형 부스름 부스럼지 부스룸 부슬막 부슬목 부슬묵 비슴	경기 5/18 강원 0/15 충북 3/10 충남 5/15 전북 0/13 전남 1/22 경북 1/23 경남 3/19 제주 1/2	19/137 (14)	+ 3
				'이'형 부시럼 부시름 부실먹	경기 × 강원 3/3 충북 5/5 충남 5/6 전북 8/9 (이/으 : 공존 1) 전남 14/18 (이/으 : 공존 7) 경북 12/12 경남 2/2 제주 2/2	51/57 (89)	'이'형 부시럼 부시름 부시룸 부시림 부시레미 부시르미 부실막 부실먹 부실목 부실묵	경기 12/18 강원 14/15 충북 6/10 충남 10/15 전북 8/13 전남 17/22 (이/으 : 공존 1) 경북 18/23 (이/으 : 공존 1) 경남 16/19	101/137 (74)	− 15
				'우'형	0		'우'형 부수럼 부수룸 부수룸 부수목 부술목 부슬묵	경기 1/18 충북 1/10 전북 4/13 전남 4/22 제주 1/2	11/137 (8)	+ 8

							부승물			
				기타 형			기타 형	강원 1/15 전남 1/22 경북 4/23	6/137 (4)	+ 4
씨아래		쓰레기	쓸어기 쓰러기 쓰레기	미조사됨.			'이'형 씨레기 씨래기 씨리기 시레기 씰게비 씨레모이 찌시리기 실개미 씨렉	경기 13/18 강원 12/15 충북 7/10 충남 2/15 전북 10/13 전남 10/22 경북 16/23 경남 12/19 제주 1/2	83/137 (61)	
△아래	합성어	김매다 (기슴 미다)	기슴미다 기음미다 김매다 김미다	'으'형 기슴매다 지슴매다 (*김매다/ 지음매다/ 짐매다)	경기 (3/3) 강원 (9/10) 충북 (4/8) 충남 9/12 전북 1/10 전남 3/18 경북 1/12 경남 3/14 제주 0/2	33/89 (37)	'으'형 기슴매다 지슴매다	경기 (18/18) 강원 (12/15) 충북 2/10 충남 7/15(*3) 전북 (1/13) 전남 4/22 경북 2/23(1) 경남 3/19 제주 0/2	49/137 (36)	- 1
				'이'형 기심매다 지심매다 검질맨다	강원 1/10 (이/으 : 공존 1) 충남 2/12 전북 9/10 전남 15/18 (이/으 : 공존 1) 경북 10/12 경남 11/14 제주 2/2	50/89 (56)	'이'형 기심매다 지심매다	강원 3/15 충북 8/10 (이/으 : 공존 5) 충남 8/15 (이/으 : 공존 4) 전북 12/13 전남 18/22 경북 19/23 경남 11/19 제주 2/2	81/137 (59)	+ 3
				'우'형	0		'우'형 기움맨다	경남(1/19)	1/137 (1)	+ 1
				기타 형	충북 4/8 충남 1/12 경북 1/12	6/89 (7)	기타 형	경북 2/23 경남 4/19	6/137 (4)	- 3
'으>이'변화의 평균 출현 빈도율 및 변화율(73→67%(-6))										

피부에 나는 종기를 통틀어 이르는 말인 '부스럼'의 경우, 가장 오래된 문헌 형태는 15세기 문헌 자료에 보이는 '브스름'이다. 방언 자료에는 둘째 음절의 변이형이 '으/이/우/어' 등으로 다양하게 나타나고 있다. [지도 30-1, 30-2]에서 보듯이, 'ㅅ' 아래에서 '이'형이 전국적으로 세력을 형성하며 광범위하게 분포(89 → 74%)되어 있다. 특히, [오구라] 자료에는 앞서 논의한 '버짐'을 통해 '으'형의 핵방언 지역이라 할 만한 <충남>지역의 일부가 조사되지 않아 정확한 파악이 어렵긴 하지만, 전체 57개 조사 지점 중 51개 지점에서 '이'형이 나타났다. [정문연] 자료에 와서도 일부 지역에 '으'형이 나타날 뿐(11 → 14%) 전국적으로 '이'형이 우세하다.

세부적으로 살펴보면, [오구라] 자료에서는 <충북>과 <충남>의 조사된 지역 모두 '부시럼'형만 나타났으나, [정문연] 자료에 와서는 이들이 일부 지역에서 '으'형으로 바뀌었다. <충북>단양, 청원, 옥천(부슬묵), <충남>서산, 천원, 홍성, 서천(부슬막), 금산(부스목) 등지가 이에 해당한다. 이는 <충남>지역은 예전부터 '으'형에 대한 인식을 강하게 갖고 있었기 때문으로 해석된다. 이로써 파생어 형태인 '부스럼' 또는 '부슬목'형은 '으'형이 '이'형보다 보수형임을 보여주는 근거가 되고 있다. 반면에, <전북>과 <전남>지역은 대부분 지역에서 '이'형이 강한 세력을 형성하고 있다. [오구라] 자료에 '으'형이 나타나던 지역인 <전북>의 완주(부스럼/부슬먹/부럼)와 <전남>의 신안(부시럼/부스럼), 나주(부시럼/부스럼/부럼), 영암(부스럼), 강진(부스럼) 등이 [정문연] 자료에 와서는 <전남>의 신안(부시럼/부스럼>부시럼/부스룸) 한 곳을 제외하고, 대부분 '이'형(나주, 부시럼/부스럼/부럼>부시럼)이나, '우'형으로 변화를 경험하였다. 그러나 여전히 보수형인 '으'형이 잔존하면서 '이'형과 공존하고 있다.

<전라도>지역은 '으'형보다 '이'형이나 '우'형이 우세한 지역이다. <경상도>지역에도 모든 지역이 '이'형으로 통일되어 나타나고 있다. 단,

[오구라] 자료에 보이지 않던 '으'형이 [정문연] 자료에 와서 나타난 곳이 <경북>의 예천(부시럼>부스럼/부시럼) 한 곳이다. 이곳을 제외하고는 <경북>과 <경남>은 모두 '이'형만 나타나고 있다. <제주>지역 역시 '이'형이 우세하였지만, [정문연] 자료에 와서 '우'형(남제주 : 부시럼>부수럼)과 '으'형(북제주 : 부시럼>부스럼지)으로 나타나고 있다.

이 단어 역시 <경북>지역에는 다양한 어형이 혼재하여 나타나고 있다. [오구라] 자료에 '부시럼'과 '헌듸'형만 나타나던 것이 [정문연] 자료에 와서는 '부시럼/부스럼, 헐미/헌디/헌딩이, 종짐/종지미/종기' 등 세 가지 유형의 어형들이 혼재하여 나타나고 있다. 이러한 현상은 <경북>이 다른 지역에 비해 언어적 다양성을 지닌 지역이라 하겠다. 위로는 <강원>(헌듸), 좌로는 <충북>(부스럼), 아래로는 <경남>(부시럼)에 각각 접하면서 이들 지역의 언어를 흡수하여 다채로운 어휘생활을 하였다는 것이다. '부스럼'뿐만 아니라 다른 어휘들에서도 <경북>지역은 다른 지역들에 비해 주변의 어형을 흡수하여 다양한 어형들이 공존하고 있는 전이 지역의 성격이 강하게 나타나고 있다.

<강원> 역시 [오구라] 자료에 많은 지역이 조사되지 못했지만, '부시럼, 헌듸' 등 두 가지만 나타나던 것이 [정문연] 자료에 오면서 '부시럼/부시르미/부시레미, 흔디/흔데, 종기, 뻬둘가지/쀠둘가지/뽀들가지' 등의 다양한 형태가 공존하고 있다. 물론 '부스럼' 계열의 어휘만 살펴본다면, <경북>과 <강원>은 모두 다양한 어형을 가지고 있다. 그러나 다른 어휘들과 관련시켜 살펴보면, <강원>보다 <경북>이 보다 다양한 형태를 많이 가지고 있다. 이는 <경북>이 주변 지역의 영향을 그만큼 많이 받는다는 말이다. 그런데 비해 <전라도>지역은 [오구라] 자료에 다양한 어형들이 공존하여 나타났지만, [정문연] 자료에 와서는 오히려 각 지역마다 단일어형으로 통일되어 가는 경향을 보였다. 통일되더라도 이 지역은 다른

지역의 영향으로 통일되기보다 그들만의 지역색을 강하게 가지는 방향으로 개신이 진행되는 경향이 크다. [오구라] 자료에 '부시럼, 부실먹, 부스럼, 부럼, 공건' 형태들이 [정문연] 자료에 오면 '부시럼' 또는 '부수룸'으로 어형이 이 지역의 특성으로 통일되는 경향이 짙다. 지역색이 가장 강한 보수적인 지역이 <전남>이다.

'기슴미다(지슴>지심매다)'의 경우, 문헌 자료에 보이는 최초 형태는 16세기의 '기슴미다'이다. 방언 자료에는 'ㅅ' 아래에서 둘째 음절이 '으/이/어/우' 등으로 나타나고 있다. 어중에 'ㅅ'이 나타나는 지역을 중심으로 살펴볼 때, 특이한 점은 [지도 31-1, 31-21]에서 보듯이, <강원>의 원성, 정선, 삼척과 <충북>의 대부분 지역에서 [오구라] 자료에서의 '짐매다'형이 [정문연] 자료에 오면서 오히려 보수형인 '지심매다'로 바뀌었다는 점이다. 또한 <충남>의 당진, 청양, 연기, 부여, 논산, 대덕, 금산과 <전북>의 임실, <전남>의 구례, 해남 등지에서도 '지슴매다'형이 '지심매다'로 바뀌었고, [오구라] 자료의 '지심매다'는 [정문연] 자료에서도 여전히 유지되고 있다. 즉 '지심매다'형이 [오구라] 자료에는 <전북>과 <전남>을 중심으로 하면서 <경북>과 <경남> 대부분의 지역에서 나타나고 있다.

한편 북한 지역에서는 'ㅅ'유지형이 주로 <함남>과 <함북>에 나타나는데, 거의 대부분 '지슴-'형이 나타나고 있다. '지심-'형은 <함남>의 북청, 풍산, 갑산, 혜산과 <평북>의 후창(김/기심) 등 서북 지역을 중심으로 나타나고 있다.

따라서 'ㅅ' 아래 '으'는 대부분 지역에서 '이'로 바뀌어 나타나므로, '으>이'는 상당히 생산적인 규칙이다. 또한 합성어 환경인 '지심-/기심-'에서의 'ㅅ' 아래의 '으'가 '이'로 바뀌는 현상은 '김매다'형만 나타나는 <경기>를 제외한, <강원><충북><충남><전북><전남><경북><경

남>지역에 두루 나타나는 보편적인 현상이다. 여기서 주목할 점은 단일
어형인 '버짐'이나 '벼슬'의 경우에는 '으'형이 큰 세력을 형성하는 <충
청>지역을 제외한 전 도 단위에서 '이'형이 우세하게 분포되어 있다는 사
실이다. 그러나 파생어형인 '부스럼'이나, 합성어형인 '기슴매다'의 경우
에는 <충청>지역뿐만 아니라, <전남>에까지 '으'형의 흔적이 남아 있
다. 이는 어휘 내부에서보다 형태소 경계 환경에서 보수형의 잔존 의식이
강함을 보여주는 예라 하겠다.

'쓰레기'의 경우에도 방언 자료에 '쓰' 아래 '으/이/어' 등이 나타나고
있다. [정문연] 자료에만 조사되었는데, '으'형이 <충남>을 중심으로
<경기><강원><충북><전북><전남>의 일부 지역에 분포되어 있을 뿐
남한 대부분의 지역은 '이'형이 광범위하게 분포되어 있다.56) '이'형보다
'으'형의 세력이 강한 지역은 <충남> 한 곳뿐이다. 이 <충남>지역은 전
북에 인접한 논산과 금산을 제외한 전 지역에서 '으'형만 나타나고 있다.
'쓰레기'뿐만 아니라, '으/이' 변이형이 나타나는 단어들 대부분 <충남>
지역은 '으'형이 강세를 보이므로 이 지역이 '으'형의 핵방언 지역이라 하
겠다.

'거짓말(虛言)'의 경우 문헌 자료에는 19세기에 일어난 '즛>짓'의 변화
에 따라 '거즛말>거짓말'이 되었다. 방언 자료에는 'ㅈ' 아래 '으/이/어'형
이 나타나고 있다. [오구라] 자료에 북한 지역을 중심으로 조사되었다.
'으'형인 '거즌부리'가 <함남>의 북청, <함북>의 나남, 청진, 부거, 무
산, 경홍에, '거즌부렁'이 <경기>의 연천 등지에 보이고 있다. 그 밖의

---

56) 즉, '으'형이 <경기>강화, 김포, 옹진, 용인, 평택, <강원>철원, 화천, 양구, <충북>진
천, 음성, 청원, <충남>논산과 금산을 제외한 전 지역, <전북>진안, 김제, 부안, <전
남>장성, 함평, 광산, 무안, 영암, 해남, 강진, 장흥, 완도, <제주>남제주 등에 나타나고
있지만, '이'형의 분포가 훨씬 넓다. <전남>지역은 거의 비슷하나 '이'형이 다소 넓게
분포하고 있다.

지역에서는 모두 '이'형인 '거진부리, 거진부레, 꺼진부레기, 거진부레기, 거진부떼기, 거집소리' 등으로 나타나고 있다. <함남><함북><평북>을 비롯하여 <황해>에까지 나타나고 있다. 특히 <황해>에는 '거진부리/거짇부리' 두 유형이 공존하고 있다.

③ 치찰음과 결합에서의 방언 구획

이상 살펴본 어휘에서 치찰음과의 결합에서 나타나는 '으>이'로의 변화를 형태음소론적 층위에 따라 방언 구획하여, 카토그램으로 나타내면 다음과 같다. 단, 남한 전체 지역에서 '이'형이 나타나고 있으나, 일부 '으'형이 주로 나타나는 경우를 반영하여 작성하였다.

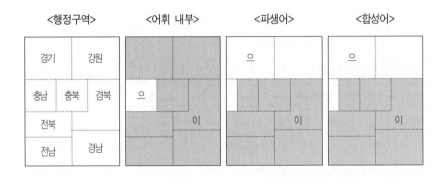

이상 치찰음인 'ㅅ,ㅈ,ㅊ' 아래에서의 '으' 변화양상을 요약하면 다음과 같다.

첫째, 치찰음(ㅅ,ㅈ,ㅊ) 아래의 '으'는 방언에 '으/이/어/우' 등으로 다양하게 나타나고 있으나, 그 중에서도 '으>이'로의 변화[평균 출현빈도율 ['으'(25 → 24%), '이'(62→65%)]가 남한 전 지역에서 뚜렷하게 나타나고 있다. 북한 지역에서는 <황해>지역이 가장 두드러진다고 하겠다. 이처럼

<황해>지역에서 중부 지역에 이르기까지 '으>이'로의 변화 현상이 두드러지게 나타나고 있으나, 표준어법으로는 단어에 따라 달리 인정하고 있다.

둘째, 남한에서 표준어로 정착된 많은 '이'형의 단어들이 북한의 서북방언, 동북방언, 육진방언 등에서는 여전히 규칙성을 가지면서 보수형인 '으'형으로 남아 있다.[57] 특히 파생어나 합성어 환경인 '가즈(지)런하다, 나즉(직)하다, 나즈(지)막하다, 먹음즉(직)하다, 됨즉(직)하다, 츨츨(칠칠)하다, 츠렁츠렁(치렁치렁)' 등에서 보듯이, 이들 지역에서는 '이'가 아닌 '으'형으로 나타나고 있음을 황대화(1998 : 29)에서 보고하고 있다. 남한에서는 <충남>지역에 '으'형의 잔존의식이 가장 강하다. 이는 역사적으로 선행 시기에 지역에 따라 '으>이' 변화 과정이 활발하게 적용되어 나타나기도 하고 그렇지 않기도 한 증거이다.

셋째, 조사지점이 많지 않은 '보습'을 제외한 어휘 내부 환경인 '벼슬, 버짐'에서의 '으>이'의 평균 출현빈도율(74→71%)이 형태소 경계 환경인 '브스름'과 '기슴미다'의 평균 출현빈도율(73→67%)보다 다소 높게 나타나듯이, 두 자료 간 출현 빈도율의 차이가 형태음소론적 층위에 따라 달리 나타나고 있는 것이다. 즉 '으>이' 변화가 대체로 어휘 내부 환경에서 보다 민감하게 작용하고 있다. 또한, <충남>을 제외한 그 밖의 지역에서는 형태소 경계 환경에서 '으'형의 분포가 어휘 내부 환경에서보다 다소 넓게 나타나고 있다. 예컨대, <전남>지역에서 '으'형의 잔재가 어휘 내부

---

57) 황대화(1998 : 24-28)에서는 서북방언, 동북방언, 육진방언에서는 전설고모음화 현상이 일어나지 않고 있다고 보고하고 있다. 즉, 북한의 문화어에서는 '시, 지, 치'로 발음하지만, 이들 방언에서는 '스, 즈, 츠'로 발음하는 경향이 있다고 한다. 특히, 동북과 육진방언에서는 응당 '시, 지'로 발음해야 하는 것까지도 '스, 즈'로 발음한다고 한다.(시즙(시집), 어즐다(어질다), 승구다(심다) 등) 서북방언에서는 '으'와 '이'를 잘 구별하지만, 수적으로 'ㅅ, ㅈ, ㅊ' 아래에서 '으'형이 가장 우세한 지역으로 보고하고 있다.

환경에서는 전혀 보이지 않으나, 형태소 경계 환경에서는 나타나고 있는 것이다.

넷째, 이른 시기에 전설고모음화를 광범위하게 남한의 전 지역에서 경험하였으나, <충남>을 중심으로 '으'형이 강세이다. 대부분 지역에서 '이'로 통일되면서, 표준어로 수용되기도 하였지만, 그렇지 못한 형태소 경계 환경에 있는 많은 단어들은 보수형 '으'를 가진 형태로 수용되고 있는 것이다. 또한 어휘의 사용 빈도수에 따라 개신의 진행률도 달리 나타나고 있음이 일부 확인되고 있다.[58] 그러나 개신의 방향과 달리, 표준어 수용에 있어 일관성이 결여됨으로써, 표기상 혼란을 가져오게 된 경우도 많다.

2) 순음과의 결합적 변화

순음 'ㅁ,ㅂ,ㅃ,ㅍ' 아래 또는 앞에서 '으'가 '우/오'로 변화하는 원순모음화 현상이 방언에서 상당히 생산적으로 나타나고 있다. 이러한 현상은 새로운 모음체계 출현과 관련하여 국어 음운사 연구에서 상당한 관심의 대상이 되어 왔다.[59] 지금까지의 연구 결과로는 원순모음화 현상은 대체로 근대국어 초기 문헌 자료에 일부 반영되기 시작하여 17세기 말엽에는 거의 일차적 완성 단계를 나타내는 것으로 보고 있다.[60] 그러나 최전승 (2004)에서는 Ogura & Wang(1994)이 언급한 '어휘 확산 이론'[61]을 토대로

---

58) 도시화, 산업화로 인해 일상생활에서 빈번하게 사용되는 기초어휘보다 농사와 관련된 어휘들이 일반적으로 보수형을 유지하는 경우가 많다.

59) 원순모음화와 관련된 연구로는 김완진(1963), 이기문(1972), 이승재(1977, 2004), 백두현 (1988), 한영균(1997), 송민(1998), 최전승(2004) 등이 있다.

60) 전광현(1967), 곽충구(1980)에서 이와 같은 관점에서 논의하고, 한영균(1997), 송민(1998) 은 그 이유를 근대국어에 오면서 국어 모음체계가 평순모음 '으'와 원순모음 '우'가 원순성 유무를 변별자질로 하여 대립 관계를 형성하기 시작하면서 점진적으로 확립되었음으로 해석하고 있다.

중세국어의 원순모음화 현상과 근대국어의 그것들을 동일한 성격으로 규정짓고, 원순모음화의 출발 시기를 전기 중세국어에서부터 보고 있다. 이 시기에서부터 점진적으로 어휘 하나씩 파급되어 중세국어 단계를 거쳐 근대국어 중엽에 이르러 전 어휘부로 확산되고 그 적용 환경이 일반화된, 그 자체 장기간의 내적 시간의 차원을 보유한 과정으로 설명하고 있는 것이다.

문헌 자료에 (1)처럼 '으'가 '우'로 바뀌어 표준어로 굳어진 경우와 (2)처럼 그대로 유지되는 경우가 있다.

(1) 묽다(<믉다), 부지런히(<브즈런이), 부리다(使)(<브리다), (머리를) 풀다(<플다), 수풀(<수플), 드문드문(<드믄드믄), 드물다(<드믈다), 어슴푸레하다(<어슴프레하다)

(2) 그믐>그뭄/그몸, 나쁘다>나뿌다, 기쁘다>기뿌다, 예쁘다>이뿌다, 가쁘다>가뿌다, 아프다>아푸다, 깊으다>기푸다, 구슬프다>구슬푸다, 서글프다>서글푸다, 헤프다>헤푸다

이는 '으'가 전설고모음 '이'로 변하거나 그대로 유지되는 경우와 같다. 동일한 조건을 갖추고 있는 모든 해당 단어들이 상당히 생산적인 음운변동 현상인 전설고모음화나 원순모음화로 동시에 적용되는 것이 아니다. 오랜 시간을 두고 개별 어휘적 특수성[62]에 따라 단어에서 다른 단어로 점진적인 전파 과정을 거치면서 서서히 변화를 경험하는 것이다. 그 결과,

---

61) 이 이론에 따르면, 언어 변화는 단어에서 다른 단어로, 화자에서 다른 화자로, 지역에서 다른 지역으로 점진적으로 이루어진다는 것이다. 어휘확산이론은 Sapir(1921), Karlgren (1954), Martinet(1955)에서 이미 언급한 바 있고, Sommerfelt(1962)는 지리적 경계, 연령 집단, 어휘 범주 차원에서 변화의 확산 과정을 분명히 예증하였다(백두현, 1992a : 23).

62) 최전승(2004 : 144)에서도 언급했듯이, 단어의 어휘적 특성은 분절체상의 구성조건과 음절구조 및 초분절 음소, 어휘적·인지적 의미, 사용 빈도수, 다른 사회언어학적 요인들이다.

'우'로 원순모음화가 적용된 단어가 있는가 하면, 한편으로는 동일한 조건하일지라도 '으>우'로의 변화가 적용되지 않은 단어가 생기는 것이다.

방언에 따라서도 '으>우'로의 변화를 경험한 지역이 있는가 하면, '으>우'로의 변화를 전혀 경험하지 않는 지역도 있다. 그러나 대부분의 경우, 'ㅁ,ㅂ,ㅍ,ㅃ' 아래에서 '으'가 '우'로의 변화 과정을 경험하고 있어 원순모음화는 보편적인 현상이다. 다만, 서북방언, 동북방언, 육진방언 등 북한 지역에서는 '으>우'로 변화하지 않고 '으'가 유지되는 경우가 더러 있음을 황대화(1998)에서 보고하고 있다.[63]

순음 아래에서 '우'로 바뀌는 순행동화는 '으' 이외 모음에서도 자주 나타나고 있다. '나머지>나무지, 아버지>아부지, 잊어버리다>잊어뿌리다, 거퍼>거푸, 가볍다>가붑다, -면>-문, 걸핏하면>걸풋하면' 등에서 보인다. '가볍다'의 경우, [오구라] 자료에 '우'형이 <전북>김제, <충남>공주, 논산, 금산, <충북>보은, 단양(개붑다)에 나타나고 있다.

한편, 역행동화의 경우에는 다음의 예들이 있다.

(3) 눕다(<늅다), 어둡다(<어듭다), 누부(妹)(<느븨), 누뷔(蠶)(<느위)[64]

(4) 임금>님굼, 만큼>만쿰, 금방>곰방, 금시>곰시, 거름>거룸, 기름>기룸, 걸음>거룸, 고드름>고드룸, 비듬>비둠, 요즈음>요줌, 이름>일룸

(3)은 경우에 따라 표준어로 선택되었지만, (4)는 방언에만 나타나는 현상이다. '우'로의 역행동화는 <전북>과 <전남>을 중심으로 나타나기는 하지만, 순행동화의 경우보다 그 분포 범위가 넓지 않다. 역행동화의 경우

---

63) 황대화(1998 : 31)에서 '드믄드믄(드문드문)<서북><동북>, 드믈다(드물다)<서북>, 어슴프레하다(어슴푸레하다)<동북><육진>'으로 보고하고 있다.

64) 최전승(2004 : 145)에서 이들 예들이 20세기 초엽의 카잔 자료에 등장하므로, 육진방언 형들이 아직 원순모음화를 겪지 않았던 전기 중세국어의 모습을 반영하고 있을 가능성을 제기하고 있다.

에, 남한에서 '으>우'로의 변화에 가장 소극적인 지역은 <충남>이다. <전북><전남>은 '으'형과 '우'형이 비슷한 분포를 보이지만, '우'형의 세력이 다소 강하다. <강원>에는 '이'모음 역행동화된 '애'형이 주로 나타나고 있다. <경북><경남>은 '의[ɨ]'형으로 통일되었다.

그렇다면, 방언에는 어떤 양상으로 나타나는지 [오구라] 자료와 [정문연] 자료를 비교하면서 그 분포 양상과 변화 과정을 살펴보기로 한다. 두 자료집에 공통으로 나타나는 어휘들인 '깊(으)다', '고드름' 등을 대상으로 그 지리적 분포와 변화 추이를 비교한 결과 '으'가 '의/우/오/아/어' 등 다양한 형태의 변이형을 보이며 지리적 분포를 달리하여 나타나고 있다. '깊(으)다'의 경우는 앞에서 논의하였으므로, 여기서는 역행동화인 '고드름'을 중심으로 지리적 분포와 변화 추이를 살펴보기로 한다. 관련 내용을 정리하면 [표 9]와 같다.

[표 9] '으'와 순음과의 결합적 변화의 지리적 분포와 변화 추이(역행 환경)

음운 환경	형태소 층위	표준어 (15C 표기)	문헌 자료	[오구라] 자료			[정문연] 자료			자료 간 변화 차이
				방언형	도별 출현지점수 /도별 총 조사지점수	전체출현 빈도수와 빈도율(%)	방언형	도별 출현지점수 /도별 총 조사지점수	전체출현 빈도수와 빈도율(%)	
ㅁ 앞	파생어	고드름	고도롬 곳어름 고도름 고두룸 고두룸 고드름	'의[ɨ]'형 고드름 고두름 고더름	경기 0/3 강원 0/4 충북 0/5 충남 3/6 전북 2/9 (우/으 공존 1) 전남 7/12 경북 3/12 경남 4/14 제주 ×	19/65 (29)	고드름 고두름 고도름	경기 7/18 강원 0/15 충북 0/10 충남 12/15 전북 3/13 전남 11/22 경북 0/23 경남 0/19 제주 ×	33/135 (25)	− 4
				'의[ɨ]'형	경북 4/12 경남 9/14	13/65 (20)		경북 20/23 경남 17/19	37/135 (27)	+ 7

				'우/오'형 고드롬 고두룸 고도롬	경기 1/3 충북 1/5 충남 1/6 전북 7/9 전남 5/12 경북 2/12 경남 1/14	18/65 (28)	'우/오'형 고드롬 고두룸 고도롬 고더룸 고두롬 고도롬 고드롬	경기 7/18 충북 1/10 전북 10/13 전남 10/22 경북 1/23 경남 2/19	31/135 (23)	- 5
				'어'형 고드럼 고두럼	경기 2/3	2/65 (3)	'어'형 고드럼 고두럼 꼬드럼 고다럼 고더럼 고더러미 고지럼	경기 1/18 강원 3/15 충북 1/10 전남 1/22	6/135 (4)	+ 1
				'애'형 고드래미 고두래미 곤드래미 고드라미	강원 4/4 충북 4/5 충남 2/6 경북 3/12	13/65 (20)	'애'형고 드레미 고드래미 고두래미 고두레미 고두래 고두레 고드렘 고도래미 고디래미 고두라니	경기 3/18 강원 12/15 충북 8/10 충남 3/15 경북 1/23	27/135 (20)	0
				'이'형	0		'이'형 고더리미	경북 1/23	1/135 (1)	+ 1

'고드름'은 모음에 나타나는 지역적 특성을 강하게 보여주는 단어 중 하나라 하겠다. 문헌 자료에서 보이는 최초의 형태는 18세기의 '곳어름' 과 '고도롬'이다. 19세기에 '고두룸', '고도름'이 보이다가 20세기에 '고두 름'과 '고드름'이 보이고 있다. '곳어름'은 '곧게 언 얼음'이라는 뜻으로 파생어이다.

방언 자료에는 [지도 32-1, 32-2]에서 보듯이, 셋째 음절에서 '의/오/우/어/아' 등으로 다양하게 나타나고 있다. 흥미로운 현상은 <경기>지역에서 다양한 형태들이 모두 나타나고 있다는 것이다. 즉, [오구라] 자료에는 조사 지역이 많지 않아 정확히 알 수는 없지만, '우'형(●형)과 '의[ㅢ]'형(▲형)65)이 모두 나타났으며, [정문연] 자료에 와서는 'ㅁ' 앞에서 '의/우/오/어/아/에' 등의 형태가 모두 나타나고 있어, 남한에서 가장 다양한 형태가 공존하고 있다. '애/에'형(◆형)은 주로 <강원>과 <충북>, 그리고 <충북>에 인접한 <충남>의 동부 지역에 주로 분포되어 있음은 두 자료의 공통점이다. 다만, [오구라] 자료에 <경북>지역의 영풍, 예천, 안동 등지에 <충북>의 영향으로 '애'형이 분포되어 있었으나, [정문연]에 오면서 봉화를 제외한 전 지역이 '의[ㅢ]'형(▲형)으로 통일되었다. [오구라] 자료에서는 <전북>의 '우'세력의 영향을 받아 <충북>의 영동과 <충남>의 금산은 '우'형으로 나타났으나, [정문연] 자료에 와서는 오히려 '의'로 대부분 나타나는 <충남>지역의 영향을 받아 '의'형으로 통일되어 갔다.

<전북>은 '의'형이 정읍, 순창, 남원 등지에 나타났으나, [정문연] 자료에 와서는 '오/우'형으로 변하였다. 따라서 이 지역은 '우/오'형의 세력이 보다 강하다. 그러나 서부 지역은 여전히 '의'형이 나타나고 있다. <전남>은 광산, 담양, 승주, 여천에 나타나던 '의'형이 '우'로 바뀌고, '우'형이던 곡성은 오히려 '의'형으로 변하였다. <전남>은 '의'와 '오/우'형이 비슷한 분포를 보이고 있다. <충남>이 '의'형의 진원지라 하겠다. '의'형(■형)이 중심을 이루는 <충남>의 영향을 받은 <전북>은 해안을 따라 서부 지역에 '의'형이 분포되어 있고, <전남>은 '의'형이 산발적으로 분포되어 있다.

---

65) [오구라] 자료집에는 '의'를 [ə]와 [ㅢ]를 구별하지 않았지만, <경남>지역에 나타나므로, [정문연] 자료와 관련지어, 여기서는 [ㅢ]로 표기하였다.

<경북>은 '애/우/으' 등 다양한 형태가 [오구라] 자료에 나타났으나, [정문연] 자료에 와서는 대부분이 중화된 '으[ɰ]'로 통일되어 나타나고 있고, <경남> 역시 '으/우' 등의 형태가 함양, 진양을 제외한 전 지역이 중화된 '으[ɰ]'형으로 통일되어 갔다.

북한 지역에는 <황해>연안에 '으'형이, <함남>대부분 지역에서는 '고두(주)레미'와 '고조러미' 등 'ㅁ' 앞에서 '어'가 주로 나타난다.

이상 'ㅁ' 앞에서 '으'가 원순모음화 하는 경향은 <전북>과 <전남>을 중심으로 나타나기는 하지만, 순음 뒤에서 '으'가 '우'로 되는 현상보다 그 분포 범위가 넓지 않다. 이처럼 '고드름'은 지역적 특성을 고스라니 유지하고 있어, 모음에 나타나는 지역적 특성을 강하게 보여주는 단어 중 하나라 하겠다. [오구라] 자료에서 대략 조사되므로 그 분포 양상이 다소 엉성하였으나, [정문연] 자료에 그 특성이 보다 분명해졌다고 할 수 있다.

'고드름' 이외에도 'ㅁ' 앞에서 '으'의 변이 양상을 살필 수 있는 단어로 '비름(莧)>비눔'66), '비듬', '요즈음', '이름' 등이 있다. [정문연] 자료에 보이는 '비듬'의 경우에는 <강원>의 인제와 <제주>의 북제주에 '비둠'형이 나타나고 그 밖의 지역에서는 '비눌'의 형태로 바뀌어 나타나면서 '우'형을 보이고 있다.67) 이는 앞 음절의 영향으로 '으'가 '우'로 바뀐

---

66) '비름'은 'ㅁ' 앞에서 '으'가 '우'로 변한 경우를 [오구라] 자료집에서는 찾을 수 없다. '비름, 비럼, 비리미, 비짐, 비님, 비듬, 비드미, 비듭' 등 '으/어/이'의 형태만 나타나고 있다. 황대화(1998)에서는 <제주>에 '비눔'의 형태가 보인다고 했으나, [오구라] 자료에는 '비님'의 형태로 나타나고 있다. 이는 오히려 뒤에 오는 'ㅁ'보다 앞에 오는 'ㄴ'이나 모음 '이'의 영향이 더 큰 듯하다.

67) <경기>이천(비눌). <강원>화천(비눌), 양구(비눌>비듬), 인제(비둠), 고성(비눌), 횡성(비눌), 평창(비눌), 명주(비눌), 원성(비눌), 영월(비눌), <충북>음성(비눌), 중원(비눌), 단양(비눌), 괴산(비눌), 영동(비눌), <충남>서산(비눌), 당진(비눌), 아산(비눌), 천원(비눌), 예산(비눌), 홍성(비눌), 청양(비눌), 공주(비눌), 연기(비눌), 보령(비눌), 논산(비눌), <전북>옥구(비눌), 익산(비눌), 완주(비누룩), <경북>청도(비눌), <제주>북제주(비둠/비돔) 등에 '으>우'의 변화를 보이고 있다.

것으로 보는 것이 옳다. '요즈음'의 경우는 '요줌/요즈움/요주움'처럼 '으>우'형을 보이는 지역적 분포가 그리 넓지 않다. <경남>을 중심으로 일부 지역에 보이고 있을 뿐이다. 즉, <전남>함평(요줌), 광양(요즈움), <경북>의성(요주움), 영일(요주움), 월성(요주움), <경남>합천(요줌:), 밀양(요주움), 함양(요줌), 하동(요줌), 진양(요줌:), 김해(요즈움), 사천(요줌:), 통영(요줌), <제주>남제주(요줌) 등에 '우'형이 나타나고 있다. '이름'의 경우에는 [충북]의 음성에 '이룸'의 형태가 일부 보이고 있다.

'ㅂ'앞에서 '으'의 변이 양상을 살필 수 있는 단어로는 '누이(<누부)(妹)'와 '누에(<누비)'가 있다. '누이(<누부)(妹)'의 경우, '우'로 나타나지 않은 '늬비'가 <함남>함흥에 나타나고 있어, 이는 '우'로의 개신이 일어나지 않은 보수형으로 볼 수 있다. 조사 지역 거의 대부분 지역에 '누-'형이 나타나고 있지만, 함흥에 '느-'형이 나타나고 있다. '누부'형은 [오구라] 자료에 보면, <경북>과 <경남>을 중심으로 나타나고 있다. <경북>의 영덕, 영일, 영천, 고령(4/7개 조사지점), <경남>의 합천, 울주, 의창, 김해(4/12개 조사지점)에 분포하고 있다. '누에(<누비)'의 경우는 '으'형이 <경남>을 중심으로 분포되어 있다. '늬비'가 <경남>합천, 창녕, 밀양, 진양, 김해, 양산에, '니비'가 <경북>의 영천, <경남>의 울주, 남해, 통영, 거제 등에 나타나고 있다.

이상의 단어들의 분포를 통해 알 수 있듯이 'ㅁ, ㅂ' 앞에서는 '으'가 '우/오'로의 역행동화가 순행동화에 비해 그리 크지 않음을 알 수 있다.

3) 기타 음운과의 결합적 변화

'으'는 연구개음인 'ㄱ,ㄲ' 아래에서 '우'나 '이'로, 모음 '오' 아래에서 '오/우'로, '우' 아래에서 '우'로 바뀌는 경우가 방언에서 자주 보이고 있다. 이는 'ㆍ'가 음운적 환경에 따라 달리 나타나는 경우와 마찬가지로 '으' 역시 주변 음운에 의해 상당한 변화를 경험하고 있다. 이들의 방언적 분포와 변화 추이를 살펴보도록 한다.

두 자료집에 공통으로 조사된 어휘들을 선별하면 다음 (1)~(3)과 같다.

 (1) 그네, 끈
 (2) 소금, 오금, 고름
 (3) 무릎, 두름, 부스럼, 두드러기, (주근깨)

 (1)은 'ㄱ,ㄲ' 아래에서 '우'나 '이'로 변하는 예이고, (2)는 모음 '오' 아래에서 '오/우'로 변한 예이며, (3)은 '우' 아래에서 '우'로 바뀌는 경우이다. (1)~(3)어휘들의 지리적 분포와 변화 추이를 비교한 결과 '으'가 '의/우/어/이' 등 다양한 형태의 변이형을 보이며 지리적 분포를 달리하여 나타나고 있다. 본 절에서는 'ㄱ/ㄲ'와 '오/우' 아래의 환경으로 각각 나누어 살펴보고, 이어서 주변 음운과의 결합적 변화는 아니지만, '으'와 관련된 변화이므로 '으>어'의 변화도 함께 살펴보기로 한다.

 (1) 'ㄱ,ㄲ' 아래 '으'의 변화

위에서 제시한 (1)의 어휘와 관련된 내용을 정리하면 [표 10-1]과 같다.68)

---

68) '그네'를 제외한 나머지 어휘들은 논의 대상이 되는 형태만 빈도수와 빈도율을 제시한다.

[표 10-1] '으'와 기타 음운과의 결합적 변화의 지리적 분포와 변화 추이('ㄱ/ㄲ' 아래의 경우)

음운 환경	형태소 층위	표준어 (15C 표기)	문헌 자료	[오구라] 자료 방언형	도별 출현지점수/도별 총 조사지점수	전체출현 빈도수와 빈도율(%)	[정문연] 자료 방언형	도별 출현지점수/도별 총 조사지점수	전체출현 빈도수와 빈도율(%)	자료 간 변화 차이
ㄱ 아 래	어 휘 내 부	그네 (글위)	글위 그릐 그리 그늬 그너 근듸 근의 그네	'으'형 그네 그누 그우노 그니 그늬 근네 그늘 근듸	경기 2/3 강원 3/11 충북 4/8 충남 12/13 전북 2/10 전남 0/17 경북 0/15 경남 0/12 제주 0/2	23/91 (25)	'으'형 그(:)네 그(:)내 그(:)니 그느 그너 그노 그누 근너 근네(내) 그늘 그눌 근(:)디 근데	경기 16/18 강원 10/15 충북 5/10 충남 14/15 전북 6/13 전남 0/22 경북 3/23[3] 경남 7/19[3] 제주 1/1	62/136 (46)	+ 21
				'우'형 구네 구누 구늬 구눌 구늘 군대 군듸 군두 권듸 군지 궁구 굴리 굴매	경기 1/3 강원 8/11 충북 4/8 충남 1/13 전북 7/10 (으/우 공존 1) 전남 17/17 경북 15/15 경남 12/12 제주 2/2	67/91 (74)	'우'형 구(:)네 구내 구누 구니 군디 군두 군데 군대 권디 군(:)지 굴래	경기 2/18 강원 5/15 (으/우 공존 1) 충북 5/10 충남 1/15 전북 5/13 전남 19/22 경북 20/23 경남 12/19 제주 0/1	69/136 (51)	− 23
				'어'형 건네	전북 1/10	1/91 (1)	'어'형 건네 건디	전북 2/13	2/136 (1)	0
				기타 형	0		기타 형	전남 3/22	3/136(2)	+ 2
ㄲ 아	합 성	(노) 끈 69)	긴ᇂ 긴ᇂ	'으'형 노끈	경기 × 강원 1/3	19/40 (48)	'으'형 노끈	경기 8/18 강원 5/15	70/135 (52)	+ 4

래	어	(긴 긴ㅎ)	낀넓끈끈							
				노끈 노내끈 노낟끈 노끄내기	충북 1/1 충남 1/6 전북 3/4 전남 6/6 경북 1/5 경남 4/13 제주 2/2		노나끈 내끈 노끄내기 노끄끈	충북 7/10 충남 8/15 전북 13/13 전남 19/22 경북 5/23 경남 5/19[3] 제주 ×		
래	어	(긴 긴ㅎ)	낀 넓 끈 끈	'이'형 노내끼 노내기 노내낑이 노나깽이 논내끼	강원 2/3 충남 5/6 (으/이 공존 2) 전북 1/4 경북 4/5 (으/이 공존 1) 경남 9/13 (으/이 공존 3)	21/40 (53)	'이'형 노깽이 삼내낀 논내끼	강원 2/15 충남 6/15 전남 1/22 경북 0/23 경남 0/19	9/135 (7)	- 46
				'우'형	0		'우'형 노꾼	경기 2/18	2/135 (1)	+ 1

① 'ㄱ, ㄲ' 아래 '우'로의 변화

'으'는 연구개음인 'ㄱ,ㄲ' 뒤에서 '우' 또는 '이'로 변하는 경향이 방언에 자주 나타나고 있다. 우선, 아래 (4)와 (5)에서처럼 '우'로 바뀌는 경우부터 살펴보기로 한다.

(4) 그네>구네, 군네, 군내
(5) 담그다>담구다, 잠그다>잠구다, 다그치다>다구치다, 너그럽다>너구럽다, 시그럽다>시구럽(롭)다/시구롭다/시굴다, 시끄럽다>시꾸롭(럽)다

이상의 어휘 중 두 자료집에 공통으로 조사된 '그네'를 중심으로 분석해 본다. [지도 33-1, 33-2]에서 보듯이, '으'형(●형)의 중심 출현 지역은

---

69) '(노)끈의 경우 각 지역마다 '끈' 또는 '낀' 형태가 나오지 않는 경우가 있어 언급되지 않은 지점이 많아 총 빈도율이 100%가 되지 않는다.

<경기>와 <충남>이다. '으>우'형(■형)은 [오구라] 자료에서부터 이들 지역을 제외하고 전국적으로 나타났으며, [정문연] 자료에 와서도 <경북><경남><전남> 등 남부 지역에 주로 분포하되, <경기><강원><충북><전북>지역에까지 일부 나타나고 있어, '으'형보다 광범위하다. 다만, <강원>과 <충북>지역에서는 '우'형이 [정문연]에 오면서 분포 범위가 다소 줄어든 듯하다. <충남>은 여전히 '으'형이 우세하나, <전남><경북><경남>은 모두 두 자료에서 '우'형이 우세하다. 북한에도 '우'형이 <황해>를 제외한 전 지역에서 우세하다.

한편, '군듸' 계열이 한반도의 남부 지역에 주로 분포하는데, <충남>에서만 '근듸'형이 사용되고, <전북><전남><경북><경남>지역에서는 모두 '우'형인 '군듸'형의 모습을 보이고 있다. 따라서 'ㄱ' 뒤의 '으>우'로 변화되는 것이 보다 생산적이고 보편적인 현상이지만, 표준어형인 '으'형의 영향으로 '으'로의 개신[우(74 → 51%(-23), 으(25 → 46%(+21))]이 많이 이루어졌다.

그 밖에 '거지(乞人)'가 방언에 '그지'와 '구지'로 나타나고 있음도 그 예가 되겠다. [오구라] 자료에 '그지'형이 <충북>충주, 단양, 청주, 보은, 영동 <충남>공주, 논산 등지에, '구:지'형이 <강원>양양 <충북>중원, 청원, 괴산 <충남>천원, 홍성, 서천 <전북>김제, 정읍 <전남>장성, 광산, 신안, 영암 <경북>울진 <경남>김해 등지에 나타나고 있다. 따라서 '으'형은 <충남>을 중심으로 <충북>에 일부 나타나지만, '우'형은 대부분 지역에 나타나고 있어 '으'형에 비해 우세하다.

② 'ㄱ, ㄲ' 아래 '이'로의 변화

다음으로는, '으'가 아래와 같이 연구개음인 'ㄱ, ㄲ' 뒤에서 '우' 이외에 '이'로의 변이형을 보이는 경향도 방언에 나타나고 있다.

(6) 그리다(戀)>기리다, 그래서>기래서, 그따위>기따우, 그까짓>기까짓,
그렇게>기렇게, 그리고>길구, 그것이>기게, 글쎄>길쎄, 끈>낀

　이들 어휘 중에서, 두 자료집에 모두 조사된 '(노)끈'을 중심으로 살펴
보기로 한다. '끈'의 문헌 자료를 보면, 15세기에 '긴ᅙ'으로 나온다. 방언
자료에서는 '으/이/우'형이 다양하게 나타나고 있어, 크게 세 계열로 나뉜
다. 연구개음 'ㄱ, ㄲ' 아래에서 '이'는 '으'로의 개신이 거의 진행되었다.
물론 [오구라] 자료에서 많은 지역이 조사되지 못해 변화 추이를 자세히
는 알 수 없지만, 조사되지 못한 <경기><충북>을 제외하고, '으'형이 모
든 도에 분포되어 있으나 고어형인 '이'형 역시 <강원><충남><전북>
<경북><경남>지역에 일부 나타나고 있다. [정문연] 자료에 와서도 남한
의 대부분 지역에서 '으'형이 나타나고 있지만, '이'형도 '내낀/내끼'형이
<강원>철원, 화천 <충남>당진, 홍성, 보령 <전남>광양 등에, '노깽이'
형이 <충남>서산, 아산 등지에 나타나고 있다. 그러나 <전남>의 경우
조사 지역에서는 두 자료 모두 '으'형인 '노끈'으로 나타나고 있다.
　북한 지역에도 'ㄱ' 아래 '이'로 나타나는 지역이 [오구라] 자료에 <황
해>를 비롯하여 <함남><평남><평북>에 이르고 있다. <황해>의 금천
에 '뇔긴, 뇡끼'로 공존하며 그 밖의 해주, 옹진, 태탄, 장연, 은율, 안악,
재령, 황주, 서흥 등 조사 지역 모두(10/10개 조사지점)에서 '뇡끼'형이 나타
나고 있다. 그 밖에도 <함남>신계, 곡산, 신고산, 안변, 덕원, 문천, 고원,
영흥, 이원(뇔긴) <평남>평양(뇔긴) <평북>박천, 영변, 희천, 구성, 강계(뇔
긴) 등지에 나타나고 있다.
　이처럼 [오구라] 자료에서 일부이긴 하지만 'ㄱ' 아래에서 '이'형이 제
법 보였으나, [정문연] 자료에 와서는 이들 지역 대부분이 '으'형으로 개
신이 빠르게 진행(53→7%(-46))되었다.

(2) '오/우' 아래 '으'의 변화

위에서 제시한 (2)의 어휘와 관련된 내용을 정리하면 [표 10-2]와 같다. [오구라] 자료집에는 조사되지 않아 두 자료 간 비교는 어려울 것이다.

[표 10-2] '으'와 기타 음운과의 결합적 변화의 지리적 분포와 변화 추이('오' 아래의 경우)

음운 환경	형태소 층위	표준어 (15C 표기)	문헌 자료	[오구라] 자료			[정문연] 자료			자료 간 변화 차이
				방언형	도별 출현지점수 /도별 총 조사지점수	전체출현 빈도수와 빈도율(%)	방언형	도별 출현지점수 /도별 총 조사지점수	전체출현 빈도수와 빈도율(%)	
오 아 래	어 휘 내 부	소금 (쟁이) (소곰 소금)	소곰 소금 쇼금 쇼곰	미조사됨			'오'형 소곰	전북 5/13 경북 4/23	9/137 (7)	
							'우'형 소굼	경기 3/18 강원 2/15 충북 2/10 전북 1/13 전남 1/22 경북 6/23	15/137 (11)	
		오금	오곰 오굼 오금	미조사됨			'오'형 오곰	경기 2/18 충북 1/10 전북 7/13 전남 1/22 경북 1/23 경남 4/19 제주 2/2	18/137 (13)	
							'우'형 오굼	경기 6/18 강원 8/15 충북 4/10 전북 5/13 전남 8/22 경북 10/23 경남 1/19	42/137 (31)	
		고름	골홈 고롬 고름	미조사됨			'오'형 고롬	경기 2/18 강원 1/15 충북 5/10 전북 9/13	34/137 (25)	

							경북 8/23 경남 7/19 제주 2/2	
						'우'형 고름	경기 8/18 강원 4/15 충북 2/10 전북 3/13 전남 10/22 경남 2/19	29/137 (21)

① '오' 아래 '오/우'로의 변화

선행 모음이 원순모음일 경우 '으'가 '오/우'로 변화하는 경우도 빈번하게 발생하고 있다. 어두 음절에 '오'가 올 경우, 비어두 음절의 '으'가 '오/우'로 나타나는 단어에는 다음 (7)(8)의 예들이 있다.

(7) 소금>소곰/소굼, 오금>오곰/오굼, 오늘(오놀)>오놀/오눌, 고름>고롬, 졸음>조오롬, 보름>보롬/보룸[70]

(8) 노름>노롬, 보들보들>보둘보둘, 오르(ㄹ)막>오루막, 고르(ㄹ)다>고(골)루다, 보드(드)랍다>보두랍다, 노르스름하다>노루스름하다, 오른편>오룬편, 모르(ㄹ)다>모루다, 모름지기(모로매)

이상의 어휘들은 문헌 자료에도 '오'형으로 나타나고 있는데, '오'형이 보다 이른 시기에 나타나는 보수형으로 볼 수 있다. 백두현(1992a : 229)에서는 이들을 '오'가 '으'로 비원순화된 것으로 보고 있다. 예를 들어 '보름'의 경우, 15세기 문헌에 '보롬'(1447, 석보상 23 : 22a)으로 나타나고 16세기 문헌에 '보롬'(1542, 온역이 12b)으로 나타나므로, '보름'은 '오'가 '으'로

---

70) 황대화(1998 : 35)에서는 '보름>보롬/보룸'의 형태가 모두 방언에 나타난다고 보고하고 있다. '보롬'은 동남(경남), 서북(평남), 동북(함남), 제주에, '보룸'은 동남(경남), 동북, 서남(전남), 충남(예산), 강원 등지에 나타난다고 기술하고 있다.

비원순화된 것으로 보고 있다. '그믐'도 15세기에 '그뭄'(1465, 원각경 2,상 2,1 : 56b)과 '그몸'(1481, 두시초15,31b)이 함께 나타나고 16세기에 '그 믐'(1527, 훈몽자 상,1b)이 나타나고 있다. 그 외 '소금, 오금, 고름' 등도 15~16세기에 '소곰, 오곰, 고롬'형으로 나타나고 있다.

본 절에서는 '소금, 오금, 고름' 등의 어형을 중심으로 살펴보되, 이들 어형들은 [오구라] 자료에는 조사되지 않았으므로, [정문연] 자료를 통해 그 분포 양상을 분석해 본다.

<충남><경남><제주>를 제외한 모든 도 지역에서 '소곰(7%)/소굼 (11%)'의 형태가 나타나고 있다. '오'형은 <전북>에 비교적 많이 분포되어 있다. '오금'의 경우는 <충남>을 제외한 남한의 대부분 지역에서 '오 곰(13%)/오굼(31%)'형이 분포되어 있다. '오'형은 <전북>에 비교적 많이 분포되어 있다. '고름(膿)'의 경우는 <충남>을 제외한 남한 대부분 지역에서 '고롬(25%)/고룸(21%)'형이 분포되어 있다. '오/우'로 나타날 경우, 대체로 <경기><강원><전남> 등 중·서부 지역은 '우'로, <전북>을 비롯하여 <경북><경남> 등 동부 지역은 '오'로 나타나고 있다. <강원>이나 <충북>도 동서로 나눌 때, 서쪽 지역은 주로 '우'로, 동쪽 지역은 '오'로 나타나고 있다. 세 자료 간 평균 출현 빈도율이 '오'형(15%)보다 '우'형 (21%)이 다소 높게 나오듯이 '우'로의 개신이 많이 진행되었다.

② '우' 아래 '오/우'로의 변화

위에서 제시한 (3)의 어휘와 관련된 내용을 정리하면 [표 10-3]과 같다.

[표 10-3] '으'와 기타 음운과의 결합적 변화의 지리적 분포와 변화 추이('우' 아래의 경우)

음운환경	형태소층위	표준어(15C표기)	문헌자료	[오구라] 자료 방언형	도별 출현지점수/도별 총 조사지점수	전체출현빈도수와 빈도율(%)	[정문연] 자료 방언형	도별 출현지점수/도별 총 조사지점수	전체출현빈도수와 빈도율(%)	자료 간 변화 차이
우 아래	어휘 내부 또는 파생어	무릎(무릎 무릎)	무릎 무릎 무릎 무릎 무릎	'으'형	0		'으'형 무릎 무르팍 므룸팍	경기 2/18 강원 2/15 충북 1/10 충남 1/15 전북 0/13 전남 1/22 경북 2/23 경남 6/19 제주 0/2	15/137 (11)	+ 11
				'우'형 무릎 무루팍 무룸팍	경기 3/3 강원 9/11 충북 6/6 충남 5/6 전북 0/9 전남 2/19 경북 7/12 경남 0/14 제주 0/2	32/82 (39)	'우'형 무릎 무루팍 무루팡	경기 16/18 강원 9/15 충북 9/10 충남 14/15 전북 1/13 전남 1/22 경북 17/23 경남 0/19 제주 0/2	58/137 (43)	- 2
				'이'형	0		'이'형 무리팍	경북 1/23	1/137 (1)	+ 1
				'어'형 무럽	강원 2/11 제주 2/2	4/82 (5)	'어'형 무럽	강원 4/15 제주 2/2	6/137 (4)	- 2
				축약형 물팍	충남 1/6 전북 9/9 전남 17/19 경북 5/12 경남 14/14	46/82 (56)	축약형 물팍 물패기 눌팍	전북 12/13 전남 20/22 경북 3/23 경남 13/19	48/137 (35)	- 42
		두릅			미조사됨		'으'형 두릅 드릅 다릅	경기 6/18 강원 4/15 충북 4/10 충남 15/15 전남 2/22 경북 4/23	36/137 (26)	

					제주 1/2		
				'우'형 두룸	경기 8/18 강원 2/15 충북 5/10 전북 13/13 전남 20/22 경북 13/23 경남 11/19 제주 1/2	73/137 (53)	
				'어'형 두럼 드럼	경기 1/18 강원 8/15	9/137 (7)	
				'이'형 두림 두리미	경북 4/137	4/137 (3)	
				'아'형 두람	경북 1/23	1/137 (1)	
파생어	부스럼 (브스름)	브스름 브스름 브스럼 브으럼 브으롬 브으름 부으름 부스럼	'우'형	0	'우'형 부승물	경기 1/18 충북 1/10 전북 4/13 전남 3/22 제주 1/2	10/137 (7)	+7
	두드러기	두드러기 두두러기 두드럭이 두드력이		미조사됨	'우'형 두두레기 두두래기 두두리기 뚜두럭 두두룩 뚜두룩	경기 8/18 충북 2/10 충남 9/15 전북 4/13 전남 8/22 경북 1/23 제주 2/2	34/137 (25)	
합성어	주근깨	주근깨 죽은깨 죽은깨 주근깨		미조사됨	'우'형 주군깨 주궁깨	경기 6/18 강원 11/15 충북 5/10 전북 8/13	30/137 (22)	

백두현(1992a : 229)에서는 '우'에 의한 원순모음화는 18세기 이후 잘 나타나지 않고 20세기 전기 문헌인 『조한사례(朝漢四禮)』와 『지장경(地藏經)』등에 '둥굴게(圓)', '부루지즈며(叫)', '묵군(束)' 등 몇 예가 발견될 뿐으로 보고하고 있다. 예를 들어 구름'의 경우 15세기 문헌에는 '구룸'이 일반적으로 나타나고, '구롬/구름/구룸' 등이 일부 문헌에 나타나고 있다. 이를 백두현(1992a : 229)은 '구룸~구롬'의 교체는 비어두에서 일어난 '오~우'의 상호 교체에 기인된 것이고 '구름'은 '구룸'으로부터 비원순화된 것으로, '우>으'의 변화로 설명하고 있다. 또한 '구롬'은 'ᄋ>으'의 역표기로 해석하고 있다. 어두 음절이 '우'일 경우, 비어두 음절의 '으'가 '우/오'로 변하는 단어에는 (9)의 예들이 있다.

(9) 무릎>무릎, 두름>두룸, 두릅>두룹, 구슬>구술, 부스럼>부수름, 구름>구룸(롬), 둥글다>둥굴다, 궁금하다>궁굼하다, 부끄럽다>부꾸럽(룹)다, 푸근하다>푸군하다, 블그스름다>불구스름하다, 두드리다>두두리다, 부득부득>부둑부둑, 부들부들>부둘부둘, 푸르다>푸루다, 부르짖다>부루짖다, 부르다>부루다, 무르녹다>무루녹다, 무르익다>무루익다, 구르다>구루다, 우르르>우루루, 두르다>두루다, 누르스름하다>누루수름하다, 부슬부슬>부술부술, 두드러기>두두레기, 주근깨>주군깨

본 절에서는 이들 어휘들 중 두 자료집에 공통으로 조사된 '무릎'의 경우를 제외하고는 '부스럼', '두드러기', '주근깨', '두름' 등은 [정문연] 자료에만 조사됨으로써, 이들은 [정문연] 자료를 중심으로 분석해 본다. '무릎'의 경우, 문헌 자료에서 최초 형태는 15세기의 '무릎'이다. 같은 시기에 나타나는 '무롶'은 후설모음의 대립 관계가 동요되면서 둘째 음절 모음 '우'가 '오'로 바뀐 것이다. 18세기에 나타나서 현대어로 이어지는 '무

릂'은 같은 모음 '우'가 반복되는 것을 피하기 위해, '무릎'의 둘째 음절 '우'가 '으'로 바뀐 것이다.

방언 자료에서는 '으/우/어/이'형 등이 나타나고 있다. [오구라] 자료에는 '으'형은 조사 지역에서 전혀 나타나지 않고 있으며, 축약형인 '물팍'형이 주로 나타나는 <전북><전남><경남>을 제외한 남북한 대부분 지역에서 '우'형으로 나타나고 있다. 즉, 두 자료집 모두 '우'형이 <경기><강원><충북><충남><경북> 등지에 주로 나타나고 있다. 이처럼 남북한 전역에 보수형인 '우'형이 분포되어 있다가 개신형 '으'형이 서서히 세력을 형성하면서 [정문연] 자료에 와서는 <경기>의 김포와 이천 <강원>의 평창과 영월 <충북>의 제원 <충남>의 금산 <전남>의 화순 등 서부 지역을 중심으로 일부 지역에 나타나기 시작하였다. 그러나 여전히 대부분의 지역에서 '우'형이 나타나고 있다.

북한의 경우, <함남>과 <함북>의 대부분 지역에서는 '무럽'이, <평북>의 자성, 후창에 '무룹패기'가 나타나고 있다. 북한 지역에도 '무릎'과 같이 '으'형은 보이지 않고 있다.

'어'형은 [오구라] 자료에 <강원>의 고성, 명주에만 보였으나, [정문연] 자료에 와서는 보다 확대되어 <강원>인제, 명주, 정선, 삼척 등을 비롯하여 <제주> 등지에 나타나고 있다. '으[ㅌ]'가 <경북>울진, 의성(무럽/무루팍), 선산과 <경남>합천, 창녕, 밀양, 울주, 김해, 양산 등지에 나타나고 있다. '이'형은 [정문연] 자료에 와서 보이는데, <경북>영천(무리팍/무루팍)에만 나타나고 있어 지역적 유형을 찾을 수 없다.

이상 논의한 '무릎' 어휘 이외에도 '두름', '부스럼', '두드러기', '주근깨' 등의 어휘에도 '으>우'로의 변화가 나타나고 있다.

'두름'의 경우, '우'형이 <충남>을 제외한 전 지역에 나타나고 있어 '으'형보다 분포가 넓다. 특히, <전북><전남>에는 '우'형이 대부분 분포되어 있어, 고어형의 잔재를 가장 많이 가지고 있다. '부스럼'의 경우, [정문연] 자료에 '우'형이 <경기><충북><전북><전남><제주>남제주 등지에 나타나고 있다. 이 '부스럼'은 'ㅅ'의 영향으로 '이'로의 변화(부시럼)를 경험한 지역이 더 많긴 하지만, 첫째 음절 '우'의 영향으로 '으>우'로의 변화를 보이기도 한다. '두드러기'의 경우, [정문연] 자료에 남한의 대부분 지역에서 '우'형이 분포되어 있다. 특히, <충남>의 경우, '으>우/오'로의 변화가 잘 일어나지 않음에도 불구하고, '우'형이 여러 지역에서 나타나고 있다는 점이다. '주근깨'의 경우, '우'형이 [정문연] 자료에 <경기> 동부 지역과 <강원> 대부분 지역, <충북>의 북부 지역, <전남>의 대부분 지역을 중심으로 나타나고 있다. '두드러기'와 같은 파생어 환경에서는 <충남>에까지 '우'형이 나타나지만, 어휘 내부 환경인 '두름'의 경우에는 개신이 빠르게 진행되어 '으'로의 변화에 가장 적극적인 <충남>에 '우'형이 나타나지 않고 있다. 이상의 어휘들은 첫째 음절의 '우'에 영향을 받아 둘째 음절에서 '으>오/우'로 변하는 것이 상당히 생산적이다.

이상 살펴본 '으'와 기타 음운과의 결합적 변화를 보이는 어휘들의 지리적 분포를 토대로 한, 방언 구획을 카토그램으로 나타내면 다음과 같다. 단, 표시되지 않은 경우는 모두 어휘 내부 환경이다. '으[i]>으[ɨ]', '어[ə]>으[i]'변화도 여기서 함께 언급하기로 한다.

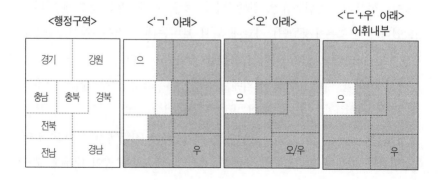

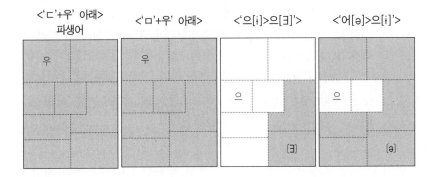

<'ㄷ'+우' 아래>
파생어　　　<'ㅁ'+우' 아래>　　　<'으[i]>으[ㅋ]'>　　　<'어[ə]>으[i]'>

(3) '으 > 어'의 변화

마지막으로 '으'는 인접한 자음이나 모음과 관계없이 아래와 같이 '어'
로 바뀌어 발음되기도 한다. (1)처럼 19세기 후기 중앙에서 간행된 문헌
자료에도 '으 : 어'의 혼기예가 나타나는데, 곽충구(1980 : 84)는 이를 이 시
기에 '어'의 음성실현 영역이 넓었다는 사실을 암시하는 것으로 설명하고
있다. 방언 자료로는 '어'로의 변화에 (2)처럼 <황해>[71]와 <경상도>를
중심으로 나타나는 '으'와 '어'가 중화된 [ㅋ]로 발음되는 경우와 (3)처럼
기타 지역에서 나타나는 '으>어[ə]'로의 변화 등 두 가지 양상이 있다.

(1) 19세기 문헌 자료에 나타나는 '으 : 어'의 혼기 :
　　『正蒙類語』: 어럼 氷(25b), 거럼 步(11a), 이럼 名(14b)
(2) '으>[ㅋ]'의 변화 :
　　글>걸, 그늘>거늘, 밥+을>밥+얼, 쓰다>써다, 늘다>널다, 뜨다>떠
　　다, 모습>모섭, 씀씀이>썸썸이/썸썸이, 틀>털, 글피>걸피, 그으름>
　　꺼시럼/꺼럼, 나+는>나넌, 늙은이>넑언이, 넑는다>널런다, 듣고>

---

71) 황대화(1998 : 38) : '은파>언파', '들판>덜판', '틀리다>털리다', '오늘>오널', '어른>
　　어런', '그냥>거양', '큰일>컨일', '끔찍이>껌찍이', '흘리다>헐리다', '흙>헑' 처럼
　　<황해>지역에 '으>어'의 변화양상이 활발하게 나타나고 있음을 보고하고 있다.

덜고, 들기름>덜지럼, 들깨>덜깨, 드물다>더물다, 뜰>떨, 은하수>
언하수, 큰집>컨집, 틈틈이>텀텀이/텀팀이, 틀리다>털리다, 흐리
다>허리다, 흙>헑

(3) '으>어[ə]'의 변화 :
무릎>무럽, 얼른>얼런, 처음>처엄, 그릇>그럭, 비듬>비덤, 어른>
어런, 머슴>머섬, 오늘>오널, 아들>아덜

먼저 (2)처럼 <경상도>지역을 중심으로 중화된 [ㅓ]로의 변화 양상을
보이는 어휘의 분포양상을 살펴보기 위해 [오구라] 자료집과 [정문연] 자
료집에 모두 조사된 자료인 '흙'을 중심으로 두 자료의 분포와 변화 양상
을 비교해 본다.

'흙(土)'의 경우 15세기에 나타난 '훍'이 16세기에 '흙'의 형태로 나타난
다. 15세기 말부터 나타나기 시작한 'ㆍ'의 비음운화는 일반적으로 비어
두 음절에서 'ㆍ>으'의 변화로 일어났다. 당시에 어두 음절에서의 'ㆍ'는
확고한 자리를 차지하고 있었지만, 유독 '훍'만이 '흙'으로 변화한 것이다.

두 자료집 모두 'ㆍ/으/어/아/우' 등 다양한 형태로 나타나고 있다. <경
북>과 <경남>을 중심으로는 '으'와 '어'의 중화음인 [ㅓ]형이 나타나고
있다. 다만 [오구라] 자료에는 <경북>과 <경남>지역에 '으'와 '어'형인
'흘, 흑, 흐륵/헐' 형태가 모두 나타났으나, [정문연] 자료에는 [ㅓ]형만 나
타나고 있다. 이처럼 <경북>과 <경남>에만 [ㅓ]형이 나타나지만, 특이한
점이 [오구라] 자료에 '으'형이 나타나던 <전북>의 완주(흑)에 [정문연]
자료에서는 '어'형인 '헉'으로 나타난다는 점이다. 따라서 '으'는 '어'로
변화하는 경향이 보다 강해지면서 '어'의 음성실현 영역이 보다 넓어지고
있음을 확인할 수 있다.

한편, 북한에서는 '흙'의 모음이 '으/아/우'형 등으로 나타나고 있다.
<황해>는 황주(학)를 제외한 대부분 지역에 '흑'이, <함남>은 '흑'과 '흘

기'가, <함북>은 대부분 지역에 '흘기'가 나타나지만, 명천, 나남, 무령, 무산에 '우'형인 '흙'이 함께 공존해 나타나고 있다. <평북>은 박천(흑/흘)과 구성(흘)에 '으'형이 나타날 뿐, 그 외 지역인 영변, 희천, 강계, 자성, 후창 등지에 '우'형인 '흙'이 나타나고 있다. <평남>은 조사 지역이 거의 없어 정확히 알 수는 없지만, 평양에 '학'과 '흑'이 공존하여 나타나고 있다.

다음으로는 (3)의 경우인 조사 '-을/-를', '무릎', '머슴'을 중심으로 그 분포 양상을 분석해 본다. 우선, 조사 '-을/를'의 경우 [오구라] 자료에 '-얼/럴[ə]'로 나타나는 지역으로 <전북>남원, 순창, 정읍, 전주 <전남>보성, 강진, 영암, 목포, 나주, 담양 <경남>거창, 합천, 창녕, 밀양 등지로 보고하고 있다.

'무릎'의 경우 [오구라] 자료에 '어[ə]'형인 '무럽'이 <강원>의 고성, 명주와 <제주>에, 북한에는 <함남><함북>의 대부분 지역에서 나타나고 있다. 즉, <함남>의 경우 조사 지역 중 신계, 수안, 곡산을 제외한 조사 전 지역(17개 지점)과, <함북>의 경우도 조사 전 지역(12개 지점)에 나타나고 있다. [정문연] 자료에는 '어[ə]'형인 '무럽, 무러팍, 동무럽'형이 <강원>인제, 명주, 정선, 삼척, <제주> 등지에 나타나고 있다. '머슴'의 경우 [오구라] 자료에는 '어[ə]'형인 '머섬[mə-səm]'이 <경기><강원><충북><충남><전북><경북><경남> 등지에 나타나고 있다.[72] 그런데 <경북><경남>의 경우는 [오구라] 자료에서는 [Ɛ]와 [ə]를 구별하지 않고 [ə]로 모두 표기하고 있기 때문에, [오구라] 자료에서의 [ə]는 오

---

72) <경기>파주 <강원>영월, 평창, 원주, 횡성, 홍천, 인제 <충북>진천, 제천, 괴산, 보은, 영동 <충남>서산, 당진, 천원, 연기, 예산, 천안, 연기, 홍성, 청양, 보령, 부여, 서천, 논산 <전북>무주 <경북>영주, 문경, 예천, 안동, 상주, 의성, 청송, 김천, 영천, 고령, 달성, 월성 <경남>거창, 합천, 창녕, 밀양, 울산, 함양, 진양, 의창, 김해, 양산 등지에 나타나고 있다.

늘날 [H]로 보는 것이 옳을 것이다. 이상의 방언들에서 '으>어[ə]'로의
변화는 여러 지역에서 나타나므로, 뚜렷한 지역색을 찾기 어렵다.

한편, (4)에서 보듯이 이와 반대되는 현상인 '어'를 '으'로 발음하는 경
향이 중부 지역을 중심으로 나타나기도 한다.

> (4) 거지>그지, 거짓말>그짓말, 거머리>그머리, 없다>읍다, 어깨>으깨,
> 어른>으른, 더럽다>드럽다, 떫다>뜳다, 섧다>슳다(슬다), 설움>스
> 룸(스름), 엉덩방아>응덩방아, 엉덩이>응덩이(응딩이), 적다>즉다

이들 어휘들은 [오구라] 자료와 [정문연] 자료에 공통되는 항목이 없어
각 자료집에 나타나는 다음 '거지'와 '거머리'를 중심으로 그 분포양상을
살펴본다.

[오구라] 자료에 보면, '거지(乞食)'의 변이형태 '으'형인 '그지'가 <충
북>충주, 단양, 청주, 보은, 영동 <충남>공주, 논산 등지에 나타나고 있
다. '거머리(蛭)'의 경우, '으'형인 '그머리'가 <경기>연천, 파주 <충북>
진천, 중원, 단양, 괴산, 보은 <충남>천원, 홍성, 공주, 서천 <경북>상
주, 영일, 경주 등지에, '그마리'가 <강원>명주, 삼척에, '그무리'가 <경
북>울진, 영덕, 영천 등지에 나타나고 있다. 그 밖의 지역에는 '어'형이
나타나고 있다. 따라서 '어>으' 변화 현상은 주로 <충북>과 <충남>을
중심으로 분포되어 있어, 이들 지역이 '어>으'변화의 핵방언 지역이라
하겠다.

이상 '으'의 결합적 변화현상을 종합하면, '으'가 인접한 자음이나 모음
의 영향을 받아 방언에 따라 '으'가 원순모음 '우'나 전설모음 '이'로 변
화하여 나타나는 경우가 전국적 단위에서 보이고 있다. [오구라] 자료와
[정문연] 자료를 비교해 보았을 때, '으'가 인접 음운에 영향을 받아 '이'

로의 변화나 '오/우'로의 변화에 가장 민감하게 반응하여 보수형을 유지하려는 경향이 가장 강한 지역은 <전라도>를 중심으로 하는 서남 지역이다. 반면에, 인접 음운과 관계없이 '으'형을 유지하려는 경향이 강한 지역은 대체로 <충남>을 중심으로 하는 중부 지역이다. <경상도>를 중심으로 하는 동남 지역은 인접 음운의 영향에 민감하게 반응하여 서남방언과 같은 변화 흐름을 보이면서도 지역색 강한 [ㅔ]로의 변화도 함께 보이고 있다.

따라서 '으'의 변화가 한반도의 동서를 가르는 중요한 변수가 되고 있다. 서부 지역에서는 '으'를 고수하려는 <충남>의 영향과 '으>이' 또는 '으>오/우'로의 변화에 가장 민감하게 반응하는 <전라도>가 충돌하면서 다양한 모음이 나타나고 있다. 반면에, 동부 지역에서는 '으>이' 또는 '으>오/우'로의 변화도 수용하면서도 [ㅔ]를 지키려는 동남방언의 영향으로 다양한 모음이 나타나고 있어, 동서 차이가 분명하다.

결국 보편적 음운 변동 현상으로 '으>이' 또는 '으>오/우'로의 변화가 전국적으로 나타나고 있지만, 강한 지역색을 갖고 있는 '의[i]'와 '의[ㅔ]'가 동서를 구분하여 각각 나타나고 있다. 그러나 '의[i]'가 중앙어로 수용되면서 '의[ㅔ]'는 동남방언 중에서도 동부 지역으로 몰리거나 일부 지역에만 나타나는 형국을 보이고 있다. 또한 '의[i]'가 세력을 얻어 <전라도><경상도><경기도><강원도>로 차츰 확대해 가지만, 그리 강하게 영향을 미치지는 못하고 있다.

제4장 전부모음화의 분포와 변화 추이

전부모음화 현상은 한국어 모음 변화 중에서도 가장 두드러진 현상이라 하겠다. 이는 후설모음인 '아, 어, 오, 우'가 전설모음인 '이, 에, 애, 위, 외'로 바뀌는 현상인데, 여기에는 다시 3가지 유형으로 나뉜다. '이'모음 역행동화(움라우트)', '어말에서의 이[j]모음 첨가', '상향이중모음의 단모음화'가 그것이다. 일반적으로 전부모음화는 치찰음 'ㅅ,ㅈ,ㅊ'과 치조음 'ㄹ' 뒤에서 '으'가 '이'로 되는 현상을 말한다. 이는 앞 장의 모음 '으'의 결합적 변화에서 다루고, 본 장에서는 후설모음 '아, 어, 오, 우'가 전설화 되는 양상을 중심으로, 이들이 지리적으로 어떻게 분포되어 있으며 그 분화 및 변화의 추이과정은 또 어떻게 진행되는지를 논의해 보고자 한다.

4.1. '이'모음 역행동화

'이'모음 역행동화는 뒤에 오는 모음 '이[i]'나 반모음 '이[j]'의 영향을

받아 후설모음인 '아, 어, 오, 우'가 전설모음인 '애, 에, 외, 위'로 바뀌는[1]
음운 현상이다. '이'모음 역행동화 현상에 대해서는 수많은 선행연구가
1910년대 함경북도 방언(경성 중심)연구에서부터 시작하여(田島泰秀 1918),
국어 음운론의 발달과 그 맥을 같이 해 왔다고 할 수 있다. 오구라 신페
이(1924), 정인승(1937), 이숭녕(1954a), 김완진(1963, 1971a), 이기문(1972), 이
병근(1976), 김수곤(1978), 최임식(1984), 최전승(1986, 1995), 최명옥(1988,
1998a), 정승철(1988), 백두현(1992) 등이 대표적이라 하겠다. 이 현상에 대
한 연구사적 고찰은 최명옥(1988, 1989) 등에서 이미 논의한 바 있으므로,
여기서는 생략하기로 한다. 다만, 지금까지의 연구 방향들은 언어 내적인
기술에 대부분 국한되거나 어느 한 지역적 방언 자료에 국한되어 연구되
었을 뿐, 한반도 전체를 아우르는 방언의 지리적 분포나 그 영향관계 및
변화 추이를 포함한 언어 외적인 측면은 완전히 파악되지 않은 상태이다.

　이 현상은 음운론적 조건이나 형태음소론적 환경의 제약을 받고 있다.
따라서 본 절에서는 선행 연구가 이루어낸 업적의 토대 위에서 동화주와
피동화주 사이의 개재자음 유무, 개재자음의 개수 및 자질 특성, 피동화음
의 종류, 형태소 내부와 경계 등을 고려하여 [오구라] 자료집과 [정문연]
자료집에 공통으로 나오는 어휘를 중심으로 지리적 분포와 변화 추이를
정밀하게 비교하며 통시적 변화 과정을 기술하고자 한다.

---

1) 백두현(1992a : 212)은 문헌어 검토를 통해 '이'모음 역행동화를 두 단계-피동화 모음에
　활음 '이[j]'가 첨가되어 하향 이중모음(aj, əj, oj, uj, ij, ʌj)으로 실현되는 단계(이숭녕
　1954, 유창돈 1964, 최전승 1978, 1986)와 피동화 모음이 직접 전설 단모음(ε, e, ö, ü)으
　로 바뀌어 실현(움라우트 현상)되는 단계-로 나누어 설명하고 있다. 즉, 발달과정 상 후
　행하는 '이[i/j]'모음에 의해 일차적으로 피동화 모음에 활음 '이[j]'가 첨가되어 하향이중
　모음으로 실현(17세기 전후)된(안병희 1985, 최전승 1986, 김영배 1987) 후, 이차적으로
　이들 중모음이 후설모음에 대립되는 전설 단모음으로 존재한 시기(18세기 후기 이후~19
　세기 초엽)가 되면서 피동화 모음이 후행하는 '이'에 의해 직접 전설 단모음으로 바뀌어
　실현되는 것(김완진 1963, 이기문 1980, 최명옥 1982 등)으로 보고 있다. 이러한 견해는
　최전승(1978, 1995)에서도 논의한 바 있다.

1) 개재자음이 없는 경우

‘이’모음 역행동화의 모습을 확인할 수 있는 역사적 문헌 자료로는 대개 17세기 전후하여 근대국어 단계에서 산발적으로 확인된다(전광현 1967, 안병희 1985, 백두현 1992a). 우선 개재 자음이 없는 경우로는 (1)과 같은 예들이 문헌 자료에 나타나고 있다.

> (1) 에엿비(어엇비/어엿비), 혜여ᄒ도다(허여ᄒ도다), 블로히여(불로ᄒ여),
>   비암(ᄇ얌), 미야미(ᄆ야미), 미야지(ᄆ야지), 미이(ᄆ이), 개야미/개염
>   이/개얌이(가야미), 개야산(가야산), 시양(ᄉ양 辭讓)), 지연히(ᄌ연히),
>   위히야(위ᄒ야), 치이다(츠이다), 쇠임(소임), 쏨되야기(쏨도야기), 뫼
>   욕ᄒ고(목욕ᄒ고), 쉬염(수염), 귀유(구유), 취이(추위), 뷔이면(부이면
>   (借)), 위연ᄒ며(우연ᄒ며), 업쉬이(업수이)

‘이’모음 역행동화 현상은 오늘날에도 여러 방언들에 두루 나타나는 보편적인 현상이다. (2)의 예들[2]은 ‘이’모음 역행동화 현상만 적용된 경우이고, (3)은 동화 현상과 함께 음절축약규칙이 적용된 예들이다. (4)는 ‘이’ 선행모음인 ‘야, 요, 유’가 앞 음절의 후설모음을 전설화시킨 후 탈락해 버린 경우인데 이 또한 규칙적으로 일어나고 있다.

> (2) 아이(아니)>애이, 추위(이)>취이, 수염>쉬염/시염, 조용하다>죄용하
>   다, 보이다>뵈우다/비이다
> (3) 누이>뉘, 모이>뫼, 보이다>뵈다, 쪼이다>쬐다, 주인>쥔, 요사이>요새
> (4) 조약돌>죗돌/쫹돌/잿돌, 구유/구융>귕, 오양간(외양간)>욍간/왱간,
>   조용히>쵕히

---

2) 이숭녕(1956 : 302~312)은 15세기 국어에 공존하는 이들의 교체형태를 15세기 초기부터 싹트기 시작한 움라우트 현상의 시초라 본다. 반면에 허웅(1965 : 550~560)은 이러한 변화를 어중음 y의 첨가로 파악하면서, 어형을 보다 분명히 하고 강화하려는 노력의 결과로 보았다.

이들 어휘 중에서, 두 자료집에 공통으로 나타나는 어휘를 정리하면 (5), (6)과 같다.

(5) 수염, 모이, 구유
(6) 외양간, 조약돌

(5)와 (6)은 각각 어휘 내부와 합성어 환경의 예이다. 이들의 지리적 분포와 변화 추이를 비교한 결과 '이'모음 역행동화형이 '위/웨/이/외/애/에'형 등 다양한 형태의 변이형을 보이며 지리적 분포를 달리하여 나타나고 있다. 그 내용을 정리하면 [표 11]과 같다.[3]

[표 11] 재자음이 없는 경우 '이'모음 역행동화의 지리적 분포와 변화 추이

음운환경	형태소층위	표준어(15C 표기)	문헌자료	[오구라] 자료			[정문연] 자료			자료 간 변화 차이
				방언형	도별 출현지점수/도별 총 조사지점수	전체출현 빈도수와 빈도율(%)	방언형	도별 출현지점수/도별 총 조사지점수	전체출현 빈도수와 빈도율(%)	
개재자음이 없는 경우	어휘내부	수염		'우/오'형 쑤염	경기 × 강원 0/3 충북 0/5 충남 0/6 전북 0/9 전남 1/9 경북 0/11 경남 0/14 제주 0/2	1/59 (1)	'우/오'형 수염 수욤 수염 쑤욤 소염 솜	경기 1/18 강원 4/15 충북 2/10 충남 9/15 전북 2/13 전남 1/22 〈경북〉 3/23 〈경남〉 8/19 제주 0/2	30/137 (22)	+ 21
				'위/웨'형 쉬염 쉬엠 셈	경기 × 강원 1/3 충북 0/5 충남 3/6	26/59 (44)	'위/웨'형 쉬염 쉬염 쉬엠	경기 15/18 강원 8/15 (우/위 공존 4) 충북 5/10	64/137 (46)	+ 2

3) '모이'의 경우, 〈경기〉〈강원〉을 제외한 도에서는 개재자음 'ㅅ'이 들어가는 '모시', '구시'형이 나타나므로, 〈경기〉〈강원〉만을 대상으로 분석하였다. '구유'의 경우에는 〈경북〉에도 '구이'형이 나타나므로 〈경북〉까지 고려하였다.

			쉐미	전북 9/9 전남 8/9 경북 2/11 경남 1/14 제주 2/2		쉬움 쉬움 쉼 쉠 쉬미 쉐미	충남 4/15 (위/위 공존 3) 전북 8/13 전남 15/22 경북 7/23 경남 0/19 제주 2/2		
			'이'형 시염 씨염 시임 씨임지	충북 5/5 충남 3/6 경북 4/11 경남 6/14	18/59 (31)	'이'형 시염 씨염 시욤 시염 씨엄 씨임 심 시미 씸지 셤	경기 2/18 충북 2/10 충남 2/15 전북 2/13 전남 6/22 경북 10/23 경남 7/19 제주 0/2	31/137 (23)	- 8
			'외/왜/애/에'형 쉼 새염 샘 새미 세미	강원 2/3 경북 5/11 경남 7/14	14/59 (24)	'외/애/에'형 쉼 쉠 쇠미 쇄미 새미 세얌 셰미 쎄에미	강원 3/15 충북 1/10 전북 1/13 경북 3/23 경남 4/19	12/137 (9)	- 15
	모이	몽이 모이	'오'형 모이	경기 0/3 강원 1/3	1/6 (7)	'오'형 모이	경기 15/18 강원 11/15	26/33 (79)	+ 62
			'에/외/이'형 메기 뫼	경기 2/3 강원 2/3	4/6 (67)	'에/외/이'형 메이 멩이 미이 뫼	경기 2/18 강원 4/15	6/33 (18)	- 49
	구유 (구ᅀᅵ)	귀요 귀유 귀우	'우'형 구유 구우	경기 1/3 강원 3/12 경북 0/4	4/19 (21)	'우'형 구유 구이	경기 12/18 강원 7/13 경북 3/7	22/38 (58)	+ 37

구유 구요 구이 귀우기 귀웅		구이 구융 구영 궁영 궁이			구융 구영 궁영 궁이			
		'위/웨'형 귀융 귀영 귀잉 귀잉 귀이 궝 궹	경기 2/3 강원 9/12 경북 4/4	15/19 (79)	'위/웨'형 귀영 귀잉 귀융 궝 궹	경기 6/18 강원 5/13 경북 3/7	14/38 (37)	- 42
합성어	외양간 (오희양)	오희양 오양 오희양 오희양 오양 오회양 외향 외양 외양깐 외양간	미조사됨		'외/왜/웨' 형 왱:깐 웨양깐 왜양깐 외양깐 외양깐 애양깐 애양깐 에양깐 위양깐 에영곤 헤양깐	경기 8/18 강원 4/15 충북 5/10 충남 2/15 전북 12/13 전남 15/22 경북 5/23 경남 9/19 제주 0/2	60/137 (44)	
어휘내부 '이'역행동화의 평균 출현 빈도율 및 변화율[89→58%(-31)]								

① 어휘 내부 환경

'수염'의 경우는 상당히 복잡하고도 다양한 모음 변이형을 보이고 있을 뿐 아니라, 지역적 특색을 찾기가 그리 쉽지 않은 단어이다. 그럼에도 불구하고 이 단어를 통해서도 '이'모음 역행동화 현상이 전국적인 분포를 보이고 있으며, 특히, <전북><전남><제주> 등 서남 지역이 거의 '수염'으로 개신이 진행되지 않아 '이'모음 역행동화 현상의 진원지로 보는 데는 별 무리가 없어 보인다.4) 상대적으로 '수염'형을 유지하는 데 가장 적극적인 지역은 <충남>지역이다. 이를 보다 구체적으로 살펴보면 다음과 같다.

'이'모음 역행동화 형태는 '위/웨', '외/왜', '애/에', '이'형 등 다양한 모습으로 나타나고 있다.5) '이'모음 역행동화 현상이 적용되지 않은 '수염'형이 [오구라] 자료에서는 <전남>여천에 '쑤염'형으로 유일하게 나타났으나 [정문연] 자료에 와서는 상당히 증가한 모습(1% → 22%)을 보이고 있다. 그러나 '위/웨'형은 1차적으로 역행동화가 일어난 형태로 <전북>과 <전남>지역을 중심으로 전국적인 분포를 보일 뿐 아니라, [정문연] 자료에 와서는 다소 증가하는 추세(44% → 46%)를 보이고 있다. 그 중 '쉠, 쉠'형은 동화가 일어난 후 '이'의 음절축약이 일어난 형태이다.6) '이'형은 '위/웨'형에서 단모음화가 적용된 형태로 <경북>을 중심으로 분포하고

---

4) '수염'형으로 개신된 <전북>진안, 남원과 <전남>나주, 승주를 제외하고는 모두 '위/웨' 형 또는 '이'형만 보이고 있어, '이'역행동화 현상의 가장 넓은 분포를 보이고 있다. [오구라] 자료에 보이던 <전남>여천의 '쑤염'이 [정문연]에 와서는 오히려 '씨염'으로 변화할 정도(이와 달리 다른 지역은 동화된 형태가 오히려 '수염'형태로 바뀌는 경향이 많음.)로 이 지역은 '이'역행동화의 주요 핵방언 지역이며, 변이형도 '위, 이'형만 나타나 가장 단순하다. 이는 이 지역이 주변 지역의 영향을 잘 받지 않는 지역색이 강한 곳임을 반증하는 예라 하겠다.

5) 두 자료집 모두 가장 다양한 방언 변이형을 보이는 지역이 <경북>이다. 주변의 영향을 가장 많이 받은 전이 지역이라 하겠다. [오구라] 자료에 '위/이/애/에/웨' 등 다양한 모음 변이형(쉬염,시염,시임/새미,세미/쉠,쉐미)이 나타나고 있는데, [정문연] 자료에 오면 이들 형태가 더욱 분화되어 '수염/쉬염,쉬엄,쉽,쉬미/시염,시미,심/새미/쇄미'와 같이 '우/위/이/애/왜' 등 더 많은 형태의 방언형들이 나타나고 있다.

6) '이'모음 역행동화가 적용된 후, 음절축약이 나타나는 것도 상당히 생산적인 현상이다. <경기>고양(쉠), <강원>양양(쉽(소))>쉠(정)), 평창(쇠미), 영월(쇠미), 삼척(쉠), <충북>제원(쉽), 청원(셤), <충남>공주(셤), 연기(셤), <전북>무주(쉽), <경북>울진(쉠), 쉐미(소)>쇄미(정)), 문경(심), 안동(쉬미, 시미), 양양(새미), 의성(세미(소)>쉬미(정)), 청송(세미(소)>쇄미(정)), 영덕(새미(소)>쇄미(정)), 선산(시미), 군위(쉽), 영일(쇄미), 영일(쇄미), 경산(시미, 새미), 영천(새미(소)>쉬미(정)), 청도(쉬미), <경남>밀양(새미), 울주(새미(소)>쇄미(정)), 진양(샘(소)), 함안(쉠), 김해(새미(소)>쎄에미, 양산(새미(소)) 등이 그 예가 되겠다.

있다. '애/에'형 역시 단모음화되어 나타난 현상으로, <경남>을 중심으로 <경북> 일부 지역에 분포되어 있다.

이처럼 '이'모음 역행동화가 적용된 어휘가 <전북><전남>을 중심으로는 '위'형(44→46%)이, <경북>을 중심으로는 '이'형(31→23%)이, <경남>을 중심으로는 '에'형(24→9%)이 분포되어 있다. '이'나 '에'형은 [정문연] 자료에 올수록 감소하는 경향을 보이고 있으나, '위'형은 오히려 증가하는 추세를 보이면서 '수염'으로의 개신도 일부 진행되었다. '오/우'로의 개신은 <전라도>지역에서는 거의 일어나지 않고 중부 지역인 <강원><충북><충남>을 비롯하여 동부 지역인 <경북><경남>쪽으로 일부 진행되는 경향을 보이고 있다.[7] '수염'형이 나타나는 지역은 그리 넓지 않다. 따라서 '이'모음 역행동화는 한반도의 서부 지역이 동부 지역보다 우세한 경향을 다소 보이고 있다.

'모이'의 경우, 문헌 자료에서 '모이'가 소급하는 최초의 형태는 18세기의 '모이'와 '몽이'이다. 출현 시기로 보아 '몽이'에서 첫째 음절 끝 자음 'ㅇ'이 탈락한 결과가 현대어에 남아있는 '모이'로 보고 있다. 방언 자료에서는 첫째 음절의 변이형에 따라 '오/에,외,이/어/아/우' 등 다양한 형태로 나타나고 있다. '오'형은 어중 자음 'ㅅ'의 개재 여부에 따라 구분되는데, '이'모음 역행동화가 일어나지 않은 형태이다.[8] '에/외/이'형은 '모이'형이 나타나는 지역에서의 '이'모음 역행동화 현상이 일어난 형태이다. '모시'형이 나타나는 지역에서는 '이'모음 역행동화 현상이 일어나지 않고 있다.

---

7) <경남>지역은 거창, 합천, 창녕, 밀양, 고성, 남해, 통영에서 '이'모음 역행동화형이 '수염/쑤움'으로(이/위>우), 의창에서는 '쎄염>쏨'으로(에>오) 개신이 되는 등, <전라도>와 달리 '이'모음 역행동화 현상이 적용되지 않는 방향으로 변화하였다.

8) 백두현(1992a : 213~225)에서는 16~18세기에 나타난 '이'역행동화의 통시적인 양상을 통해, [+cor]자질의 경우에도 '이'모음 역행동화 현상에 제약이 없다고 설명하고 있다.

'이'모음 역행동화형은 'ㅅ' 개재자음이 없는 <경기>와 <강원>을 중심으로 나타나고 있다. 특히, <강원>지역은 '이'모음 역행동화 현상이 가장 오래도록 잔존해 있는 지역이라 하겠다. <강원>명주에는 [오구라] 자료에 '모이'형이던 것이 오히려 [정문연] 자료에 '멩이'로 바뀌는 등, '이'모음 동화 현상이 다른 지역에 비해 강하게 남아 있다.

그 밖의 지역은 대부분 '이'모음 역행동화 현상이 일어나지 않고 있다. 그 이유는 '모이'형이 아닌 '모시'형이 대부분 분포되어 있기 때문이다. <충북>은 일부 지역은 '모시>모이'로 바뀌고, 일부 지역은 '모시'가 유지되고 있다. 그 밖의 <충남><전북><전남><경북><경남><제주>지역은 모두 여전히 '모시' 형이 잔존해 있다.

북한 지역에는 '이'모음 역행동화 형태인 '멩이'가 <황해>황주 <함남>신계, 곡산, 신고산, 안변, 덕원 <평남>평양 <평북>희천, 강계, 자성, 후창 등지에 나타나고 있다. <함북>지역을 제외하고는 대부분 지역에 나타나고 있다.

'구유'의 경우, 문헌 자료에는 '구유'에 '이'모음 역행동화가 적용된 '귀우, 귀우기, 귀웅, 귀유, 귀요' 등의 어형이 17세기 이후에 나타나고 있다. 방언 자료에서는 '이'모음 역행동화 현상의 적용 유무에 따라 크게 2가지로 나뉜다.

[오구라] 자료(79%)에 이어 [정문연] 자료(37%) 역시 '이'모음 역행동화 현상이 <경기><강원>을 중심으로 <경북> 일부 지역에만 분포되어 있고, 그 이외 남부 지역에서는 '이'모음 역행동화 현상이 적용되지 않은 어중 'ㅅ'이 개입된 형태들이 주로 나타나고 있다. 또 다른 '구유'의 특징은 '이'모음 역행동화가 일어난 후 음절 축약 내지 탈락도 빈번히 발생하는 현상9)이라 하겠다. <충남><전북><전남><경남>지역에는 어중 'ㅅ'이 첨가되는 '구송/구시'형이 주로 나타나면서, '이'모음 역행동화 현상은 나

타나지 않고 있다.

북한 지역에는 <황해>를 중심으로 '이'모음 역행동화 현상이 빈번히 발생하되, 동화에 후행하여 음절축약이 활발히 나타나고 있다. <황해>금천(귀영), 연안(궨), 해주(귀융), 옹진(귀), 태탄(궤), 장연(궤), 은율(귀), 안악(귀), 재령(귀영), 서흥(귀영), <평남>평양(꽹이) <함남>신계(꿩/궁) 등지에 나타나고 있다.

따라서 '구유'에 나타난 '이'모음 역행동화 현상은 <황해>를 중심으로 하는 서북 지역에서부터 남으로 <경기><강원> 등 중부 지역으로 그 영향이 미쳤음을 확인할 수 있다. 남부 지역에서는 어중 'ㅅ'이 개재된 '구시/구숭'형이 주로 분포함으로써, '이'모음 역행동화는 남부 지역에는 잘 보이지 않는다.

② 합성어 환경

'구유'와 같이 '이'선행모음인 '야, 요, 유'가 동화에 뒤따라 탈락이 일어나는 어휘로는 합성어 환경인 '오양깐(외양간)', '조약돌' 등이 있다. '외양간'은 15세기 문헌 자료에 '오히양' 형태가 보이면서, 그 변천 과정을 '오히양>오희양>오향>오양/외향>외양'과 같이 분석하고 있다. 방언 자료로는 [정문연] 자료에 '이'모음 역행동화 현상이 전국적으로(44%) 나타나고 있다.[10]

---

9) [오구라] 자료에서는 조사되지 않아 알 수는 없지만, [정문연] 자료에 <경기>의 연천(꿩), 포천(꿩), 고양(꿩), 양주(꿩), 가평(꿩) <강원>의 화천(꿩), 양구(꿩) 등지에 축약형이 나타나고 있다. 황대화(1998 : 41)에는 '이'모음 역행동화에 따른 음절축약은 서북방언과 <황해도> 지방에서 규칙적으로 일어나고 있다고 보고하고 있다. 또한 '이'선행모음인 '야, 요, 유'도 앞 음절의 후설모음을 전설모음으로 동화시킨 후 탈락해 버리는 현상이 이 지역에서는 빈번하게 일어나고 있다. '조약돌>쥇돌/쥇돌, 외양간>욍깐/왱깐, 소용이>쇵이, 조용히>쬉히, 구융>궁' 등이 그 예가 되겠다.

10) 즉, <경기>연천, 파주, 김포, 고양, 양주, 옹진, 시흥, 여주 <강원>철원, 인제, 춘성, 홍

그 외 지역에서는 '오양간'의 형태가 거의 분포되어 있다. '외양간'의 분포 지역에서, '이'모음 동화현상이 가장 광범위하게 분포되어 있는 곳은 <전북>지역(12/13개 조사지점)이며, 가장 적은 곳은 <충남>(2/15개 조사지점)이다. 그러나 남한의 모든 도에서 '이'모음 역행동화 현상이 적용된 어휘들이 보이고 있어, 합성어 환경인 '외양간'에서는 '이'모음 역행동화형이 보수형의 형태로 광범위한 지역에 잔존해 있다. 그리고 '이'모음 동화현상이 적용된 후 '이'의 탈락은 일부이긴 하지만, <경기><강원><충북><충남> 등 중부 지역에 주로 나타나지11) 남부 지역에서는 거의 보이지 않는다.

'조약(돌)'의 경우, [오구라] 자료에 '잭, 잭돌, 재악돌' 등의 형태가 보이는데, '잭'은 '야' 앞에서 '이'모음 역행동화가 일어난 후 탈락된 형태로 볼 수 있다. <강원>인제, 고성, 홍천, 양양, 횡성, 명주, 평창, 원성, 영월 <충북>제천 등지에 보인다. [정문연] 자료에는 <전남>신안에 '재악(자갈)'이 나타나고 있다. 이를 통해 볼 때, <강원>지역 역시 '이'모음 역행동화와 함께 음절축약 현상의 주된 분포 지역이라 하겠다.

③ 방언 구획

이상 살펴본 어휘 내부 환경인 '수염, 모이, 구유'와 합성어 환경인 '외양간', '조약돌'의 형태음소론적 층위에 따른 지리적 분포를 토대로 한, 방언 구획을 카토그램으로 나타내면 다음과 같다. 어휘 내부 환경의 경우

천 <충북>진천, 청원, 괴산, 옥천, 영동 <충남>공주, 금산 <전북>정읍을 제외한 전 지역 <전남>신안, 승주, 광양, 강진, 고흥, 여천, 완도를 제외한 전 지역 <경북>영풍, 울진, 문경, 예천, 영양, 군위, 영일, 성주, 칠곡, 경산, 영천, 고령, 달성, 청도, 월성 <경남>밀양, 울주, 산청, 하동, 의창, 양상, 남해, 거제 등에 나타나고 있다.
11) 황대화(1998 : 41)에서도 동화에 따른 음절축약이 비교적 규칙적으로 나타나고 있는 지역으로 서북방언과 중부방언을 들고 있다.

에는 '이'모음 역행동화 현상이 가장 활발하게 나타나는 최후방어선 지역을 기준으로, 합성어 환경에서는 '이'모음 역행동화형이 남한의 모든 도에서 나타나되, 가장 활발하지 않은 지역을 기준으로 대립항을 설정하였다.

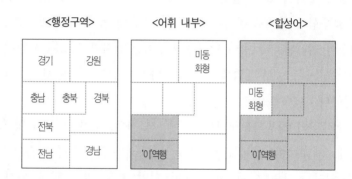

2) 개재자음이 있는 경우

(1) 1개의 개재자음이 있는 경우

역사적 문헌 자료로는 아래와 같이 (1)~(6)의 예들이 있다.

(1) '어>에' : 서김>세김, 적(時)이>제기, 너기다>네기다/녀기다, 먹이다>멕이다, 버히다>베히다/베다, 져비>제비, 겨집>계집, 겨시다>계시다, 여쉰>예순, 청이(箕)>쳉이, 거피(去皮)>계피, 어엿비>에엿비>에옛비, 벗기다>벳기다/볏기다, 굼벙이>굼벵이, 며주>메조/메즈, 며느리>메느리

(2) '아>애' : 자(尺)히오>재히오, 사기다(刻)>새기다, 삽살가히>삽살개히, 하야로비>해야로비, 뵈얏비(忙)>뵈왯비, 가야미>개야미, 짜히다>째히다

(3) '९>이' : 둔니다>둔기다>딩기다, 문지다>민지다, 스양(辭讓)>시양,

도리혀>도로혀~도리혀, ᄇ얌(蛇)>비얌, ᄆ야미>미야미, ᄆ야지
(駒)>미야지

(4) '으>의' : 그ᄉ이다>긔이다>기이다, 기믜>기미, 글위>그릐>그리, 불
휘>불희>뿌리

(5) '오>외' : 오히려(猶)>외히려, 목욕/모욕(沐浴)>뫼욕, 대도히(共, 全)>
대되히/대되이, 소리(聲)>쇠리

(6) '우>위' : 구ᄉ이/구슈(槽)>귀유/괴요, 우션ᄒ다>위연ᄒ다

　방언 자료에도 '이'모음 역행동화 현상은 여러 어휘에서 두루 나타나고
있다. 두 자료집에 공통으로 나타난 어휘들을 선별하면 (7)~(9)이 있다.

(7)　가. 고기, 두루마기
　　　나. 토끼, 노끈
　　　다. 아지랑이, 지렁이
(8)　가. 어미(야)
　　　나. 아가미, 올가미, 피라미, 바구미, 다듬이, 꾸미, 홀어미
　　　다. 누비(누에), 고비(고사리), 두꺼비(두터비)
　　　라. 고삐
(9)　가. 다님, 저녁
　　　나. 마디
　　　다. 다리미

　(7)은 개재자음이 각각 연구개음 'ㄱ,ㄲ,ㅇ'인 경우로, 어휘 내부와 파
생어 환경을 고려하여 선택한 예들이다. (8)은 개재자음이 양순음이다. (8
가)와 (8나)는 'ㅁ'으로, 각각 체언+조사 환경과 파생어 환경의 예이다. (8
다)와 (8라)는 각각 개재자음이 'ㅂ,ㅃ'인 경우로, 어휘 내부와 파생어 환
경을 고려하여 선택한 예들이다. (9)는 개재자음이 각각 설단음, 'ㄴ,ㄷ,

ㄹ'로 역시 어휘 내부와 파생어 환경을 고려하여 선택한 예들이다. 이상 어휘들의 지리적 분포와 변화 추이를 비교한 결과, '어/에', '아/애', '으/이', '으/의', '오/외', '우/위' 등 '이'모음 역행동화가 적용된 형태들이 지리적 분포를 달리하여 나타나고 있다. 본 절에서는 우선, 개재자음이 연구개음인 (7)의 경우부터 살펴보기로 한다.

(가) 개재자음이 연구개음인 경우

(7)에 제시된 어휘들이 '이'모음 역행동화형으로 나타나는 도별 지리적 분포와 함께 출현빈도수와 변화율을 분석하면, [표 12-1]과 같다.

[표 12-1] 개재자음이 1개 있는 경우 '이'모음 역행동화의
지리적 분포와 변화 추이(연구개음인 경우)

음운 환경	형태소 층위	표준어 (15C 표기)	문헌 자료	[오구라] 자료			[정문연] 자료			자료 간 변화 차이
				방언형	도별 출현지점수/도별 총 조사지점수	전체출현 빈도수와 빈도율(%)	방언형	도별 출현지점수/도별 총 조사지점수	전체출현 빈도수와 빈도율(%)	
개재자음 ㄱ	어휘 내부	고기		괴기 괘기 궤기 게기	경기 3/3 강원 0/3 충북 4/5 충남 6/6 전북 9/9 전남 11/12 경북 10/12 (오/이 : 공존 6) 경남 14/14 (오/이 : 공존 1) 제주 2/2	59/66 (89)	괴기 개기 게기 괘기 궤기 게기 귀기 기기	경기 7/18 (오/이 : 공존 1) 강원 5/15 (오/이 : 공존 1) 충북 6/10 충남 13/15 전북 9/13 전남 18/22 (오/이 : 공존 2) 경북 8/23 (오/이 : 공존 8) 경남 5/19 (오/이 : 공존 4) 제주 2/2	73/137 (53)	36
	파생어	두루마기	두루막 두루막이 두루마기	두루막이 후루매기 후루매	경기 3/3 강원 3/6 (아/애 : 공존 3)	56/66 (85)	두루매기 두리매기 두르매기	경기 17/18 (아/애 : 공존 2) 강원 6/15	94/137 (69)	- 16

				후리매	충북 5/5 (아/애 : 공존 5) 충남 6/6 (아/애 : 공존 4) 전북 9/9 전남 9/9 경북 8/12 (아/애 : 공존 1) 경남 11/14 제주 2/2 (아/애 : 공존 1)		둘매기 둘뻬기 후루매기 후루매	(아/애 : 공존 1) 충북 10/10 (아/애 : 공존 3) 충남 14/15 (아/애 : 공존 1) 전북 13/13 (아/애 : 공존 1) 전남 17/22 경북 9/23 (아/애 : 공존 3) 경남 6/19 (아/애 : 공존 1) 제주 2/2 (아/애 : 공존 1)		
개재자음 ㄲ	파생어	토끼 (톳ㄱ 톳기)	톳ㄱ 톳기 톤끼 톤찌 톳긔 톳끠 톤기 토끠 토기 톹 토씨 톡기 토끼	퇴끼 퇴깽이 테까니 퇴까니 퉤께	경기 × 강원 0/3 충북 0/5 충남 5/5 (오/외 : 공존 2) 전북 6/6 전남 11/12 경북 0/6 경남 3/14 제주 1/2	26/53 (49)	퇴끼 뒈끼 테끼 테꼐	경기 3/18 강원 5/15 (오/외 : 공존 3) 충북 4/10 (오/외 : 공존 2) 충남 14/15 (오/외 : 공존 2) 전북 11/13 (오/외 : 공존 2) 전남 22/22 (오/외 : 공존 5) 경북 1/23 경남 0/19 제주 2/2	62/137 (45)	- 4
	합성어	노끈		내낀 내끼 노내기 노내끼 논내낑이	경기 × 강원 2/3 충북 0/1 충남 5/6 (으/이 : 공존 2) 전북 2/4 전남 0/6 경북 5/5 경남 9/13 제주 2/2	25/40 (63)	삼내낀 참내낀 논내끼 노내끼 삼노내끼	경기 0/18 강원 3/15 충북 0/10 충남 6/15 전북 0/13 전남 1/22 경북 1/19 경남 2/23 제주 ×	13/135 (10)	- 53
개	파	아지랑이		아지랭이	경기 0/3	63/80	아지랭이	경기 13/18	115/137	+ 5

재자음 ㅇ	생어		아시랭이	강원 8/11 충북 6/6 충남 12/13 전북 10/10 전남 5/10 경북 9/11 경남 13/14 제주 0/2	(79)	애지랭이 아지래이 아스랭이 아시랭이 아라링이 알랑갱이 (알랑개미 알랑개비) 삼새미 애매미	(아/애 : 공존 1) 강원 9/15 (아/애 : 공존 1) 충북 10/10 충남 15/15 전북 13/13 전남 20/22 (아/애 : 공존 1) 경북 18/23 (아/애 : 공존 2) 경남 16/19 (아/애 : 공존 1) 제주 1/2	(84)	
		지렁이	디롱이 디룡 디룡이 지룡 지룡이 지렁이 지렝이 지령이 지롱이	지렝이 지랭이 지링이 찌링이	경기 3/3 강원 10/10 충북 5/5 충남 6/6 전북 5/9 전남 7/12 경북 11/12 경남 14/14 제주 2/2	63/73 (86)	지렝이 지레이 지랭이 찌랭이 지링이 기랭이 지리기	경기 17/18 강원 13/15 충북 8/10 충남 14/15 전북 7/13 전남 16/22 경북 23/23 경남 15/19 제주 2/2	115/137 (84)	- 2

'이'모음 역행동화형은 <전북><전남>을 중심으로 전국적인 분포를 보이고 있다. '이' 미동화형은 <경북>과 <경남>지역에서 빠르게 진행되는데 비해, <전북>과 <전남>은 개신의 속도가 가장 느린 지역으로 고어형이 잔존할 가능성이 가장 큰 지역이라 하겠다. 이는 언어적 보수성이 가장 강한 지역으로도 설명된다. <경북>은 개신형과 보수형이 공존하는 전이 지역의 성격이 강하다. 남한의 경우 <경기><충북><충남><전북><전남>을 중심으로 하는 서부 지역에는 '이'모음 역행동화형(●형)이, <강원><경북><경남>을 중심으로 하는 동부 지역에는 미동화형(■형)이 분포됨으로써, 크게는 동서를 나누는 방언 구획을 보이고 있다.

개재자음이 하나인 경우, '이'모음 역행동화 현상은 전 지역에서 일어

나는 상당히 활발히 적용되는 음운변동 현상이다. 다만, 적용여부가 개재
자음의 성질에 따라 상대적인 차이가 있음을 확인할 수 있다. 즉 '이'모
음 역행동화 현상은 '설단음<양순음<연구개음' 순으로 활발히 적용되
고 있다. 설단음 중에서는 'ㄹ'자음이, 양순음에서는 'ㅁ'이, 연구개음에
서는 'ㅇ'이 가장 활발하게 적용되고 있다. 이를 구체적으로 살피면 다음
과 같다.

① 'ㄱ'의 경우
(10)에서 보듯이 'ㄱ' 개재자음이 있는 경우, '이'모음 역행동화 현상이
활발하게 나타나고 있다.

> (10) 소나기>소내기, 보자기>보재기, 두루마기>두루매기, 누더기>누데
> 기, 두드러기>두드레기, 고기>괴기/궤기, 소경>쇠경/쇄경, 포기>푀
> 기, 구경>귀경, 메뚜기>메뛰기, 이야기>이애기, 여기다>예기다, 진
> 드기>진듸기/진디기, 호드기>호디기, 기저귀>지제기, 돌저귀>돌쩨
> 기, 잎사귀>잎세기 등

'이'모음 역행동화형이, 남한의 경우 <경기><충북><충남><전북>
<전남>을 중심으로 하는 서부 지역에, 미동화형이 <강원><경북><경
남>을 중심으로 하는 동부 지역에 분포됨으로써, 크게는 동서를 나누는
방언 구획을 보이고 있다. 두 자료집에 공통으로 조사된 '고기'와 '두루마
기'를 중심으로 그 지리적 분포와 자료 간 변화양상을 살펴본다. 어휘 내
부 환경인 '고기'보다 파생어 환경인 '두루마기'에서 '이'모음 역행동화 현
상이 훨씬 넓게 분포되어 있을 뿐 아니라, 자료 간 '이>오'로의 개신의 진
행 속도도 '고기'(89 → 53%(-36))가 '두루마기'(85 → 69%(-16))보다 빨리 진
행되고 있다. 이는 음운적으로 동일한 환경이라도 파생어 층위가 어휘 내

부 층위보다 보수형을 유지하려는 경향이 강함을 보여 주는 예라 하겠다.

'고기'의 경우, 방언 자료에는 첫째 음절이 '이'모음 역행동화 적용 유무에 따라 '오/외/왜/웨/에/애/이'형 등 다양하게 나타나고 있다. [지도 34-1, 34-2]에서 보듯이, '이'모음 역행동화형은 <충남><전북><전남><제주> 등 서부 지역을 중심으로12) 전국적으로 분포되어 있다. 다만, '고기'형의 주요 분포 지역은 <강원>과 <경북>지역이었는데,13) 이들은 [정문연] 자료에 오면서 더욱 세력을 확장하였고, 거의 대부분 '이'모음 역행동화형이던 <경남>지역은 '고기'로의 개신이 빠르게 진행되었다.14)

---

12) <충남>은 [오구라] 자료에서 전체 6개 조사지점 모두 '이'동화형이 나타났으나, [정문연] 자료에 와서는 논산과 금산에서만 '고기'형으로 바뀌었을 뿐, 나머지 지역 모두 '이'동화형이 유지되고 있다. <전북>은 [오구라] 자료에서는 전체 9개 조사지점 모두에서 '이'동화형만 나타났으나, [정문연] 자료에 와서는 전체 13개 조사지점 중 익산, 무주, 부안, 고창 지역에서 '오'형으로 개신이 진행되었을 뿐, 나머지 9개 지역에서는 여전히 '이'동화형이 유지되고 있다. <전남>은 [오구라] 자료에서 전체 12개 조사지점 중 '고기'형이 나오는 광산을 제외한 11개 조사지점 전역에서 '이'동화형이 우세하였다. [정문연] 자료에 와서도 전체 22개 조사지점 중 영광, 곡성, 함평, 무안, 나주, 해남 등 6개 지점에서 '오'형으로 개신이 일부 진행되었지만, 나머지 16개 지점에서는 모두 '이'동화형이 광범위하게 분포되어 있다. 더욱이 [오구라] 자료에서 '고기'형으로 조사되었던 광산은 오히려 [정문연] 자료에 와서 '이'동화형으로 바뀌어 나타나는 등 <전남>지역은 '이'동화형이 우세한 지역이다.
13) <강원>은 [오구라] 자료에 '고기'형으로 나타나던 양양과 삼척이 [정문연] 자료에 와서 '괴기'형으로 바뀌어 나타날 뿐, 전체적으로는 '고기'형의 분포가 넓게 나타나고 있다. 이에 비해, <경북>은 [오구라] 자료에 조사된 대부분 지역에 '오'형과 '이'역행동화형이 공존하여 나타나고 있다. '이'역행동화형만 나타나는 지역은 예천, 의성, 금릉, 고령이고, 공존하는 지역은 안동, 청송, 영덕, 영일, 영천, 달성 등지이다. 이렇듯 개신형과 보수형이 함께 나타나는 전이 지역으로서의 특성을 보이고 있다. 즉, 다른 도에는 '이'동화형이나, '오'형 중 어느 하나의 형태가 단독으로 분포되어 있는데 비해, <경북>은 두 어형이 공존하여 나타나고 있다. [정문연] 자료에 오면서 '이'동화형이 대부분 '오'형으로 바뀌었다. [정문연] 자료에 '이'동화형만 나타난 지역은 청송, 금릉, 선산밖에 없다. 따라서 <경북>지역은 상대적으로 변화를 가장 빠르게 받아들이는 지역이라 하겠다.
14) <경남>은 [오구라] 자료에는 거의 전 지역이 '이'동화형('게기/개기/기기')으로 나타났으나, [정문연] 자료에 오면서 대부분 지역이 '오'형으로 개신이 되었다. 김해 지역에서

'두루마기'의 경우, 문헌 자료에 나타나는 최초 형태는 18세기의 '두루막이'형이다. 19~20세기에 '두루막'과 연철표기인 '두루마기'가 보인다. 그러나 방언 자료에는 첫째 음절의 '이'모음 역행동화 적용 유무에 따라 방언 변이형이 두 계열로 나뉜다. [지도 35-1, 35-2]에서 보듯이, 우선 두 자료집에 나오는 '두루마기'형의 출현 빈도수를 비교하면, 두 자료집 모두에서 '이'모음 역행동화형인 '두루매기'형이 가장 많이 나타나고 있다. 그러나 자료 간 '이>아'로의 개신이 진행되면서 '이'형이 감소하는 추세(85→69%(-16))를 보이고 있다. 특이한 점은 축약형이 [정문연] 자료에 오면서 더욱 활성화된다는 것이다. '두루마기'보다 축약형인 '두루막'의 출현빈도가 높으며, 극소수 지역이지만 '둘막, 둘매기/둘뫠기, 후루매, 후루막' 등의 형태가 나타나는 것도 이와 같은 맥락이라 하겠다.

한편, '후루매기'형은 [정문연] 자료에 오면서 출현 빈도가 다른 어형에 비해 상대적으로 축소되었다. 이는 개신형 '두루마기'형의 확산에 밀려 '후루매기'의 핵방언권인 <충북>과 <충남>을 제외한 지역에서 거의 사라지면서 그 사용범위가 축소되었다고 본다. [오구라] 자료에는 '이'모음 역행동화형('후루매기'형과 '두루매기'형 모두를 포함한 경우)이 전국적인 분포 양상을 보인데 비해, [정문연] 자료에 오면서 '후루마기/후루매기'형이 <충북><충남>과 <경기>일부 지역을 제외한 <강원><전북><전남><경북><경남> 등지에서 사라지고 '두루마기/두루매기'형만 남으면서 '이'모음 역행동화형이 감소하며 동서로 분할되는 양상을 보이고 있다. <경기><충북><충남><전북><전남><제주>에 이르는 한반도의 서부 지역에는 '이'모음 역행동화형이 주로 분포되어 있고, <경북><경남>을

'이'동화형인 '개기'가 유지되어 있고, 울주, 함양, 사천에 '이'동화형과 '오'형이 공존해 있을 뿐, 나머지 지역은 모두 '오'형만 나타나고 있다. 따라서 <경남>도 <경북>과 마찬가지로 변화를 빠르게 받아들인 지역이다.

중심으로 <강원>에 이르는 동부 지역에는 미동화형이 분포되어 있다. 이 파생어 '두루마기'는 '이'모음 역행동화 적용유무에 따라 동서 구분이 확연이 드러나는 대표적인 어휘라 하겠다.

특히, [정문연] 자료를 보면 어휘 내부에서보다 파생어 층위에서 '이'모음 역행동화 현상의 영향력이 큼을 알 수 있다. 앞서 언급한 어휘 내부 환경인 '고기'형과 비교했을 때보다 파생어 층위인 '두루마기'의 '이'모음 역행동화형의 분포가 훨씬 광범위해졌기 때문이다. 특히, 중부 지역인 <경기>대부분과 <강원>서부 지역에까지 '이'모음 역행동화형이 확산되었을 뿐 아니라, 전체적으로 '이'모음 역행동화형의 동서분할선이 동쪽으로 다소 이동한 듯한 모습을 보이고 있다. 즉, 어휘내부 환경인 '고기'어휘보다 파생어 환경인 '두루마기'어휘에서 '이'모음 역행동화형이 훨씬 넓게 분포되어 있다. '두루마기'형을 표준어형으로 정함에 따라, '아'형으로의 개신의 진행속도는 어휘 내부 환경인 '고기'의 경우(89 → 53%(-36)) 파생어 환경인 '두루마기(85 → 69%(-16))보다 빠르게 진행되었다고 하겠다.

<경남>과 <경북>은 개신이 빠르게 진행되고 있는 지역이다.15) 반면에, '이'모음 역행동화 현상에서도 <전북>과 <전남>은 개신의 속도가 가장 느린 지역으로 보수형이 잔존할 가능성이 가장 큰 지역이라 하겠다. 이는 언어적 보수성이 가장 강한 지역으로도 설명된다.

그 밖에 [정문연] 자료집에만 조사되어 있는 '소경, 메뚜기, 두드러기, 누더기' 등의 어휘가 있다. '소경'의 경우, '쇠경/쉬경'형이 '소경'형보다

---

15) <경북>의 경우, [오구라] 자료에서는 '이'동화 적용형(7지점)이 그렇지 않은 경우(5지점)보다 다소 분포가 넓었으나 [정문연] 자료에 와서는 '이'동화 현상이 적용되지 않은 형태(17지점)가 적용된 형태(9지점)보다 넓게 분포되어 있다. <경남> 역시 [오구라] 자료에서는 '이'동화형이 그렇지 않은 경우보다 그 분포 지역이 넓었으나, [정문연] 자료에 오면서 '이'동화형이 아닌 경우(14지점)가 '이'동화형인 경우(6지점)보다 광범위하게 분포되어 있다.

분포가 보다 넓다. <경기-6개 지점><강원-8개 지점><충북-5개 지점><충남-12개 지점>과 <충남>에 인접한 <전북-2개 지점>의 북부 지역에 나타나고 있어 중부 지역을 중심으로 분포되어 있다. 다만, 어휘 내부에서는 '이'모음 역행동화 현상의 적용이 파생어 층위에서보다 그 분포 지역이 넓지 않다는 점이다.

파생어 '메뚜기'의 경우, '이'모음 역행동화형이 '소경'보다 전국적으로 훨씬 넓게 분포되어 있다. 그런데 특이한 점이 <경북>지역에서 '이'모음 역행동화형이 대부분의 지역(21/23개 지점)에 분포되어 있다는 점이다. 이는 첫음절의 [e] 또는 [i] 소리의 영향으로 순행동화가 일어났기 때문이라 하겠다. '이'모음 역행동화 현상과 달리 '이'모음 순행동화 현상은 <경북>에서 상당히 활발히 일어나는 동화현상이라 하겠다.

'두드러기'와 '누더기'의 경우, '이'모음 역행동화 미적용형은 일부 지역에만 나타나고 '이'모음 역행동화형은 전국적인 분포양상(특히, <경기><강원><충북><경북>은 전 지역에서 '이'모음 역행동화형이 나타나고 있다.)을 보이고 있다. 특이한 점은 <전북><전남>지역에서는 '이'모음 역행동화 현상이 일어나기 전에 어형이 축약되는 현상이 강하다는 점이다. 그러나 축약형이 아닌 '누더기' 형태를 보이는 경우에는 모두 '이'모음 역행동화 현상이 적용된 어형이 대부분 분포되어 있다.

② 'ㄲ'의 경우

방언 자료에 (11)처럼 개재자음으로 'ㄲ'이 있는 경우에도 '이'모음 역행동화형이 활발히 나타나고 있다.

> (11) 파끼(팥)>패끼, 여끼(여우)>예끼, 토끼>퇴끼, 조끼>죄끼, 노긴(노끈)>뇌긴, 아끼다>애끼다

(11)에서 보듯이, 'ㄲ' 앞에서도 '이'모음 역행동화 현상이 일어나는 경우가 있다. 이 현상은 북한의 <함북><함남>을 중심으로 상당히 규칙적으로 분포되어 있다. 어휘에 따라 그 분포양상이 다소 차이가 난다. '팥(파끼>패끼)'이나 '여우(여끼>예끼)'의 경우는 [오구라] 자료에 이러한 현상이 보이지만, [정문연] 자료에 오면서 이러한 모습은 거의 사라졌다. 그러나 '토끼'의 경우에는 [정문연] 자료에까지 '퇴끼'형이 상당히 여러 지역에서 나타나고 있어 두 자료 간 변화 차이(-4%)은 상당히 낮다.

'토끼'의 경우 '이'모음 역행동화 현상이 적용된 '퇴끼/퇴깽이'형의 분포는 다른 어휘(패끼, 예끼)에 비해 상당히 넓은 분포 지역을 보이고 있다. [오구라] 자료(49%)뿐만 아니라, [정문연] 자료(45%)에까지 <경남>을 제외한 전국적인 분포를 보이고 있다. 특히, '이'모음 역행동화형은 <충남><전북><전남>을 중심으로 널리 분포되어 있는데 비해, <경북><경남>지역에서는 잘 일어나지 않고 있다. 파생어 층위인 '토깽이'의 경우는 거의 대부분 '이'모음 역행동화 현상이 적용된 '퇴깽이'형으로 나타나고 있어, 파생어 층위가 어휘 내부에서보다 '이'모음 역행동화 현상을 폭넓게 수용하고 있음을 확인할 수 있다.

'노끈'의 경우에도 '내낀/내끼' 등의 방언형이 나타나고 있다. 특이한 점은 북한 지역에서는 어휘 내부 환경에서 '이'모음 역행동화형이 나타나고 있지만, 남한 지역에서는 '이'모음 역행동화형이 거의 합성어 층위에서만 나타나고 있다. 이는 북한 지역은 아직도 '이'모음 역행동화 현상이 상당히 뚜렷한 규칙으로 남아있지만, 남한 지역은 어휘내부 환경에서는 거의 개신이 진행되어 개신형인 '노끈'으로만 나타나지만, 합성어 층위에서는 아직도 '노내끼'처럼 '이'모음 역행동화 현상이 잔존해 있기 때문으로 볼 수 있다. [오구라] 자료보다 [정문연] 자료에 올수록 '이'모음 역행동화형의 지역적 분포가 급격히 줄어듦(63%→10%)도 이를 반증해 주는 예라 하겠다.

그 밖에 '팥'의 경우, [오구라] 자료에 '패끼/패키'형이 북한 지역의 <함북><함남>을 중심으로 하여 <황해> 일부 지역에 나타나고 있음을 확인할 수 있다.16) '여우'의 경우, [오구라] 자료에 '예끼'형이 북한 지역의 <함북>홍원(엥끼), 단천과 <함남>성진, 길주, 명천, 경성, 나남, 부거 등을 중심으로 나타나고 있다. 남한에서도 <경북>예천, 안동에 나타나고 있다.

③ 'ㅇ'의 경우

개재자음이 'ㅇ'인 경우, '이'모음 역행동화 현상은 (12)에서 보듯이 대부분 파생어 환경에서 나타나고 있어, 한반도 대부분 지역에 분포되어 있을 뿐 아니라 두 자료 간 변화 차이도 가장 낮다.

> (12) 호랑이>호랭이, 원숭이>원싱이, 승냥이>승냉이/승내이, 방망이>방
> 맹이/방매이, 아지랑이>아지랭이, 구덩이>구뎅이/구데이, 지렁이>
> 지렝이/지레이, 굼벙이>굼뱅이/굼베, 밤송이>밤셍이/밤쇠이, 종일>
> 쳉이/쵀일, 주둥이>즈뒹이/주딩이/주디이, 모퉁이>모튕이/모퉹이

(12)에서 보듯이 상당히 보편적으로 적용되는 규칙적인 현상이다. '아지랑이', '지렁이', '모퉁이' 등에 나타난 '이'모음 역행동화 현상의 방언 변이형과 지역적 분포양상을 살펴본다.

'아지랑이'의 경우, 방언 자료에서는 '이'모음 역행동화 현상의 적용 유무에 따라 변이형이 나뉜다. [지도 36-1, 36-2]에서 보듯이, 모든 지역이 조사되지 못해 정확히는 알 수 없지만, [오구라] 자료에 나타나던 '아지랑

---

16) <황해>연안(팥/팥기), 해주(팥/팥기), 옹진(팥/팥기)과 <함남>덕원(팥/팥기), 문천, 고원, 영흥, 정평(팥/팥기), 함흥(팥/팥기), 오로리, 신흥(팥/팥기), 홍원, 북청, 이원, 단천(패키), 풍산, 갑산, 혜산, 장진과 <함북>성진(패키), 길주(패키), 명천, 경성(팥치/팥기), 청진, 부거, 무령, 무산 등지에 나타나고 있다.

이'형이 [정문연] 자료에 그대로 유지되는 지역으로는 <경기>연천, 고양 지역밖에 없다. 그 밖의 지역은 '아지랑이'형도 모두 '아지랭이'형으로 바뀌어 나타나고 있다. 이로써 '이'모음 역행동화 현상은 예전보다 갈수록 활발히 적용되고 있음(79→84%(+5))을 확인할 수 있다. 남한의 거의 대부분 지역에서 '이'모음 역행동화형이 나타나고 있다. 특히, <충북><충남><전북>지역은 [정문연] 자료에 전 지역에서 나타나고 있다. <경북>지역은 다른 지역에 비해 다양한 형태의 방언형이 나타나고 있다. '아지랑이, 아지랭이, 아러사리, 알랑갱이, 알랑개미, 알랑개비' 등 다양한 형태가 공존하고 있다. <경북>이 어형의 다양성이 가장 두드러지게 나타나는 지역임을 '아지랑이' 어휘에서도 확인되고 있다.

특이한 현상은 '삼새미'형인데, 이는 [오구라] 자료에는 <전남>곡성과 <경남>거창, 하동, 진양 등 일부 지역에만 나타났으나, [정문연] 자료에 오면서 <경남>지역은 거의 사라졌는데(합천, 사천에만 보임) 비해, <전북>과 <전남>지역은 오히려 [정문연] 자료에 오면서 14개 지점에서 나타나고 있다. '아지랭이'형이 '삼새미'형으로 바뀌거나, 공존하는 곳이 많이 보이고 있다. 지역색을 강하게 보여주는 <전북>과 <전남>의 특성이 '아지랑이' 어휘에서도 잘 나타나고 있는 것이다. 한반도 전체로 볼 때, <황해>와 <경기>지역을 중심으로 '이'모음 역행동화 미적용형이 일부 나타나고 있을 뿐, '아지랑이'의 '이'모음 역행동화형의 분포는 한반도 전체에 이르고 있다.17)

---

17) 북한의 경우는 '이'동화형인 '아지랭이'형이 <황해>연안, 옹진, 장연, 황주 <함남>원산(아무레미), 덕원, 문천, 고원, 영흥 <평남>평양 <평북>조사 전 지역(박천, 영변, 희천, 구성, 강계, 자성, 후창)에서 나타나고 있고, '생당이'의 '이'동화형인 '생댕이'가 <함남>과 <함북>지역에 '아지랭이' 대신에 나타나고 있다. 다만, <황해>금천, 해주, 태탄, 은율, 안악, 재령, 서흥 <함남>신흥, 북청, 풍산 등지에만 '이'동화 미적용형이 나타나고 있을 뿐이다.

'지렁이'의 경우 '지렁이'의 '이'모음 역행동화형인 '지렝이'형은 주로 <경기><강원><충북><충남><제주>지역에, '거시랑'의 '이'모음 역행동화형인 '거시랭이/거생이/거싱이'형은 주로 <전북><전남><경남>지역에, '껄갱이'형은 주로 <경북>지역에 각각 분포되어 있어 남한 지역을 삼분하고 있다. 이러한 현상이 [오구라] 자료에는 확연히 드러났으나, [정문연] 자료에 오면서 '지렁이'의 '이'모음 역행동화형인 '지렝이'가 세력을 확장하면서 <전라도><경상도>지역에까지 범위를 넓히면서 기존의 형태와 각각 공존하는 모습을 보이고 있다. 파생어 '지렁이'에 적용된 '이'모음 역행동화 현상은 남한 지역 전체(86→84%(-2))에서 활발하게 일어나는 보편적인 규칙이다.

'지렁이' 어휘에서도 <경북>이 개신의 영향을 가장 많이 받고 있는 지역임을 알 수 있다. [오구라] 자료에는 영천과 고령에 나타나는 '거싱이'를 제외하고는 대부분 '껄갱이'형이 주로 분포되어 있었으나, [정문연] 자료에 오면서 '껄갱이', '거싱이' 이외에도 인접 지역의 영향을 받아 '지렁이/지렝이/지링이'형 등 다양한 형태들이 모두 나타나고 있어, 개신의 영향을 가장 많이 받고 있는 지역임을 알 수 있다.

그 외 [정문연] 자료에만 조사된 파생어 '모퉁이'형도 '이'모음 역행동화 현상이 적용된 형태('모텡이'형)가 <전남>의 일부 지역(영광, 담양, 구례, 함평, 승주, 광양, 장흥, 고흥, 여천)을 제외한 남한 대부분 지역에서 나타나고 있다. 어휘 내부에서보다 파생어 '모퉁이'의 '이'모음 역행동화 현상은 광범위하게 적용되어 있음을 확인할 수 있다. '이' 역행동화형이 <강원><충북><충남><전북><경남> 등지는 전 조사지점에서 나타나고 있다. 다만, <경기>는 고양(모퉁이), 평택(모퉁이)이, <경북>은 청송(모룽지), 군위(모퉁이)가 제외될 뿐이다.

(나) 개재자음이 양순음인 경우

(8)에 제시된 어휘들이 '이'모음 역행동화형으로 나타나는 도별 지리적 분포와 함께 출현빈도수와 변화율을 형태소 경계를 중심으로 분석하면, [표 12-2]와 같다.

[표 12-2] 개재자음이 1개 있는 경우 '이'모음 역행동화의 지리적 분포와 변화 추이(양순음인 경우)

음운 환경	형태소 층위	표준어 (15C 표기)	문헌 자료	[오구라] 자료			[정문연] 자료			자료 간 변화 차이
				방언형	도별 출현지점수 /도별 총 조사지점수	전체출현 빈도수와 빈도율(%)	방언형	도별 출현지점수 /도별 총 조사지점수	전체출현 빈도수와 빈도율(%)	
개재자음 ㅁ	체언 + 조사	어미 + 야			미조사됨		에미	경기 15/18 강원 12/15 충북 8/10 충남 15/15 전북 7/13 전남 16/22 경북 17/23 경남 18/19 제주 2/2	110/137 (80)	
	파생어	아가미	아감이 아감 아감지 아가미	아개미 아게미 아기미 아긔미 알개미	미조사됨		아개미	경기 2/12 강원 2/4 충북 0/6 충남 3/9 전북 1/1 전남 4/7 경북 0/3 경남 1/3 제주 0/2	13/137 (9)	
		올가미 (올긔)	올긔 올기 올가지 올가지 올감이 올가미 올개미		미조사됨		올개미 홀개미 홀깨미 홀래미	경기 7/18 강원 2/15 충북 6/10 충남 11/15 전북 2/13 전남 0/22 경북 3/23 경남 2/19	33/137 (24)	

							제주 0/2		
피라미				미조사됨		피리 피레 피래미 페리 파래미	경기 11/18 강원 3/15 충북 9/10 충남 13/15 전북 10/13 전남 20/22 경북 9/23 경남 3/19 제주 ×	78/135 (58)	
바구미				미조사됨		바기미 바귀미 바게미 바개미 바긔미 바김	경기 5/18 강원 7/15 충북 9/10 충남 4/15 전북 13/13 전남 18/22 경북 17/23 경남 6/19 제주 0/2	79/137 (58)	
다듬이	다듬이 다듬이 다듬이질			미조사됨		다딤이(질) 따딤이(질)	경기 12/18 강원 13/15 충북 8/10 충남 4/15 전북 11/13 전남 0/22 경북 19/23 경남 13/19 제주 1/2	81/137 (59)	
꾸미				미조사됨		께미 꾀미 뀌미 끼미	경기 6/18 강원 6/15 충북 6/10 충남 2/15 전북 3/13 전남 × 경북 16/23 경남 13/19 제주 ×	52/113 (46)	
홀어미 (ㅎ올	홀올어미 호올어미			미조사됨		홀애미 홀에미	경기 2/18 강원 2/15	55/137 (40)	

		어미)	홀어비 홀엄이 홀어미 홀어머니				홀이미 호불애미 호불이미	충북 4/10 충남 15/15 전북 5/13 전남 20/22 경북 3/23 경남 3/19 제주 1/2	
개재자음 ㅂ	어휘내부	누비[18] (누에)	누에 누웨 뉘에 뉘의	뉘비 늬비 니비	경북 1/10 경남 9/13	10/23 (43)	뉘배 뉘비 니비	경북 6/23 경남 12/19	18/42 (43)	0
		고비 (고사리)	고사리 고사니 고스리		미조사됨		괴비 패비 궤비 귀비 기비 게비	경기 3/18 강원 7/15 충북 5/10 충남 5/15 전북 3/13 전남 0/22 경북 2/23 경남 1/19 제주 0/2	26/137 (19)	
	파생어	두꺼비 (두터비 두텁)	두터비 두텁 둑거비 둣터비 두텁비 두텁이 둣겁이 둑거비 둑게비 둡거비 둡겁이 둑겁이 두꺼비	두께비	경기 × 강원 × 충북 × 충남 1/1 전북 4/4 전남 6/6 경북 0/23 경남 1/1 제주 0/2	12/37 (32)	두께비 두께비 둑뻬비 두께이비 두뀌비 뚜께비 뚜께비 두끼비 뚜끼비 뚝께비 두체비 (두테비)	경기 12/18 강원 9/15 충북 7/10 충남 11/15 전북 12/13 전남 20/22 경북 15/23 경남 15/19 제주 2/2	103/137 (75)	+ 43
개재자음 ㅃ	어휘내부	고삐	곳비 곱비 고삐		미조사됨		괴삐 괴빵이 괴팡이 쾨팡이	경기 4/18 강원 4/15 충북 0/10 충남 3/15 전북 3/13 전남 4/22	32/137 (23)	

					경북 2/23	
					경남 12/19	
					제주 0/2	

① 'ㅁ'의 경우

(13)에서 보듯이 매개자음 'ㅁ'이 있는 경우에도 '이'모음 역행동화 현상은 빈번하게 나타나고 있으나, 개재자음 'ㅇ'만큼 활발하지는 않다.

> (13) 올가미>올개미, 부스럼>부스레미/부수레미, 도미>되:미/대미, 호미>회미, 다드미돌>다디미돌/따디미돌, 다드미질>다디미질/대딤질, 비드미(비듬)>비디미, 참외>채미, 어미>에미/이미, 피라미>피래미, 아가미>아개미, 홀어미>홀에미/호부래미, 꾸러미>꾸레미, 바구미>바귀미/바기미, 꾸미다>뀌미다

[오구라] 자료집에서는 조사되지 않아 [정문연] 자료집을 통해서만 '어미, 호미, 올가미, 다듬이질, 다듬잇돌, 피라미, 아가미, 홀어미, 바구미, 꾸미' 등의 어휘를 살펴보기로 한다.

'어미(婦)(야)(호칭)'의 경우는 [정문연] 자료에 대부분의 지역(80%)에서 '이'모음 역행동화형이 나타나고 있다.[19] 호칭어로서의 '어미(야)'는 '체언+호격조사'로 형태소 경계에서 '이'모음 역행동화가 적용된 경우이다. 따라서 어휘내부 환경인 '호미'의 경우에서보다 광범위하게 '이'모음 역행

---

18) <경북>과 <경남>에만 'ㅂ'을 갖는 '누비'형이 나타나므로, 이 두 지역만 대상으로 분석하였다.

19) <충남>과 <전북>에서는 전 지역에서 보이고, <경기>는 고양(어멈), 광주(어미/어멈), 평택(아가)을 제외한 전 지역에서, <충북>은 옥천(애어마), 영동(어머이)을 제외한 전 지역에서, <전남>은 담양(엄씨), 광산(엄씨), 신안(엄씨), 승주(엄마), 진도(엄매), 완도(엄매)를 제외한 전 지역에서, <경북>은 예천(어마이), 의성(아이미), 청송(어마), 군위(어마이), 영일(어마이), 칠곡(어미)를 제외한 전 지역에서, <경남>은 거제(어뭄)를 제외한 전 지역에서 '이'모음 역행동화형이 보이고 있다.

동화 현상이 나타나고 있다.

'호미'의 경우, '이'모음 역행동화의 환경을 표면적으로는 가지고 있지만, 역사적으로 이미 다양한 음운론적 변화를 경험함으로써, '이'모음 역행동화는 잘 일어나지 않고 있다. <경기>파주(헤미), <강원>명주(회미)에 '이'모음 역행동화형이 나타날 뿐, 남한 전 지역에서 '이'모음 역행동화형은 보이지 않고 있다. 대신에 파생어형인 '호맹이'형이 많은 지역에서 나타나고 있다. 이는 어휘 내부 환경인 '호미'의 경우보다 파생어 환경인 '호맹이'의 경우에서 '이'모음 역행동화형이 보다 빈번하게 나타나고 있음을 보여주는 예라 하겠다.

'아가미'의 경우, 방언형이 '아굼, 아감지, 알감지, 아가지, 아갈치, 아골탱이, 아울가지, 벌터구니, 귀섬지, 구주래미, 구시레미, 구세미, 구시런땡이, 구성댕이, 메감지, 아그빠리, 아귀, 날개미, 나비, 인나부기, 미우' 등 굉장히 다양하다. '아가미'형은 '이'모음 역행동화 현상이 전 지역에서 그리 활발히 일어나지 않고 있다.[20] 한 대상에 대한 방언형이 많을수록 동화현상이 적용되는 빈도수는 낮아진다.

'올가미'의 경우도 방언형이 상당히 다양한데(올무, 옹무, 옹노, 올뭉개, 얼룽개, 올랭이, 홀룽개, 홀갱이, 홀개미, 홀캥이, 홀꾸마리, 홀치기, 홍노, 몽링개, 몽노, 몽매, 모탱이, 고, 코, 치 등), '올가미' 어휘를 방언형으로 사용하는 지역은[21] <제주>북제주(올가미)를 제외하고는 전국적으로 모두 '올개미'형(24%)으로 나타나고 있다.[22]

---

20) '아게미'형이 <경기>양평, 용인, <강원>양양(아게미/아기미), 삼척, <충남>당진, 천원(아긔미), 서천(아가미/(아개미)), 금산(아가미/아개미), <전북>김제, <전남>영광, 광산(알개미), 진도(알개미), 장흥(알개미), <경남>하동 등지에서만 사용되고 있다.

21) <전남><경북>지역에는 '올가미'형 어휘가 전혀 나타나지 않고 있다. <전남>에는 '홀룽개'형, '몽매'형, '모가치'형, '홀치'형, '치'형 등이, <경북>에는 '홀갱이/홀캐이'형, '홀통개'형, '홍노/몽노'형, '치'형 등이 나타나고 있다.

22) <경기>파주, (포천), 양주, 옹진, (이천), 여주, 평택과 <강원>의 (철원), 삼척(홀래미)과

  '피라미'의 경우는 '피래미'형과 '피리'형이 양분하는 양상을 보이고 있다. '피라미'형은 <충북><충남><전북><전남><경북><경남><제주>에는 전혀 나타나지 않고, 단지 <경기>광주, 여주와 <강원>양구 세 지점에만 나타날 뿐이다. '피라미' 이외에 다양한 형태의 방언형이 나타나고 있다. '피리, 피레, 피로, 피랭이, 피라지, 필챙이, 페데미, 펜데이, 파래미, 은에, 동구지, 날피, 살치, 모치, 개리, 불거지, 혹사리' 등이 그것이다. '이'모음 역행동화 현상이 적용된 '피래미', '피리'형은 대부분 지역(58%)에 나타나는 보편적인 현상이다. 특히, <충북><충남><전북><전남> 등 서부 지역에서 활발히 일어나고 있다.[23]

  '바구미'의 경우, '이'모음 역행동화 현상이 상당히 활발히 일어나고 있다. '바구미'는 '바금'에서 접사 '이'가 붙어 파생된 어형이다. '바구미' 방언형 이외에도 '바그리, 바구니, 바개비, 방기미' 등의 어휘가 있지만, 대체로 '바구미'형이 전 지역에서 나타나고 있다. '바기미'형은 <강원><충북><충남><전북><전남><경북><경남> 등 전국적으로 나타나지만 (58%), 특히, <전북>은 전 지역에서 나타나고 있다. 같은 파생어라 하더라도, 보편성을 갖는 접사 '이'가 붙어 파생이 되는 경우가 보편성을 띄지 않는 접사 '아미'가 붙어 파생된 경우보다 '이'모음 역행동화 현상이 보다 활발히 적용됨을 알 수 있다.

<충북>진천, 음성, 제원, 단양, 청원, 괴산, <충남>아산, 천원, 예산, 홍성, 공주, 연기, 보령, (부여), 서천, 논산, 대덕, <전북>옥구, 완주, <경북>울진(홀개미), (의성), 영천(홀개미), <경남>진양(홀개미), 사천(홀개미) 등지에서 '이'모음 역행동화형이 나타나고 있어 전국적이다.

23) '피래미'형이 <경기>연천, 파주, 포천, 고양, 가평, 시흥, 화성, 용인, 이천, 여주, 평택, <강원>양양, 평창, 영월, <충북>영동(피리)을 제외한 전 지역, <충남>보령(피리), 금산(피리)을 제외한 전 지역, <경북>울진, 문경, 안동(피리/피래미), 의성(피리/피래미), 선산, 군위, 칠곡(피리/피래미), 청도(피리/피래미), 월성, <경남> 밀양, 양산, 사천 등지에서 나타나고 있다.

'다듬이질'의 경우도, '이'모음 역행동화형인 '다딤이질'이 남한 전체
(59%)에서 활발히 일어나고 있다. 특이한 점은 일반적으로 '이'모음 역행
동화 현상이 상당히 활발하게 일어나는 <전남>지역에서 '이'모음 역행동
화형'이 전혀 나타나지 않고 있다는 점이다. 합성어 '다듬잇돌'의 경우도
<전남>지역에서는 '이'모음 역행동화형이 승주를 제외하고는 나타나지
않고 있는 점이 '다듬이질'과 마찬가지로 특이한 현상이다.

'꾸미'의 경우, 다양한 어형이 나타나고 있다. '꾸미'형을 비롯하여 '고
명, 조채, 조침, 샘/새미' 등의 형태가 나타나지만, '이'모음 역행동화형인
'께미, 괴미, 귀미, 끼미' 등의 형태가 전국적으로(46%) 나타나고 있다.
'이' 동화형은 <경기-6/18개 지점>, <강원-6/15개 지점>, <충북-6/10
개 지점>, <충남-2/15개 지점>, <전북-3/13개 지점>, <경북-16/23개
지점>, <경남-6/19개 지점> 등지에서 나타나고 있다.

'홀어미'의 경우, '과부, 과수, 과택' 등의 어휘와 함께 '이'모음 역행동
화형이 아닌 '홀어머이, 홀어머니, 홀어마니, 홀엄씨'와 '이'모음 역행동화
형인 '홀애미, 홀에미, 홀이미, 호불애미, 호불이미' 등의 어휘로 양분할
수 있다. 전반적으로 '과부'형을 많이 사용하기 때문에, '홀어미'형은 '이'
모음 역행동화형의 분포(40%)가 다른 어휘에 비해 상대적으로 넓지 않
다.[24] 이들 어휘를 중심으로 살펴 본 결과, 매개자음 'ㅁ'이 있는 경우는
매개자음 'ㄱ'계열이나, 'ㅇ'계열보다 '이'모음 역행동화 적용 지역이 광
범위하게 나타나지 않고 있다는 점이다.

---

24) '홀애미'형이 나타나는 지역은 <경기>옹진, (평택), <강원>고성, 양양, <충북>중원,
제원, 청원, 괴산, <충남>전 지역, <전북>옥구, 진안, 무주, 김제, (남원), <전남>곡성,
광양, <경북>울진, 예천, 칠곡(호불이미), <경남>거창(호부래미), 창녕(호불애미), 함안
(호부래미), <제주>남제주 등지이다.

② 'ㅂ'의 경우

(14)에서 보듯이 개재자음이 'ㅂ'이 있는 경우에도 '이'모음 역행동화가 일어나고 있다.

(14) 아비>애비, 두꺼비>두께비, 누비(누에)>뉘비/니비, 누비(누이)>뉘비/니비, 드비(두부)>디비, 너비(넓이)>네비, 굽이(曲)>괴비, 나비(蝶)>내비, 춤+이(추위)>치뷔/취비

'두꺼비'의 경우, 문헌 자료에서 '두꺼비'가 직접적으로 소급하는 최초의 형태는 16세기의 '둗거비'이다. 19세기에 '이'모음 역행동화를 경험한 '둑게비'형이 보이고 있다. 방언 자료에서는 '이'모음 역행동화 현상의 적용 유무에 따라 '어,에/애/이'형으로 나뉜다. [정문연] 자료에 '두꾸비'형이 <경남>함양에만 보이고 있다. [오구라] 자료에 대부분 지역이 조사되지 못하고 남한의 경우, <충남>금산 <전북>진안, 무주, 임실, 장수 <전남>장성, 곡성, 광산, 승주, 강진, 여천 <경남>하동 등만 조사되었는데, 이들 지역에서는 모두 '두께비'형(32%)이 나타나고 있다. [정문연] 자료에 와서 보다 구체적인 분포를 확인할 수 있는데, '이'모음 역행동화형이 전국적인 분포(75%)를 보이고 있다. 특히, <경북>과 <경남>의 많은 지역에 '이'모음 역행동화형이 '뚜끼비'형으로 나타나고 있는데, 이는 이 지역만의 특징이다. 북한의 경우 <함남><함북>지역에서 '이'모음 역행동화형이 주로 나타나고 있다. <함남>은 '두께비'형이, <함북>은 '두테비'형이 각각 분포되어 있다.

그 이외도 일부 지역이긴 하지만, [정문연] 자료에만 조사된 '애비(아비), 뉘비/니비(누에), 디비(두부), 네비(넓이), 괴비(굽이 曲), 내비(나비 蝶), 취비(추위)' 등이 있다. 개재자음이 'ㅂ'인 경우는 아래에서 보듯이 그리

활발하게 나타나는 환경은 아니다.

'아비(호칭)'의 경우 '이'모음 역행동화 현상이 적용된 '애비(야)'형이 '아범/아배' 등의 어휘와 함께 나타나고 있다. '이'모음 역행동화 현상이 적용된 지역은 전국적인 분포(77%)를 보이고 있다. 특히, <충북><충남><전북>은 전 지역에서 '이'모음 역행동화형이 나타나고 있다. <경기><강원>은 '애비'형이 나타나지 않을 경우는 모두 '아범'형으로 나타나고 있다. 따라서 '아비'형을 사용할 경우 모두 '애비'형으로 나타나고 있어, '이'모음 역행동화형이 우세하다.25)

'누비(누에)'의 경우, 방언형인 '누비'가 나타나는 지역에 '이'모음 역행동화 현상이 적용된 '뉘비/니비'형이 <경북><경남>지역에서 주로 나타나고 있다. [오구라] 자료에 모든 지역이 조사 대상지가 아니어서, 그 분포를 정확히 확인할 수는 없지만, 대체적인 경향은 조사지점인 <경북>영천과 <경남>합천, 창녕, 밀양, 울주, 김해, 양산, 남해 통영, 거제 등지에서 이 형태가 보이고 있다. [정문연] 자료에 오면서 그 현상은 더욱 구체적으로 나타나고 있다. 즉, <경북>군위, 성주, 고령, 달성, 청도, 월성 <경남>합천, 창녕, 밀양, 진양, 함안, 의창, 김해, 양산, 고성, 남해, 통영, 거제 등지에서 활발히 나타나고 있다. 두 자료집 간 변화율에는 거의 차이가 없다.

'두부'의 경우, 방언형인 '두비'가 나타나는 지역에 '이'모음 역행동화 현상이 적용된 '뒤비'형이 [정문연] 자료에 <강원>화천, 양구 지역에서 나타나고 있다. '추비(추위)'의 경우, '치비'형이 [정문연] 자료에 <경북>영양, 성주, 칠곡 등지에서 나타나고 있다. '고비(고사리)'의 경우, [정문

---

25) <전남>은 영광, 장성, 구례, 신안, 무안, 나주, 화순, 광양, 영암, 강진, 장흥, 고흥 등에, <경북>은 청송(아배), 선산(아부지), 군위(아부지), 영일(아배), 달성(아부지)을 제외한 전 지역에, <경남>진양(아바이), 고성(야야), 거제(아붐)을 제외한 전 지역에 나타나고 있어 '이'모음 역행동화형이 전국적으로 우세하다.

연] 자료에 '이'모음 역행동화형이 남한의 서부 지역을 중심으로 분포 (19%)되어 있다. <경북>과 <경남>지역에는 그리 활발하지 않다.26)

③ 'ㅃ/ㅍ'의 경우

(15)에서 보듯이, 개재자음이 'ㅃ/ㅍ'이 있는 경우에도 '이'모음 역행동화가 일어나고 있다.

    (15) 고삐>괴삐, 하필>해필, 여편내>에편네/여핀네, 아편>애편

'고삐'의 경우, [정문연] 자료에 나타나는 '이'모음 역행동화가 적용된 형태인 '괴삐/괴빼이' 형이 그리 활발히 일어나지 않지만, 전국적인 분포 (23%)를 보이고 있다. '괴삐'형이 <경기>연천, 포천, 가평, 평택 <강원> 화천, 인제, 고성, 춘성 <충남>서산, 당진, 서천(괴팽이/꾀팽이) <전북>김제, 고창, 남원 <전남>장성, 함평(괴빼이), 광산(꾀빼이), 신안, 무안, 영암, 진도, 해남, 강진, 장흥, 보성, 완도 등지에 나타나고 있다.

(다) 개재자음이 설단음인 경우

위의 (9)에 제시된 어휘들이 '이'모음 역행동화형으로 나타나는 도별 지리적 분포와 함께 출현빈도수와 변화율을 분석하면, [표 12-3]과 같다.

---

26) 즉, '괴비'형이 <경기>연천, 파주, 가평, <강원>인제, 고성(꽤비), 양양, 명주, 영월, 정선, 삼척, <충북>단양(궤비), 괴산, 보은(귀비), 영동(게비고사리), <충남>아산, 공주(괴비고사리), 연기, 논산, 대덕, <전북>완주, 진안, 무주, <경북>문경(기비), 의성(귀비), <경남>거창(게비) 등지에 나타나고 있다.

[표 12-3] 개재자음이 1개 있는 경우 '이'모음 역행동화의 지리적 분포와 변화 추이(설단음인 경우)

음운 환경	형태소 층위	표준어 (15C 표기)	문헌 자료	[오구라] 자료			[정문연] 자료			자료 간 변화 차이
				방언형	도별 출현지점수/도별 총 조사지점수	전체출현 빈도수와 빈도율(%)	방언형	도별 출현지점수/도별 총 조사지점수	전체출현 빈도수와 빈도율(%)	
개재자음 ㄴ	어휘내부	다님	다님 단임 대님	꽃대미 대님 댄님 재님 잰님	경기 3/3 강원 3/3 충북 5/5 충남 9/9 전북 9/9 전남 11/12 경북 1/2 경남 3/14 제주 0/2	44/59 (75)	꽃대미 대님 댄님 대눔 대넘 대염 대임 재님 재눔 재늄 잰님 지인	경기 17/18 강원 13/15 충북 10/10 충남 14/15 전북 13/13 전남 21/22 경북 6/18 경남 0/19 제주 0/2	94/132 (71)	- 4
		저녁	저녁 져녁 더녁 저력	제녁 제녁 제냑 지녁 지냑 지넉 지닉 지역 지약	경기 2/3 (어/에 : 공존 2) 강원 12/12 (어/에 : 공존 5) 충북 4/8 (어/에 : 공존 3) 충남 0/6 전북 0/5 전남 0/3 경북 11/17 (어/이 : 공존 5) 경남 6/14 (어/이 : 공존 2) 제주 0/2	35/70 (50)	지녁 지냑 지넉 지역 지영 지역	경기 0/18 강원 3/15 (어/이 : 공존 1) 충북 1/10 (어/이 : 공존 1) 충남 0/15 전북 0/22 전남 1/22 경북 17/23 (어/에 : 공존 4) 경남 1/19 제주 0/2	23/137 (17)	- 33
개재자음 ㄷ	어휘내부	마디 (ᄆᆞ디 ᄆᆞ듸)	ᄆᆞ디 ᄆᆞ듸 마듸 마듸 마디		미조사됨			매디 매두 매답 매듭 매듭	경기 14/18 강원 12/15 충북 7/10 충남 0/15 전북 3/13 전남 19/22 경북 0/23 경남 2/19	57/137 (42)	

| 개재자음 ㄹ | 파생어 | 다리미 (다리 우리) | 다리오리 다림이 다리미 대리미 | 대리미 대리비 대래비 데루비 대루 | 경기 2/2 강원 3/3 충북 0/5 충남 3/6 전북 8/9 전남 12/12 경북 3/12 경남 6/13 (아/애 : 공존 1) 제주 0/2 | 37/64 (58) | 대리미 대래미 데레미 대리비 대래비 대레비 대루 | 제주 0/2 경기 8/18 강원 10/15 충북 0/10 충남 11/15 전북 10/13 전남 22/22 경북 3/23 경남 5/19 제주 0/2 | 69/137 (50) | - 8 |

① 'ㄴ'의 경우

[+cor]자음 또는 [-grave]인 'ㄴ, ㄷ/ㅌ, ㄹ, ㅅ/ㅆ, ㅈ/ㅊ'가 있는 경우, (16)에서처럼 '이'모음 역행동화 현상이 나타나고 있다.

　　(16) 다님>대님, 사냥>새냥, 저녁>제녁/지녁, 추녀>취녀, 누님>뉘님/니
　　　　님, 다니다>대니다

한복에서, 남자들이 바지를 입은 뒤에 그 가랑이의 끝 쪽을 접어서 발목을 졸라매는 끈인 '다님(대님)'의 경우, '이'모음 역행동화형인 '대님'형은 <경기><강원><충북><충남><전북><전남> 등 한반도의 중·서부 지역을 중심으로 분포되어 있는데 비해, <경북><경남>에는 '받땡이/갑땡이'형이 '다님'형과 공존하여 분포되어 있다. <경북><경남>지역은 '이'모음 역행동화 현상이 활발하지 않다. <경기><강원>은 [오구라] 자료에서 대부분의 지역이 조사되지 못해 정확한 분포양상은 확인하기 어렵지만, 조사 지역 모두(6지점)에서 '이'모음 역행동화형이 나타났으며, [정문연] 자료에 와서는 '이'모음 역행동화형의 분포가 거의 대부분 지역(<경기>강화, <강원>양양의 2지점만 '다님'형이 나타남.)(71%)에 나타나고 있다.

<충북><충남><전북><전남>지역 역시 [오구라][정문연] 자료 모두에서 '이'모음 역행동화 현상이 적용된 형태들인 '댄님'형이 거의 전 지역(<충남>보령, <전북>진안, <전남>곡성 등 3개 지점만 '단님'형이 나타남.)에서 나타나고 있다.

한편, <경북>지역에는 [오구라] 자료에 금릉(댄님)을 제외한 조사지점(11개 지점 중 10개 지점)에서 '받땡이' 또는 '갑땡이/가불땡이'형이 나타났으나, [정문연] 자료에 오면서 '바땡이/갑땡이'형을 비롯하여, '다님/다임'형과 이들의 '이'모음 역행동화형인 '댄님/대념/대염/대임'형이 모두 나타나고 있다. 또한 이 지역에는 '갑땡이/가불땡이'형을 고어로 인식하고 미동화형인 '다임/다님'형으로 개신이 진행되었다. 따라서 <경북>지역에는 '다님(14개 지점)'형, '대님(6개 지점)'형, '바땡이(7개 지점)'형, '갑땡이(9개 지점)'형 등이 모두 나타나므로, 방언의 다양성이 가장 두드러진 지역임을 '다님' 어휘에서도 확인할 수 있다. 이로써 <경북>은 '이'모음 역행동화형이 서부 지역보다 활발하지 않음을 확인할 수 있다.

[오구라] 자료에는 <경남>지역 대부분에서 '갑땡이/가부땡이/곱땡이'형과 '단님/다임'형 또는 '댄님'형이 공존해 나타나고 있다. 이들이 [정문연] 자료에 오면서는 '갑땡이'형을 보수형으로 인식하고 '다님'형으로 바뀐 지역이 많이 보이고 있다. 거창, 울주, 진양, 김해, 남해, 통영, 거제 등지가 여기에 해당한다. 반면에, 창녕, 밀양, 의령, 의창, 양산, 고성은 오히려 '갑땡이'형만 잔존해 있다. 또한 [오구라] 자료, [정문연] 자료 모두에서 '이'모음 역행동화형이 전국적으로 우세한 분포를 보이나, <경남>지역에서는 미동화형이 우세하다. [오구라] 자료에 조사 대상지 중에서 함양, 하동, 남해 지역에 '댄님'형이 그나마 나타났으나, [정문연] 자료에 오면서는 '이'모음 역행동화형이 전혀 나타나지 않고 있다.

'저녁'의 경우, 방언 자료에는 '이' 역행동화 현상이 적용된 '제녁' 계열의 어형이 많이 보이고 있다. 두 자료 간 변화 차이가 상당히 높다. 이는 어휘 내부 환경일 뿐 아니라 사용 빈도수도 높기 때문에 개신의 진행 속도가 빠르다 하겠다. <충남><전북><전남> 모두 두 자료에는 '저녁'형만 나타나고 있어, '이'모음 역행동화형이 전혀 나타나지 않고 있다. <전남> 역시 두 자료집에 '이'모음 역행동화형이 거의 나타나지 않고[오구라] 자료집에 3개 지점만 조사됨), 다만 [정문연] 자료에 오면 신안에 '지역'이 나타날 뿐이다.

서부 지역과 달리 <경북>은 오히려 '저녁'형이 '이'모음 역행동화형인 '지녁'형으로 바뀌면서 '이'모음 역행동화형이 전반적으로 활발하게 나타나고 있다. 따라서 '저녁'은 [정문연] 자료로 올수록 <경북>을 중심으로 '이'모음 역행동화형이 활발하게 나타날 뿐, 전국적으로 그 분포(17%)는 미약해졌다. '저녁' 어휘에 나타나는 이러한 특징은 개재자음 'ㄴ'이 있는 다른 어휘인 '다님'과는 다른 양상을 보인다는 점이다. '다님'은 서부 지역이 동부 지역에 비해 '이'모음 역행동화 현상이 훨씬 활발하게 적용되었지만, '저녁'은 오히려 <경북>에서만 유일하게 적용범위가 확대되었고, 그 나머지 지역은 [정문연] 자료에 올수록 그 분포 범위가 줄어드는 양상을 보이고 있다.

북한의 경우 '이'모음 역행동화 현상이 나타나는 지역으로는 동서로 나누어 <함경도>를 중심으로 한 동부 지역에는 '이'모음 역행동화형이, <평안도>를 중심으로 하는 서부 지역에는 미적용형이 주로 분포되어 있다.

② 'ㄷ'의 경우

(17)에서 보듯이, 개재자음 'ㄷ'이 있는 경우에도 '이'모음 역행동화 현상이 나타나고 있다.

(17) 마디>매디, 더딘다>데딘다, 도디다(도지다)>되디다, 까마티(가마
치)>까매티

[정문연] 자료에만 보이는 '마디'를 중심으로 살펴보되, 합성어 형태인
'대마디'와 단일어 형태인 '마디'의 분포 간의 차이를 확인해 본다. '마디'
의 경우 문헌 자료에 보이는 최초 형태는 15세기의 'ᄆᆞ딕'이다. 이 형태는
20세기 초까지 계속해서 문헌에 나타난다. 17세기에 'ᄆᆞ듸'형이 보이기
시작하면서, 18~19세기에 'ᄋᆞ/아'의 혼용표기인 '마딕/ᄆᆞ딕', 'ᄆᆞ듸/마듸'
가 나타나고 있다. [정문연] 자료에 보이는 방언형은 '이'모음 역행동화
현상의 적용 유무에 따라 '마디, 마듭, ᄆᆞ디, ᄆᆞ작'형과 '매디, 매두, 매답,
매듭, 매듧'형으로 나뉜다.

'애'형의 분포양상은 <경기><강원><충북><전북><전남><경남>
지역에 두루 나타나고 있으나, <충남><경북><제주>에는 전혀 나타나
지 않고 있다(42%). 특히, <경기><강원><전남>에 '이'모음 역행동화형
이 활발하게 나타나는데 비해, <전북><경남>은 '이'모음 역행동화형이
나타나기는 하지만, 그리 활발하지는 않고 대신에 'ㅁ'에 의한 원순모음
화 현상으로 '모디'형태가 일부 지역(<전북>임실, 장수, 순창, 남원 <전남>담
양, 구례 <경남>함양, 산청, 의령, 하동, 진양, 양산, 거제 등지)에 보인다.

가장 특이한 점이 <충남>에는 '이'모음 역행동화형이 전혀 보이지 않
다는 점이다. <경북>에는 단일어형인 '마디'에서는 보이지 않지만, 합성
어 형태인 '대마디'에서는 문경과 상주에 '매디'형이 보이긴 한다. 그러나
<충남>에는 단일어형은 물론, 합성어 형태인 '대마디'에서조차 '이'모음
역행동화형은 전혀 관찰되지 않고 있다. 개재자음이 'ㄷ'이 아닌 경우,
<충남>에서는 '이'모음 역행동화가 적용된 형태가 상당히 활발히 나타났
는데 비해, 어휘 '마디'에서는 관찰이 되지 않고 있다. 또한 <전북><전

남><경남>은 '이'모음 역행동화와 함께 순음 'ㅁ'에 의한 원순모음화 현상도 활발하여 '매디'와 '모디'형이 '마디'와 함께 나타나고 있다.

합성어 '대마디'의 경우는 단일어형인 '마디'의 분포와 큰 차이가 없다. <경기><강원><충북><전남>에서는 상당히 활발히 나타나는데 비해, <전북><경북><경남>은 한 두 곳에만 '이'모음 역행동화형이 나타날 뿐 그리 활발하지 않다. 특히, <충남><제주>에서는 '이'모음 역행동화형이 전혀 나타나지 않고 있다. 개재자음 'ㄷ'일 경우에는 지역적 편차가 두드러지게 나타나고 있다.

③ 'ㄹ'의 경우

(18)에서 보듯이 개재자음 'ㄹ'이 있는 경우는 상당히 많은 어휘에서 '이'모음 역행동화 현상이 적용되고 있다.

> (18) 잠자리>잼재리/잠재리/잰재리, 독수리>독시리, 조리>죄리/제리, 유리>위리, 소리(聲)>쇠리, 차리다>채리다, 다리다>대리다, 다리미>대리미, 가렵다>개렵다, 어리다>애리다, 절이다>제리다, 어렵다>애렵다, 주리다>쥐리다, 광주리>광지리, 졸이다>쩨리다, 노린내>놰린내, 도리여>되려, 들여놓다>딜여놓다, 길들이다>질딜이다, 물들이다>물딜이다, 드리다>디리다, 들여다보다>딜이다보다, 느리다>니리다, 들입다>디립다, 과리>꽤리

개재자음이 [+cor]인 경우에 'ㄹ'이 가장 활발하고 'ㄷ,ㅅ,ㅈ'들은 그 예가 적다.

'다리미'의 경우, 15세기 '다리우리' 형태로 나타나는 파생어 '다리미'의 방언 자료는 '이'모음 역행동화 현상의 적용 유무에 따라 '아/애'형으로 나뉜다. [지도 37-1, 37-2]에서 보듯이 [오구라] 자료에 중부 지역이

대부분 조사되지 못해 정확한 변화양상을 파악할 수 없지만, [정문연] 자료에 와서 다소 개신이 이루어졌다(58→50%(-8)).

　[오구라] 자료와 [정문연] 자료 모두에 '애'형이 전혀 나타나지 않고 있는 <충북>이 미 동화형의 중심 지역이라 할만하다. '이'모음 역행동화형은 <전남>을 중심으로 세력을 형성하여 서부 지역을 거쳐 <경기><강원>에 이르기까지 분포되어 있는 반면,27) 미동화형은 <충북>을 중심으로 내륙지방으로 세력을 확장해 가고 있는 형국을 보이고 있다. 북부 지역의 <경기><강원>에, 남부 지역의 <경북><경남>에까지 영향을 미치며 동서 분화 양상을 보이고 있다.28)

---

27) '애'형은 <전남>을 중심으로 세력을 형성하면서 서해안을 따라 <전북><충남><경기> 북부지역을 거쳐 <강원>의 동해안 일대까지, 또 한편으로는 해안선을 따라 <경남>의 남해안 일대에 이르기까지 주로 외곽지에 분포되어 있다. 곧, <경기>는 연천과 고양에 나타난 '애'형이 [정문연] 자료에도 여전히 유지되면서, 북부지역에는 주로 '애'형이, 남부 지역에는 '아'형이 분포되는 양상을 보이고 있다. <강원>은 [오구라] 자료에 조사된 양양, 명주, 삼척 등 동해안 지역이 모두 '대리미/대래비'로 나타났으나, [정문연] 자료에 오면서 양양이 '다리미'로의 변화를 보이지만, 명주, 삼척은 그대로 유지되면서, '애'형이 동부지역을 중심으로 널리 분포되어 있다. <충남>지역도 [오구라] 자료에 '애'형으로 나타났던 논산을 제외한 공주, 서천이 [정문연] 자료에도 그대로 유지되었으며, '아'형으로 나타났던 천원, 홍성까지도 '애'형으로 바뀌어 나타나고 있다. 그 결과 <충북>에 접한 남서부 일대(부여, 논산, 대덕, 금산)를 제외하고는 '애'형이 큰 세력을 형성하여 분포되어 있다. <전북>은 [오구라] 자료에 <충남><충북><경북><경남>4도의 접경 지역인 무주를 제외한 대부분 지역(서부 지역이 조사되지 않았음.)에 '애'형이 분포되어 있었으나, [정문연] 자료로 오면서 완주, 순창만 '아'형이 침투해 있을 뿐, '애'형은 여전히 유지됨으로써, <전북>지역은 전반적으로 '애'형의 세력이 강한 곳이다.

28) <경북>은 [오구라] 자료에 조사대상 지역 중 울진, 영덕, 의성에만 '애'형이 나타났으나, [정문연] 자료에 오면서 울진만 그대로 유지된데 비해 의성, 영덕은 '아'형인 '다리비'로 바뀌었다. 예천이 '다래비'가 '대리비'로 바뀐 경우를 제외하고는 대부분 지역에서 '아'형이 나타나고 있다. 그 외에 '대리비'형이 나타나는 지역으로는 선산밖에 없으며, 월성은 두 계열이 공존하고 있다. <경남>은 [오구라] 자료에 하동, 의창, 김해, 남해, 통영, 거제 등 <전남>에 인접한 지역을 비롯하여 남해안을 따라 나타난 '애'형인 '대리비'가 [정문연] 자료에 오면서도 의창을 제외한 하동, 남해, 통영, 거제를 비롯하여 양산에 그대로 유지되고 있다. 그러나 <경남>은 전반적으로 '아'형이 우세하며 단지 해안 지역을 따라 '애'형이 일부 남아 있을 뿐이다.

그 외, [오구라] 자료에 '잠자리'가 있다. 이는 <함남>홍원에 '잼재'로, <함남>북청, 단천과 <함북>성진, 길주에 '잼재리'로, <경북>예천에 '젬재리'로 나타나고 있다. '독수리'는 [오구라] 자료에 <경남>양산, 거창, 밀양 등지에 '둑시리'로 나타나고 있다. '조리'의 경우는 [오구라] 자료에는 '죄리'형이 전혀 나타나지 않고, [정문연] 자료에 <강원>고성에 '죄리'형이 유일하게 나타나고 있다. 대신에 끝음절에 '이'가 첨가되는 '조레'형이 <경남>지역을 중심으로서 나타나고 있다. 따라서 개재자음 'ㄹ'의 경우는 다른 개재자음이 오는 경우와 비교해 볼 때, 적용범위가 제한적이다.[29]

(라) 방언 구획

개재자음이 1개인 경우, 'ㅣ'모음 역행동화 현상의 어휘들이 보여주는 형태음소론적 층위에 따른 방언 구획을 카토그램으로 나타내면 다음과 같다. '이'모음 역행동화 현상이 '설단음<양순음<연구개음'순으로 활발히 적용되므로 연구개음을 중심으로 작성하였다.

---

29) 황대화(1998)에서도 'ㄹ' 환경에서의 '이'모음 역행동화 현상은 개재자음이 설단음(ㄴ, ㄹ, ㄷ, ㄸ, ㅌ, ㅅ, ㅆ) 중에서는 가장 활발히 일어나고 있지만, 연구개음(ㄱ, ㄲ)이나 양순음(ㅁ, ㅂ, ㅃ)의 경우에서보다는 규칙적이지 못한 산발적인 현상으로 보고하고 있다.

(2) 2개의 개재자음이 있는 경우

개재자음이 2개인 경우에도 '이'모음 역행동화 현상이 일어나는 경우가
있다. 그러나 개재자음이 1개인 경우보다는 적용되는 어휘가 그리 많지
않다. (1)~(3)에 제시된 예들은 '이'모음 앞에 개재자음이 2개인 경우들로
뒤에 오는 '이'모음의 영향으로 '이'모음 역행동화가 일어날 수 있는 환경
이지만, 모두 동일하게 적용되지도 않으며, 그 분포 범위도 다르다. 어휘
내부 환경에서는 거의 일어나지 않는데 비해, 용언 활용 환경에서는 상당
히 활발하게 일어나기도 하고, 앞뒤 음절의 음운의 성질에 따라 그 분포
가 달라지기도 하는 것이다. 즉, '이'모음 역행동화가 빈번하게 일어나는
경우는 뒤 음절이 '설단음<양순음<연구개음' 순이며, 앞 음절은 대부분
이 유성자음 'ㄴ,ㄹ,ㅁ,ㅇ'인 경우이다.

> (1) 뒤 음절 자음이 연구개음인 'ㄱ/ㄲ'인 경우 : 안기다>엔기다, (머리를)
> 감겼다, 참기름, 섬기다, 숨기다, 당기다 왕겨>왱겨/왱기, 등겨>딩계,
> 방귀, 장끼, 뜯기다, 벗기다, 들기름, 딸기, 뱀딸기, 산딸기, 백설기30)
> (2) 뒤 음절 자음이 양순음인 'ㅁ/ㅂ'인 경우 : 풀비, 바람벽, 가랑비>가
> 랭비, 참빗>챔빗, 덤비다>뎀비다
> (3) 뒤 음절 자음이 [+cor]인 'ㄴ/ㄷ/ㄹ/ㅅ/ㅈ'인 경우 : 간지럽다>갠지럽
> 다, 반딧불, 번지, 반짇고리, 새알심, 갈리다>갤리다, 갈치, 걸리다,
> 굴리다, 날리다, 말리다, 알리다, 얼리다, 실리다, 틀리다, 빨리, 멸치,
> 땀띠, 암쇠(돌저귀), 참빗, 홍시, 서방님, 성냥, 습늉

(1)~(3)의 예들 중에서 논의 대상으로 두 자료집에 모두 나오는 어휘
를 중심으로 정리하면 (4)~(6)과 같다.

---

30) 뒤 자음이 'ㄱ'일 경우, '딸기, 줄기, 들기름, 백설기' 등에서처럼 앞 자음이 'ㄹ'이면,
'이'모음 역행동화가 일어나는 지역이 전혀 없다.

(4) 안기다, 감기었다, 장끼, 참기름, 왕겨(등겨)

(5) 바람벽(담벼락)

(6) 멸치

(4)~(6)은 각각 뒤 음절의 자음 환경과 형태소 경계 환경을 고려하여 분류된 것들이다. 뒤 음절의 환경을 연구개음, 양순음, 설단음으로 나누어 살피되, 형태음소론적 층위를 고려하여 분석해 보기로 한다. 이들 어휘들의 '이'모음 역행동화형을 중심으로 출현빈도수와 변화율을 분석하면 [표 13]과 같다. 대부분의 어휘들이 [오구라] 자료에 조사되지 못해 [정문연] 자료와의 비교는 어렵다. 그러나 다른 음운현상에서 확인되었듯이, 형태소 경계 환경의 어휘들은 두 자료 간 차이가 크지 않은 관계로 한 자료집만을 대상으로 살펴도, 변화 흐름을 파악하는 데 크게 관계는 없을 것이다.

[표 13] 개자음이 2개인 경우 '이'모음 역행동화 현상의 지리적 분포와 변화 추이

음운 환경	형태소 층위	표준어 (15C 표기)	문헌 자료	[오구라] 자료			[정문연] 자료			자료 간 변화 차이
				방언형	도별 출현지점수/도별 총 조사지점수	전체출현 빈도수와 빈도율(%)	방언형	도별 출현지점수/도별 총 조사지점수	전체출현 빈도수와 빈도율(%)	
연구개음	용언어간	안기다			미조사됨		앵기다	경기 17/18 강원 11/15 충북 10/10 충남 15/15 전북 10/13 전남 1/22 경북 14/23 경남 9/15 제주 0/2	87/137 (64)	
		감기었다	굽기다 감기다		미조사됨		갬겼다 갬겼다 갱겼다 갱겠다 갱긴다	경기 2/18 강원 10/15 충북 10/10 충남 15/15 전북 13/13	93/137 (68)	

					깽겼다 깽겠다 깽겼다 깽겠다 깽깃다	전남 20/22 경북 5/23 경남 18/19 제주 0/2		
파생어	장끼			미조사됨	쟁끼 쟁기 쟁꽁 쨍끼 쟁키 쟁게	경기 13/18 강원 10/15 충북 7/10 충남 14/15 전북 9/13 전남 14/22 경북 13/23 경남 7/19 제주 0/2	87/137 (64)	
합성어	참기름 (춤기름)	춤기름 춤기름 참기름		미조사됨	챙기름 챙지름	경기 12/18 강원 10/15 충북 5/10 충남 12/15 전북 1/13 전남 0/22 경북 0/23 경남 0/19 제주 0/2	40/137 (29)	
	왕겨 or 등겨			미조사됨	왕겨 왱게 왱기 왱저 딩게 딩기	경기 5/18 강원 5/15(딩게) 충북 5/10 충남 14/15 전북 3/13 전남 1/22(딩게) 경북 3/23(딩기) 경남 14/19(딩게) 제주 0/2	50/137 (36)	
순음	합성어	바람벽 (ᄇ룹) or 담벼락	ᄇ룹 ᄇ람 불암 불름벽 바람뻑 ᄇ람벽 ᄇ룹벽	미조사됨	배람벽 배름빽 베람빽 베름빽	경기 8/18 강원 0/15 충북 9/10 충남 9/15 전북 13/13 전남 21/22 경북 6/23	74/137 (54)	

		바람벽					경남 8/19 제주 0/2		
설음	파생어	멸치	매래치 메레치 메루치 마리치 메리치 매러치 메러치 미래치 미리치 멜치 밀치 멘치 멜 멜다구	경기 3/3 강원 3/3 충북 5/5 충남 1/5 전북 7/9 전남 11/11 경북 12/12 경남 14/14 제주 2/2	58/64 (90)	매레치 매리치 매러치 메러치 메레치 메르치 메리치 메루치 미리치 미러치 미르치 맬치 멜치 밀치 멜 맬따구 멜따구	경기 17/18 강원 15/15 충북 9/10 충남 2/15 (여/에 공존 1) 전북 10/13 (여/에 공존 1) 전남 17/22 경북 23/23 경남 19/19 제주 2/2	114/137 (83)	- 7

① 뒤 음절 자음이 연구개음인 경우

뒤 음절이 '연구개음'인 경우, '이'모음 역행동화형이 전국적으로 분포하되, 중서부 지역을 중심으로 더욱 널리 분포되어 있다. 동남부 지역에서는 중서부 지역에 비해 '애'동화형이 활발하지 않다.

용언 어간 환경인 '안기다'의 경우, '이'모음 역행동화형 '앵기다'는 전국적인 분포를 보이고 있지만, 특히, 중부의 대부분 지역에 분포되어 있다. 이에 비해 <경북><경남>은 중서부 지역에 비해서는 적용 범위가 그리 넓지 않다.31)

<전남>은 대부분 지역에서 '안다/안기다'형보다 '보듬다/보듬기다'형을 주로 사용함으로써, 확인이 불가능하다. 다만, 광양(안끼다)과 해남(앵기

31) <경북-14/23개 지점> <경남-9/19개 지점>은 '이'모음 역행동화형과 미동화형이 각각 14 : 13(공존지역 4개 지점 포함)지점과 9 : 5지점으로 비슷한 양상을 보이고 있다.

다)에만 '안기다'형이 나타나고 있어, 해남에만 '안기다'의 '이'모음 역행
동화형을 확인할 수 있다. <경남> 역시 '안기다/앵긴다' 이외에도 '아듬
기다, 보듬기다' 등 다른 어형이 나타나고 있다. '안기다'형만 나타나는
지역(13/19지점)을 대상으로 '이'모음 역행동화 현상 유무를 비교해 보면,
의령, 하동, 김해, 고성, (거제) 등 5개 지점에서는 '안기다'형이, 거창, 밀
양, 울주, 산청, 진양, 양산, 사천, 고성(안기다/앵기다), (통영) 등 9개 지점에
서는 '앵기다'형이 나타나고 있어, '이'모음 역행동화형이 다소 활발히 나
타나고 있다. <경북>은 '안기다'와 '앵기다'형이 거의 반반 나타나며, 공
존하는 지역도 많다. 즉, 상주, 청송, 영덕, 월성 등 4개 지점이 해당된다.

'(머리를) 감기었다(사동)'의 경우, '감기다' 어휘는 '감기었다'의 '이'모
음 역행동화형('갬겼다'형)이 전국적인 분포를 보이고 있다.[32] 다만, <경
북>이 <경남>에 인접한 5개 지점에서만 '이'모음 역행동화형이 나타나
고 있어, 가장 활발하지 않은 지역이다.

이 외 '뜯기다, 벗기다, 맡기다' 등의 경우에도 전국적인 분포를 보이고
있다. 따라서 용언 어간 환경에서는 상당히 활발하게 여러 어휘에 적용되
고 있음을 확인할 수 있다.

파생어 '장끼'의 경우, '아'형은 전국적인 분포를 보이고 있다. 특히,
<충남>은 홍성을 제외한 전 지역에서 '애'형이 나타나고 있다. 중·서부
지역을 중심으로 '이'모음 역행동화형이 널리 분포되어 있다.[33] 반면에

---

32) <경기-16/18개 지점> <강원-10/15개 지점> <충북-전지역> <충남-전 지역> <전
　　북-전 지역> <전남-20/22개 지점> <경북-5/23개 지점> <경남-18/19개 지점> 등지
　　에 나타나고 있다.

33) <경기>는 4개 지점(김포, 양주, 가평, 평택)을 제외한 13개 지점에서, <강원>은 5개
　　지점(화천, 홍천, 명주, 원성, 정선)을 제외한 10개 지점에서, <충북>도 3개 지점(진천,
　　제원, 보은)을 제외한 7개 지점에서, <전북>은 4개 지점(부안, 정읍, 임실, 고창)을 제
　　외한 9개 지점에서, <전남>은 8개 지역(구례, 신안, 승주, 광양, 진도, 보성, 고흥, 여천)
　　을 제외한 14개 지점에서 '애'형이 관찰되고 있다.

<경북>은 12 : 13개 지점으로 '애'형과 '아'형의 분포가 비슷하고, <경남> 역시 7 : 9개 지점으로 비슷한 분포를 보이지만 '애'형이 다소 적게 분포되어 있다. 따라서 동남부 지역에서는 중서부 지역에 비해 '애' 동화형이 그리 활발하게 적용되지 않고 있음을 '장끼' 어휘를 통해서도 확인되었다.

'참기름'의 경우, '이'모음 역행동화'형인 '챙기름/챙지름'이 <전남> <경북><경남><제주>를 제외한 <경기><강원><충북><충남>지역을 중심으로 나타나고 있다. <전북>은 <충남>에 인접한 익산(챙지름)에서만 나타나고 있다. 따라서 합성어 '참기름'은 중서부 지역을 중심으로 '이'모음 역행동화형이 나타나고 있을 뿐, 서남부와 동남부 지역에서는 전혀 나타나지 않고 있다. '참기름'과 같은 합성어 환경이지만, '들기름'에서는 '이'모음 역행동화가 일어나는 지역이 한 곳도 없다. 뒤 자음이 'ㄱ'인 경우, 앞 자음이 'ㄹ'일 때 '이'모음 역행동화가 일어나지 않고 있음을 확인할 수 있다. '왕겨/등겨' 어휘는 중서부 지역을 중심으로 '이'모음 역행동화형이 활발히 일어나고 있을 뿐,[34] <전남><경북>지역에는 '이'모음 역행동화형이 잘 나타나지 않고 있다. 다만 <경남>지역은 '등겨'형에서만 활발히 나타날 뿐이다.[35]

---

34) '이'동화형인 '왱겨/왱게'형이 <경기>양평, 용인, 이천, 평택, 안성에, <강원>은 '왕겨'에는 '이'동화형이 보이지 않으나, '등겨'에는 '딩게'형이 양구, 인제, 춘성, 홍천, 횡성 등지에 나타나고 있다. <충북>은 '왱게'형이 (음성), 청원, 괴산, 옥천, 영동에, '딩게'형이 청원, 보은, 옥천, 영동에, 각각 나타나고 있다. <충남>은 '왕겨'의 '이'동화형은 논산(맷저)를 제외한 전 지역('왱겨'형이 서산, 당진, 아산, 천원(왕겨/왱겨), 예산, 홍성, 청양, 공주, 보령에, '왱게'형이 연기, 대덕, 금산에, '왱저'형이 부여, 서천(왕겨/왱저) 등지에 나타나고 있다.)에, '딩겨'가 천원에 나타나고 있다.

35) <전남>은 '왕겨'의 동화형은 없지만, '딩게'형이 승주에만 보이고 있다. <경북>에는 '왕겨'의 '이'동화형은 전혀 나타나지 않고, '딩기'형이 금릉, 칠곡, 달성 등지에만 보이고 있다. <경남>은 '왕겨'의 '이'동화형은 보이지 않지만, '등겨'의 '이'동화형은 거창, 합천, 창녕, 밀양, 의령, 하동, 함안, 의창, 김해, 사천, 고성, 남해, 통영, 거제 등지에 합성어 형태로 나타나고 있다. <제주>에는 '왕겨/등겨' 어휘가 나타나지 않고 있다.

② 뒤 음절 자음이 양순음인 경우

'바람벽/담벼락'의 경우, 15세기 'ㅂ롬' 형태로 나타나는 '바람벽'은 '벽'을 나타내는 고유어 'ㅂ롬'과 한자어의 '벽'이 결합하여 만들어진 합성어이다. 'ㅂ롬벽', 'ㅂ람벽', 'ㅂ람ㅅ벽', '바람ㅅ벽', '바람뼉' 바람벽' 등이 18세기 문헌에서 확인되고 20세기 초에 '바람ㅅ벽', '바람벽' 등으로 표기되어 나온다.

방언 자료에서는 뒤에 오는 '이'선행모음의 영향으로 인한 '이'모음 역행동화 현상이 적용된 형태가 나타나고 있다. 특이한 것은 다른 어형과 달리 '바람벽>바램벽'으로 바뀌는 것이 아니라 음절을 건너 뛰어 '바람벽>배람벽'으로 바뀐다는 것이다. '벼럼빡, 벼름빡' 형태도 보이고 있다. '이'모음 역행동화형은 중서부 지역을 중심으로 나타나고 있다. <강원>에는 나타나지 않고 <경북><경남>지역은 활발하지 않다.[36]

단, 동일한 환경인 '담벼락'의 경우는 '이'모음 역행동화형인 '댐벼락'형이 <경기>김포, 고양, 시흥, 용인, 화성 등지에서만 보일 뿐, 나머지 지역에서는 나타나지 않고 있다.

③ 뒤 음절 자음이 설단음인 경우

'멸치'의 경우는 [지도 38-1, 38-2]에서 보듯이, '이'모음 역행동화가 적용된 '메리치, 미리치' 등을 비롯하여 축약형인 '멜치/밀치'형이 전국적으로 실현되고 있다.[37] '애, 에'형은 주로 <경기><강원><충북><전남><경남><제주>에서, '이'형은 <경북>에서 나타나고 있다. <충남>을 중심으로 하는 서부 지역이 '이'모음 역행동화 현상에서 소극적인 면

---

36) 즉, <경기-8/18개 지점><충북-9/10개 지점><충남-9/15개 지점><전북-전 지역><전남-21/22개 지점><경북-6/23개 지점><경남-8/19개 지점> 등지에 주로 나타나고 있다.
37) 북한에서는 [오구라] 자료집에 '애'형이 <황해>신계, 곡산과 <함남>홍원, 풍산, 혜산, 신고산, 안변, 덕원, 문산, 고원, 영흥, 북청, 이원, 갑산 등지에 나타나고 있다.

을 보이고 있어, 앞서 논의한 음운 환경에서의 어휘와는 다소 다른 면을 보이고 있다. '이'미동화형이 서부 지역을 중심으로 남북으로 점차 확산 되어 가고 있음을 확인할 수 있다.

④ 방언 구획

이상 살펴본 어휘에 대한 방언 구획을 카토그램으로 나타내면 다음과 같다. 개재자음이 2개인 경우에는 어휘 내부 환경에서는 거의 일어나지 않고 합성어 환경에서도 잘 일어나지 않는 데 비해, 용언 어간 환경에서는 활발하다. '이'모음 역행동화 현상이 전국적으로 나타지만, 뚜렷한 구별을 위해 발생의 빈도율을 중심으로 대략적으로 대립항을 구성하였다. 곧, '이' 모음 역행동화 현상이 활발한 경우와 그렇지 않은 경우로 구분하였다.

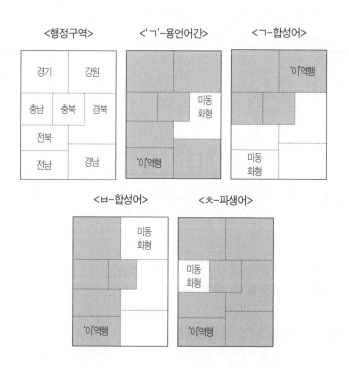

4.2. 어말 '이'의 첨가

'이'모음 역행동화 현상과 달리 단어 안에 '이'모음 역행동화가 일어날 수 있는 조건이 전혀 없는 경우, 즉, '이'나 '이' 선행모음이 뒤따르지 않는 환경에서 끝음절의 후설모음 '아, 어, 오, 우'가 전설모음 '애, 에, 외, 위(이)'로 바뀌는 경우가 있다. 이러한 현상을 어말 '이'모음 첨가 현상이라 한다.

다음 (1)~(4) 예들에서 보듯이 이러한 음운변동 현상은 빈번하게 일어나고 있지만, 대부분 단일어형 환경에서 나타나는 특징을 보이고 있다.

(1) '아>애'의 변화 : 도마>도매, 소라>소래, 이마>이매, 치마>치매, 허파>허패

(2) '어>에'의 변화 : 붕어>붕에/부에/붕아, 은어>은에/은아, 숭어>숭에/수에

(3) '오>외/이'의 변화 : 화로(화루)>화리

(4) '우>위/이'의 변화 : 국수>국쉬, 대추>대취, 멀구>멀귀, 만두>만뒤, 발구>발귀, 살구>살귀, 인두>윤뒤, 사마구>사마귀, 가루>가리, 고추>고치, 마루>마리, 시루>시리/실기, 벼루>베리, 수수(수꾸)>수뀌>수끼, 윤두(인두)>윤뒤>윤디

이상의 어휘들 중에서 두 자료집에 조사된 어휘를 선택하면 다음 (5)~(8)과 같다.

(5) 가마(솥), (치마)

(6) (고등어), (은어), (오징어)

(7) 화로

(8) 머루, 마루, 수수, (시루), (국수)

(5)~(8)의 어휘는 각각 어말 환경에서 '아>애', '어>에', '오>외/이', '우>위/이'로 변화하는 예들이다. '이'모음 첨가 현상은 주로 어휘 내부에서 나타나므로, 형태소 내부의 변화에 한정하여 그 구체적인 지리적 분포와 변화 추이를 살펴보기로 한다.

1) '아 > 애'의 변화

(5)의 어휘들이 보여주는 어말 '이' 첨가에 따른 전체 조사지점 대비 출현 빈도수와 변화율을 정리하면 [표 14-1]과 같다.

[표 14-1] 어말 '이'첨가의 지리적 분포와 변화 추이('아>애'의 경우)

음운 환경	형태소 층위	표준어 (15C 표기)	문헌 자료	[오구라] 자료			[정문연] 자료			자료 간 변화 차이
				방언형	도별 출현지점수 /도별 총 조사지점수	전체출현 빈도수와 빈도율(%)	방언형	도별 출현지점수 /도별 총 조사지점수	전체출현 빈도수와 빈도율(%)	
음절끝 '아'	어휘 내부	가마 (솥)	가마솥 가마솣	'애'형 가매(솥)	경기 × 강원 9/9 충북 1/1 충남 1/1 전북 5/5 전남 8/8 경북 16/16 경남 14/14 제주 2/2	56/56 (100)	'애'형 가매(솥) 가매(솣)	경기 0/18 강원 11/15 충북 3/10 충남 2/15 전북 8/13 전남 21/22 경북 22/23 경남 18/19 제주 0/2	85/137 (62)	-38
		치마 (치마)	치마 쵸마 츄ᄆ 츄마 쵸마 티마 치ᄆ 침아	'애'형 치매 처매 채매 초매	경기 1/3 강원 2/3 충북 3/5 충남 2/5 전북 9/9 전남 9/9 경북 12/12 경남 14/14 제주 2/2	54/62 (87)		미조사됨		

어말 '아>애' 변화는 상당히 활발하게 나타나는 현상이지만, 두 자료집에 공통으로 조사된 어휘가 '가마(솥)'뿐이며, '치마'도 [오구라] 자료에만 조사되었다. '가마(솥)'의 경우, '이' 첨가 현상은 <강원><경북><경남>을 중심으로 <전남>에 이르기까지 한반도의 동·남부 지역에 분포되는 경향이 강하다. 이러한 특징은 한반도의 중·서부 지역을 중심으로 분포되는 경향이 강한 '이'모음 역행동화와 다른 점이라 하겠다. 따라서 '이' 첨가 현상 역시 한반도를 동서로 가르는 주요 표식이 되고 있다. '치마'의 경우도 '이'모음 첨가 현상은 <전북><전남><경북><경남><제주> 등 남부 지역을 중심으로 주 세력을 형성하면서 <충남><충북><경기><강원>에 이르기까지 널리 분포되어 있는 양상을 보이고 있다. 북한은 음절 끝 '이'모음 첨가 현상은 동부 지역인 <함북><함남>을 중심으로 <평북>에 이르기까지 널리 분포되어있고, 중서부 지역인 <황해>를 중심으로는 발달하지 않았다. '가마'의 경우, [지도 39-1, 39-2]에서 보듯이, [오구라] 자료에는 조사되지 않은 중서부 지역을 제외한 조사된 전 지점(100%)에서 '가매솥'형만 나타나고 '가마솥'형은 전혀 나타나지 않고 있어, '이'모음 첨가 현상은 전국적으로 상당히 활발한 음운변동 현상이라 할 수 있다. 그러나 '가마(솥)'형으로 개신이 진행되면서, [정문연] 자료에 와서는 '아'형이 <경기>지역을 중심으로 <충북><충남>에 이르는 서부 지역에 주로 분포되어 있고 나머지 지역은 대부분 '애'형이 분포(62%)되어 있다. 한편 북한 지역 역시 조사 지역 모두에서 '가매솥'형만 나타나고 있다.[38]

---

38) <함남>수안, 곡산, 신고산, 안변, 덕원, 문천, 고원, 영흥, 정평, 함흥, 영광, 신흥, 홍원, 북청, 이원, 단천, 풍산, 갑산, 혜산(19/24지점) <함북>성진, 길주, 명천, 경성, 나남, 청진, 부거, 무령, 무산, 회령, 종성, 경원, 경흥, 웅기(14/15지점) <평남>평양(1/17) <평북>박천, 영변, 희천, 구성, 강계, 자성, 후창(7/20지점) 등지에서 '가매솥'형만 나타나고 있다.

어말 '이' 첨가현상은 <강원><경북><경남>을 중심으로 <전남>에 이르기까지 한반도의 동·남부 지역에 분포되는 경향이 강하다. 이러한 특징은 한반도의 중·서부 지역을 중심으로 분포되는 경향인 강한 '이'모음 역행동화와 다른 점이라 하겠다. 따라서 '이'첨가 현상 역시 한반도를 동서로 가르는 중요 표식이 되고 있다.

'치마'의 경우 [오구라] 자료에만 조사되어 있는데 '치매'형이 전국적인 분포(87%)를 보이며 광범위하게 나타나고 있다.[39]

따라서 '아>애'의 경우 음절 끝 환경에서의 '이'모음 첨가 현상은 <전북><전남><경북><경남><제주> 등 남부 지역을 중심으로 주 세력을 형성하면서 <충남><충북><경기><강원>에 이르기까지 널리 분포되어 있는 양상을 보이고 있다.

2) '어 > 에'의 변화

(6)의 어휘들이 보여주는 어말 '이'첨가에 따른 전체 조사지점 대비 출현 빈도수와 변화율을 정리하면 [표 14-2]와 같다.

---

39) '치매'형이 <경기>지역은 연천, 파주, 고양(경성) 등 3개 조사지점 중 파주에서, <강원>지역은 양양, 명주, 삼척 등 3개 조사지점 중 양양, 삼척에서, <충북>은 중원, 단양, 청원, 보은, 영동 등 5개 조사지점 중 단양, 보은, 영동에서, <충남>은 홍성, 공주, 서천, 논산, 금산 등 5개 조사지점 중 서천, 금산에서, <전북><전남>은 9개 조사지점 모두에서, <경북>은 12개 조사지점 모두에서, <경남>은 14개 조사지점 모두에서, <제주>는 2개 조사지점 모두에서 나타나고 있다. 북한 지역은 음절 끝 '이'모음첨가 현상이 동부 지역인 <함북><함남>을 중심으로 <평북>에 이르기까지 널리 분포되어 있고, 중서부 지역인 <황해>를 중심으로는 발달하지 않았다.

[표 14-2] 어말 '이'첨가의 지리적 분포와 변화 추이('어>에'의 경우)

음운 환경	형태소 층위	표준어 (15C 표기)	문헌 자료	[오구라] 자료			[정문연] 자료			자료 간 변화 차이
				방언형	도별 출현지점수 /도별 총 조사지점수	전체출현 빈도수와 빈도율(%)	방언형	도별 출현지점수 /도별 총 조사지점수	전체출현 빈도수와 빈도율(%)	
음절 끝 '어'	어휘 내부	고등어		'에'형 고등에 고등애 고둥에 고등에 고도에 고등이 고동이 고등이 고망애 고망에 고망이 고마이	경기 0/3 전북 2/10 전남 6/10 경남 1/1 제주 2/2	11/26 (42)	미조사됨			
		은어		'에'형 은에 은애 인에 연애 은이	경기 0/1 강원 0/3 충북 0/3 충남 0/4 전북 2/6 전남 1/4 경북 2/11 경남 4/4 제주 1/2	10/38 (26)	미조사됨			
		오징어 (오적어 烏賊魚)	오증어 오적어 오종어 오격어 오징어	'에'형 오징에 오징애 오등애 오동애	경기 × 강원 0/1 충북 0/4 충남 0/6 전북 2/9 전남 2/4 경북 0/4 경남 8/12 제주 2/2	14/42 (33)	미조사됨			

'동서>동세, 부처>부체, 수저>수제, 고등어>고등에, 붕어>붕에, 은어>은에, 숭어>숭에, 오징어>오징에' 등에서 보듯이, '어>에'로의 변화가 방언에 나타나지만, '어'형과 주로 공존하고 있어, '아>애'로의 변화보다 활발하지 않다. 남한에는 <전북><전남><제주><경남> 등 남부 지역을 중심으로 분포되어 있다. '어>에(애)'로의 변화는 북한에도 <함남>과 <함북><평북> 등지에 나타나고 있다. 중부 지역을 제외한 남북한의 외곽지에서 주로 나타나고 있다. 음절 끝 '어'의 변화에는 주로 물고기를 뜻하는 '어'가 '에(애)'로 되는 경우가 많은데, 이 경우 일부 방언에서는 '아'로의 변화도 보이고 있다. [오구라] 자료에만 조사된 '고등어, 은어, 오징어'를 중심으로 살펴보도록 한다.

'고등어' 어휘는 방언에 따라 '고등어'와 '고망아' 두 어휘 계열이 나타나고 있는데, 이들 어휘는 각각 음절 끝 환경에서 '이'모음 첨가 현상 적용 유무에 따라 두 계열로 나뉜다. 즉, '고등어/고등아'와 '고등에/고등애', '고마:, 고망아/고망애'로 나타나고 있다.

'에'형인 '고등에(애)'는 남한 지역에는 <전북><전남><경남><제주> 등 남부 지역을 중심으로 분포(42%)되어 있다. 그러나 이들 지역(<충남>금산 <전북>완주, 진안, 무주, 김제, 정읍, 임실, 장수, 남원 <전남>장성, 곡성, 광산, 승주 등)에는 '고등어'형도 함께 분포되어 있어, '어>에'로의 변화는 '아>애'로의 변화보다 그리 활발하지는 않다. 한편, '고등아'형이 <경기>연천, 고양(경성), 파주(개성) <황해>금천, 연안, 옹진, 태탄, 장연, 은율, 안악, 재령, 서흥 <함남>신계, 수안 등지에서 나타나기도 하므로, '고등애'는 '아>애'로의 변화로 볼 수도 있기 때문이다. 북한 지역에도 '이'모음 첨가 현상이 적용된 '에'형이 <함남><함북><평북> 등지에 나타나고 있다. 따라서 '어>에(애)'로의 변화는 중부 지역을 제외한 남북한의 외곽지에서 주로 나타나고 있다.[40]

'은어'의 경우에도, 음절 끝 환경에서 '이'모음 첨가현상 적용 유무에 따라 '은어/은에, 은애, 인에, 연애'로 나뉜다. 많은 지역이 조사되지 못해 전체적인 분포를 알 수는 없지만, '어>에' 변화가 남부 지역을 중심으로 나타나고 있음(26%)을 확인할 수 있다. 다만 이들 지역(<전북>완주, 임실, 장수, 남원 <전남>담양, 승주, 곡성, 구례 <경북>예천, 안동, 청송, 의성, 영덕, 금릉, 영천, 고령, 달성 <경남>거창, 창녕, 하동, 진양, 의창, 김해, 양산 <제주>북제주, 남제주)에는 '은어'형도 함께 나타나므로, '아>애'변화보다 그리 활발한 분포를 보이지는 않는다. <황해>를 중심으로는 '은아'형이 나타나기도 한다.

'오징어'의 경우에도 음절 끝 환경에서 '이'모음 첨가 현상 적용 유무에 따라 '오징어/오징에, 오징애, 오등애, 오동애' 등으로 나뉜다. '에'형 중 '오징에'가 <전북>의 순창, 남원 <전남>의 담양 <경남>의 진양, 남해 <제주>의 북제주, 남제주에, '오징애'가 <전남>여천 <경남>하동, 의창, 통영에, '오등애'가 <경남>거창에, '오도에'가 <경남>밀양, 양산 등지에서 나타나고 있다. 그러나 이 지역에는 '오징어/오증어'형도 함께 나타나므로 '아>애'로의 변화보다 그리 활발하지 않다. 즉, '오징어'가 <전북>무주, 진안, 김제, 정읍, 임실, 장수, 남원 <전남>장성, 곡성 <경남>거제 등지에, '오증어'가 <경남>합천, 창녕, 김해 등지에 나타나고 있다. '어'유지형과 함께 '어>에'로의 변화가 남부 지역을 중심으로 나타나고 있다(33%).

3) '오 > 외/이'의 변화

(7)의 어휘가 보여주는 어말 '이' 첨가에 따른 전체 조사지점 대비 출현 빈도수와 변화율을 정리하면 [표 14-3]과 같다.

---

40) '-에'형이 <함남>홍원, 혜산, 정평, 함흥, 오로, 신흥, <함북>성진, 길주, 나남, 부령, 무산, 회령, 종성, 경흥 <평북>영변, 희천, 구성, 강계, 자성, 후창 등지에 나타나고 있다.

[표 14-3] 어말 '이'첨가의 지리적 분포와 변화 추이('오>외/이'의 경우)

음운환경	형태소 층위	표준어 (15C 표기)	문헌 자료	[오구라] 자료			[정문연] 자료			자료 간 변화 차이
				방언형	도별 출현지점수/도별 총 조사지점수	전체출현 빈도수와 빈도율(%)	방언형	도별 출현지점수/도별 총 조사지점수	전체출현 빈도수와 빈도율(%)	
음절끝 '오'	어휘내부	화로		'이'형 화리 하리	경기 0/3 강원 3/3 충북 7/7 (오/이 : 공존 5) 충남 4/6 전북 8/8 전남 9/9 경북 15/15 (오/이 : 공존 1) 경남 14/14 (오/이 : 공존 2) 제주 2/2	62/67 (93)	'이'형 화리 하리	경기 5/18 강원 9/15 (우/이 : 공존 1) 충북 8/10 충남 5/15 전북 13/13 전남 21/22 경북 14/23 (오/이 : 공존 3) 경남 10/19 (오/이 : 공존 2) 제주 2/2	87/137 (64)	- 29

　방언 자료에서는 '소>쇠/세/쉐/시, 화로>화리' 등에서 보듯이, 둘째 음절이 '오>외/이'로의 변화를 보이고 있다. 두 자료집에 모두 나타나는 '화로'를 중심으로 살펴본다.

　'화로'의 경우, 둘째 음절의 변이형에 따라 '화로/화루, 화리/하리'형으로 나타나고 있다. [지도 40-1, 40-2]에서 보듯이, '이'형이 전국적으로 분포되어 있었으나, <황해><경기>를 중심으로 나타나기 시작한 '오'형이 세력을 형성하며 전국적으로 확산해 가는 양상을 보이고 있다. '오/우'형이 한반도의 중서부 지역을 중심으로 새로이 세력을 확장하면서 동·남부 지역으로 확산되어 갔다. '이'형은 [오구라] 자료에서 남한 지역은 <전북><전남><제주>를 중심으로 하면서 <충북><경북><경남>의 대부분 지역과 <강원>의 동해안을 따라 널리 분포되어 있어, 중서부 일부 지역을 제외한 남·동부 대부분 지역에 분포(93%)되는 양상을 보였다.

[정문연] 자료에 와서도 이러한 현상은 거의 유지되었다. '오'형(■형)의 세력이 동·남부 지역으로 깊숙이 영향을 미치고 있으나, 서남부 지역으로는 영향력이 거의 없다. 여전히 '이'형(●형)의 세력이 남한 전체에서 강하게 작용(64%)하고 있는 것이다.

즉, '이'형이 [오구라] 자료에 분포된 지역을 포함하여 <경기>의 동남부 지역, <충북>의 단양과 중원을 제외한 모든 지역, <충남>의 북동부와 남부 지역에까지 나타나고 있다. <전북><전남>에는 '오'형이 거의 나타나지 않아 '이'형의 진원지라 할 만하다. 특히, <충북>의 경우에는 오히려 '이'형으로의 변화가 나타나고 있다. <충북>의 대부분 지역은 [오구라] 자료에서 '화로/화리'형이 공존하는 양상을 보였으나, [정문연] 자료에 오면서는 단양, 중원을 제외한 전 지역에서 '화로'가 '화리'형으로 바뀌는 양상을 보이고 있는 것이다. 그 밖의 남한 대부분 지역은 '화리>화로'로의 개신이 진행되어 <강원><경북><경남> 등 주로 동·남부 지역으로 확산되어 갔다. <전북><전남><제주> 등 서남 지역에는 '이'형만 나타나고 있다.

북한 지역은 대부분의 지역에서 '이'모음 첨가현상이 일어나고 있는데,[41] 특히 발달한 곳이 <함북>지역이다. 반면에 <황해>와 <함남>은 '오/우'형이 나타나면서 '이'형과 공존하는 모습을 대부분 지역에서 보이고 있다.

---

41) 북한 지역에는 '이'형이 <황해>연안(화루/화래), 벽성(화루/화리), 옹진(화루/화리), 태탄, 장연, 은율, 안악, 재령, 황주(화리), 서흥(화래), <함남>신계(화리), 수안(화리), 곡산(화리), 신고산(화루뚱/화리), 안변(화루뚱/화리), 덕원(화루뚱/화리), 문천(/화로,화루뚱/화리), 고원(화루뚱/화리), 영흥(화로,화루뚱/화리), 정평(화로/화리,화리뚱이), 함흥(화로,화리,화리뚱이), 영광(화로/화리,화리뚱이), 신흥(화로/화리,화리뚱이), 홍원(화로,하로/화리/활뚱이,할뚱이), 이원(화로/화리,화리뚱이), 단천(화로/화리,활뚱이), <함북>성진, 길주, 명천, 경성, 나남, 청진, 무령, 무산, 회령, 종성, 경흥, <평남>평양(화래), <평북>박천, 영변, 희천, 구성, 강계, 자성, 후창 등지에 나타나고 있다.

4) '우 > 위/이'의 변화

(8)의 어휘들이 보여주는 어말 '이'첨가에 따른 전체 조사지점 대비 출현 빈도수와 변화율을 정리하면 [표 14-4]와 같다.

[표 14-4] 어말 '이'첨가의 지리적 분포와 변화 추이('우>위/이'의 경우)

음운 환경	형태소 층위	표준어 (15C 표기)	문헌 자료	[오구라] 자료			[정문연] 자료			자료 간 변화 차이
				방언형	도별 출현지점수/도별 총 조사지점수	전체출현 빈도수와 빈도율(%)	방언형	도별 출현지점수/도별 총 조사지점수	전체출현 빈도수와 빈도율(%)	
음절끝 '우'	어휘내부	머루	멀위 머뤼 머루	'위/이'형 머뤼 멀귀 머리 멀리	경기 1/3 (위/위 : 공존 1) 강원 0/3 충북 0/5 충남 0/6 전북 0/9 전남 0/12 경북 1/10 경남 9/13 (위/애 : 공존 1) 제주 2/2	13/63 (21)	'위/이/애' 형 멀리위 머리 멀리 머래 모래	경기 0/18 강원 0/15 충북 0/10 충남 0/15 전북 0/13 전남 1/22 경북 2/23 경남 14/19 제주 2/2	19/137 (14)	-7
		마루	마로 마뤼 마루	'이/애'형 마리 말리 물리 말래 말레 마래	경기 0/1 강원 0/3 충북 2/4 충남 2/6 전북 1/9 전남 8/11 경북 11/12 (위/이 : 공존 1) 경남 6/9 제주 2/2	32/57 (56)	'이/애'형 마리 말리 물리 말래 물레	경기 0/18 강원 0/15 충북 1/10 충남 1/15 전북 4/13 (위/이 : 공존 2) 전남 14/22 경북 9/23 (위/이 : 공존 3) 경남 5/19 제주 2/2	36/137 (26)	-30
		수수	슈슈 수수	'이'형 수시 쑤시 쉬쉬 수지	경기 0/3 강원 0/3 충북 0/5 충남 0/6 전북 7/9	38/64 (59)	'이'형 수시 쑤시 쉬시 수끼	경기 0/18 강원 1/15 충북 0/10 충남 0/15 전북 9/13	60/137 (44)	-15

			수끼	전남 12/12 경북 5/12 (우/이 : 공존 1) 경남 14/14 제주 타 어형	수꿔 쉬꿔 쉬끼지	(우/이 : 공존 1) 전남 21/22 경북 10/23 경남 19/19 제주 타 어형	
	시루		미조사됨		'이'형 시리 실기	경기 0/18 강원 4/15 충북 0/10 충남 0/15 전북 5/13 전남 21/22 경북 16/23 경남 18/19 제주 2/2	66/137 (48)
	국수	국슈 국수	미조사됨		'이'형 국시	경기 0/18 강원 6/15 (우/이 : 공존 5) 충북 1/10 충남 0/15 전북 5/13 (우/이 : 공존 3) 전남 10/22 (우/이 : 공존 1) 경북 14/23 (우/이 : 공존 7) 경남 14/19 (우/이 : 공존 3) 제주 0/2	50/137 (37)

　　<경기><강원><충북><충남>지역은 [오구라]와 [정문연] 자료 모두
에서 '우'형(■형)만 보이므로, 이 지역은 음절 끝 환경에서 '이'모음 첨가
현상이 나타나지 않고 있다. 남부 지역을 중심으로 '이'형(●형)이 나타나
고 있다. <전북>은 '우'형이 대세이나, <전남>은 '이'모음 첨가 현상의
진원지라 할 만큼, '이'형이 [오구라]와 [정문연] 자료에 거의 모든 지역
에 분포되어 있다. <전남>은 [오구라] 자료에 많은 지역에서 '에'형이 나

타났으나, [정문연] 자료에 오면서 '이/에'형 등의 형태로 다양화되고 있다. 대부분 지역에서 끝음절이 '이' 또는 '에'형으로 끝나고 있어 이 지역은 비교적 '이'모음 첨가 현상이 활발하다고 하겠다. '위'형은 중앙에서 멀리 떨어진 <함북><함남>과 <제주> 등지에만 일부 잔존해 있을 뿐만 아니라, '이/애'형도 <경남>을 중심으로 나타날 뿐, '우'형이 중앙어로서의 지위를 얻으면서 대부분 지역이 '우'형으로 이미 개신이 진행되었다. 북한은 서부 지역보다 동부 지역에 빈번히 나타나고 있다.

방언 자료에서는 둘째 음절에서 '우'형과 음절 끝에 '이'모음이 첨가되거나 단모음화된 '위/이/애' 등의 형태가 나타나고 있다. <경북>은 '우/이' 등의 어형이 모두 나타나고 있어, 언어적 다양성이 가장 두드러지게 드러나는 지역이기도 하다. 두 자료집에 조사된 '머루, 마루, 시루, 수수'를 중심으로 구체적으로 살펴보기로 한다.

'머루'의 경우, '우'형이 한반도 대부분 지역에 분포되어 있으나, '이'모음 첨가형이 북한에서는 <함북>을 중심으로 하여 <함남>과 <황해>에 이르기까지, 남한에서는 <경남><제주>지역을 중심으로 분포되는 양상을 보이고 있어 지역적 분포(21 → 14%)도 넓지 않다. 특히, '위'형은 남한 지역에서는 [오구라] 자료에 <경기>의 파주에 '멀귀'형과 <제주>의 북제주에 '머뤼'형으로 나타났으나, [정문연] 자료에서는 <제주>의 북제주에 '멀리위'가 나타나는 것을 제외하고는 남한 전 지역에는 '위'형은 보이지 않는다. 대신에 '이/애'형이 <경남>을 중심으로 일부 지역에 분포되어 있을 뿐이다.

북한 지역에서는 [오구라] 자료에 '멀귀'가 <함남>신계, 고원, 영흥, 정평 <함북>경성, 종성, 경원, 웅기에 분포되어 있다. '머레/머래'형이 <황해>를 중심으로, '멀기'형이 <함남>과 <함북>에 일부 나타나고 있다.42) 특히, <함남>은 '멀구/멀귀/멀기'형이 모두 공존함으로써, 공시적인 지역적 분포를 통해 통시적 변화 추이를 동시에 확인할 수 있다.

특히, '머루'의 경우에는 어중에 'ㄱ'형이 나타나는 '멀구'형이 <강원><전북><전남><경북>지역에 광범위하게 나타나면서 음절 끝 환경에서의 '이'모음 첨가 현상이 그리 활발하지는 않다. 따라서 다른 '우'형이 나타나는 어형과 달리 '머루'는 <전남>에서는 거의 '이'형이 나타나지 않고 있다. 반면에, '머루'형이 나타나는 <경남>에서는 '이/애'형이 일부 나타나고 있다. '우'형이 중앙어로서의 지위를 얻으면서 한반도 전체로 개신이 진행되어 갔다.

'집채 안에 바닥과 사이를 띄우고 깐 널빤지, 또는 그 널빤지를 깔아 놓은 곳'을 뜻하는 '마루(廳)'의 경우, [지도 41-1, 41-2]에서 보듯이, 자료 간 개신 속도가 빠르게 진행되면서 '이/애'형의 분포가 감소(56→26%)되었지만, 여전히 남부 지역을 중심으로 나타나고 있으며, '우'형은 <경기><강원><충북><충남> 등 중부 지역을 중심으로 나타나고 있다.

'수수'의 경우, '수수, 수꾸' 등의 형태와 음절 끝에 '이'모음이 첨가되거나 단모음화된 '위/이'형인 '수뀌, 수끼/수시' 등의 형태로 나타나고 있다. '이'모음 첨가 어휘 중에서 가장 활발하게 적용된(59→44%(-15)) 어휘이다. <경기><강원><충북><충남>지역은 [오구라]와 [정문연] 자료 모두에서 '수수'형만 보이므로, 이 지역은 음절 끝 환경에서 '이'모음 첨가 현상이 나타나지 않고 있다. 남부 지역을 중심으로 '이'형이 나타나고 있다. 특히, <전북>지역은 [오구라] 자료와 [정문연] 자료 모두 '수시/쑤시'형(7지점→9지점)이 '쑤수'형(2지점→5지점)보다 그 분포 지역이 다소 넓지만, 그리 활발하지는 않다.

---

42) 북한 지역은 '머레'형이 <황해>금천, 연안, 해주, 옹진, 태탄, 장연에, '머래'형이 <황해>은율, 안악에, '멀기'형이 <함남>함흥, 영광(오로리), 신흥, 홍원, 북청, 이원, 풍산, 갑산, 혜산, <함북>성진, 길주, 나남, 무령, 무산, 회령에 분포되어 있다.

반면에, <경북>은 [오구라] 자료에 12개 조사지점 중 8개 지점에서 '수꾸'형이, 3개 지점에서 '수시'형이, 2개 지점에서 '수끼'형이(울진은 '수끼/수꾸'형이 공존함.) 분포되어 있어, 음절 끝 환경의 '이'모음 첨가 현상이 그리 활발하지 않다. 또한 <경북>은 '수꾸/수수, 수시/수끼' 등의 어형이 모두 나타나고 있어, 언어적 다양성이 가장 두드러지게 드러나는 지역이기도 하다.

한편, 북한에는 음절 끝의 '이'모음 첨가 현상의 적용 유무에 따라 [오구라] 자료에 '수, 수수, 쉬수'와 '쉬/수끼' 두 계열로 나타나고 있다. 음절 끝의 '이'모음 첨가 현상은 <황해>를 제외한 <평북><함남><함북>지역에 두루 나타나고 있다. 서부 지역보다 동부 지역에 빈번히 나타나고 있다.

그 밖에도 [정문연] 자료에만 조사된 '시루'와 '국수' 등이 있다. '시루'의 경우, 그 출현 빈도율이 '수수'와 거의 비슷하며 주로 남부 지역을 중심으로 분포(48%)되어 있다. 방언형이 끝음절 '이'모음 첨가 현상의 유무에 따라 '시루, 실루'형과 '시리, 실기' 형이 있다. 따라서 끝소리에서의 '이'모음 첨가 현상은 <전남><경남><제주> 등 남부 지역을 중심으로 주로 분포되면서 <전북>과 <경북>지역으로 확산되는 형국을 보이고 있다.

'국수'의 경우 '이'모음 첨가 유무에 따라 '국수'와 '국시'형으로 나타나고 있다. '이'모음 첨가형이 <전남><경북><경남> 등 남부 지역을 중심으로 나타나고 있다(37%). <강원>과 <전북>에도 '국시'형이 보이기는 하지만, 대부분 '국수'형과 공존하고 있다. 또한 '우'형으로의 개신은 <전남>지역보다 <강원><경북><경남> 등 동부 지역에서 보다 활발하다.

이상 개음절로 된 명사 끝에 '이'모음 첨가가 일어나면서 '아, 어, 오, 우' 등 후설모음이 전설모음인 '애, 에, 외(이), 위(이)' 등으로 바뀌는 현

상은 부사에서도 일어나고 있다. '아마>아매, 설마>설매, 아까>아깨, 얼
마나>얼매나, 벌써>벌세/벌씨, 먼저>머제/먼지, 어쩌다가>어찌다가, 바
로>바리, 거꾸로>거꾸리, 따로>따리, 손수>손시, 고루고루>고리고리(골
고리)' 등으로 나타나고 있는데, 이는 명사에서 유추된 결과로 보고 있다.

   이상 살펴본 어말 '이'모음 첨가 현상과 관련된 어휘들의 지리적 분포
를 토대로 한, 방언 구획을 카토그램으로 나타내면 다음과 같다. 모두 어
휘 내부 환경이므로, 각각의 음운 환경에 따라 작성하되, '이'모음 첨가
현상의 활발성 정도를 기준으로 대립항을 설정하였다.

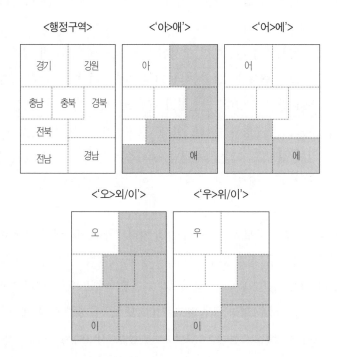

4.3. 상향이중모음의 단모음화

상향이중모음의 단모음화[43])는 이중모음 '야, 여, 요, 유'가 각각 단모음 '애, 에, 외, 위'로 바뀌어 나타나는 모음변화 현상으로, 여러 문헌뿐만 아니라, 각 방언마다 빈번하게 일어나고 있다. 이러한 변화 역시 많은 학자들의 관심의 대상이었지만, '야, 요, 유'의 변화는 '여'의 변화에 비해 활발하지 않기에, 주로 '여'의 변화를 중심으로 논의가 진행되어 왔다. 따라서 본 연구에서도 '야, 요, 유'의 경우에는 [오구라]와 [정문연] 자료에 조사된 어휘가 부족한 관계로 '여' 변화를 중심으로 분석할 것이다. 다만 '야>애'와 '요>외'의 경우는 조사된 어휘에 '뺨'과 '효자'가 있어 이를 중심으로 살필 것이다. 그러나 '유>위'의 경우는 동북방언에서만 나타나기에[44]) 남한을 대상으로 논의하는 본 연구의 특성 상 적절한 어휘가 조사된 바 없어 언급하지 않는다.

두 자료집에 공통으로 나타난 어휘들을 선별하면 (1)~(3)과 같다.

(1) 뺨

(2) 가. 벼, (벼이삭), 병, 별, 벼락, 뼈, 며느리
　　나. 혀

(3) 효자

---

43) 백두현(1992a : 160)에서는 '하향성 활음 첨가와 탈락'이라는 용어를 사용하여 설명하고 있다. 'j'를 가진 상향 이중모음 '야, 여, 요, 유'에 'j'가 첨가되어 '얘, 예, 외, 위' 등이 된 뒤 이들이 다시 축약에 의해 단모음화 되어 '애, 에, 외, 위' 등으로 변한 것으로 설명하고 있다. 특히, '여'의 경우 다른 어휘에서보다 '여>예>에'로 되는 경우가 빈번한 이유로 '어'와 'j'의 전설성에 두고 있다.

44) 황대화(1998 : 76)에 '휴가>휘가'와 '규정>귀정'을 예로 들고 있다. 이들 어휘들은 『한민족 언어 정보화 통합 검색 프로그램』(2007)에서도 '휴가>휘가'형이 <함북><함남>삼수와 <강원>에, '규정>귀제'형이 <함북><함남>에 나타나고 있음을 보고하고 있다.

(1)은 '야>애' 변화의 예이며, (2가)는 순음 아래, (3나)는 'ㅎ,ㅅ' 아래 '여>에'의 변화 예이며, (3)은 '요>외'의 변화 예이다.

1) '야 > 애'의 변화

(1)의 '뺨' 어휘를 대상으로 '야>애' 변화의 지리적 분포와 변화 추이를 비교한 결과를 정리하면 [표 15-1]과 같다.

[표 15-1] 상향이중모음의 단모음화의 지리적 분포와 변화 추이('야>애'의 경우)

음운 환경	형태소 층위	표준어 (15C 표기)	문헌 자료	[오구라] 자료			[정문연] 자료			자료 간 변화 차이
				방언형	도별 출현지점수 /도별 총 조사지점수	전체출현 빈도수와 빈도율(%)	방언형	도별 출현지점수 /도별 총 조사지점수	전체출현 빈도수와 빈도율(%)	
ㅃ 아 래	어 휘 내 부 or 파 생 어	뺨 (쌤 뺌)	쌤 쌤 뺨	'애'형 뺌 뺌때기 뺀대기	경기 0/3 강원 0/3 충북 5/5 충남 2/6 전북 3/9 전남 0/10 경북 4/12 경남 3/14 제주 0/2	17/64 (27)	'애'형 뺌 뺌 뺌따생이 뺌따구니 뺀대기 뺌어리 뺌아리	경기 10/18 (야/애 : 공존 2) 강원 7/15 (야/애 : 공존 2) 충북 5/10 (야/애 : 공존 1) 충남 4/15 전북 3/13 전남 2/22 경북 11/23 경남 0/19 제주 0/2	42/137 (31)	+ 4

'야>애'로의 변화는 (4)에서 보듯이, 주로 자음 'ㅎ,ㅃ'과의 결합에서 나타나고 있다.

(4) 방향>방행, 향초>행초, 향나무>행낭구/행목, 고향>고행, 향불>행불, 뺨> 뺌

특히, 'ㅎ'과의 결합에서는 <함남>을 중심으로 나타나고 있음이 『한민족 언어 정보화 통합 검색 프로그램』(2007)과 황대화(1998 : 70)에서도 보고되고 있다. 'ㅃ'과의 결합에서 일어나는 현상은 'ㅎ'보다 그 분포가 훨씬 넓다. 그러나 '야>애'로의 변화는 '여>에'로의 변화보다 활발하지 않는데,45) 그 이유를 백두현(1992a : 170)에서는 '야'의 분포적 제약과 함께 자음 뒤의 활음 탈락이라는 강력한 현상이 존재하기 때문으로 보고 있다. 곧, 활음 탈락이 먼저 일어나 축약이 적용될 수 있는 환경을 제거하였기 때문이라는 것이다(달걀>달갈).

한편, '야>애'와 반대되는 '애>야'로의 변화가 문헌이나 방언 자료에 나타나기도 한다. 문헌에 보이는 예로 '샥기(繩)(蠶桑 7), 먕셔 밍盟(類合禮 19b), 향주(布巾(日本語學 245)), 향기 힁(香)(歷代千字文)' 등이 있다. 방언 자료로도 <황해>를 중심으로 '개>갸, 개암>감(살), 뱀>뱜, 새우>샤우, 샘>샴, 색시>샥시, 재봉기>쟈봉, 해(파)>퍄, 말해>말햐, 했다>햤다, 깨지다>꺄지다, 빼내다>뺘내다, 째지다>쨔지다' 등이 나타나고 있음이 황대화(1998 : 71)에서 보고되고 있다. 이러한 예들은 <황해>지역이 '야'를 유지하려는 경향이 아주 강하기 때문에, '애'형마저 '야'형으로 변화시킨 결과로 해석된다. 이러한 현상은 '샘, 뱀, 색시' 등의 어휘가 '시암>시얌>샴(泉), 비암>비얌>뱜(蛇), 시악시>시약시>샥시(新婦)' 등으로 각각 변화한 변이형들과의 관련성에서도 확인된다.

즉, '샘'의 경우, [오구라] 자료에 '시암'의 형태가 <황해>해주, 옹진, 장연 <충북>보은, 영동 <충남>천원, 공주, 논산, 금산 <전북>완주, 무주, 김제, 정읍, 임실, 장수, 순창 남원 <전남>장성, 담양, 영암 등 서부

---

45) 예컨대, '뺨>뺌'의 [오구라][정문연] 두 자료 간 출현 빈도율은 각각 27%, 31%이지만, '뼈>뻬'의 경우는 각각 73%, 68%이다. 여기에 '뼈>삐'의 경우(각각 8%, 18%)까지 포함하면 '여>에/이'로의 변화가 훨씬 활발하다.

지역에 주로 분포되고 있다. [정문연] 자료에서는 '샴'의 형태가 <경기> 용인 <충북>옥천, 영동 <충남>아산, 천원, 예산, 공주, 연기, 부여, 논산, 대덕, 금산 등지에 나타나고 있다. <경기><강원>지역이 [오구라] 자료 에서는 거의 조사되지 못해 정확히 알 수는 없지만, [정문연] 자료로 미루 어 짐작해 보건대, <강원><경북><경남> 등 동부 지역에서는 '샘'의 형 태만 나타나고, '야'의 형태는 보이지 않으므로, '애>야'로의 변화 현상은 주로 서부 지역에 나타나고 있다.

'뱀'의 경우는 [오구라] 자료에서 조사되지 않아 알 수는 없지만, '도마 뱀'의 경우가 '도마비암'이 <충북>보은에, '도매비암'이 <전북>운봉, 무 주, 금산에, '동애비암'이 <전북>임실, 전주, 김제, 정읍, 순창, 남원 <전 남>장성, 담양, 곡성 등지에서 보듯이 모두 '비암'형태로 나타나고 있다. '뱀딸기'가 [정문연] 자료에서 조사되었는데, 역시 서부 지역을 중심으로 '비암/뱀' 형태가 나타나고 있다. 동부 지역인 <강원><경북><경남>에 서는 전혀 나타나지 않고 있다.46)

'색시'의 경우, 역시 '시악시/샥시'형이 서부 지역에만 나타나고 있다.47) '야>애'의 변화는 주로 'ㅎ'과 'ㅃ'과의 결합에서 나타나지만, 'ㅎ'과의 결합에서는 <함남>을 중심으로 나타날 뿐, 남한 지역에서는 거의 나타나

---

46) <충북>청원(뱀:딸구), 보은(비암딸), 옥천(뱀:딸/배암딸), 영동(뱀:딸/배암딸) <충남>천원 (뱀딸구), 공주(뱀딸기), 연기(뱀딸기), 부여(뱀딸구), 논산(뱀딸구), 대덕(뱀딸기), 금산(뱀 딸) 등에서 보듯이, <충북><충남>지역은 주로 '뱀'형이 나타나고 있다. <전북><전 남> 등지에서는 '비암'형이 주로 나타나고 있다. 즉, <전북>옥구(비암딸기), 익산(비암 딸광), 완주(비암딸:), 진안(비암딸), 무주(비암딸), 김제(비암딸기), 정읍(비암때왈), 임실 (비암때왈), 장수(비암따왈), 고창(비암딸), 남원(비암때왈) <전남>장성(비암때왈/배암때 왈), 구례(비암딸:) 등에서 '비암'형이 나타나고 있다.

47) <경기>연천(새샥시), 파주(샥시), 강화(샥시), 김포(시악시), 양평('처녀'를 '시악시' 라 함.), 이천('처녀'를 '샥:시'라 함.) <충남>금산('처녀'를 '샥시'라 함.) <전북> 옥구('처녀'를 '시악시'라 함.) 장수(새시악시), 남원(새시악시/새각시) <전남>곡성 (시악시) 등지에 나타나고 있다.

지 않고 있다. 따라서 아래에서는 비교적 그 분포 범위가 넓은 '뺨'을 중심으로 그 변화와 분포 지역을 살펴보기로 한다.

'뺨'의 경우, 문헌 자료에는 15세기에 '쌤'(救急方諺解 下 : 50) 또는 '쌤'(救急簡易方, 목록, 3)으로 나온다. '쌤'이 근대국어에서도 많이 쓰였으나 '쌤'이 더 일반적으로 쓰여 20세기 초까지 그 어형이 보인다. '뺨'은 18세기에 처음 보이나 19세기 이후의 문헌에서 주로 나타난다.

방언 자료로는 '야>애'로의 변화 유무에 따른 '뺨(뺌/뱜)'형과 '쌤'형이 대별되어 나타나고 있다. 특히, '때기', '따구니', '딱생이', '어리/아리' 등의 접미사가 붙은 파생어형은 모두 '뺨'형으로 나타나고 있다. 두 자료 간 지리적 분포와 변화 추이를 살펴보면, '야>애'로의 변화는 <경기><강원><충북> 등 남한의 중부 지역을 중심으로 활발하게 나타나고 있으며, <전남><경남> 등 남부 지역은 활발하지 않다. 자료 간 '쌤'형의 출현 빈도율의 차이도 크지 않아(27 → 31%) 변화가 거의 없지만 다소 증가한 추세이다.

2) '여 > 에'의 변화

(2)의 어휘를 대상으로 '여>에'로의 방언 분화형의 지리적 분포와 변화 추이를 비교한 결과를 정리하면 [표 15-2]와 같다.

[표 15-2] 상향이중모음의 단모음화의 지리적 분포와 변화 추이('여>에'의 경우)

음운환경	형태소층위	표준어(15C표기)	문헌자료	[오구라] 자료			[정문연] 자료			자료간 변화차이
				방언형	도별 출현지점수/도별 총 조사지점수	전체출현빈도수와 빈도율(%)	방언형	도별 출현지점수/도별 총 조사지점수	전체출현빈도수와 빈도율(%)	
ㅂ 아래	어휘내부	벼		'에'형 베	경기 3/3 강원 11/12 충북 5/8 충남 11/12 전북 3/9 전남 0/18 경북 1/16 경남 0/14 제주 0/2	34/94 (36)	'에'형 베	경기 16/18 강원 11/15 (에/여 : 공존 2) 충북 7/10 충남 14/15 전북 4/13 전남 2/22 경북 7/23 경남 2/19 제주 0/2	63/137 (46)	+ 10
							'이'형 비	전남 1/22 경북 1/23	2/137 (1)	
				'여'형 벼	경기 0/3 강원 0/12 충북 0/8 충남 0/12 전북 0/9 전남 0/18 경북 0/16 경남 0/14 제주 0/2	0/94 (0)	'여'형 벼	경기 2/18 (에/여 : 공존 8) 강원 4/15 충북 2/10 (에/여 : 공존 4) 충남 0/15 전북 0/13 전남 0/22 경북 2/23 (여/나락 공존 2) 경남 0/19 제주 0/2	10/137 (7)	+ 7
	합성어	벼이삭			미조사됨		'에'형 베이삭	경기 18/18 (에/여 : 공존 1) 강원 13/15 충북 6/10 충남 14/15 전북 3/13 전남 0/22 경북 2/23 경남 2/19 제주 0/2	58/137 (42)	

어휘내부	병(甁)		'에'형 뱅 뻉 펭	경기 × 강원 1/2 충북 1/1 충남 × 전북 1/1 전남 4/7 경북 2/16 경남 12/14 제주 2/2	23/43 (53)	'에'형 뱅(개) 뻉이 뱅 펭	경기 0/18 강원 0/15 충북 1/10 충남 0/15 전북 0/13 전남 12/22 (에/여 : 공존 2) 경북 0/23 경남 18/19 (에/여 : 공존 1) 제주 /1/2	52/137 (38)	- 16
			'이'형 빙	강원 1/2 전남 3/7 경북 14/16 (에/이 : 공존 2) 경남 2/14 (에/이 공존 1)	20/43 (47)	'이'형 빙	전남 1/22 (에/이 : 공존 1) 경북 18/23 (이/여 : 공존 7) 제주 1/2 (에/이 : 공존 1)	20/137 (15)	- 32
	병(病)		'에'형 뱅	경기 0/3 강원 6/12 (에/여 : 공존 4) 충북 4/6 (에/여 : 공존 4) 충남 1/6 (에/여 : 공존 1) 전북 8/8 (에/여 : 공존 7) 전남 15/17 (에/여 : 공존 4) 경북 2/15 경남 12/14 (에/여 : 공존 1) 제주 1/2 (에/여 : 공존 1)	49/83 (59)	미조사됨			
			'이'형 빙	전남 2/17 (에/이 : 공존 1) 경북 10/15 (에/이/여 : 공존 8) 경남 2/14 (에/이 : 공존 1)	15/83 (18)				

				제주 1/2					
별 (별)	별		'에'형 벨 밸	경기 0/3 강원 1/11 충북 0/8 충남 0/12 전북 2/10 (에/이 : 공존 1) 전남 3/16 (에/이 : 공존 3) 경북 3/16 (에/이 : 공존 2) 경남 11/14 (에/이 : 공존 4) 제주 2/2	22/92 (24)	'에'형 벨 밸	경기 1/18 강원 2/15 (에/여 : 공존 2) 충북 0/10 충남 0/15 전북 3/13 (에/이 : 공존 1) 전남 7/22 (에/이 : 공존 1) 경북 2/23 (에/이 : 공존 1) 경남 0/19 제주 1/2	16/137 (12)	- 12
			'이'형 빌 비얼	경기 3/3 강원 10/11 충북 8/8 충남 12/12 전북 8/10 전남 13/16 경북 13/16 경남 3/14 제주 0/2	70/92 (76)	'이'형 빌 비울	경기 4/18 강원 4/15 (이/여 : 공존 4) 충북 4/10 (이/여 : 공존 3) 충남 8/15 (이/여 : 공존 3) 전북 1/13 전남 7/22 (이/여 : 공존 4) 경북 20/23 (이/여 : 공존 10) 경남 19/19 제주 1/2	68/137 (50)	- 26
파 생 어	벼락 (벼락 벽력)	벼락 벽력 별악 별학	'에'형 베락 백녁	경기 × 강원 12/12 충북 5/5 충남 9/9 전북 7/7 전남 15/16 경북 13/15 경남 5/6 제주 ×	66/70 (94)	'에'형 베라 배락	경기 9/18 강원 12/15 (에/여 : 공존 2) 충북 9/10 충남 14/15 (에/여 : 공존 1) 전북 13/13 전남 19/22 (에/여 : 공존 1) 경북 20/23 (애/여 : 공존 1)	117/137 (85)	- 9

								경남 19/19 제주 2/2		
				'이'형 비락	전남 1/16 경북 2/15 (에/이 : 공존 2) 경남 1/6	4/70 (6)	'이'형 비락	전남 2/22 경북 3/23 (에/이 : 공존 3)	5/137 (4)	- 2
ㅃ 아 래	어 휘 내 부	뼈 (쪄 쪠 쪠)	쪄 쪠 쪠 뼈 뼈 뼈	'에'형 뼈	경기 1/2 강원 0/1 충북 × 충남 9/12 (에/여 : 공존 1) 전북 10/10 (에/여 : 공존 1) 전남 6/9 경북 × 경남 1/1 제주 0/2	27/37 (73)		경기 7/18 (에/여 : 공존 1) 강원 12/15 (에/여 : 공존 2) 충북 9/10 충남 10/15 전북 12/13 전남 19/22 경북 5/23 경남 17/19 제주 2/2	93/137 (68)	- 5
				'이'형 뼈	전남 3/9	3/37 (8)	'이'형 뼈	충북 1/10 전북 1/13 (에/이 : 공존 1) 전남 3/22 경북 18/23 (에/이 : 공존 5) 경남 2/19	25/137 (18)	+ 10
ㅁ 아 래		며느리 (며눌이 며느리 며눌)	며눌이 며느리 며눌 며늘이 며느리 며늘 며누리 며나리	'에'형 메누리	경기 3/3 강원 13/13 충북 5/8 충남 11/12 전북 9/10 전남 15/18 경북 9/16 경남 12/14 (이/에 : 공존 1) 제주 0/2	77/96 (80)	'에'형 메누리 메느리	경기 14/18 강원 12/15 충북 7/10 (에/여 : 공존 1) 충남 13/15 전북 12/13 전남 13/22 경북 4/23 (에/여 : 공존 1) 경남 19/19 제주 2/2	96/137 (70)	- 10
				'이'형 미누리	충북 2/8 전북 1/10 전남 2/18 (이/에 : 공존 2)	14/96 (15)	'이'형 미누리	충북 1/10 전북 1/13 전남 6/22 (이/여 : 공존 1)	20/137 (15)	0

					경북 7/16 (이/에 : 공존 5) 경남 2/14			경북 12/23		
ㅎ/ㅅ 아 래	어 휘 내 부	혀 (혀)	혀 서 혜 셔	'에'형 햇(바다) 셋(바다)	경기 3/3 (에/여 : 공존 1) 강원 12/12 (에/여 : 공존 1) 충북 7/8 (에/여 : 공존 2) 충남 3/13 (에/이 : 공존 2) 전북 5/10 전남 13/19 경북 13/16 경남 12/13 (에/이 : 공존 1) 제주 2/2	70/96 (73)	'에'형 햇(바다) 셋(바다) 찻(바다)	경기 18/18 (에/여 : 공존 2) 강원 15/15 충북 9/10 (에/여 : 공존 1) 충남 0/15 전북 5/13 전남 14/22 경북 19/23 경남 17/19 제주 2/2	99/137 (72)	- 1
				'어'형 서	충북 1/8 (에/어 : 공존 1) 충남 10/13 전북 5/10 전남 6/19 (에/이 : 공존 1) 경북 1/19	23/96 (24)	'어'형 서	충북 1/10 충남 15/15 (에/어 : 공존 2) 전북 8/13 전남 8/22 (에/어 : 공존 1)	32/137 (23)	- 1
				'이'형 시	경북 2/16 경남 1/13	3/96 (3)	'이'형 시	경북 3/23 (에/이 : 공존 1) 경남 2/19	5/137 (4)	+ 1
평균 출현 빈도율 및 변화율(62→56%(-6)										

'여>에'의 변화는 다음 (5)~(7)에서 보듯이, '야>애', '요>외', '유>위'로의 변화와 달리 방언에서 상당히 활발하게 일어나고 있다.

(5) 벼>베(稻), 볏단>벳단, 벼이삭>베이삭, 별>벨(星), 볕>벹/벳, 병>벵, 벼개>배개, 벼락>베락, 벼랑>베랑, 벼룩>베룩, 별로>벨로, 벼루>베루, 벼슬>베슬(실), 병아리>벵아리, 뼈>뻬, 새벽>새백/새배, 편

　지>펜지, 멸치>멜치/메리치, 며느리>메느리>미느리, 몇>멫, 벼플
고>베풀고, 벼>베(布)

(6) 혀>세/헤, 비녀>비네(빈혀>빈혜)

(7) 겨>게, 겨우>게우/제우

　이러한 현상이 일어나는 이유를 설명하는 다양한 견해가 제기되어 왔
는데, 백두현(1992 : 162)에서 이를 요약하여 제시하고 있다. 곧, 음운도치,
축약, '예'에 가깝게 실현되던 '여'의 '어'가 새로이 형성된 단모음 '에'에
'partager'됨, 순행동화로 인한 'j'의 첨가, '여'에 'i'첨가가 일어난 견해
등 다양한 학설이 논의되어 왔다. 특히, '이'선행모음 중에서도 '여'가
'야, 요, 유'의 변화보다 가장 활발히 일어나고 있다. 그 이유를 백두현
(1992 : 168~170)에서는 '여>예>에'의 변화에 크게 작용한 것은 'ə'와 'j'
의 전설성이 동시에 작용하였기 때문으로 설명하고 있다. 상대적으로 '야,
요, 유'의 경우, 'j'의 전설성만이 작용하였기 때문으로 이해하고 있다.

　본 절에서는 선행 연구의 이론적 토대 위에서 '여>에'로의 변화양상을
그 지역적 분포 및 그 변화 추이를 중심으로 살펴보기로 한다. 한반도 전
지역에서는 <황해>를 제외한 대부분의 지역에서 '여'형(■형)보다 '에'형
(●형)이 우세하다. '에'형을 거부하는 핵방언 지역이 <황해>이다. 그 외
한반도 전역은 모두 '에'형이 우세하다. '에'가 고어형으로 이른 시기에
'여>에'로의 변화를 경험하였으나, <황해>에서 시작된 개신어 '여'형이
중앙어로 세력을 형성하면서 어휘 내부에서부터 개신이 빠르게 진행되고
있다.

　'벼'의 경우, [지도 42-1, 42-2]에서 보듯이, 방언 자료에는 크게 '벼'
계와 '나락'계로 나뉘어 나타나고 있다. 그 경계는 [오구라] 자료와 [정문
연] 자료 모두 <강원>남부에서 <충북>을 거쳐, <충남>에 이르는 지역

을 중심으로 사선형을 이루며 나타나고 있다. [오구라] 자료에는 '벼'계열이 나타나는 지역(36%)에서는 모두 '베'형만 나타났다. [정문연] 자료에 오면서 '벼'계열 어휘가 증가(54%)함에 따라 자료 간 '베'형의 출현 빈도율도 다소 증가(36→46%)하였다.

이로써 '벼'계 어휘는 [오구라] 자료에서 [정문연] 자료에 오면서 개신형 '벼'계 어휘로의 변화가 <경북>을 중심으로 가장 활발하게 일어나면서 <전북><전남><경남>에 이르기까지 서서히 진행되고 있음을 알 수 있다. 또한 '벼'계 어휘는 '벼'형보다 '베'형이 남한 전반에 걸쳐 큰 세력을 유지하고 있지만, '벼'형이 북한의 <황해>를 중심으로 나타나기 시작하여 <경기><강원><충북>을 거쳐 <경북>의 일부 지역에 이르면서 서서히 변화가 진행되고 있다.

한편, 합성어 '벼이삭'의 경우, 단일어인 '벼'의 경우와 그 분포양상이 대체로 일치하지만, 다소간의 차이를 확인할 수 있다. 단일어 환경에서는 '벼'계 어휘로 개신이 진행되면서 '나락'계 어휘와 공존하는 지역이 많았으나, 합성어 환경에서는 '벼'계 또는 '나락'계 어휘로 확연히 분리되고 있다. 즉, <경기><강원>과 <충북>(보은, 옥천, 영동 제외)<충남>(금산 제외)지역은 '베'형이, 그 밖의 <전북><전남><경북><경남><제주>지역은 '나락'계열의 어휘로 정확히 나뉜다. 이는 단일어 환경이 합성어 환경보다 타 지역의 영향을 보다 쉽게 받아 변화를 빨리 경험하는 환경임을 보여주는 반증이라 하겠다. 또한 합성어 '베이삭'형(42%)이 단일어 '베'형(46%)보다 분포가 적은 이유는 '나락이삭'형을 보다 많은 지역에서 사용하고 있기 때문이다. 그만큼 합성어 환경에서는 개신의 진행(나락→벼) 속도도 느리다고 할 수 있다.

'병(甁/病)'의 경우, [오구라] 자료에서는 '병(病)'을 대상으로 비교적 폭넓은 지역에서 조사한 데 비해, [정문연] 자료에서는 '병(病)'이 아닌 '병(甁)'

의 의미를 갖는 어휘를 중심으로 조사되었으므로, 두 자료집의 정확한 비교가 어렵다. 그러나 '병(瓶/病)'의 변이형이 '병,벵/뱅,빙'으로 일치하므로, 어느 정도 유사성을 가진다는 전제 하에 상호 비교해 본다.

[지도 43-1, 43-2]에서 보듯이, 실제로 [오구라] 자료에서 '벵'형에서는 '벵(瓶)'(54%)과 '벵(病)'(59%) 두 어휘 간 출현 빈도율에서 큰 차이가 없다. 반면에, '빙'형에서는 [오구라] 자료에서 '빙(瓶)'(47%)과 '빙(病)'(18%)으로 분포상 차이가 나타나고 있다. 특히, 조사지점이 많은 <경북>과 <경남> 두 지역에서 그 차이를 비교해 보면 확연히 드러난다. <경북>의 경우, '병(瓶)'어휘는 '빙'형으로 거의 통일된 어형을 보이고 있는데 비해, '병(病)'어휘는 '병, 벵, 빙' 등 다양한 어형이 공존하고 있다. 또한 '병(瓶)' 어휘의 경우, '병'계열의 어형은 전혀 보이지 않지만, '병(病)'어휘의 경우, '병(10지점)/벵(9지점)/빙(10지점)' 등 3가지 계열의 어형이 골고루 분포되는 경향을 보이고 있다. 따라서 <경북>지역은 '병(瓶)'과 '병(病)'어휘를 의식적으로 다르게 발음하여 구별하려는 경향을 보이고 있다. 이렇듯 다르게 구별하려는 경향은 <제주>에서도 나타나고 있다. '병(瓶)'은 '펭'으로, '병(病)'어휘는 남제주에서는 '병'과 '벵'으로 북제주에서는 '빙'으로 각기 나타나고 있어 뚜렷한 구별을 보이고 있다.

이에 비해 <경남>은 '병(瓶)'과 '병(病)'의 두 어휘에서 발음의 차이가 거의 없이 모두 '에'형으로 통일된 발음을 하고 있어 두 어휘의 차이가 없다. 다만, <경북>과 일치되는 점은 '병(瓶)' 어휘의 경우, '병'계열의 어형은 나타나지 않음에 비해, '병(病)' 어휘의 경우에는 김해에 '병'계열의 어형이 '벵'계열 어형과 공존하며 일부 나타나고 있다는 점이다. 두 어휘의 변이형에 있어서 차이가 없는 경우는 <전남>도 마찬가지이다.

이로써 '병(瓶)'과 '병(病)'어휘는 표준어로는 같은 형태를 보이지만, 지역에 따라 각기 다른 양상으로 발음되는 경향을 보이고 있다. 따라서 '병

(甁)'은 남한 지역에서는 <경기><강원><충북><충남>지역을 중심으로
하면서 <전북>에 이르기까지 '병'형으로 통일되어 갔으며(0% → 47%),
<경남>을 중심으로 '뼝'형이 핵방언권을 이루면서 위로는 <경북>, 서로
는 <전남>에 이르기까지 '뼝'형의 세력을 형성하고 있으나, '병'형으로
개신이 진행되면서 축소되는 경향(54% → 38%)을 보이고 있다. 한편, <경
북>을 중심으로 세력을 형성한 '빙'형도 <전남><전북>에 일부 영향을
미치기도 하였으나, 크게 세력을 확장하지는 못하였다(47 → 15%).

  '별(星)'의 경우, 방언형으로 '별/뼐/비얼/빌' 등의 형태로 나타나고 있다.
[지도 44-1, 44-2]에서 보듯이, '뼐'의 형태는 주로 <경남><제주> 등
남부 지역을 중심으로 나타나고 있다. '여>에'형으로 변하는 다른 어휘들
에 비해 '에'형의 분포가 그리 넓지 않다. '별'형으로의 개신이 비교적 빠
르게 진행(0 → 38%)된 어휘라 하겠다.

  특히, [오구라] 자료에는 '별'과 같이 1음절 형태로 나타나지 않고 '여'
가 2음절로 나뉘어 발음되는 '비얼'형이 상당히 넓은 지역에 나타나고 있
다는 점이 특이하다. '별(星)>비얼, 벼루>비어루, 멱살>미억살, 편지>피
언지' 등에서 보듯이 주로 'ㅁ,ㅂ,ㅍ,ㅃ' 등 양순음 아래의 '여'가 '이어'
로 나타나는 경우가 대부분이다. 이 '비얼'형이 [정문연] 자료에 와서는
모두 축약되어 '별'형으로 개신이 이루어졌다. 개신의 진행 속도는 '여>
에'로 변하는 다른 어휘들에 비해 상당히 빠르게 진행되어 '에'형이 <경
남>을 중심으로 <전남>과 <전북> 등 남부 지역에 일부 남아 있을 뿐
이다.

  파생어 '벼락'의 경우, 첫째 음절에 따라 '여/에/애/이' 등의 형태가 나
타나고 있다. [지도 45-1, 45-2]에서 보듯이, [오구라] 자료에서는 '벼락'
의 형태는 전혀 나타나지 않고 조사된 거의 대부분의 지역(94%)에서 '에'
형인 '베락'형이 나타났으나, [정문연] 자료에 와서는 <경기>를 중심으

로 <강원><충북><충남><전남><경북>의 아주 극소수 지역에서 '벼
락'형이 나타나고 있다. 물론 [오구라] 자료에 <경기>지역이 거의 조사
되지 못해 정확한 변화양상을 알 수 없으나, [정문연] 자료에 와서도 '벼
락'형보다 '베락'형이 대부분 지역(85%)에 나타나므로, 파생어 '벼락'은 다
른 어휘들보다 '여'(■형)로의 개신에 적극적이지 않다. 단일어형인 '별'의
'벨>별'로의 개신은 빠르지만, 파생어 환경인 '벼락'은 개신의 속도가 그
만큼 느리므로 그 분포도 전국적이라 하겠다. '비락' 형태도 두 자료집(각
각 6%, 4%) 모두 <전남><경북>지역에 일부 보이고 있다. 어휘 내부 환
경인 '병, 별'의 경우보다 파생어 환경인 '벼락'의 경우 '여>에'의 분포
지역이 훨씬 광범위하다. 자료 간 변화 차이도 파생어 경우가 작다.

　'뼈'의 경우, [지도 46-1, 46-2]에서 보듯이, [오구라] 자료에 <경
기><강원><충남><전북> 일원에 보이던 '여'형이 [정문연] 자료에 와
서 보다 분명해지며 개신이 일부 진행되었으나, '에'형이 여전히 <경남>
을 중심으로 전국적으로 우세하다. 즉, <강원><충북><충남><전북>
<전남> 등에 '에'형이 광범위하게 분포되어 있다. 다만, <경북>에 '이'
형이 널리 분포하면서 '에'형과 일부 공존하는 양상을 보이고 있다. [오구
라] 자료(73%)와 [정문연] 자료(68%) 모두 '여'형태보다 '에'형태가 전국적
으로 광범위하게 나타나고 있다. 방언 자료로는 '뼈/뻬/삐' 등으로 나타나
고 있는데, 두 자료 간 '뼈>뻬'로의 변화율(73 → 68%)에는 큰 차이가 없지
만, '뼈>삐'로의 변화에는 다소간 증가율(8 → 18%)을 보이고 있다. 다만
[오구라] 자료에 '뻬'형으로 나타나던 지역이 [정문연] 자료에 와서 '뼈'
형으로 바뀐 지역은 <경기>의 연천과 <충남>의 예산뿐이며, 나머지 조
사 지역은 [오구라] 자료에서 '뻬'형이던 것이 [정문연] 자료에 와서도 여
전히 '뻬'형으로, '뼈'형도 그대로 '뼈'형으로 유지되고 있다.

　특히, '뼈' 어휘가 [오구라] 자료에서 많은 지역이 조사되지 못해, [오

구라]와 [정문연] 자료끼리의 정확한 비교가 되지 못하지만, 조사된 지역을 중심으로 비교해 보면 두 자료 사이에 차이가 거의 없음을 확인해 볼 수 있다. 이는 '뼈' 어휘가 15세기부터 '뼈/뼤/뼤'의 형태로 문헌 자료에 나타나는 것으로 보아, 이미 오래전부터 '뼈'와 '뼤' 형태가 각 지역마다 정착된 것으로 추측해 볼 수 있다. <경기>지역은 '뼈'형이 어느 정도 자리를 잡아, '뼤'형보다 우세한 데 비해, <경남>을 중심으로 <강원><충북><충남><전북><전남> 등 나머지 지역은 '뼤'형이 우세하다. 다만, <경북>지역은 우세한 '뼤'형을 중심으로 하면서 '뼤'형과 공존하는 양상을 보이고 있다. 이상 종합하면, '뼈'형보다 '뼤'형이 전국적으로 널리 분포되어 있음을 확인해 볼 수 있다.

'며느리'의 경우, 첫음절의 변이형에 따라 '여/에/이'형으로 나뉜다. [지도 47-1, 47-2]에서 보듯이, 다른 어휘에 비해 '에'형(●형)의 분포가 상당히 광범위하게 나타나고 있다. 다만, <경북>에는 두 자료집 모두 '이'형(▲형)이 '에'형보다 우세하게 분포되어 있으며, '여'형(■형)으로의 개신에도 적극적이어서 '에, 여, 이'형이 모두 공존하는 다양성을 보이고 있다. 두 자료 모두 '에'형의 출현 빈도율(80 → 70%(-10))이 상당히 높게 나타나고 있다. '이'형도 출현 빈도율(15 → 15%(0))이 비교적 높게 나타나고 있다. '에>여'로의 개신은 비교적 빠르게 진행되는데 비해 '이>여'로의 개신은 거의 이루어지지 않고 '이'형이 그대로 유지되고 있다. 한편, 북한 지역에서는 '에'형이 거의 나타나지 않던 <황해>지역에 연안, 태탄, 황주 등지에서 '에'형인 '메누리'가 나타나고 있다. 이들 지역을 제외한 전 조사지점에서(8/11 조사지점) '여'형인 '며누리'형이 나타나고 있어, 이 지역이 유일하게 한반도 전체에서 '여'형이 '에'형보다 우세한 지역이라 하겠다. 이는 '여'형의 핵방언 지역이 <황해>임을 반증하는 것이라 하겠다. 그 외 북한 지역은 모두 '에'형이 우세하다. 이상 살펴보았듯이, '며느리' 어휘

는 남북한 전 지역을 통틀어 '여'형이 우세한 <황해>를 제외한 전 지역
에서 '에'형이 우세하다.

  '혀'의 경우 문헌 자료에는 15세기부터 나타나는 '혀' 형태를 비롯하여
'서, 혜, 혜, 셔' 등이 보이고 있다. [지도 48-1, 48-2]에서 보듯이, '서'형
(■형)이 나타나는 <충남>과 <황해>를 제외한 대부분의 지역에서 '여'형
인 '혀'형보다 '에'형(●형)인 '세'형이 우세하다. 방언형으로는 첫음절의
변이형에 따라 '여/에/이/어' 등의 형태로 나타나고 있다. 두 자료집 모두
'에'형이 광범위하게 분포되어 있으며 자료집 간 변화율(73→72%)도 거의
없다. 한편, 북한 지역에서는 <황해>가 11개 조사지점 중 황주(혜)를 제
외한 전 지역에서 '서'형만, <함남>과 <함북>의 조사된 전 지역에서는
'세'형만, <평북>과 <평남>의 조사된 전 지역에서는 '혜'형만 나타나고
있다. 따라서 '혀'의 경우는 '에'형이 전반적으로 우세하다. 따라서 한반
도 전 지역에서는 <충남>과 <황해>를 제외한 대부분의 지역에서 '여'
형인 '혀'형보다 '에'형인 '세'형이 우세하다. 다만, <전북>과 <전남>의
서부 지역에는 <충남>의 영향을 받아 '여'가 단모음화된 '어'형이 나타
나고 있다.

  3) '요 > 외'의 변화

  (3) '효자' 어휘를 대상으로 '요>외'로의 방언 분화형의 지리적 분포와
변화 추이를 비교한 결과를 정리하면 [표 15-3]과 같다.

[표 15-3] 상향이중모음의 단모음화의 지리적 분포와 변화 추이('요>외'의 경우)

음운환경	형태소층위	표준어(15C표기)	문헌자료	[오구라] 자료			[정문연] 자료			자료간변화차이
				방언형	도별 출현지점수/도별 총 조사지점수	전체출현 빈도수와 빈도율(%)	방언형	도별 출현지점수/도별 총 조사지점수	전체출현 빈도수와 빈도율(%)	
ㅎ/ㅅ 아래	어휘내부	효자		'외'형 회자	경기 × 강원 8/8 충북 × 충남 1/1 전북 9/9 전남 16/16 경북 0/8 경남 0/15 제주 ×	34/57 (60)	'외'형 회자	경기 0/18 강원 0/15 충북 0/10 충남 0/15 전북 4/13 (외/오 공존 2) 전남 0/22 경북 0/23 경남 0/19 제주 0/2	4/137 (3)	-57
				'오'형 호자	경북 8/8 경남 15/15	23/57 (40)	'오'형 호자 소자	강원 3/15 (요/오 공존 3) 충북 1/10 충남 1/15 (요/오 공존 1) 전북 4/13 전남 19/22 (요/오 공존 6) 경북 7/23 (요/오 공존 2) 경남 15/19 제주 2/2 (요/오 공존 2)	52/137 (38)	-2

'효자'의 경우, [지도 49-1, 49-2]에서 보듯이, [오구라] 자료 조사 때에는 <강원><전북><전남>을 중심으로 활발히 나타났던(60%) '외'형('회자'형)이 [정문연] 자료에 오면서(3%) 거의 대부분 '요'형으로 바뀌었다. 북한에서는 <함남>지역에 조사된 15개 지점 모두에서 '회자'형이 보이고 있다. 다만, <함북>에 인접한 단천, 갑산, 혜산 등지에 '호자'와 '회자'

가 공존할 뿐이다. '효자>회자'의 변화는 층을 이루며 변화가 진행되는 형국을 보이고 있는 것이다. 즉, <경북><경남> 등 동남부 지역에서는 '호자'형이 분포하고 그 위층에, <함남>과 <강원>에서 <전남>에 이르는 사선형으로 '회자'형이 분포하고 있으며, 맨 위층에는 <함북>에서 <평북><평남><황해>에 이르는 지역에 다시 '호자'형이 분포하는 '호자~회자~호자'형으로 층을 이루며 지리적으로 분화하여 분포하는 모습을 보여 주었다.

그러나 [정문연]에 와서는 대부분 지역에서 표준어로 지정된 한자어 '효자'의 영향으로 인해 전국적으로 개신이 이루어졌다. 그러나 <전남> 지역에서는 중앙어인 '효자'로 개신되기보다 '소자'형으로 바꾸어 말하는 경향이 다른 지역에 비해 월등히 우세하다. 전체 22개 조사지점 중 16개 지점에서 '소자'로 말하고 있는 것이다. <강원>과 <전북><경북>이 거의 대부분 '효자'형을 사용하고 있는 것과 좋은 대조를 이룬다. <경남>은 전체 19개 조사지점 중 14개 지점에서 여전히 '호자'형을 사용하고 있다.

특히, '요>외' 변화가 '야>애'나 '여>에' 변화와 가장 다른 점이 [오구라] 자료에서 [정문연] 자료로 올 때, 큰 변화가 보인다는 점이다. '야>애'나 '여>에'의 경우에는 두 자료 간 큰 변화가 없었다. 그러나 '요>외' 변화의 경우에서는 '효자'를 통해 볼 때, [오구라] 자료에서 전체 57개 조사지점 중 34개 지점(60%)에서 '외'형이 보였으나, [정문연] 자료에 와서는 137개 지점에서 단 4개 지점(3%)에서만 '외'형이 보이고 있다는 것이다. 개신의 속도가 빠른 만큼 '요>외' 변화는 보편성이 결여된 규칙이라 하겠다.

이상 살펴본 '상향이중모음의 단모음화'와 관련된 어휘들의 방언 구획을 카토그램을 통해 나타내면 다음과 같다. 음운 환경과 형태음소론적 층위를 고려하되, 단모음화가 적용되는 활발함의 정도를 기준으로 대립항을 설정하였다.

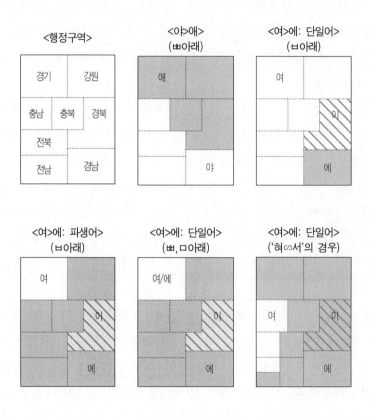

제5장 자음 분화형의 분포와 변화 추이

본 장에서는 15세기 유성마찰음 'ㄱ[ɣ],[1] ᄫ[ß], △[z]'과 후음 'ㅎ'과 관련된 음운현상을 중심으로, 방언적 변화 추이를 지리적 분포와 관련하여 살펴보고, 그것이 갖는 국어사적 의의를 논하고자 한다. 이들 음운들은 고대국어 자음체계의 재구에서부터 그 존재 여부를 두고 쟁점이 되어 왔던 것들이다. 유성음 계열의 존재를 인정하는 입장(김완진, 1958; 유창균, 1983; 도수희, 2008; 이승재, 2013)과 인정하지 않는 입장(박병채, 1971; 조규태, 1986; 嚴翼相, 2003; 미즈노 슌페이, 2009)으로 나뉘어 왔다. 후음 'ㅎ'의 존재에 대해서도 인정하는 입장(박병채, 1971)과 인정하지 않는 입장(조규태, 1986; 유창균, 1991; 김동소, 2003b; 이승재, 2013)으로 나뉘는 등 의견이 분분하다.

이처럼 의견 대립을 보이는 음운과 관련된 현상들을 중심으로 두 자료집 간 지리적 분포를 통한 변화 추이를 확인함으로써, 방언에 나타난 언

---

1) 중세국어에는 유성연구개마찰음 [ɣ]에 해당되는 음운이 존재하지 않으므로, [ɣ]음에 해당되는 표기로 편의상 사용하고자 한다.

어 변화의 흔적을 추적해 보고자 한다. 이에 15세기 'ㄱ[ɤ], ㅸ[ß], ㅿ[z]'으로 표기되기도 했던 어중자음 'ㄱ : ø, ㅂ : ø, ㅅ : ø'의 대응현상과 함께, 고대국어 후음 'ㅎ'의 존재 여부 내지 구개음화 발생과 관련된 'ㅎ : ㅅ'의 대응관계를 'ㄱ : ㅈ'의 대응 현상과 비교하여 살펴볼 것이다.

5.1. 'ㄱ', 'ㅸ', 'ㅿ'의 대응 관계

유성마찰음 'ㄱ, ㅸ, ㅿ'의 기원에 대한 의문은 국어에 고대국어 단계에서부터 유성음 계열이 존재했었는가 하는 문제와 관련하여, 국어의 자음 체계에 관한 통시적 논의에서 예외 없이 쟁점이 되어 왔던 주제이다. 현대국어에 존재하지 않는 유성음 계열이 과연 고대국어에서부터 존재하였는지에 대한 의문은 '유성 대 무성'의 대립을 보이는 알타이 공통 조어의 특징과 중세국어에 존재하였던 유성마찰음 'ㅸ, ㅿ'의 표기에서 비롯되었다. 중세 이전의 국어 자음체계 문제에 대한 지금까지의 연구들은 다음과 같이 크게 3가지 부류로 나뉜다.[2]

첫째, 무성저해음(*p, *t, *s, *k)만의 존재 인정 : 이숭녕(1954b, 1956), 박병채(1971), 유창돈(1973), 허웅(1978), 박정문(1984), 조규태(1986), 김형규(1989), 김동소(2003a, b), 미즈노 슌페이(2009)
둘째, 무성저해음(*p, *t, *s, *k)과 유성마찰음(*ß, *ð, *z, *ɤ)의 대립 관계 존재 인정 : 김차균(1971), 이기문(1972), 최명옥(1978a, b), 이숭재(2013)[3]

---

2) 오종갑(1988 : 75~82)에서 국어 유성저해음과 관련된 기존 학설의 변천에 대한 검토가 이루어졌으므로 이를 참고한다.
3) 이숭재(2013 : 253~259)는 백제목간의 음차자를 한어의 전기 중고음과 비교하여 백제어의 자음체계에서 무성마찰음 : 유성마찰음으로 's, ɕ : z, ʑ'를 인정하고 있다. 또 백제어

셋째, 무성저해음(*p, *t, *s, *k)과 유성저해음(*b, *d, *z, *g)의 대립관계 존재 인정 : 문양수(1974), 이병건(1976), 오종갑(1981, 1988), 도수희(2008), 이승재(2013)

첫 번째 견해는 /*p, *t, *s, *k/를 추정하고 이들 음운이 유성음 사이에서 유성음이 된 후 다시 두 갈래의 변화를 겪어 일부는 그대로 유지되었으나, 일부는 약화·탈락하여 후기중세국어에서 [b, d, s, g] : [ß, r, z, ø]의 음성 대립을 보인다고 설명하였다. 그러나 이와 같은 두 갈래 발달의 필연적인 조건을 제시하지 못하고 있다는 비판을 받고 있다.

두 번째 견해에서는 첫 번째 설에서의 상이한 두 갈래의 변화는 그 기원이 된 음운이 서로 달랐기 때문이라고 판단하고, 고대국어에 무성저해음 대 유성마찰음의 대립을 가정하였다. 그러나 무성저해음 대 유성마찰음 계열의 대립을 인정하는 것은 유성음 사이에서 유성음의 무성음화라는 음운변화가 언어 일반성4)에서 받아들일 수 없으므로 이 대립 또한 부적절하다고 하겠다.

세 번째 주장은 언어 일반성과 함께 음절말 유성저해음이 사용된 흔적(셜셜, 앞이, ㅿ없다 등)에 비추어 무성저해음 대 유성저해음의 대립을 추정하였다. 추정된 기저음은 /*b, *d, *z, *g/가 무성음화 규칙과 약화, 탈락 규칙의 적용을 받아 [p, t, s, k]~[b, d, z, g]~[ß, r, ø, ø]의 표면음성으로 실현된다는 것이다. 이러한 논리 위에서 이병건(1976)은 음운변화 환경을

가 한어의 전기 중고음과 유사함을 들어 백제어에 유성음 계열의 음운인 'b, d, g, dz, z, z, ɦ'가 존재하여 무성저해음 'p, t, k, ts, s, ɕ' 등과 각각 대립하고 있음을 주장하고 있다.

4) Hyman(1975 : 16)에서는 Jakobson과 Greenberg의 함축적 보편성(implicational universal)에 의거하여, 유성저해음을 가진 언어는 또한 무성저해음도 가지게 된다고 한다. Kim Young – Key(1975 : 40)와 오종갑(1988 : 80)에서도 언어의 일반적 법칙에 근거하여 무성저해음 계열과 유성마찰음 계열의 대립을 인정하지 않았다.

형태소 내부에서와 형태소 경계에서의 차이로 구별하여 b→w/p, z→
ø/s, g→ø 등의 변화를 설명하기도 하였다. 오종갑(1988)에서도 형태소 내
부와 형태소 경계를 구별하여 교체음의 실현이 다름을 밝혀 기저음운의
재구성 여부를 가렸다. 그러나 기저음운으로 존재한다는 것이 곧, 표면음
성 실현형이라고 볼 수 있는 것이 아니라는 문제도 있다.

이상과 같이 고대국어에서부터 유성마찰음의 존재 여부에 대해 일치되
지 못한 이래로, 중세국어에서도 유성마찰음 'ㄱ[ɣ], ㅸ, ㅿ'의 음소여부
에 대해 논란이 이어지고 있다. 물론 이들이 음소로 존재하였으리라는 것
이 학계의 보편적인 견해로 받아들여지고 있으나,5) 1950년대 후반부터
이들이 음소로 존재하지 않았으리라는 견해도 만만찮게 이어져 왔다. 음
소로 인정하지 않는 이들의 공통적인 견해는 음가 없이 쓰인 글자인 'ㅇ'
을 비롯하여 'ㅸ, ㅿ' 글자는 실제로 어떤 음소를 표기하기 위하여 사용
된 것이 아니고, 시험적으로 사용하거나, 이상적인 표기를 위해서 사용하
거나, 절충식 표기를 위해 사용한 것일 뿐이라는 것이다.6) 따라서 이들은
이 두 문자를 음운론의 대상이 아니라 표기법의 대상으로 삼고 있다. 이
렇듯 대립되는 두 견해를 염두에 두고 방언 자료에 나타나는 15세기 표기
'ㄱ[ɣ], ㅸ[ß], ㅿ[z]'의 어중에서의 'ㄱ : ø, ㅂ : ø, ㅅ : ø' 대응관계가 보
이는 지리적인 분포와 그 변화 추이를 확인해보고자 한다.

1) 'ㄱ[ɣ]'의 변화

옛 문헌에서나 방언 자료에서 동일 어근에 대해 'ㄱ : ø'로 대응되는
예7)들이 많이 보이고 있다. 이러한 현상에 대해 [k],[g]를 가진 형태를 원

---

5) 교육부에서 발행한 고등학교 『문법』(1996) 교과서에 이 'ㄱ, ㅸ, ㅿ'이 중세어에 유성마
   찰음으로 존재하였다고 서술하고 있다.
6) 유창돈(1958 : 85), 남광우(1959 : 115~140), 김동소(1996 : 17~24)를 참고하기 바람.

형이라고 보는 Ramstedt(1928)의 연구를 비롯하여 알타이어에도 모음 중
간에 있는 [k],[g] 탈락 형태가 보임으로써8), [k]를 원형으로 보는 견해가
있다.9) 그러나 'ㄱ : ø'의 대립을 모두 이 이론으로 해결해야 할지에 대해
서는 논의가 더 필요하다는 의견도 제시되고 있다. 특히, 이진호(2009 :
191)에서는 음절 중간에 나타나는 [k],[g]의 여러 현상을 고찰할 때 고어
의 조사에서는 [g]가 원래 마찰적 후음[ɣ]으로 존재한 것이지만, 현대 방
언에서는 [g]가 2차적으로 새롭게 발생했다고 보고 있다. 즉, 경우에 따라
원래부터 있었던 [k],[g]도 있고, 없었다가 새로 첨가된 [k],[g]도 있다는
것으로 일방적인 경로만을 밟지 않았다고 결론을 내리고 있다. 오구라
(1944)도 'ㄱ'의 탈락설과 첨가설을 모두 인정하며 설명하고 있다.

　그렇다면 이들 어휘에 나타나는 방언형의 지리적 분포와 변화 추이가
어떻게 전개되는지를 살펴본다면, 'ㄱ'의 존재 여부 및 변화 과정을 일정
부분 추정해 볼 수 있을 것이다. 김경숙(1997)에서 이미 형태음소론적 층
위에 따라 개신의 진행 속도가 달라 어중 'ㄱ'유지형의 지리적 분포 양상
이 다름을 입증한 바 있다.10) 이 논증에 바탕을 두고 두 자료집에 공통으

---

7) 오구라 신페이(1944), 고어 문헌 자료에 나타나는 [k]와 방언 자료에 나타나는 [k],[g]의
　예들을 제시하고 있다. 문헌 자료에서는 '-거나 : -어나, -거뇨 : -어뇨, -거늘 : -어늘,
　-거니와 : -어니와, -거다 : -어다, -거든 : -어든, -거시든 : -어시든, -건 : -언, -건
　댄 : -언댄, -건뎡 : -언뎡, -건마론 : -언마론, -게 : -에, -고 : -오, -고져홀 : -오져홀,
　-곡 : -옥, -곤 : -온, -곰 : -옴, -곰 : -옴, -과 : -와, -과뎌 : -와뎌, -과라 : -와라, -과
　이다 : -와이다, -관디 : -완디' 등 23개 어미나 조사 등을 중심으로, 방언 자료에서는
　'개암, 내, 도라지, 머루, 모래, 벌레, 쓸개, 수레, 시렁, 어금니, 여우, 가루, 노루, 메추라
　기, 도마, 숯, 팥, 냅다, 달리다, 떨구다, 돌리다, 살리다' 등 22개 어휘를 중심으로 논의하
　고 있다.
8) 이진호(2009 : 182)에서 인용. Ramstedt는 '나묵신(木履)>나무신, 갈기(粉)>가루, 술기
　(車)>수레, 궁기(穴)>구멍' 등의 예를 통해 [k]를 원형으로 보고 있다. 그 밖에 타르타르
　어, 몽고어, 만주어 등에서도 'k : ø'의 대응관계를 보이고 있다.
9) 국어사적으로는 'ㄱ : ø'유무에 차이를 보이는 경우, 15세기 이전에 '*k>*g>*ɣ>ø'로 약
　화·탈락과정을 경험한 것으로 보고 있다.
10) 김경숙(1997 : 20-47)에서, 어휘 내부 환경으로는 '시루, 자루, 가루, 수수, 숯, 모래, 바

로 조사된 어휘를 표본으로 하여 'ㄱ : ø'로 대응되는 어휘를 정리하면 다음 (1)~(3)과 같다.

(1) 가루, 노루, 모래
(2) 짜(鹽)-, 씻(洗)-, 심(植)-, 냅(煙)-
(3) 벌레, 시렁

(1)은 어휘 내부, (2)는 용언 활용, (3)은 파생어 환경의 예가 된다. 이들 어휘를 대상으로 두 자료 간 'ㄱ : ø'의 분화형을 형태음소론적 층위로 나누어 그 지리적 분포 양상과 함께 전체 조사지점 대비 출현 빈도수와 변화율을 분석하고자 한다.

① 어휘 내부 환경

(1)의 어휘들에서 어중 'ㄱ'형(●형)이 한반도의 동해안 지역인 <강원>을 중심으로 <경북>의 일부 지역에만 분포하고 있다. 어휘 내부 환경에서는 형태소 경계 환경의 어휘에서보다 상대적으로 개신이 빠르게 진행되었음을 확인할 수 있다. 이들 어휘를 정리하면 [표 16-1]과 같다. 아래 표에서의 방언형은 어중 'ㄱ'유지형을 중심으로 제시하였다.

위' 등을, 형태소 경계 환경으로 체언 곡용에서는 '시루-가, 자루-가, 가루-에, 지붕-에' 등을, 용언 활용 환경으로는 '알리-어, 기르다, 불리다, 말리-어야, 심는다, 메우-어야, 달래-어야' 등을, 파생어 환경으로는 '벌레, 어레미, 시렁, 살강, 개암' 등을, 합성어 환경으로는 '쌀벌레, 엿기름, 얼레빗' 등을 대상으로, 'ㄱ'유지형과 탈락형의 지리적 분포에 있어서 차이가 확연히 드러남을 입증하였다.

[표 16-1] 'ㄱ[ɤ]' 변화의 지리적 분포와 변화 추이(어휘 내부의 경우)

음운 환경	형태소 층위	표준어 (15C 표기)	문헌 자료	[오구라] 자료			[정문연] 자료			자료 간 변화 차이
				방언형	도별 출현지점수 /도별 총 조사지점수	전체출현 빈도수와 빈도율(%)	방언형	도별 출현지점수 /도별 총 조사지점수	전체출현 빈도수와 빈도율(%)	
유성음사이	어휘내부	가루 (ᄀᆞᄅᆞ ᄀᆞᆯ ᄀᆞᆯ리)	ᄀᆞᆯㆁ ᄀᆞᄅᆞ ᄀᆞᆯ리 ᄀᆞ르 ᄀᆞ로 가루 갈오 갈우 가로	갈기	경기 0/3 강원 1/3 충북 0/5 충남 0/6 전북 0/9 전남 0/11 경북 1/12 경남 0/14 제주 0/2 (ㄱ/ø : 공존 1)	2/65 (3)	갈(:)기 깔기	경기 0/18 강원 7/15 (ㄱ/ø : 공존 5) 충북 0/10 충남 0/15 전북 0/13 전남 0/22 경북 4/23 (ㄱ/ø : 공존 3) 경남 0/19 제주 ×	11/135 (8)	+ 5
		노루 (놀ㅇ 노로)	놀ㅇ 노로 노ᄅᆞ 놀ㄴ 놀ㄹ 노루 놀우	놀기 놀갱이	경기 0/3 강원 2/3 (ㄱ/ø : 공존 1) 충북 0/5 충남 0/6 전북 0/9 전남 0/12 경북 1/12 (ㄱ/ø : 공존 1) 경남 0/14 제주 0/2	3/66 (5)	놀기 놀갱이 노개이	경기 0/18 강원 7/15 (ㄱ/ø : 공존 5) 충북 0/10 충남 0/15 전북 0/13 전남 0/22 경북 11/23 (ㄱ/ø : 공존 6) 경남 0/19 제주 0/2	18/137 (13)	+ 8
		모래 (몰애)	몰애 몰래 모래 몰리 모리	'ㄱ' 유지형 몰개 몰개미	경기 0/3 강원 2/3 (ㄱ/ø : 공존 1) 충북 0/5 충남 0/6 전북 0/9 전남 0/10 경북 10/12 (ㄱ/ø : 공존 3) 경남 3/14 (ㄱ/ø : 공존 2) (ㄱ/ㅅ : 공존 1)	15/64 (23)	'ㄱ' 유지형 몰개 몰개미	경기 0/18 강원 4/15 (ㄱ/ø : 공존 1) 충북 1/10 충남 0/15 전북 0/13 전남 0/22 경북 15/23 (ㄱ/ø : 공존 9) 경남 2/19 제주 0/2	22/137 (16)	- 7

				제주 0/2					
			'，ㅅ' 유지형 모새 모세 모살	경기 0/3 강원 0/3 충북 5/5 (ㅅ/ø : 공존 1) 충남 6/6 (ㅅ/ø : 공존 5) 전북 9/9 (ㅅ/ø : 공존 3) 전남 10/10 (ㅅ/ø : 공존 3) 경북 10/12 (ㄱ/ø : 공존 3) 경남 3/14 (ㄱ/ø : 공존 2) (ㄱ/ㅅ : 공존 1) (ㅅ/ø : 공존 5) 제주 2/2 (ㅅ/ø : 공존 2)	45/64 (70)	'ㅅ' 유지형 모새 모살 목새 목새	경기 9/18 (ㅅ/ø : 공존 6) 강원 7/15 (ㄱ/ø : 공존 1) (ㅅ/ø : 공존 3) 충북 3/10 (ㅅ/ø : 공존 3) 충남 9/15 (ㅅ/ø : 공존 4) 전북 13/13 전남 17/22 (ㅅ/ø : 공존 3) 경북 2/23 (ㅅ/ø : 공존 1) 경남 2/19 (ㅅ/ø : 공존 1) 제주 2/2 (ㅅ/ø : 공존 2)	64/137 (47)	- 23
평균 출현 빈도율 및 변화율[10→12% (+ 2)]									

　'가루(粉)'의 경우, 국어사 문헌 자료에서는 15세기부터 '굴', 'ᄀᄅᆞ'형
등 'ㄱ'탈락형만 나타나므로 'ㄱ'음이 개재했었다는 증거를 찾아볼 수 없
으나 조사와의 결합11)에서는 탈락의 흔적을 보이고 있다. '시루', '자루'
와 동일 계통의 유형으로 보고 "*ᄀᆞᆰ'으로 그 고형을 재구하고 있다. 그러
나 방언 자료에서는 'ㄱ'탈락형과 함께 'ㄱ'유지형이 모두 나타나고 있다.
　[지도 50-1, 50-2]에서 보듯이, 두 자료 모두 남한 지역은 동해안을 따
라 <강원>을 중심으로 하면서 <경북>의 북부 지역까지 'ㄱ'유지형이

---

11) 조사와의 결합형에서 'ㄱ'유지형이 [정문연] 자료에 '가루'의 경우에는 <강원>의 양구,
　<경북>의 봉화에, '자루'의 경우에는 <강원>의 명주, 정선, 영월, 삼척에, '시루'의 경
　우에는 <강원>의 정선, 영월,<경북>의 예천, 영양, 상주에까지 나타나고 있어 어휘 내
　부 환경에서보다 'ㄱ'유지형의 분포가 넓다. 이는 형태소 경계에서 고어형의 잔재 확률
　이 높음을 보여 주는 반증이라 하겠다.

나타나고 있음을 확인할 수 있다. '가루'는 일찍부터 개신이 진행되어
'ㄱ'유지형의 진원지라 할 만한 <함남><함북>12)을 제외한 대부분의 지
역에서 'ㄱ'형이 나타나지 않는 경향을 보이고 있다. 나타나더라도 <강
원>과 <경북>의 일부 지역에서 'ㄱ'탈락형인 '가루'형과 공존하는 양상
을 보이고 있다.

특이한 점은 [오구라] 자료에 <경북>의 12개 조사지점 중 한 곳인 울
진에서 '갈기/가리'형으로 공존하여 나타나던 것이 [정문연] 자료에 와서
는 '가루'형만 나타나고, [오구라] 자료에 '가루'형만 나타나던 예천(가루>
갈기)과 안동(깔기/가루)에 '갈기'형이 나타나고 있다는 점이다. [오구라] 자
료에 조사지점이 아닌 상주와 선산에서도 [정문연] 자료에서는 '갈기'형
이 나타나고 있어 '갈기'형이 다소 확대된 듯한 인상을 주고 있다. 그러나
어휘 내부 환경인 '가루'의 'ㄱ'유지형인 '갈기'의 분포는 남한에서는 중
동부 지역에만 극히 제한적으로 분포되어 있는 양상을 보이고 있다.

'노루'의 경우, 문헌 자료에서 보듯이 중세국어의 '노ᄅ'는 '노ᄅ, 노로,
놀이, 놀익, 놀올' 등으로 교체를 보이고, 그 뒤 근대국어에서는 '놀러, 놀
닉, 놀늬' 등으로 나타나고 있어 'ㄱ'탈락형만 보이고 있다. 단지 모음 앞에
서 '놀ㅇ'로 실현되므로 고어형으로 '*놀기'형을 재구하고 있다. 그러나 방
언 자료에는 'ㄱ'유무에 따라 '노루'계와 '놀기'계로 나타나고 있다. [지도
51-1, 51-2]에서 보듯이, 분포 지역은 '가루'와 마찬가지로 <강원>과 <경
북>에 일부 나타나고 있다. [오구라] 자료에서 '놀가지'형이 주로 나타나던
<함북><함남>지역13)과 달리 남한에서는 파생어 형태인 '놀갱이'형으로

---

12) <함남>의 17개 조사지점 모두와 <함북>의 14개 조사지점 모두에서 'ㄱ'유지형이 나
타나고 있다. 따라서 'ㄱ'유지형은 <함북>과 <함남>이 핵방언 지역이라 하겠다. 주격
을 표시한 경우는 <평북>의 박천, 영변, 희천, 구성, 강계, 자성, 후창 지역에서도 '갈
기'형이 나타나고 있다.

13) 북한 지역에서는 여전히 <함북>과 <함남>지역을 중심으로 'ㄱ'유지형인 '놀가지'형이

나타나고 있다. 또한 어휘 내부 환경인 '놀기'형(6개 지점)보다 파생어 환경인 '놀갱이'형(13개 지점)으로 나타나는 지점이 보다 많아, 'ㄱ'유지형은 파생어 환경에서 훨씬 광범위하게 나타나고 있음도 확인할 수 있다. 남한에서는 동해안을 중심으로 한 삼척과 울진 지역이 'ㄱ'유지형의 보수성이 가장 강한 지역이라 하겠다. 뿐만 아니라, <강원>과 <경북>지역은 [오구라] 자료에서는 조사되지 않던 '놀갱이'형이 [정문연] 자료에서는 오히려 나타나므로, 이들 지역은 'ㄱ'유지형을 이 지역적 특징으로 인식하고 있는 듯하다.

'모래'의 경우, 문헌 자료에서 '모래'가 소급하는 최초의 형태는 15세기의 '몰애'이다. 문헌 자료에 보이는 형태는 모두 'ㄱ'탈락형이다. 방언 자료에서는 'ㄱ'유무에 따른 형태뿐만 아니라 'ㅅ'이 개입된 형태도 모두 나타나고 있다. '모새'형과 '몰개'형의 교체는 흔히 <함경도>에서 'ㅅ'와 'ㄱ'형이 교체되는 예(여우/여끼/여수, 아우/아기/아수, 무우/무구/무수 등)를 종종 찾아 볼 수 있는데, 이와 유사한 경향으로 파악할 수 있다. [지도 52-1, 52-2]에서 보듯이, '몰개'형이 한반도의 동부 지역을 중심으로 분포하면서, 개신형 '모래'형과 공존하고, 서부 지역에서는 '모새'형이 '모래'형과 공존하며 분포하고 있어 '모새'와 '몰개'가 동서를 양분하는 양상을 보이고 있다. 이로써 어휘 내부 환경인 '모래'에서는 개신이 이른 시기부터 이루어졌으나, 다른 단일어형보다 'ㄱ'유지형이 한반도의 동부 지역을 중심

나타나고 있다. <함남>에서는 16/16개 조사지점과 <함북>에서는 14/14개 조사지점에서 '놀기/놀가지'형이 나타나고 있다. 특히, <함남>의 신고산(놀기), 안변(놀기), 문천(놀기/놀가지), 고원(놀기/놀가지), 영흥(놀기,놀개지), 정평(놀기,놀개지), 함흥(놀기), 오로리(놀기) 신흥(놀기/놀가지), 갑산(놀기/놀가지), 혜산(놀기/놀가지) 등지는 어휘 내부 환경인 '놀기'가 파생어형인 '놀가지'형과 공존해 나타나는 데 비해, <함북>의 조사된 전 지역과 <황해>의 수안(노루/놀가지), 곡산(놀가지), <평북>의 박천, 영변, 희천, 구성, 강계, 후창 등지에서는 '놀기'형은 보이지 않고 '놀가지'형만 나타나고 있다. 이는 단일 어형 '놀기'형만 나타나는 <함남>이 'ㄱ'유지형의 핵방언 지역이라 하겠다. <함북> <황해><평북>은 파생어형에서만 'ㄱ'유지형이 나타나고 있다.

으로 비교적 널리 분포되어 있다.

특히, <강원>은 양양과 삼척 등 동해안을 중심으로 '몰개'형이 나타나고 있어, 고어형을 유지하려는 경향이 비교적 강한 지역이다. 이는 북한지역과의 관련 속에서 파악해야 할 것이다. 북한은 대부분 지역에서 'ㄱ/ㅇ/ㅅ'형이 공존하는 모습을 보이고 있다. 이러한 특징이 <강원>지역에까지 영향을 미침으로써 [정문연] 자료에 와서도 '모래/모새/몰개'형이 공존하는 양상을 보이고 있다.

<경북>은 [오구라] 자료에서 10/12개 조사지점에서 '몰개'형이 나타나고 있어 'ㄱ'유지형의 발생 빈도가 가장 높은 지역이다. [정문연] 자료에 와서도 봉화, 문경, 예천, 안동, 영양, 청송, 영덕, 군위, 성주, 칠곡, 경산, 영천, 고령, 청도 등지에서 여전히 'ㄱ'유지형이 나타나고 있다. 물론 지역에 따라 '몰개'형만 나타나기도 하지만 대부분 '모래'형과 공존하여 나타나고 있다. 한편, 영풍(모새)과 상주(모새/모래)에 '모새'형이 보이기는 하지만, 주로 '모래/몰개'형이 공존하여 나타나고 있다.

<경남>은 [오구라] 자료에 합천, 울주, 남해 등지에서 '몰개'형이 '모래'나 '모새'형과 공존하여 나타났으나, [정문연] 자료에 와서는 이들 지역에서 모두 'ㄱ'유지형은 사라지고 '모래(합천/울주)' 또는 '모새(남해)'형만 조사되었다. 대신에 [오구라] 자료에 '모래'형만 나타나던 거창, 창녕이 [정문연] 자료에 와서는 '몰개'형만 보고되고 있다. 이로써 <경남>지역에도 일부이긴 하지만, '몰개'형이 나타나고 있어, '모래/모새/몰개'형이 공존하는 양상을 보이고 있다.

② 용언 활용 환경

위 (2)의 어휘들은 'ㄱ'형이 넓게는 <강원>에서 <전남>의 서부 지역에 이르기까지 한반도의 동·남부 지역에, 좁게는 <경북>과 <경남>에 이르는 지역에 나타나고 있다. (2)의 어휘를 대상으로 'ㄱ : ø' 변화의 지리적 분포와 변화 추이를 비교한 결과를 정리하면 [표 16-2]와 같다. 아래 표에서의 방언형은 'ㄱ'유지형을 중심으로 제시된 것이다.

[표 16-2] 'ㄱ[ɣ]' 변화의 지리적 분포와 변화 추이(용언 활용의 경우)

음운 환경	형태소 층위	표준어 (15C 표기)	문헌 자료	[오구라] 자료			[정문연] 자료			자료 간 변화 차이
				방언형	도별 출현지점수 /도별 총 조사지점수	전체출현 빈도수와 빈도율(%)	방언형	도별 출현지점수 /도별 총 조사지점수	전체출현 빈도수와 빈도율(%)	
유성음사이	용언활용	짜다 (ᄧ다)	ᄧ다 ᄲ다 ᄡᅡ다 ᄯᅡ다 ᄶᅡ다 ᄶᅡ웁다 ᄶᅡᆸᄶᅡᆸ호다 ᄶᅡ다 ᄶᅡᆸᄶᅡᆯ호다	짜굽다	경기 0/3 강원 3/3 충북 3/4 (ㄱ/ø : 공존 2) 충남 0/6 전북 0/8 전남 0/7 경북 2/12 경남 0/14 제주 0/2	8/59 (14)	짜굽다 짜겁다 짜굽다 쩌겁다 자굽다	경기 0/18 강원 6/15 (ㄱ/ø : 공존 3) 충북 3/10 (ㄱ/ø : 공존 2) 충남 0/15 전북 0/13 전남 0/22 경북 4/23 경남 0/19 제주 0/2	13/137 (10)	- 4
		씻어- (싯기리 ᄲᅳᆫ)	싯다 ᄲᅳᆫ 시서 ᄲᅥ서 씨서 씻서써	씪어	경기 × 강원 0/3 충북 0/4 충남 0/4 전북 × 전남 × 경북 4/10 경남 13/13 제주 ×	17/34 (50)	씪어	경기 0/18 강원 0/15 충북 0/10 충남 0/15 전북 1/13 전남 3/22 경북 9/23 경남 18/19 제주 0/2	31/137 (23)	- 27
		심는다	심군다 심근다 싱군다 신군다 숭군다 순군다 숨군다		경기 1/1 강원 3/3 충북 4/5 (ㄱ/ø : 공존 1) 충남 2/6 전북 6/8 (ㄱ/ø : 공존 1)	48/59 (81)		경기 0/18 강원 1/13 충북 2/10 충남 0/14 전북 0/13 전남 3/22 경북 11/23	23/134 (17)	- 64

			쉰긴다	전남 9/10 경북 8/11 경남 13/13 제주 2/2			경남 4/19 제주 2/2		
			냅다/ 시다	경기 0/4 강원 × 충북 × 충남 0/1 전북 0/9 전남 0/10 경북 × 경남 0/1 제주 ×	0/25 (0)	시겁다 내굽다 내그럽다 내그랍다 내거랍다 내거랍다 내구럽다 내구랍다 재거럽다 새거랍다	경기 0/18 강원 8/15 충북 7/10 충남 0/15 전북 0/13 전남 0/22 경북 15/22 경남 2/19 제주 0/2	32/136 (24)	+ 24
						평균 출현 빈도율 및 변화율(36→19% (- 17))			

용언 활용형인 '짜다'의 경우, 15세기 초기 문헌 자료에서 '쩐다' 형태
로 표기된다. 그 이후 '쩐다, 쓴다, 쁜다'가 보이면서 17세기 이후에는 '짜
다'로 굳어져 현대에 이르게 된다. 한편, 19세기에 들면 '짜다'가 '짜웁'이
나 '쌉'처럼 형용사를 만들어주는 파생 접미사 '-ㅂ'이 결합한 형태를 바
탕으로 하는 새로운 형용사 '짜웁다'나 '쌉쌀ᄒ다', '쌉쌉ᄒ다' 등이 파생
되어 나타나고 있다. 역시 'ㅂ'탈락형만 보이고 있다. 방언 자료에서는
'ㄱ'유지형과 탈락형이 모두 나타나고 있어, 'ㄱ' 유무에 따라 크게 두 계
열로 나뉜다. 두 자료집 간 차이가 크지 않다. [지도 53-1, 53-2]에서 보
듯이, 모두 <강원>과 <경북>의 북부 지역과 이에 인접한 <충북>지역
을 중심으로 'ㄱ'유지형이 나타나고 있다.14)

---

14) <강원>은 [오구라] 자료에 조사된 양양, 명주, 삼척 등 동해안을 중심으로 'ㄱ'유지형
이 분포되어 있었다. [정문연] 자료에 와서는 이들 지역이 모두 개신되었으나 [오구라]
자료에 조사되지 않았던 지역인 화천, 인제, 홍천, 횡성, 명주, 정선 등지에 'ㄱ'유지형
이 분포하고 있다. <충북>에도 [오구라] 자료에 중원, 청원, 보은 등지에 'ㄱ'유지형이
보였으며 [정문연] 자료에서는 제원, 단양, 보은 등지에 나타나고 있다. <경북>에도 두
자료집 모두 영풍, 봉화 등 북부 지역에 'ㄱ'유지형이 나타났다. 한편, 북한에서는 'ㄱ'

그 외 용언 활용형에서는 [오구라] 자료의 조사지점이 많지 않아 구체적인 비교는 하지 않는다. 다만 [정문연] 자료를 통해 '씻(洗)-', '심(植)-', '냅(煙)-' 등의 어휘를 통해 'ㄱ'유지형의 분포 양상을 살피면 다음과 같다. 개별 어휘마다 분포 양상은 조금씩 다르지만, 용언 활용형 환경에서는 어휘 내부 환경에서보다 'ㄱ'유지형이 넓게 분포하고 있다.

'씻(洗)-'의 경우, [지도 54-1, 54-2]에서 보듯이, 'ㄱ'유지형이 <경북>의 중남부 지역(의성, 청송, 금릉, 성주, 경산, 영천, 고령, 달성, 월성 등)에, <경남>의 산청(씿어)을 제외한 모든 지역에, <전남>의 동부 지역인 승주, 광양, 여천에 이르기까지 분포되어 있다. '심(植)-'의 경우 [지도 55]에서 보듯이, 그 분포 범위가 '씻(洗)-'의 경우보다 조밀하지는 않지만, <강원>의 영월에서 <충북>의 남부 지역인 옥천, 영동, <경북>과 <경남>의 일부 지역과 <전남>의 여천에 이르기까지 그 분포 범위는 훨씬 넓다. 특히, 사용 빈도수가 낮은 '냅(煙)-'의 경우는 [지도 56]에서 보듯이, 용언 활용형들 중에서 그 분포 범위가 가장 넓다. <강원>의 북부 지역인 화천, 양구, 인제, 고성, 양양, 명주, 영월 등에서 '시겁다'형이, 춘성에서 '내겁다'형이 나타나고 있어 넓은 지역에서 'ㄱ'유지형이 나타나고 있다. 그 외에도 <충북><경북>과 <경남>의 창녕, 밀양에 이르기까지 동부 지역에 널리 'ㄱ'유지형이 분포하고 있다. 북한까지 포함한다면 <함남>의 '내구롭다/내구다'형과 <함북>의 '내구다'형이 나타남으로써, 'ㄱ'유지형은 동서를 양분하는 중요한 지표가 되고 있다.

그 밖에도 김경숙(1997 : 29~37)에서 논의했듯이, [정문연] 자료에 조사된 용언 활용형들이 '알리다<말리다<메우다<(콩나물)기르다<불리다<달래다' 등의 순으로 'ㄱ'유지형의 분포 지역이 확대되어 나타나고 있는 것

유지형이 <함남>의 신고산, 안변, 덕원, 풍산, 갑산, 혜산과 <함북>성진, 길주, 명천, 경성, 나남 등 동부 지역에만 나타나고 있다.

이다. 특히 '달래다'의 경우는 'ㄱ'유지형이 <경기>를 비롯하여 <강원>의 대부분 지역, <충남>의 동부 지역, <전북>과 <전남>의 서부 지역 깊숙이까지 나타나고 있어, 남한 전체 지역에서 'ㄱ'형이 사선형(╱)의 등어선을 그으며 서부 지역에까지 광범위하게 나타나고 있다. 이는 다른 용언 활용형보다 개신이 아주 느려서 거의 파생어, 합성어 층위와 분포 지역이 비슷한 모습을 보이고 있다.

③ 파생어 및 합성어 환경

[표 16-3] 'ㄱ[ɣ]' 변화의 지리적 분포와 변화 추이(파생어의 경우)

음운 환경	형태소 층위	표준어 (15C 표기)	문헌 자료	[오구라] 자료			[정문연] 자료			자료 간 변화 차이
				방언형	도별 출현지점수 /도별 총 조사지점수	전체출현 빈도수와 빈도율(%)	방언형	도별 출현지점수 /도별 총 조사지점수	전체출현 빈도수와 빈도율(%)	
유성음 사이	파생어	벌레 (벌에)	벌에 벌어지 버러지 벌애 버레 벌레 버리 베레 버레지 벌네 버래 벌너지 벌러지	벌기 벌거지 벌가지 벌갱 벌갱이 벌경이	경기 0/3 강원 9/9 (ㄱ/ø:공존 5) 충북 6/7 (ㄱ/ø:공존 2) 충남 2/6 (ㄱ/ø:공존 1) 전북 6/9 (ㄱ/ø:공존 1) 전남 12/12 (ㄱ/ø:공존 1) 경북 15/15 경남 13/13 제주 0/2	63/76 (83)	벌게 벌개 벌기 뻘기 벌거지 벌가지 벌거이 벌거니 벌갱이	경기 3/18 (ㄱ/ø:공존 3) 강원 10/15 (ㄱ/ø:공존 5) 충북 6/10 (ㄱ/ø:공존 3) 충남 7/15 (ㄱ/ø:공존 4) 전북 6/13 (ㄱ/ø:공존 5) 전남 17/22 (ㄱ/ø:공존 7) 경북 23/23 (ㄱ/ø:공존 6) 경남 19/19 제주 2/2 (ㄱ/ø:공존 2)	93/137 (68)	- 15
		시렁 (실에)	실에 시렁 실엉	실강 실경 실건	경기 0/3 강원 6/7 충북 6/6	61/79 (77)	살강 실경 실공	경기 7/18 강원 15/15 충북 10/10	100/137 (73)	- 4

		충남 8/13 (ㄱ/ø : 공존 2) 전북 5/9 전남 9/11 (ㄱ/ø : 공존 1) 경북 14/14 (ㄱ/ø : 공존 1) 경남 12/14 제주 /1/2	실강 실겅 실광 실건 실겅까래 실겅까래 다리실겅 실정	(ㄱ/ø : 공존 1) 충남 9/15 (ㄱ/ø : 공존 1) 전북 7/13 (ㄱ/ø : 공존 1) 전남 14/22 (ㄱ/ø : 공존 1) 경북 19/23 (ㄱ/ø : 공존 3) 경남 19/19 제주 0/2
시렁	실광 실겅			
평균 출현 빈도율 및 변화율[80→71% (- 9)]				

위 (3)의 어휘를 대상으로 'ㄱ : ø' 변화의 지리적 분포와 변화 추이를
비교한 결과를 정리하면 [표 16-3]과 같다. 방언형은 'ㄱ'유지형을 중심
으로 나타내었다.

파생어 '벌레'의 경우, 문헌 자료에 나타나는 15세기 형태가 '벌에'이므
로, 15세기 이전 형태로 '*벌게'[15]를 추정하고 있는 것이 국어사의 일반적
해석이다. 문헌 자료에는 모두 'ㄱ'탈락형만 보이나, 방언 자료에서는 'ㄱ'
유지형도 함께 나타나고 있다. [지도 57-1, 57-2]에서 보듯이, 전체적인
흐름으로 볼 때 두 자료집의 차이가 크지 않음을 확인할 수 있다. <황해>
에서 시작된 개신형인 'ㄱ'탈락형이 서해안을 따라 남한의 <경기><충
남><전북><전남>을 거쳐 <제주>에 이르기까지 침투하면서 'ㄱ'유지형
과 공존하고 있지만, <경북>과 <경남> 깊숙이는 개신형이 침투하지 않
고 있다. 즉, <강원>의 북동부 지역에서 <경기>의 남동부와 <충남>과
<전북>의 동부 지역을 거쳐 <전남>의 서남해안 지역을 비스듬히 잇는

---

15) 최학근(1991)은 '벌게', '벌기'형이 고형임에는 틀림없으나 어원적으로는 벌(蜂)+gɛ(i)
인 파생형태로 보고, 그 근거로 몽고어에서 발견할수 있는 '-ɣai, -gai, -ɣei, -gei' 등
으로 소급하고 있다.

사선형(/)의 등어선 동쪽 지역에 'ㄱ'유지형의 파생 형태인 '벌거지'형이
광범위하게 분포되어 있다.16) 그런데 '벌게'형은 <경상도>에 '벌기'형태
로 산발적으로 분포되어 있을 뿐, 대부분 '벌거지'형이 광범위하게 분포되
어 있다. 따라서 파생어 '벌레/버러지'에서는 어휘 내부 환경에서와 달리
'ㄱ'유지형인 '벌거지'형이 남한 전반에 걸쳐 나타나고 있다.

　파생어형인 '시렁(架)'의 경우, [지도 58-1, 58-2]에서 보듯이, 남북한을
통틀어 서해안을 중심으로 하는 일부 지역을 제외하고 'ㄱ'유지형이 전국
적인 분포를 보이고 있다. 두 자료집의 분포가 대체로 일치하고 있다.
'ㄱ'탈락형은 <황해>17)를 중심으로 <경기>일부 지역과 <충남><전
북><전남>의 서해안 지역을 거쳐 <제주>에 이르는 지역에 분포되어
있어, 서해안을 중심으로 한 한반도의 서부 지역에 치우쳐 동서를 가르는
일자형(|)의 등어선을 그으며 그 동쪽에 분포되어 있다. 이들 지역을 제
외한 한반도 대부분 지역18)에서는 '실겅'형이 분포되어 있어, 어휘 내부
환경에서보다 파생어 환경에서 'ㄱ'유지형의 분포가 광범위함을 알 수 있
다. 이는 파생어 환경이 어휘 내부 환경보다 보수형을 유지하려는 경향이
강함을 반증하는 예라 하겠다. 뿐만 아니라, 두 자료집의 차이도 단일 어

---

16) 한편, 북한의 경우는 <황해>의 18개 조사지점 중 15개 지점이 조사되었는데, 이들 중
　　에서 황주(벌거지), 신계(벌거지), 수안(벌거지/벌레), 곡산(벌거지) 등 4개 지점을 제외한
　　11개 지점에서 'ㄱ'탈락형인 '벌레'와 '버러지'형이 나타나고 있다. 그런데 비해 <함
　　남>(15/20조사지점), <함북>(12/15조사지점), <평북>(7/20조사지점), <평남>(1/17조사
　　지점)의 조사된 전 지점에서 'ㄱ'유지형만 나타나고 있다.
17) [오구라] 자료에 <황해>에서는 <평남>에 맞닿은 황주나, <함남>에 맞닿은 신계, 곡
　　산 등지에만 'ㄱ'유지형이 나타나고 대부분 지역에서 'ㄱ'탈락형인 '시렁'형이 나타나고
　　있다.
18) [오구라] 자료에 'ㄱ'유지형이 북한의 <함남><함북>을 중심으로 분포되어 있다. 특히,
　　<함남>은 17개 조사지점 모두에서 '실겅'형이 나타나 'ㄱ'유지형의 핵방언 지역이라
　　할 만하겠다. 더욱이 <평남>의 평양과 <평북>의 박천, 영변, 희천, 구성, 강계, 자성,
　　후창 등 조사지점 모두에서 'ㄱ'유지형만 나타나고 있어 <평북><평남>지역 역시 'ㄱ'
　　유지형이 강세이다.

휘인 '자루', '노루', '모래' 등에서의 변화 폭보다 파생어 어휘인 '시렁'에서의 변화 폭이 그리 크지 않음도 확인할 수 있다. 이 역시 어휘 내부 환경보다 파생어 환경이 변화가 더딤을 알 수 있는 단서가 된다.

'ㄱ'탈락형은 남북한을 통틀어 <황해>를 중심으로 해상 중심 항로인 서해를 따라 남북으로 이동해 가면서 <경기>일부 지역과 <충남><전북><전남>의 서해안 지역을 거쳐 <제주>에 이르는 지역에 분포되어 있어, 서해안을 중심으로 한 한반도의 서부 지역에 치우쳐 분포되어 있다. 그러나 이들 지역을 제외한 한반도 대부분 지역에서 'ㄱ'유지형인 '실경'형이 분포되어 있어, 어휘 내부 환경에서보다 파생어 환경에서 'ㄱ'유지형의 분포가 광범위함을 확인할 수 있다.

그 밖에 [정문연] 자료에만 조사된 파생어와 합성어 환경의 '어레미, 살강, 개암, 얼레빗, 쌀벌레, 엿기름' 등에서는 'ㄱ'유지형이 <경기>지역까지 깊숙이 침투해 남으로 <충남><전북><전남>의 서부 해안 지역을 따라 널리 분포하는 양상을 보이고 있다. 따라서 파생어 및 합성어 환경에서는 <경기>의 동부 지역에서 <충남>의 북서 지역을 잇는 등어선의 모습을 보이고 있는 것이다(김경숙, 1997 : 37~47 참조).

이상 논의한 'ㄱ'유지형과 탈락형의 방언 변이형과 그 분포 양상을 분석한 결과 다음과 같은 결론을 얻게 되었다.

형태소 층위에 따라 그 분포양상이 달리 나타났다. 'ㄱ'유지형은 어휘 내부 환경인 '가루, 노루, 모래, 수수, 숯' 등은 한반도의 동해안 지역인 <강원>을 중심으로 <경북>의 일부 지역에 분포하는 경향을 보이고 있다. 용언 활용형 환경인 '짜(鹽)-, 씻(洗)-, 심(植)-, 냅(煙)-' 등은 넓게는 <강원>에서 <전남>동부지역에 이르기까지의 한반도의 동부지역에, 좁게는 <경북>과 <경남>에 이르는 지역에 나타나고 있다.

따라서 <황해>에서 시작된 개신형인 'ㄱ'탈락형이 서해안을 따라 남한의 <경기><충남><전북><전남>을 거쳐 <제주>에 이르기까지 주로 서부 지역을 중심으로 개신형이 침투하면서 'ㄱ'유지형과 공존하고 있다. 따라서 'ㄱ'유지형의 최후방어선은 <강원>의 동해안 지역과 <경북>일부 지역이다. 특히 [정문연] 자료에서 가장 개신이 빠르게 진행된 어휘인 '시루, 자루, 가루'들은 모두 <강원>의 동해안 지역에 'ㄱ'유지형이 남아 있을 뿐이다.

이와 같이 'ㄱ : ø'의 대응을 보이는 어휘들은 원래 'ㄱ'유지형이 한반도 전체에 우세하게 분포되어 있었는데, <황해>지역에서 시작된 'ㄱ'탈락형이 북으로는 <평남>과 <평북>으로, 남으로는 <경기>를 비롯하여 서부 지역으로 어휘 내부에서부터 개신이 빠르게 진행되었다. 이리하여 'ㄱ : ø' 대응관계는 동서를 구분 짓는 중요한 지표가 되고 있다.

④ 'ㄱ : ø'의 방언 구획

이상의 논고를 바탕으로 'ㄱ : ø'의 방언 구획을 카토그램으로 나타내면 다음과 같다. 어휘마다 다소의 차이는 있지만 형태음소론적 층위에 따라 등어선이 그어지는 위치가 유형화되며 차이를 보이고 있다. 여기서는 'ㄱ' 출현의 최대 방어선을 기준으로 도별 경계를 작성하였다.

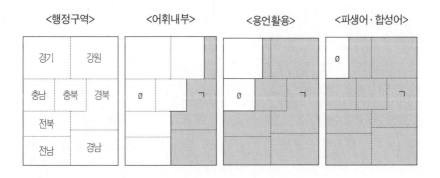

2) '병[ß]'의 변화

고대국어에 유성마찰음의 존재를 인정하는 이기문(1972)은 유성음 계열의 존재를 인정하지 않는 이숭녕(1956) 등의 학자들이 언급한, '중세국어는 모음 간 위치에서 [*b]>[ß]의 변화를 입었다는 통설에 대해 다음과 같은 이유로 반론을 제기하였다. 중세국어에 모음 사이에 'ㅂ'이 존재하는 예들이 허다하게 많은데 왜 이들은 변화를 입지 않은지 그 이유를 설명하기 어렵다고 하였다. 'ㅁ숨, ㄱ볼, 앗-, 골-' 등에서 보듯이 고대국어의 [*b],[*s] 중 어떤 것은 [b],[s]로 남고 어떤 것은 [ß],[z]로 변했다면 그 조건이 밝혀져야 할 것인데 그럴 가능성은 거의 없다고 보고 있다.

그러나 이 문제는 김경숙(1997)에서도 밝혔듯이 형태음소론적 층위에 따른 지역적 변화 추이로 해결의 실마리는 어느 정도 풀렸다고 볼 수 있다. 모든 어휘는 동시에 일사불란하게 음운규칙의 영향을 받지 않을뿐더러, 지역과 시대를 달리하여 그 변이형이나, 분포양상이 다르다. 어휘 내부와 형태소 경계에 따라 음운변화 및 지역적 분포의 차이가 실제로 나났음이 논증됨으로써, 음운규칙에 위배되는 많은 예외적인 현상들을 해결하게 되었다.

예를 들어, '누이'를 비롯한 어휘 내부 환경에서는 이른 시기에 'ㅂ'탈락을 경험하였기에 15세기 당시 중부 지역을 중심으로 하는 서부 지역에서는 이미 'ㅂ'유지형을 거의 사용하지 않았을 것이다. 그러나 당시 『조선관역어』에 '餒必'로 전사되는 점으로 미루어 '누비'에 대한 인식은 있었겠지만, 이미 어휘 내부 환경인 '누이'의 경우, 'ㅂ'유지형을 사용하지 않았을 것이므로 당연히 '*누비'로 표기하지 않았을 것이다. 이에 반해, 용언활용 환경인 '매바', '더버'나 합성어 환경인 '말밤', '늦두베' 등의 경우에서는 'ㅂ'유지형이 중부 지역에까지[19] 상당 부분 분포되어 있었을 것이므로, 'ㅂ'음에 대한 강한 인식이 표기에 반영되었을 것이다.

중세국어에 'ㅸ'를 갖고 있던 어휘들이 모두 일사불란하게 동일한 음운 규칙으로 설명될 수 없다. 이들 개별 어휘들은 한결같이 지역을 달리하여 'ㅂ' 또는 'ø'형으로 분포되어 있다. 두 방언 분화형은 지역에 따라 때로는 공존하기도, 때로는 각자의 개성을 가지며 어느 하나의 모습으로 통일되어 나타나기도 하면서 세력을 형성하는 역동적인 유기체의 모습을 보여주고 있는 것이다. 어중에서 중세국어 'ㅸ'을 갖는 어휘들은 오늘날 방언에서 어중 'ㅂ'유지형과 탈락형으로 그 변이형이 크게 나뉘어 지역과 형태소 층위에 따라 개신을 달리하면서도, 'ㅂ → ø'의 방향성을 가지며 점진적으로 변화가 진행되고 있는 것이다. 다시 말해, 오늘날 방언에서 지역에 따라 어중에서 'ㅂ' 또는 'ø'으로 달리 나타나는 어휘들은 대부분 중세국어에 'ㅸ'으로 표기되었던 것들이다.[20]

그러나 국어사 문헌 자료 해석은 'ㅂ>ㅸ>ø'로의 단선적인 변화 과정으로만 설명하고 있는 것이다. 아래에서 보듯이 15세기 이전 문헌 자료에는 모두 'ㅂ'유지형이 나타나고 있다. 『조선관역어』에도 권인한(1998 : 223)이 지적했듯이 'ㅂ'이 나타나는 경우 그 음가가 모두 [ß]음이 아니고 [p][21]

---

19) 김경숙(1997) : [정문연] 자료를 중심으로 분석한 결과, 'ㅂ'유지형은 어휘 내부 환경인 '이웃, 누이, 누에, 이야기, 가오리' 등에서는 <경북>의 남부 지역을 중심으로 하여 남북 방향으로 <경북>과 <경남>의 일부 지역에만, 용언활용 환경인 '춥-, 맵-, 더럽-, 짧-, 섧-, 졸-' 등에서는 <경북><경남>의 대부분 지역에서, 파생어 환경인 '벙어리, 또아리, 다리' 등의 경우는 <경상도>를 중심으로 하여 <강원><충북><충남><전북><전남>의 일부 지역에 이르기까지, 합성어 환경인 '솥뚜껑/솥두베'의 경우, 남한의 서부 해안 지역을 제외한 전 도(道)와 <경기>의 남부와, <강원>의 고성 지역에까지, '아가위(아그배)'의 경우도 <충남><전북><전남>을 포함하여 <경기>의 남부 지역에까지 광범위하게 분포되어 있음을 확인하였다.

20) 그러나 16세기 전라도 순천 송광사에서 복각한 『몽산법어(언해)』(1577)에는 당시 현실음을 반영한 것으로 볼 수 있는 'ㅂ'유지형인 '눈두베, 직벽, 수비, 더러븐, 어려브니, 어즈러비'와 탈락형인 '어려우니' 등의 예가 함께 나타났다. 『사법어(언해)』중간본(1577)에도 '수비, 어즈러비, 셩(형)' 등의 표기가 나타났다.

이며, '병'에 대응되는 예는 거의 없음을 확인하고 있다.

- 『삼국유사』 및 『삼국사기』의 고유명사 표기자료 : 阿火-(아우르다)
- 『향약구급방』 : 葵子 阿夫[pu]實[阿郁[uk](아욱, 아혹22))], 落蹄 熊月背 [곰둘뷔(곰둘외)], 麩 只火乙 [밀기볼(밀기울), 水藻 勿[말밤(말왐/말밤)]
- 『조선관역어』 : 熱酒 得本數本[더본 수볼(더운 술)], 月斜 得二吉卜格大 [둘이 기볼거다(달기울다), 二 覩卜二[두볼(둘)], 隣舍 以本直(이봇집), 妹 餒必[누뵈(누이)], 蝦蟹 酒必格以[사뵈(새우)], 瘦 耶必大[여뵈다(여위다)], 則卜論答[*저볼롬빼(寅時)]23)

그럼에도 불구하고 세종대 문헌에 와서는 '이볼-, 셔볼, 스フ볼, ᄒ병 싸, 글발, 가비야ᄫᆞᆫ, 열본, 묻ᄌᆞᄫᅡ, 치뷔, 수비, 사뵈' 등의 예와 같이 '병 [ß]'으로 통일되어 쓰였다. 그러다가 다시 세조대에 이르면 '병'은 모두 '셔볼→ 셔울, 글발→ 글왈, 열본→ 열운, 이볼- → 이울-, 수비→ 수이' 등과 같이 바뀌어 표기되고 있다.

이를 종적인 변화 관점에서만 본다면 'ㅂ>병>ø'로의 설명이 가능할 것이다. 그러나 이들은 형태소 경계를 달리하여 지리적 분포가 극명하게 달리 나타나고 있음으로써, 지리적 분포와 변화과정을 고려하지 않은 해

---

21) 권인한(1998 : 223) 참조 : 이기문(1968), 김완진(1967), 강신항(1995) 등은 국어의 '병' 이 유성마찰음 [ß]인 관계로 한어의 순경음 [f]로써 전사하기가 부적합하여 중순음 [p] 로 전사할 수밖에 없었으리라는 점과 함께 『조선관역어』의 편찬이 '병'의 음소적 기능 이 확고했던 시기, 즉, 훈민정음 창제에 앞서는 시기에 편찬되었기 때문이라고 지적하 고 있다.

22) 『鄕藥採取月令』(1431)에 '冬葵子 阿郁'이 나타나고 있어 이미 'ㅂ'이 탈락된 형태가 보 이고 있다. 'ㅎ'과 'ㅂ'의 교체도 방언에 자주 나타나고 있음을 김형규(1989 : 20)에서도 보고하고 있다. 즉, '번(뻔)하다∞훤하다, 팔목(볼목)∞홀목, 발대∞활대, 부덜부덜∞후덜 후덜' 등이 해당된다. 또한 『향약구급방』에서도 '부치(부추)'를 '厚莱, 海莱'라 한다.

23) 백두현(2000 : 26~27) 참조 : 『간이벽온방(언해)』 등에 나오는 '저우룸날(上寅日)'과 관 련하여, '호랑이'를 뜻하는 '저우룸'이란 어휘가 존재하였을 것이고, 초기 훈민정음 표 기로는 '*저볼롬빼(寅時)'일 가능성이 있다.

석은 많은 예외를 생산할 수밖에 없게 된다. 따라서 본 절에서는 이들 어휘에 나타나는 방언형의 지리적 분포와 변화 추이에 주목하면서 'ㅸ'의 존재 유무를 추정해 볼 것이다. 먼저 두 자료집에 공통으로 조사된 어휘를 표본으로 하여 'ㅂ : ø'로 대응되는 어휘를 정리하면 다음 (1)~(3)과 같다.

(1) 누이, 누에, 확
(2) 맵(辛)-, 부럽(羨)-
(3) 벙어리, 다리, 마름

(1)은 어휘 내부, (2)는 용언 활용, (3)은 파생어 및 합성어 환경에서 출현하는 각각의 예이다. 다음에서는 (1)~(3)으로 나누어 논의를 진행하고자 한다.

① 어휘 내부 환경
어휘 내부 환경인 (1)의 어휘들을 구체적으로 정리하면 다음 [표 17-1]과 같다. 아래 표의 방언형은 'ㅂ'유지형을 중심으로 나타내었다.

[표 17-1] 'ㅸ[ß]' 변화의 지리적 분포와 변화 추이(어휘 내부의 경우)

음운 환경	형태소 층위	표준어 (15C 표기)	문헌 자료	[오구라] 자료			[정문연] 자료			자료 간 변화 차이
				방언형	도별 출현지점수/도별 총 조사지점수	전체출현 빈도수와 빈도율(%)	방언형	도별 출현지점수/도별 총 조사지점수	전체출현 빈도수와 빈도율(%)	
유성음사이	어휘내부	누이 (누의/뉘위)	누의 누위 누이	누부 누비	경기 0/3 강원 0/3 충북 0/5 충남 0/6 전북 0/9 전남 0/3	9/50 (18)	누부	경기 0/18 강원 0/15 충북 0/10 충남 0/15 전북 0/13 전남 0/22	15/137 (11)	- 7

					경북 4/7 경남 5/12 제주 0/2			경북 14/23 (ㅂ/ø:공존2) 경남 1/19 (ㅂ/ø:공존2) 제주 0/2		
		누에 (누에)	누에 누웨 누에 뉘의	누베 누비 뉘비 뉘비 니비	경기 1/3 (ㅂ/ø:공존1) 강원 0/10 충북 0/5 충남 0/6 전북 0/9 전남 0/13 경북 4/10 (ㅂ/ø:공존1) 경남 9/13 제주 0/2	14/71 (20)	누배 누비 뉘비 뉘배 니비	경기 0/18 강원 0/15 충북 0/10 충남 0/15 전북 0/13 전남 0/22 경북 10/23 (ㅂ/ø:공존5) 경남 13/19 (ㅂ/ø:공존1) 제주 0/2	23/137 (17)	- 3
		확 (ㅎ와 호와)	호왁 호악 확	호박 호배기	경기 0/2 강원 1/3 충북 1/1 충남 0/4 전북 0/9 전남 0/14 경북 12/12 경남 12/12 제주 ×	26/57 (46)	호박	경기 0/18 강원 2/15 충북 0/10 충남 0/15 전북 0/13 전남 0/22 경북 23/23 경남 18/19 제주 ×	43/135 (32)	- 14
평균 출현 빈도율 및 변화율[28→20 % (-8)]										

어휘 내부 환경에서는, 이른 시기부터 개신이 진행되어 두 자료집 모두 'ㅂ'유지형이 나타나는 지역은 한반도의 동부 지역에 치우쳐 있는 곳이다. 곧 남으로는 <경북><경남>, 북으로는 <함북><함남>지역뿐이다. 다만, 사용 빈도수에 따라 '누이<누에<확'의 순으로 'ㅂ'의 분포 지역이 확대되고 있다.

'누이'의 경우, 15세기 문헌에서부터 '누의, 누위' 등으로 나온다. 이중 '누의'의 빈도가 가장 높다. 『조선관역어』에 '누이'가 '餧必'로 전사되는 점 등으로 미루어 보아 당시에는 'ㅂ'유지형이 오늘날보다 광범위하게 쓰였음을 추정하고 있다. 방언 자료에서는 'ㅂ'탈락형과 함께 유지형이 나타나고 있어, 'ㅂ' 유무에 따라 크게 두 계열로 나뉜다.

어휘 내부 환경인 '누이'는 [지도 59-1, 59-2]에서 보듯이, 이른 시기부터 개신이 진행되어 두 자료집 모두 'ㅂ'유지형이 나타나는 지역은 <경북><경남> 두 지역뿐이다. [오구라] 자료에 'ㅂ'유지형만 나타나던 영덕, 영일은 [정문연] 자료에 와서는 모두 '누나/누우'로 개신되었다. 영천과 고령은 [오구라] 자료집에 '누부'만 나타났으나, [정문연] 자료집에 와서는 '누부/누나'로 공존하여 나타나고 있다. 이로써 [정문연] 자료에 오면서 <경북>지역도 개신이 진행되었음을 알 수 있다.24) <경남>지역은 거의 모든 지역이 개신되었다. 이로써 'ㅂ'유지형은 <경북>지역이 진원지라 할 만 하겠다.

한편, [오구라] 자료에만 조사된 북한 지역에는 'ㅂ'유지형이 <함남>과 <함북>지역에 나타나고 있다.25) 그러나 '누이/누우'형도 많이 나타나면서 '누비'형과 공존하는 모습을 보이고 있어 개신이 비교적 많이 이루어졌다. 따라서 한반도의 동부 지역을 중심으로 'ㅂ'유지형이 나타나고 있음을 확인할 수 있다. 단 <강원>지역이 모두 조사되지 않아 정확히 알수는 없으나, 'ㅂ'유지형이 [정문연] 자료에도 전혀 나타나지 않고 있어,

---

24) 다만 [오구라] 자료에는 조사되지 않고 [정문연] 자료에만 조사된 그 외 지역에서는 'ㅂ'유지형 '누부'만 나타나기도 하거나(영양, 의성, 금릉, 군위, 칠곡, 경산), 'ㅂ'유지형과 탈락형이 공존하여 나타나기도 한다(영풍(누부/누나), 봉화(누부/누우/누님), 청송(누부/누님), 영천(누부/누나), 고령(누부/(누나)), 달성(누부/누임), 청도(누부/누나), 월성(누부/누/누임)). 이로써 개신형인 'ㅂ'탈락형이 <경북>지역에 나타났으나, 'ㅂ'유지형이 여전히 잔존하여 있다.

25) <함남>이 총 17개 조사 지역 중 9개 조사지점[(정평, 함흥(누이/늬비), 영광(누이/누비), 신흥, 홍원(누비/누이), 이원(누비/누이), 풍산(누비/누이), 갑산(누비/누이), 혜산(누비/누이)]에서, <함북>은 총 12개 조사 지역 중 6개 지점(나남(누비/누이), 청진, 무산, 회령(누비/누배), 종성, 경흥)에서 '누비'형이 나타나고 있다.

어휘 내부 환경인 '누이'의 경우에는 개신이 이른 시기부터 시작되어 'ㅂ' 유지형이 <경북><경남><함북><함남>지역의 일부 지역에만 나타나고 있다.

'누에'의 경우, 15세기 문헌에도 '누에'의 모습으로 나타났다. '누웨'라 는 형태도 나타나, 17세기 문헌에까지 보이다가 18세기 이후 문헌에는 보 이지 않는다. 그 밖에 '뉘에, 뉘의' 형태도 보인다. 방언 자료에서는 'ㅂ' 유지형도 함께 나타나고 있어, 'ㅂ' 유무에 따라 크게 두 계열로 나뉜다. [지도 60-1, 60-2]에서 보듯이, 모두 'ㅂ'유지형이 나타나는 지역이 <경 북>과 <경남> 2곳뿐이다. '누에' 방언형은 '누이' 방언형과 거의 비슷한 분포를 보이고 있으나, 'ㅂ'의 핵방언 지역이라 할 만한 <경북>의 남부 지역을 중심으로 하여, 'ㅂ'형이 '누이' 경우는 <경북>의 북부 쪽으로, '누에' 경우는 <경남>쪽으로 분포하는 경향을 보이면서, '누에'가 '누이' 보다는 'ㅂ'형이 다소 넓게 분포되어 있다. 이는 어휘의 사용 빈도수와 관 련 있다고 볼 수 있다. 일반 생활어로서 자주 사용하는 '누이(누나)'는 중 앙어의 영향을 받기 쉬워 개신의 정도가 상당히 빠르게 진행되지만, 농사 와 관련된 '누에'는 개신에서 '누이'보다는 자유로울 수 있다는 것이다.

이러한 특징은 북한 지역에서도 확인되고 있다.[26] 또한 '누이'의 경우 는 이들 지역에서도 개신이 많이 진행되어 '누이/누비'형이 공존하는 모 습을 보였다. 그런데 비해 '누에'의 경우, <함남>은 개신이 어느 정도 진 행되었으나, <함북>은 조사 전 지점에서 '누베'형만 나타나고 있어 개신 형인 'ㅂ'탈락형이 전혀 보이지 않고 있다. 중앙에서 멀어질수록 개신의 진행도 느리다고 할 수 있다.

---

26) '누베'형이 <함남>의 전체 18개 조사지점 중 문천(누베/눙에), 고원, 영흥, 정평, 함흥,
   영광, 신흥, 홍원, 북청, 이원, 단천, 풍산(누에/누베), 갑산(누에/누베), 혜산(누에/누베)
   등 14개 지점에서, <함북>의 전체 14개 조사지점 모두에서 나타나고 있어, 남한보다
   'ㅂ'유지형의 분포 지역이 광범위하다.

따라서 '누에'의 경우, 한반도의 동부 지역인 <함북><함남><경북><경남>을 중심으로 하는 일부 지역에서만 'ㅂ'유지형이 나타나고 있음을 확인할 수 있다. 단 동부 지역이라 하더라도 <강원>지역은 어휘 내부 환경에서 'ㅂ'유지형이 전혀 나타나지 않고 있다. 총 조사지점 10개 지점 모두에서 'ㅂ'탈락형(누에/누왜/눙에/눼)만 나타나고 있을 뿐이다. 'ㅂ'유지형이 [정문연] 자료에도 전혀 나타나지 않고 있어, 어휘 내부 환경인 '누에'의 경우 'ㅂ'유지형은 <경북><경남><함북><함남>의 일부 지역에만 나타나고 있다.

'확'의 경우, 15세기 문헌에 '흑왁, 호왁'의 형태가 보인다. 17세기에 '호악, 확'이 보이면서 '확'형이 오늘날까지 사용되고 있다. 방언 자료에는 'ㅂ'유지형인 '호박, 호배기'형도 함께 보이고 있어, 'ㅂ'유무에 따라 두 계열로 나뉜다. 두 자료집 모두 <경북><경남>을 중심으로 <강원>의 남부 지역에 이르기까지 'ㅂ'유지형이 광범위하게 나타나고 있다. 특히, '확'의 경우는 어휘 내부 환경임에도 불구하고 두 자료집 간 도별 분포에 있어 차이가 거의 없다. 다만 <전남>에 인접한 <경남>의 함양(학:)과 하동(오악)에 [오구라] 자료에 '호박'형으로 나타나던 것이 [정문연] 자료에 와서 'ㅂ'탈락형으로 개신이 진행된 것 이외에는 거의 차이가 없다. 또한 '누이'와 '누에'의 경우보다 'ㅂ'유지형의 분포가 넓다. 이는 농사 관련 어휘로 사용 빈도수가 일상생활 어휘보다 많지 않기에 보수형을 유지하려는 경향이 강하기 때문이다. 북한 지역은 조사되지 않았다.

② 용언 활용 환경

위 (2)의 어휘들을 대상으로 'ㅂ : ø' 대응 관계의 방언 분화형이 보여 주는 지리적 분포와 그 변화 추이를 비교하여 정리하면 [표 17-2]와 같다. 아래 표의 방언형은 'ㅂ'유지형을 중심으로 나타내었다.

[표 17-2] '뷩[ß]' 변화의 지리적 분포와 변화 추이(용언 활용의 경우)

음운환경	형태소층위	표준어(15C표기)	문헌자료	[오구라] 자료 방언형	도별 출현지점수/도별 총 조사지점수	전체출현 빈도수와 빈도율(%)	[정문연] 자료 방언형	도별 출현지점수/도별 총 조사지점수	전체출현 빈도수와 빈도율(%)	자료 간 변화 차이
유성음사이	용언활용	맵- (미뷩 미온)	미온 미운 매운	매바 매버	경기 0/3 강원 1/11 (ㅂ/ø : 공존 1) 충북 0/6 충남 0/6 전북 0/9 전남 2/16 (ㅂ/ø : 공존 1) 경북 12/14 (ㅂ/ø : 공존 2) 경남 14/14 제주 0/2	29/81 (36)	매바 매버	경기 0/18 강원 0/15 충북 0/10 충남 0/15 전북 0/13 전남 1/22 경북 17/23 (ㅂ/ø : 공존 2) 경남 16/19 제주 0/2	34/137 (25)	- 11
		부럽- (브랍- 브노라)	블울 부러 브논 붥다 부럽고	'ㅂ' 유지형 불버(위)	경기 0/3 강원 5/11 (ㅂ/ø : 공존 4) 충북 2/8 (ㅂ/ø : 공존 2) 충남 1/13 (ㅂ/ø : 공존 2) 전북 3/10 (ㅂ/ø : 공존 1) 전남 10/18 (ㅂ/ø : 공존 2) 경북 15/15 경남 14/14 제주 0/2	50/94 (53)	'ㅂ' 유지형 불버 불바 부러버 부러바 불거버	경기 0/18 강원 5/15 (ㅂ/ø : 공존 4) 충북 3/10 충남 1/15 전북 2/13 전남 /22 (ㅂ/ø : 공존 2) 경북 20/23 경남 19/19 제주 0/2	50/137 (37)	- 16
				'ㄱ' 유지형 불거(위)	충남 1/13 (ㅂ/ㄱ : 공존 1) 전북 8/10 (ㅂ/ㄱ : 공존 1) 전남 9/18 (ㅂ/ㄱ : 공존 5)	18/94 (19)	'ㄱ' 유지형 불거(위) 불거와	충북 1/10 (ㄱ/ø : 공존 1) 충남 10/15 (ㄱ/ø : 공존 5) 전북 7/13 전남 7/22	25/137 (18)	- 1
평균 출현 빈도율 및 변화율 [45→31 % (- 14 %)]										

용언 활용 환경에서는, [오구라] 자료에서 <전남>에도 'ㅂ'유지형이 존재하였다. 특히 '부럽-'의 경우는 두 자료 모두 'ㅂ'유지형이 <경북><경남>을 비롯하여 <강원><충북><충남><전북><전남>지역에까지 광범위하게 분포되어 있어 동서 구분의 등어선이 서쪽으로 이동되어 있음이 확인되었다. 이를 어휘별로 구체적으로 살펴보기로 한다.

용언 활용형인 '맵(辛)-'의 경우, 15세기에 '미본'형이 보임으로써 이 시기에 이미 중앙어에까지 'ㅂ'유지형의 세력이 강하였음을 짐작할 수 있다. [지도 61-1, 61-2]에서 보듯이, 비교적 어휘 내부 환경에서보다 개신이 느리게 진행되면서, 'ㅂ'유지형이 한반도의 동북과 동남 지역을 중심으로 광범위하게 나타나고 있다. 북한 지역에서는 'ㅂ'유지형이 <함북>을 중심으로 강력한 세력을 형성하고 있으며 <함남>지역으로 오면서 중앙어의 영향을 받아 개신이 어느 정도 진행되다가 <강원>에 이르러서는 개신형의 세력이 더욱 강력하여 <경북>의 북서부 지역에까지 영향을 미쳤다. 그러나 'ㅂ'유지형의 진원지라 할 수 있는 <경북>의 남부 지역을 중심으로 <경북>의 중동부 지역과 <경남>의 <전남>접경 지역을 제외한 대부분 지역에는 여전히 'ㅂ'유지형이 세력을 형성하며 남아있는 것이다. 그리하여 용언 활용 환경에서는 <강원>지역이 개신에 적극적으로 반응함으로써, 한반도의 동부 지역 안에서도 동남과 동북 지역에만 'ㅂ'유지형이 남아 있게 되었다.

특히, [오구라] 자료에서 확인할 수 있듯이, 용언 활용 환경에서는 예전에 <강원>이나 <전남>에도 'ㅂ'유지형이 존재했다. '깁(補)-'의 경우 <강원>의 평창(지어/지버)에, '덥(暑)-'의 경우 <전남>광양(더버/더워), 여천(더버) 등지에 'ㅂ'유지형이 나타났다. 특히, '부럽(羨)-'의 경우는 [오구라] 자료뿐만 아니라 [정문연] 자료에서도 'ㅂ'유지형이 <경북><경남>을 비롯하여 <강원><충북><충남><전북><전남>지역에까지 광범위하게

분포되어 있어 동서 구분의 등어선이 서쪽으로 이동되어 있음이 확인되
었다.

용언 활용형인 '부럽(羨)-'의 경우, 문헌 자료에는 '붋-'과 분철 형태인
'블울'이 보이고 있다. 방언 자료에서는 'ㅂ'유지형이 나타나고 있어, 'ㅂ'
유무에 따라 크게 두 계열로 나뉜다. [지도 62-1, 62-2]에서 보듯이, <전
북><전남>을 중심으로 분포되어 있는 '불거'형은 'ㅂ∽ㄱ'대응에 속하
는 형태로 보고, '불거'형을 어중 'ㅂ'이 들어가는 쪽으로 분류하기도 한
다.27) '불거/불버/부러워'의 분포수의 차이는 'ㅂ'유지형을 동부방언으로
인식하고 이에 대한 거부로 'ㅂ'의 교체형인 'ㄱ'형을 <전북>을 중심으
로 선택하게 된 것이다. <전북>의 영향을 받은 이웃의 <충남>과 <전
남>에서도 'ㄱ'교체형이 분포하였으나, 이내 보다 강력한 중앙어인 'ㅂ'
탈락형의 영향으로 [정문연] 자료에 오면서는 차츰 '부러워'형으로 개신
이 이루어지고 'ㅂ'유지형은 이들 지역에서 서서히 세력을 상실해 가고
있는 것이다.

흥미로운 점은 <전남>은 과거에는 강한 세력을 형성했던 동남방언(신
라어)의 영향을 많이 받아 '불버'형이 가장 많이 사용되었으나, 오늘날에
와서는 <경기>지역어(서울어)를 중심으로 하는 중앙어의 영향을 보다 많
이 받아 '부러워'형을 더 많이 사용하게 되었다. 그러나 지역색을 지니려
는 특색도 강하여 뒤늦게 형성된 <전북>에서 보이는 '불거'형을 타지역
어인 '불버'형보다 오히려 많이 사용하려는 태도를 보이게 되면서, '불버'
형은 <경남>에 인접한 동남부 해안 지역에만 남아 있는 형국을 보이고
있다. <전북> 역시 중앙어의 영향으로 개신이 진행되어 갔지만, 지역색

---

27) 주로 <전라도>지역에 주로 분포되는 '-k-'은 'p'와의 수의적 교체를 보이는 형이다.
'k'와 'p'는 조음 위치가 다르지만, 음성자질로서 [-coronal]을 공유할 뿐 아니라 무성파
열음이라는 공통점을 갖기에 방언에서 흔히 교체를 보인다. 그 예는 '주걱/주벅, 저금/
저범(젓가락), 부석/부삽(아궁이), 또가리/또바리(똬리)' 등에서 확인되고 있다.

이 강하여 'ㅂ'탈락형인 '부럽어'보다 'ㅂ'교체형인 '불거'형을 보다 많이 사용하고 있다.

그러나 <충남>은 <경기>와 <전북> 사이에서 팽팽한 언어적 대립이 형성되고 있다. <전북>의 '불거'형과 <경기>의 '부러워'형이 10 : 9로 줄다리기를 하고 있다. <전남>에 인접한 남부 지역과 서부 지역을 중심으로 '불거'형이 나타나고 있다. [오구라] 자료에 나타나지 않던 '불거'형이 오히려 [정문연] 자료에 와서 나타나게 됨으로써 오늘날에도 <전북>의 영향을 상당히 받고 있다. 이 어휘로만 본다면 80~90년대 당시 <충남>은 아직 <경기>지역보다 <전북>에 가까운 성향을 보이는 지역으로 판단된다. 이는 과거 <전라도>와 함께 백제 지역으로서 강한 연대감에서 비롯된 것이라 짐작된다.

이상 논의를 통해 '불거'형을 '불버'형과의 교체로 보면, <충남><전북><전남>지역은 'ㅂ'탈락형보다 'ㅂ'유지형이 보다 광범위하게 분포하는 양상을 보이게 되는 것이다. 이는 어휘 내부 환경에서보다 용언 활용의 환경에서 'ㅂ'탈락으로의 개신이 느리게 진행되고 있음을 확인할 수 있는 좋은 예가 되겠다.

한편, <경북>은 [오구라]에서는 조사된 전 지점(15개 지점)에서 '불버'형만 나타났으나, [정문연]에 와서는 영풍, 봉화, 문경에서 '부러워'형이 나타남으로써, <강원> 또는 <충북>과의 접경 지역에서는 개신이 진행되었다. 그 밖의 지역에서는 두 자료집 모두에서 'ㅂ'유지형이 전 지역에서 나타나고 있다. 다만, [정문연] 자료에 와서 상주, 의성, 영덕, 칠곡 등지에서는 '불버'형이 아닌 파생어형인 '부러버'형으로 'ㅂ'형이 유지되는 모습을 보이고 있다. 어근 '불-어'에서는 'ㅂ'이 탈락하여 개신이 많은 지역에서 진행되는 듯하다가, 파생어형인 '불+업+어'에서 또다시 'ㅂ'이 유지되는 양상을 보이고 있다. 이로써 <경북>은 'ㅂ'유지형과 탈락형이 공존하면서도 전반적으로는 'ㅂ'유지형이 우세한 지역이다.

<경남>은 [오구라]와 [정문연] 자료집 모두 '불버'형이 나타나면서 개신이 전혀 진행되지 않았다. 다만, 산청에서 [오구라] 자료에서는 조사되지 않았으나, [정문연] 자료에 와서는 '불버'형이 아닌, '부러바'형으로 'ㅂ'유지형이 나타나고 있다.

한편, 북한 지역은 <함남><함북>의 전 조사지점에서 'ㅂ'유지형인 '불버'형만 나타나고 있다. 즉, <함남>은 17개 조사지점 모두에서, <함북>은 14개 조사지점 모두에서 '불버'형만 나타나는 데 비해, <황해>와 <평안도>에서는 모두 '부러워'형만 나타나고 있다. 북한 지역은 'ㅂ'유무에 따라 확실히 동서로 구분되는 양상을 보이고 있다.

이상의 어휘 이외에도 [정문연] 자료를 통해 확인되는 용언 활용형으로 '춥(寒)-, 더럽(汚)-, 섧(哀)-, 졸(眠)-' 등의 어휘들의 지리적 분포가 소백산맥을 경계로 한 그 동쪽 지역에까지 'ㅂ'유지형의 등어선이 올라가고 있음을 확인할 수 있다(김경숙, 1997 : 53~58 참조).

③ 파생어 및 합성어 환경

위 (3)의 어휘인 '벙어리, 다리, 마름' 등을 대상으로 'ㅂ : ø' 대응 관계를 보이는 변화의 지리적 분포와 변화 추이를 비교한 결과를 정리하면 [표 17-3]과 같다. 아래 표의 방언형은 'ㅂ'유지형을 중심으로 나타내었다.

[표 17-3] '녕ß' 변화의 지리적 분포와 변화 추이(파생어, 합성어의 경우)

음운환경	형태소층위	표준어(15C 표기)	문헌자료	[오구라] 자료			[정문연] 자료			자료 간 변화 차이
				방언형	도별 출현지점수/도별 총 조사지점수	전체출현 빈도수와 빈도율(%)	방언형	도별 출현지점수/도별 총 조사지점수	전체출현 빈도수와 빈도율(%)	
유성음사이	파생어	벙어리(버워리)	버워리 벙어리 병얼 병얼이 비어리	버버리 버루리	경기 0/3 강원 1/10 충북 2/6 충남 1/6 전북 6/9 전남 16/16 경북 12/12 경남 14/14 제주 2/2	54/78 (69)	버버리 버부리 (버머리)	경기 0/18 강원 2/15 충북 4/10 충남 /15 전북 4/13 전남 21/22 경북 21/23 경남 18/19 제주 2/2	72/137 (53)	- 16
		다리(髢)	돌외 돌리	달비 다뱅이	경기 0/3 강원 8/12 (ㅂ/ø공존 1) 충북 3/6 충남 1/6 (ㅂ/ø공존 1) 전북 1/9 (ㅂ/ø공존 1) 전남 3/11 (ㅂ/ø공존 1) 경북 10/12 (ㅂ/ø공존 1) 경남 15/15 제주 0/2	41/76 (54)	달비	경기 0/18 강원 12/15 충북 6/10 (ㅂ/ø공존 2) 충남 1/15 전북 0/13 전남 5/22 경북 21/23 경남 19/19 제주 0/2	64/137 (47)	- 7
	합성어	마름(藻)	말밤 말왐 말암 말밤	말밤 몰밤 물밤 몰밤 말밤수	경기 0/2 강원 0/1 충북 1/3 충남 0/5 전북 3/9 (ㅂ/ø공존 1) 전남 2/8 경북 12/12 경남 10/10 (ㅂ/ø공존 1) 제주 0/2	28/52 (54)	말밤(:) 몰밤 물밤 말뱀 말밤새 말밤쇄 말밤수	경기 0/6 강원 1/2 충북 2/7 충남 1/15 전북 0/8 전남 4/17 경북 23/23 경남 12/12 제주 0/2	43/92 (47)	- 7
평균 출현 빈도율 및 변화율 [59→49 % (-10 %)]										

파생어 환경에서는 <강원>의 남부와 <충북><충남><전북> 등의 동부 접경 지역, <전남><제주>의 전 지역까지 'ㅂ'유지형이 나타나고 있다. 또한 파생어에서는 개신이 거의 진행되지 않을 뿐 아니라, 진행이 되더라도 큰 변화 없이 아주 느리게 이루어지고 있다. 파생어는 북한의 <황해>연안 지역과 남한의 <경기><강원><충남> 등 중부 지역을 제외한 전국적인 단위로 'ㅂ'유지형이 광범위하게 분포되어 있다. 특히 사용 빈도수가 낮은 파생어 '다리(髮)' 어휘를 통해서는 어중 'ㅂ : ø' 음의 동서 분화의 극명한 대비를 확인할 수 있다. 이를 구체적으로 살펴보기로 한다.

파생어 '벙어리'의 경우, [지도 63-1, 63-2]에서 보듯이, 두 자료집 모두 'ㅂ'유지형이 <경북>과 <경남>을 중심으로 하면서, <경북>에 인접한 <강원>의 동남부 지역, <경북>에 인접한 <충북>의 동남부 지역, <경남>에 인접한 <전북>의 동부 지역, <전남>대부분 지역에서 나타나고 있다. 즉, 'ㅂ'유지형이 <강원>의 남부 지역에서 <충북>과 <충남>의 남부 지역을 거쳐 <전북>의 동부 지역을 지나 <전남>의 북부 지역을 잇는 사선형(／)의 등어선으로 나타나고 있다.

다만 두드러진 차이점은 [정문연] 자료에 오면서 <전북>지역이 동쪽 지역으로 개신형의 침투가 조금 더 된 것 이외에는 큰 변화가 없다. 이는 단일어형의 분포 지역보다 파생어형의 경우에서 'ㅂ'유지형이 훨씬 광범위하게 나타나고 있음을 단적으로 보여주는 예이다. 어휘 내부일 경우에는 보수형인 'ㅂ'유지형이 <경북>과 <경남> 이외 지역에서는 거의 보이지 않았으며, 용언 활용형 환경에서도 <경북>과 <경남>을 중심으로 나타나는 정도였다. 그러나 파생어형인 '벙어리'의 경우에는 <경북>과 맞닿은 접경 지역이긴 하지만, <강원><충북><충남><전북><전남><제주>지역에까지 광범위하게 나타나고 있다. 특히, <전남>과 <제주>지역은 전 조사지점에서 나타나고 있다. 북한 지역에서도 'ㅂ'유지형이

아주 광범위하게 나타나고 있다.28)

이로써, 파생어 '벙어리'의 경우는 <강원>의 남부와 <충북><전북> 등의 동부 접경 지역, <전남><제주>의 전 지역까지 'ㅂ'유지형이 나타나고 있어, 어휘 내부나 용언 활용 환경에서보다 'ㅂ'유지형이 광범위하게 분포되는 경향을 보이고 있다. 또한 두 자료집의 'ㅂ'유지형의 분포 차이가 그리 크지 않음도 확인할 수 있다. 이는 파생어에서는 개신이 거의 진행되지 않고 있을 뿐만 아니라, 진행이 되더라도 큰 변화 없이 아주 느리게 진행되고 있음을 확인할 수 있다. 결국 파생어 '벙어리' 어휘는 북한의 <황해>연안 지역과 남한의 <경기><강원><충남> 등 중부 지역을 제외한 전국적인 단위로 'ㅂ'유지형이 광범위하게 분포되어 있을 뿐 아니라, 그 변화도 크지 않음을 확인할 수 있다. 이는 개신의 진행 속도가 어휘 내부나 용언 활용 환경에서보다 파생어 환경에서 느리게 진행됨을 단적으로 보여주는 예라 하겠다.

파생어 '다리(髮)'의 경우, 16세기에 'ㅂ'탈락형인 '둘외'와 '둘러'형이 문헌에 보이고 있다. 방언 자료에서는 'ㅂ'유지형인 '달비, 달뱅이'형이 나타나고 있어, 'ㅂ' 유무에 따라 크게 두 계열로 나뉜다. [지도 64-1, 64-2]에서 보듯이, 두 자료집 모두 'ㅂ'유지형이 <강원><경북><경남>을 중심으로 하면서 <충북><충남><전남> 등의 동부 지역에 이르기까지 동서를 확연히 구분하는 일자형(ㅣ)의 등어선을 보이면서 동부 지역에

28) <황해>의 금천(벙어리/버버리)과 연안(벙어리)을 제외한 전 조사 지역(해주, 옹진, 태탄, 장연, 은율, 안악(버벌치/버버리), 재령(버벌치/벌치/ 버버리), 황주, 서흥, 신계, 수안, 곡산 등)에서 '버버리'형이 나타나고 있다. 즉, 14개 조사지점 중 13개 조사지점에서 '버버리'형이 나타나고 있는 것이다. <함남> 역시 17개 조사지점 모두에서, <함북>도 14개 조사지점 모두에서 나타날 뿐 아니라, 심지어 <평남>의 유일한 조사지점인 평양에서도, <평북>의 6개 조사지점 모두에서도 '버버리'형만 나타났다. 이는 단일어형에서 'ㅂ'유지형이 분포되는 양상과는 사뭇 다르다고 할 수 있다. 단일어형에서는 <함북>과 <함남> 등 동부 지역에서만 'ㅂ'유지형이 나타났을 뿐이다.

광범위하게 분포되어 있다. '다리'는 한반도를 동서로 나누어 서부 지역
은 'ㅂ'탈락형이, 동부 지역은 'ㅂ'유지형이 분포하는 가장 대표적인 단어
라 하겠다.

　그 외 파생어 '홀아비'의 경우도 'ㅂ'유무에 따라 '호부래비'형과 '홀애
비'형으로 크게 나뉜다. [오구라] 자료에 많은 지역이 조사되지 않아 [정
문연] 자료와 직접 대비하기가 어려워 본 연구에서는 구체적으로 논의는
하지 않았다. 다만, 두 자료집 모두에서 <경북>과 <경남>을 중심으로
'ㅂ'유지형이 나타나되, 북한 지역까지 살피면 'ㅂ'유지형이 [오구라] 자
료에 <함북><함남>에도 나타나고 있다. [정문연] 자료에 <강원>삼척
과 <충북>단양에까지 'ㅂ'유지형이 나타나고 있다.

　이로써 파생어 '홀아비'의 경우, 'ㅂ'유지형은 <경북><경남>을 중심
으로 하되, <경북>에 인접한 <강원>의 남부 지역에까지 분포되어 있음
을 확인할 수 있다. 뿐만 아니라, 두 자료집의 차이가 그리 크지 않다는
점도 큰 특징이라 하겠다. 이는 어휘 내부 환경과 달리 파생어 환경에서
는 어중 'ㅂ'유지형이 화석형으로 남아 있으므로, 시간이 흘러도 개신형
의 영향을 덜 받는 등 변화의 폭도 크지 않음을 보여 준다.

　바늘꽃과에 속하는 다년생 풀인 '마름'의 경우, '*말밤'에서 어중 'ㅂ'
이 탈락하면서 생긴 변이형이다. '말밤'은 '말(藻)＋밤(栗)'의 합성어인데,
초기 중세문헌을 보면 '말밤/말뱜/말왐'형이 공존하는 모습을 보이고 있
어, 합성어 환경인 '마름'29)은 당시에 중부 지역에까지 'ㅂ'유지형이 나타
나 'ㅂ'탈락형과 공존하였을 것으로 짐작된다. 이는 앞서 지적한 바와 같
이 어휘 내부나 용언 활용형, 파생어 환경에서는 한양을 중심으로 하는
중부 지역에까지 'ㅂ'유지형이 나타나지 않고 동서를 구분하여 동부 지역

---

29) 이상규(1995 : 244) : 마름'이 중부방언에서는 음운변화에 의해 화석화하여 단일어로 굳어
　　졌으나, 경상방언에서는 그대로 합성어로 존재하였기에 '말밤'으로 실현되고 있는 것이다.

에까지만 'ㅂ'유지형이 나타났다. 그러나 김경숙(1997)에서 [정문연] 자료를 대상으로 분석해 보았듯이 '솥뚜껑(솥두배)', '아가위(아가배)' 등 합성어 환경에서는 'ㅂ'유지형의 등어선이 <경기>남부 지역에까지 올라가 있는 모습을 보였다. 그러나 후대에 '말밤'이 중부방언에서 '마름'으로 단일어화하면서 'ㅂ'유지형의 분포는 다른 합성어에 비해 그리 넓지 않게 되었다.

[지도 65-1, 65-2]에서 보듯이, 'ㅂ'유지형이 <경북><경남>을 중심으로 하면서 <충북><충남><전북><전남>의 일부 지역에 나타나고 있다. 두 자료집의 차이도 크게 없이 비슷한 분포를 보이고 있어, 합성어 '마름'의 경우 변화(54→47%)는 미미하다. 다만, <경상도>와 인접한 <전북>과 <전남>의 동부 지역에서 약간의 차이가 날 뿐이다. [오구라]에 <전북>의 동부 지역인 무주, 장수, 남원에 보이던 'ㅂ'유지형은 [정문연]에 와서 모두 탈락형으로 개신이 이루어졌다. <전남>은 [오구라] 자료에 조사되지 않은 지역이라 정확한 변화양상을 알 수는 없지만, [정문연]에 접경 지역인 구례뿐 아니라 중부 지역인 화순, 보성, 고흥 등지에까지 'ㅂ'유지형이 나타나고 있는 정도이다. 따라서 <전북>은 개신이 거의 진행된 데 비해 <전남>은 아직 'ㅂ'유지형이 잔존해 있는 양상을 보이고 있다. [정문연] 자료에 <충남>서천에서 'ㅂ'유지형이 보이고 있어 상당히 서부 지역 깊숙이 'ㅂ'형이 침투해 있음을 알 수 있다. <경북>과 <경남>은 조사된 전 지역에서 'ㅂ'유지형이 나타나고 있다.

합성어 환경에서는 'ㅂ'유지형이 이미 화석형으로 굳어 있으므로, 단일어형에 비해 큰 변화가 없다고 하겠다. 다만, '마름'의 경우는 경상방언과 달리 중부 지역에서는 합성어로 인식하기보다 단일어형으로 굳어져 개신의 진행이 비교적 이른 시기에 이루어져 다른 합성어 층위와는 달리 'ㅂ'유지형의 분포 지역이 그리 넓지 않다.

한편, 북한 지역은 <함남>과 <함북>을 중심으로 'ㅂ'유지형이 나타나되, 주로 파생어 '말뱅이'형으로 나타나고 있다. <함남>은 전체 8개 조사지점 중 안변(말뱅이), 함흥(말뱅이), 홍원(말배/말뱅이), 북청(말뱅이), 이원(말배), 단천(말뱅이) 등 6개 지점에서 'ㅂ'유지형이 나타나고 있다. <함북>은 전체 13개 조사지점 모두에서 '말뱅이'형이 나타나고 있어, 'ㅂ'유지형이 우세하다. '마름'형은 주로 <황해>지역을 중심으로 <평남><평북>에 이르기까지 서부 지역을 중심으로 분포되어 있다. 따라서 한반도 전 지역을 대상으로 '마름'의 'ㅂ'유무에 따른 분포 양상을 살펴보면 'ㅂ'유무에 따라 서부 지역과 동부 지역이 크게 양분하는 양상을 보이고 있다. 즉, 서부 지역에는 'ㅂ'탈락형이, 동부 지역에는 'ㅂ'유지형이 분포되어 있다.

배와 비슷하나 작고 맛이 시고 떫은 아그배나무 열매인 '아가위'의 경우도 남한의 서부 지역인 <경기><충남><전북><전남> 대부분 지역에 'ㅂ'유지형인 '아그배, 아구배, 아개배, 아가배'형으로 잔존해 있다. 특히, <경기>의 남부 지역인 화성, 용인 이천, 여주, 평택, 안성에까지 'ㅂ'유지형이 나타나고 있다.

특이한 점은 일반적으로 'ㅂ'유지형은 <경북>과 <경남> 등 남한의 동부 지역을 중심으로 널리 잔존해 있는데 비해, '아가위'는 서부 지역을 중심으로 'ㅂ'유지형이 나타나고 있다. 이는 동부 지역에는 '아그배'형이 남아 있긴 하되, 주로 '돌배'라는 다른 명칭으로 바뀌어 불리고 있기 때문이다. 이처럼 [정문연] 자료에 와서는 '아그배'형보다 '돌배'형이 주로 분포하지만, [오구라] 자료에는 '아가위' 어휘의 'ㅂ'유지형이 여전히 <경북>의 영주, 홍해, 대구, 문경, 청송 <경남>의 진주, 함양 <전남>의 고흥, 광양, 순천, 벌교, 보성, 장흥, 완도, 진도, 해남, 목포, 함평, 영광, 나주, 광주, 장성, 담양, 옥과, 곡성, 구례 등지에까지 광범위하게 분포되어 있다. <함북><함남>지역에도 '열구(열귀)밥'형태로 나타나고 있다. 따라

서 '아가위' 어휘를 통해 확인해 볼 수 있듯이, 사용 빈도수가 많지 않으
면서도 합성어 층위에 있는 어휘들은 개신이 느리게 진행됨으로써 보수
형의 흔적을 찾기에는 아주 적합하다 하겠다.

그 외 [정문연] 자료에만 조사된 파생어 또는 합성어 환경에서 보이는
'ㅂ'유지형의 어휘로 '똬리, 솔가리' 등이 있다. 이들은 'ㅂ'유지형(또바리/
또뱅이, 솔갈비)이 <강원>의 북부 지역에서 <경남>에 이르러 동서를 양분
하는 일자형(ㅣ)의 등어선을 그으며 그 동쪽에 광범위하게 나타나고 있는
것이다. 심지어 합성어 '솥뚜껑'의 경우에는 <충남>에서 <강원>의 동남
부 지역에 이르러 남북을 양분하는 수평형(一)의 등어선을 보이며 그 이남
에 광범위하게 'ㅂ'유지형이 나타나고 있다(김경숙, 1997 : 61~67 참조).

이상의 논의를 바탕으로 중세국어에 'ㅸ'형으로 나타나던 어휘들의 지리
적 분포와 변화 추이를 고찰한 결과 다음과 같은 결론을 도출할 수 있다.

첫째, 'ㅂ'유지형과 탈락형의 교체를 보이는 어휘들은 사용 빈도수가
낮거나 보수형의 흔적이 가장 잘 남아 있는 합성어 층위에서는 'ㅂ'유지
형이 전국적인 분포를 보이고 있다.

둘째, 약 100여 년을 사이에 두고 채집된 [오구라]와 [정문연] 두 자료
집 모두에서 약간의 지역적 분포의 차이는 있지만, 'ㅂ'유지형과 탈락형
이 동서 분화의 대립을 보이고 있다. 'ㅂ'유지형은 한반도 전체에서 핵방
언 지역인 <경상도>를 중심으로 <강원도>를 거쳐 <함경도>지역에 이
르는 동부 지역에 주로 분포하는 경향을 보였다. 반면에, 'ㅂ'탈락형은
<평안도>에서 시작하여 <황해도><경기도><충청도><전라도><제주
도>에 이르는 서부 지역에 일관되게 나타나고 있다.

이러한 분포를 보이는 대표적인 예로 '다리(髢)'가 있다. 개신형의 영향
을 가장 덜 받아 보수형의 흔적을 비교적 잘 간직하고 있는 어휘는 주로

사용 빈도수가 낮거나 형태소 경계 환경인 파생어나 합성어이다. 따라서 이 조건을 가장 잘 충족하고 있는 파생어 '다리' 어휘를 통해서 어중 'ㅂ：ø' 대응 관계의 동서 분화의 극명한 대비를 확인할 수 있었다.

그러나 파생어나 합성어 환경에 비해 비교적 개신이 많이 진행된 어휘 내부나 용언 활용 환경에서도 여전히 남으로는 <경상도>를 중심으로, 북으로는 <함경도>를 중심으로 'ㅂ'유지형이 잔존해 있다. 두 사이를 연결하는 중부 지역인 <강원도>는 <경기도>의 영향을 받아 개신이 거의 진행되었다. 이렇듯 'ㅂ'유지형의 분포는 'ㅅ'유지형의 분포보다 분포 범위가 넓지 않다. 이는 진원지가 <전남>인 'ㅅ'유지형의 경우와 달리 진원지가 <경상도>지역인 'ㅂ'유지형의 'ø'로의 개신이 보다 빠르게 진행되었다고 볼 수 있다.

④ 'ㅂ：ø'의 방언 구획

'ㅂ：ø' 대응관계 대한 이상의 논고를 바탕으로 'ㅂ'유무에 따른 등어선을 카토그램으로 나타내면 다음과 같다. 어휘에 따라 다소의 차이는 있지만, 형태음소론적 층위에 따라 등어선이 그어지는 위치가 대략 아래의 유형으로 나뉜다.

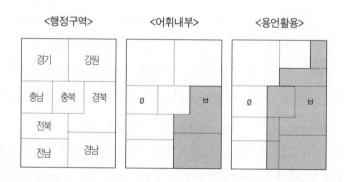

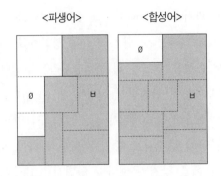

3) 'ㅿ〔z〕'의 변화

중세국어에서의 유성마찰음 'ㅿ'음 역시 국어 자음체계의 기원을 암시하는 것인지, 'ㅅ'의 통시적 변화 과정을 반영하고 있는 것인지 학자들마다 이견이 분분하였다. 이기문(1972)은 이숭녕(1956)이 제시한 유성음 사이에서의 'ㅅ>ㅿ>ø'의 발달에 반론을 제기하면서, 'ㅅ'이 모음 사이에서도 유성음화되지 않는다는 사실이 간과되었다고 지적하고 'ㅿ'을 '*s'와는 다른 어떤 음으로 소급하는 것으로 보아야 한다고 주장한다. 또한, "ㅂ이 모음 간에서 유성음화하는 것은 그것에 대응하는 유기음 'ㅍ'의 유기성이 이 환경에서 약화되어 그것과 충분한 거리를 가지기 위한 것인데, 'ㅅ'은 그것에 대응하는 유기음이 없어 유성화될 필요가 없다."라고 하여 'ㅿ'의 기원을 'ㅅ'의 유성화로 본 견해를 반박하였다.

최명옥(1978a,b) 역시 고대국어에 유성 마찰음 계열이 존재했다는 이기문(1972)의 주장에 동조하면서도, 동남방언에 'ㅸ'과 'ㅿ'의 존재를 인정하지 않는 가설에 대해서는 반론을 제기하였다. 최명옥은 'ㅸ/ㅿ'의 삭제 또는 'ㅂ/ㅅ'의 대응을 보이는 단어들을 통해 동남방언이 이른 시기에 'ㅸ/ㅿ'을 가지고 있었으며, 'ㅂ : ㅸ', 'ㅅ : ㅿ'의 대립을 알고 있었다는 주장을 펼치면서, 나아가 이들의 존재를 고대국어 단계에까지 연장시키려는 시도를 하였다. 동남방언이 과거에 'ㅸ>w'와 'ㅿ>ø'의 변화를 경험하였을 뿐 아니라, 'ㅸ>ㅂ'와 'ㅿ>ㅅ'라는 또 다른 변화를 경험하였다고 보고 있다. 그러나 유성음 간에서 유성음 'ㅸ, ㅿ'의 무성음화라는 음운변화는 일반적인 현상이 되지 못하기 때문에 합리적인 설명이 될 수 없다는 문제점이 있다.

이에 대해 김동소(2007)는 『계림유사』, 『향약구급방』 등의 문헌 자료를 비롯하여 이두나 구결 문자자료 등의 검토를 통하여, 'ㅿ[z]'음으로 확인될 만한 유성음의 예를 찾지 못했다고 하면서 고대국어에서의 'ㅿ'의 존재를 부인하고 있다. 중세국어에서 'ㅿ'으로 표기된 이들 자료들은 모두 고대국어에서 's'음으로 표기되고 있어, 고대국어에서는 'ㅿ'이 's'로 반영되었다고 보고 있다. 이 's'가 12세기 이전 어떤 때에 고대국어의 어떤 낱말에서 's'음이 'z'음으로 변화(약화, 유성음화)하는 일이 생겼고 후대로 내려오면서 그 변화가 확대되었다고 설명하고 있다. 이 'z'음은 's'음이 탈락되기까지의 과도기적인 음으로만 존재했고 음소로는 확립되지 못했으며, 'ㅸ'과 마찬가지로 'ㅿ'을 훈민정음 창제 당시 제정된 비현실적인 자음 표기 문자로서 인식하고 있다.

그러나 이러한 김동소(2007)의 논의를 뒷받침한 만한 실례들이 다음의 문헌 자료에 나타나지만, 's'음이 보다 보수형이라고 할 만한 근거는 이들 자료만으로는 확인이 되지 않는다. 당시 고려어를 기록한 『계림유사』와 『향약구급방』 등을 비롯한 15세기 이전 문헌 자료에 개별 어휘마다 다소의 차이가 있지만, 's'유지형과 탈락형의 존재가 각각의 세력을 유지하며 이미 나타나고 있다. 이것이 의미하는 것은 이미 고려어를 채록할 당시 한반도 전체적으로는 'ㅅ'유지형이 우세하였으나, 이 시기에 고려어의 중심지인 서북 지역은 이미 'ㅅ'탈락형(ø)으로 나타났다는 것이다. 오늘날에도 옛 고려의 중심 지역인 <평북><평남><황해>지역에서는 'ㅅ'탈락형(ø)이 절대적으로 우세하게 나타나고 있기 때문이다. 중세국어 'ㅿ'에 대응하는 어휘로 『계림유사』와 『향약구급방』 등을 비롯한 15세기 이전 문헌 자료에 나타나는 표기를 보면 아래와 같이 어휘를 달리하며 's'유지형 (ㅅ) 또는 's'탈락형(ø)으로 표기되어 있음을 확인할 수 있다.

- 삼국사기 및 삼국유사 : 鳥兒縣 本 百濟鳥次縣(兒＝次), 日官金春質 一作 春日(質＝日)
- 이두, 향가, 구결 자료30) :
  ㉠ 's'로 표기된 어휘 : 秋察尸[ᄀ술ㅎ(가을)], 心音[ᄆ슴(마음)], 沙/氵[ᄉㅐ(아)]
  ㉡ 'ø'으로 표기된 어휘 : 兒史[즛]
- 계림유사 :
  ㉠ 's'로 표기된 어휘 : 問此何物曰 沒審[므슴, 므슥(무엇)]
  ㉡ 'ø'으로 표기된 어휘 : 弟曰 丫兒[아ᅀ(아우)], 四十曰 麻刃[마순], 盜曰 婆兒[?]
- 향약구급방 :
  ㉠ 's'로 표기된 어휘 : 無蘇[무수(무우)], 你叱[니ᅀ(잇)], 鳥伊麻[새삼(새삼)], 板麻[너삼(너삼)], 冬麻子 吐乙麻 돌삼(鄕採 19), 勿叱隱 ＝ 勿兒隱(叱＝兒)
  ㉡ 'ø'으로 표기된 어휘 : 蚯蚓 居兒乎[겨위(지렁이)], 薺 乃耳[나ᅀ이(냉이)], 母 於耳[엉이(어머니)], 麻子 与乙(열ᄢ), 鶴蝨 狐矢屎[영의오좀플(여의오좀)]
- 대명률직해(1395) : 安徐齊(아니하다. 아니하라(오늘날 '그렇게 하지 말라'고 금지할 때 하는 말로, 쓰이는 '아서라'와 관련됨.)
- 조선관역어 : 小人 枸忍[소신], 五拜 打色黑立左雜[다숫머리조사], 冬 解自[겨슬], 弟 阿自[아ᅀ], 秋 格自[ᄀ슬], 心 默怎[ᄆ슴], 地界 大色直[짜ᄉᅀ], 明朝 餤直阿怎[니실아춤], 聖節 臨貢省直[님금싱실]

---

30) 이두 음은 모두 중세 또는 근대국어 자료의 것이고, 향가 어휘 또한 한자의 새김으로 읽어야 하는 것이므로 정확한 고대 어형을 재구하기가 어렵지만, 중세국어 어형을 참고하면 고대 어형의 재구가 가능하기에 여기에 예를 제시한다.

이상의 자료를 통해 볼 때, 당시 고려어를 반영하는 『계림유사』와 『향약구급방』에 ‘s’ 또는 ‘ø’이 공존하며 존재하고 있다. 『조선관역어』에도 ‘ㅿ’에 대응하여 한어의 성모 ‘ㅿ[z], ㅈ[c], ㅇ[ø]’ 등으로 다양하게 전사하고 있다. 이러한 현상은 중세국어를 거쳐 현대방언에도 그대로 나타나고 있다. 중세국어에서 15세기 문헌에 ‘한숨(歎), 인ᄉᆞᄒᆞ신대(人事), 그슴(限), ᄀᆞ새(剪), 니서(續)’ 등이 ‘한ᅀᅮᆷ, ᅀᅵᆫᅀᆞᆷ(人蔘), 그ᅀᅳᆷ, 니ᅀᅥ’ 등과 함께 나타나고, ‘ᅀᅵᄇᆡᆨ/이ᄇᆡᆨ(二百), ᄂᆡᅀᅵᆯ/ᄂᆡ일(來日), ᄉᆞᅀᅵ/ᄉᆞ이(間)’ 등도 함께 기록되어, ‘ㅿ, ㅅ, ㅇ’ 등이 혼용되고 있다. 16세기 문헌에 ‘손ᅀᅩ, 손소, 손조, 손오’와 ‘몸ᅀᅩ, 몸소, 몸조’ 등이 함께 나타나는 것도 같은 맥락에서 해석할 수 있다.

그렇다면 고대국어에서부터 어중 ‘ㅅ’유지형과 탈락형이 공존하며 문헌 자료에 보였던 이들 어휘들이 오늘날 방언 자료에는 어떻게 나타나고 있는지 그 지리적 분포와 그 변화 추이를 고찰해 본다면 이전의 변화 양상도 어느 정도 추정해 볼 수 있을 것이다. [오구라] 자료와 [정문연] 자료에 공통으로 조사된 논의 대상 어휘를 선별하면 (1)~(3)과 같다.

(1) 가을, 겨울, 여우, 무, 모이, 구유
(2) 잇(連)-, 낫(癒)-, ᄶᅩᆺ(啄)-
(3) 가위, 냉이, 김매다

(1)은 어휘 내부 환경, (2)는 용언 활용 환경, (3)은 파생어 및 합성어 환경의 예이다. 이들 어휘를 대상으로 두 자료 간 ‘ㅅ : ø’ 대립관계를 보이는 방언 분화형들을 형태음소론적 층위로 나누어 그 지리적 분포 양상과 함께 전체 조사지점 대비 출현 빈도수와 변화율을 분석해 보도록 한다.

① 어휘 내부 환경

위 (1)의 어휘를 대상으로 'ㅅ : ø' 변화의 지리적 분포와 변화 추이를 비교한 결과를 정리하면 [표 18-1]과 같다. 아래 표의 방언형은 'ㅅ'유지형을 중심으로 나타내었다.

[18-1] 'ㅿ[z]' 변화의 지리적 분포와 변화 추이(어휘 내부의 경우)

음운 환경	형태소 층위	표준어 (15C 표기)	문헌 자료	[오구라] 자료			[정문연] 자료			자료 간 변화 차이
				방언형	도별 출현지점수 /도별 총 조사지점수	전체출현 빈도수와 빈도율(%)	방언형	도별 출현지점수 /도별 총 조사지점수	전체출현 빈도수와 빈도율(%)	
유성음 사이	어휘 내부	가을 (ᄀᆞ실)	ᄀᆞ올 ᄀᆞ을 가을	가실 가슬 ᄀᆞ실	경기 0/3 강원 2/12 (ㅅ/ø : 공존 2) 충북 0/6 충남 1/6 전북 9/9 (ㅅ/ø : 공존 2) 전남 18/18 (ㅅ/ø : 공존 4) 경북 5/12 (ㅅ/ø : 공존 2) 경남 14/14 (ㅅ/ø : 공존 1) 제주 2/2 (ㅅ/ø : 공존 1)	51/82 (62)	가실 가슬 ᄀᆞ슬	경기 0/18 강원 0/15 충북 3/10 (ㅅ/ø : 공존 3) 충남 0/15 전북 3/13 (ㅅ/ø : 공존 3) 전남 15/22 (ㅅ/ø : 공존 10) 경북 5/23 (ㅅ/ø : 공존 5) 경남 4/19 (ㅅ/ø : 공존 4) 제주 2/2 (ㅅ/ø : 공존 1)	32/137 (23)	- 39
		겨울 (겨슬 겨슬ㅎ 겨을)	겨슬 겨을 겨스 겨을ㅎ 겨울 겨을 겨으	저실 저슬 저식	경기 0/3 강원 0/12 충북 0/8 충남 0/13 전북 7/9 (ㅅ/ø : 공존 5) 전남 19/20 (ㅅ/ø : 공존 2) 경북 6/16 (ㅅ/ø : 공존 5) 경남 14/14	48/97 (49)	저실 저슬	경기 0/18 강원 0/15 충북 0/10 충남 0/15 전북 1/13 전남 3/22 (ㅅ/ø : 공존 1) 경북 5/23 경남 0/19 제주 1/2 (ㅅ/ø : 공존 1)	10/137 (7)	- 42

표제어	변이형	변이형	지역별	비율	변이형	지역별	비율	차이
			(ㅅ/ø:공존 13) 제주 2/2					
마을 (ᄆᆞᅀᆞᆯ)	ᄆᆞ술 ᄆᆞ을ㅎ ᄆᆞ을 ᄆᆞ올 마을 물	마실 마슬 모실 모슬 무슬 ᄆᆞ실	경기 0/3 강원 0/3 충북 0/5 충남 1/6 전북 9/9 전남 11/12 (ㅅ:ø 공존 1) 경북 11/12 경남 14/14 (ㅅ/ø:공존 1) 제주 2/2 (ㅅ/ø:공존 2)	48/66 (73)	마실 모슬 ᄆᆞ슬 ᄆᆞ실	경기 0/18 강원 3/15 (ㅅ/ø:공존 1) 충북 1/10 충남 0/15 전북 0/13 전남 1/22 경북 19/23 (ㅅ/ø:공존10) 경남 3/19 제주 2/2 (ㅅ/ø:공존 1)	29/137 (21)	-52
여우 (여ᅀᅮ)	여ᅀᅮ 영 여ᅌᅮ 여 여스 여으 여식 여오 여이 여호 여수 여위 여우 녀호	여시 여수 야시 야수 애수 예수	경기 0/3 강원 0/11 충북 6/8 (ㅅ/ø:공존 2) 충남 13/13 (ㅅ/ø:공존 1) (ㅅ/ㅎ:공존 3) 전북 10/10 전남 20/20 경북 13/15 (ㅅ/ㅎ:공존 6) 경남 13/13 제주 1/2 (ㅅ/ㅎ:공존 1)	76/95 (80)	여(:)시 여(:)수 야시 야수 애수 애수 개여시 개으시	경기 0/18 강원 0/15 충북 5/10 충남 12/15 전북 13/13 (ㅅ/ø:공존 1) 전남 22/22 (ㅅ/ø:공존 1) 경북 17/23 (ㅅ/ø:공존 3) 경남 19/19 (ㅅ/ø:공존 3) 제주 /2	69/137 (50)	-30
무 (무ᅀᅮ)	뭉ㅇ 무수 무 무우 무오	'ㅅ' 유지형 무수 무시	경기 0/3 강원 5/11 (ㅅ/ø:공존 5) 충북 7/8 (ㅅ/ø:공존 2) 충남 12/12 전북 10/10 전남 16/16 경북 12/15 (ㅅ/ㄱ:공존 7) 경남 14/14	76/91 (84)	'ㅅ' 유지형 무수 무시	경기 1/18 강원 2/15 충북 8/10 충남 15/15 (ㅅ/ø:공존 2) 전북 13/13 (ㅅ/ø:공존 1) 전남 22/22 경북 14/23 (ㅅ/ø:공존 1) (ㅅ/ㄱ:공존 1)	93/137 (68)	-16

			제주 ×/2			경남 18/19 제주 ×/2		
		'ㄱ' 유지형 무꾸	강원 1/11 (ㄱ/ø : 공존 5) 경북 3/15		'ㄱ' 유지형 무꾸	강원 3/15 (ㄱ/ø : 공존 1) 경북 6/15 (ㄱ/ø : 공존 1)		
모이	몽이 모이	모시 모새 마시 목시 몹시	경기 0/3 강원 0/3 충북 5/5 충남 13/13 전북 9/9 전남 9/9 경북 10/11 경남 14/14 제주 ×	60/67 (90)	모시 모수 모새 머시 당모시	경기 1/18 강원 1/15 충북 5/10 충남 14/15 전북 13/13 전남 22/22 경북 23/23 경남 17/19 제주 1/1	97/136 (71)	- 19
구유 (구ㅅ)	구슈 규시 귀요 귀유 귀우 구유 구요 구이 귀우기 귀웅	구시 구송 구승 귀숭 기숭	경기 0/3 강원 2/12 (ㅅ/ø : 공존 2) 충북 3/8 충남 12/12 (ㅅ/ø : 공존 1) 전북 8/8 전남 16/16 경북 4/15 (ㅅ/ø : 공존 1) 경남 11/12 제주 ×	56/86 (65)	구시 구수 구세 귀숭 새구새	경기 1/18 강원 1/15 충북 4/10 충남 15/15 전북 11/13 전남 22/22 경북 6/23 경남 17/19 제주 ×	77/135 (57)	- 8
평균 출현 빈도율 및 변화율 [72→42 % (- 30 %)]								

어휘 내부 환경의 경우, 두 자료집 사이에서도 변화되는 모습이 뚜렷이 확인되고 있다. [오구라] 자료에서 보이던 'ㅅ'유지형의 등어선이 [정문연]에 오면서 훨씬 남쪽으로 이동되거나 분포 범위도 축소되는 모습을 보이고 있다. 어휘 내부 환경이지만 일상생활 용어가 아닌 사용 빈도수가 상대적으로 낮은 어휘는 고어형이 화석화된 형태로 남아 있기 때문에 변화가 심하지 않아, 두 자료집 간에도 차이점이 두드러지게 나타나지 않는

다는 것이다. 따라서 음운체계를 재구하는데 상당히 유효한 어휘로 이들 어휘를 살피는 것이 필요하다. 이러한 현상을 보다 구체적으로 개별 어휘를 중심으로 살펴보도록 한다.

'가을'의 경우, 문헌에는 '가을(秋)'의 의미를 갖는 15세기 형태가 'ᄀ술ㅎ'이며, 'ᄀ술'의 'ᅀ'이 소실되면서 'ᄀ올'로 나타나고, 그 이후 문헌에 'ᄀ을', '가을' 등의 형태로 나타나고 있다. 방언 자료에서는 'ㅅ'유지형이 나타나고 있어, 'ㅅ' 유무에 따라 크게 두 계열로 나뉜다.

[지도 66-1, 66-2]에서 보듯이, 두 자료집의 'ㅅ'유지형과 탈락형의 대략적인 분포 흐름은 비슷하지만 [정문연] 자료에 오면서 동부 지역을 중심으로 개신이 많이 진행되어(62 → 23%) 'ㅅ'유지형은 <전남>에 집중적으로 분포되어 있다. 즉, [오구라] 자료에 <전남>을 중심으로 <전북>과 <경남>에 주로 분포하면서 <경북>의 남부 지역을 거쳐 심지어는 <강원>에 이르기까지 'ㅅ'유지형이 분포되어 있었다. 그러나 어휘 내부 환경인 '가을'은 개신이 비교적 빨라 [정문연] 자료로 오면서는 많은 지역에서 개신이 진행되었는데, <전남>을 기점으로 북으로는 <전북>이, 동으로는 <경남>지역 대부분이 개신되었다. 그 결과 <전북><경북><경남> 등지에서는 탈락형과 'ㅅ'유지형이 산발적으로 분포하되 거의 대부분 지역에서 공존하는 모습을 보이고 있다. 북한 지역은 <함남>과 <함북>을 중심으로 'ㅅ'유지형이 나타나고 있다.31)

요컨대, 어휘 내부 환경인 '가을'은 'ㅅ'탈락형인 중앙어의 강력한 영향

31) <함남>은 18개 조사지점 중 11개 지점(정평, 함흥, 영광, 신흥, 홍원, 북청, 이원, 단천, 풍산, 갑산, 혜산)에서 '가슬'형이 나타나고 있다. 다만, 홍원, 북청, 이원, 단천, 풍산, 갑산 등에서는 '가을/가슬'로 공존하는 모습을 보이고 있어 어느 정도 개신이 진행되었다. <함북>은 13개 조사지점 중 성진, 길주, 명천, 경성, 나남, 부거, 회령, 종성, 경원, 경흥 등 10개 지점에서 '가슬'형이 나타나고 있어, 'ㅅ'유지형이 우세하다. 다만, 성진, 회령, 종성, 경원에서도 '가을/가슬'형이 공존함으로써, 개신이 진행되었음을 확인할 수 있다. <평북>의 후창에도 '가슬/가을'형이 공존하는 모습을 보이고 있다.

을 쉽게 받아들이면서 보수형인 'ㅅ'유지형이 남쪽으로는 변방인 <전남>을 중심으로, 북으로는 변방인 <함북>을 중심으로 고어의 흔적이 강하게 남아 있을 뿐, 개신이 대부분 지역에서 빠르게 진행되고 있음을 확인할 수 있다. 이렇듯 대부분 지역이 개신되었지만, 여전히 남부 지역에는 산발적이긴 하지만, 'ㅅ'유지형이 남아 개신형과 공존하는 양상을 보이고 있다. 그러나 <전남>지역은 [정문연] 자료에 와서도 남해안 지역인 진도, 완도, 고흥, 여천 등지에는 개신형인 'ㅅ'탈락형이 보이지 않고 'ㅅ'유지형만 나타남으로써, 'ㅅ'유지형의 핵방언 지역은 <전남>지역이라 할 만하다.

'겨울'의 경우, 문헌 자료에 보이는 15세기 형태는 '겨슬/겨슬ㅎ/겨을' 등이다. 조사와의 결합 시 'ㄱ'유지형이 나타나는 경우도 보이므로 'ㅿ'을 가진 어형은 16세기까지만 나타난다. 그러나 이미 15세기 문헌에서도 'ㅿ'이 없는 형태가 나타나므로, 15세기부터도 이 'ㅿ'이 없는 어형이 상당히 쓰이고 있었던 것임을 알 수 있다. 방언 자료에서는 'ㅅ'유지형도 나타나고 있어, 'ㅅ' 유무에 따라 크게 두 계열로 나뉜다.

[지도 67-1, 67-2]에서 보듯이 어휘 내부 환경인 '겨울'은 [오구라] 자료에 <전남>에는 대부분 'ㅅ'유지형이 나타나고 있는데[32] 비해, <전북><경남><경북>에는 'ㅅ : ø'이 공존하는 모습을 보이고 있다. 그러나 [정문연] 자료에 오면서는 <전남>지역에까지 탈락형이 거의 침투함으로써,[33] 개신이 상당히 빠르게 진행(49 → 7%)되었다. '겨울'은 [오구라] 자료

---

32) <전남>은 [오구라] 자료에 20개 전체 조사지점 중 '겨울'형이 나타나는 광산을 제외한 19개 지점(영광, 장성, 담양, 곡성, 구례, 함평, 신안, 나주, 승주, 광양, 영암, 진도, 해남, 강진, 장흥, 보성, 고흥, 여천, 완도)에서 'ㅅ'유지형이 나타났다. 다만, 장성과 장흥에 탈락형과 공존하는 모습을 보일 뿐 모두 'ㅅ'유지형만 나타나고 있다. 이로써 <전남>지역은 'ㅅ'유지형이 가장 활발하게 일어나는 'ㅅ'유지형의 핵방언 지역이라 할 만하다.

33) [정문연]에 와서는 광산(저을/저실), 나주(저슬/시안), 진도(곡용환경인 '저실에'에서 'ㅅ'유지형이 나타남.)에만 'ㅅ'유지형이 공존하여 보일 뿐, 모든 지역에서 탈락형으로 개신이 진행되었다. 이로써 <전남> 역시 [정문연]에서 22개 전체 조사지점이 거의 대부분

에서는 남부 지역을 중심으로 'ㅅ'유지형이 활발히 나타났다. 그러나 <전남>지역을 제외한 전 지역에서 이미 개신이 진행되었고, [정문연] 자료에 와서는 남한의 거의 대부분 지역으로 개신이 이루어졌다. 다만, <전남><경북><제주>에 보수형인 'ㅅ'유지형이 일부 지역에 'ㅅ'탈락형과 공존하는 모습을 보이면서 'ㅅ'유지형의 흔적이 남아있을 뿐이다. 또한 일상적으로 자주 사용하는 기본어휘는 자주 사용하지 않는 어휘보다 대체로 개신의 진행 속도가 더욱 빠르다는 것도 확인할 수 있다.

'여우'의 경우, 15세기 형태는 '여ᅀᅮ'이다. 방언 자료로는 'ㅅ : ㅎ : ㄱ : ø' 유무에 따라 크게 4가지 유형으로 나뉜다. 즉, '여시, 여호, 여끼, 여우' 등의 다양한 형태가 나타나고 있다. [지도 68-1, 68-2]에서 보듯이, 'ㅅ'유지형이 가장 광범위하게 나타나고 있어 'ㅅ'유지형은 <충남><충북><경북>과 <경기><강원>의 도 경계선을 잇는 수평형(―)의 등어선의 모습을 보이며 그 이남 지역에 분포하고 있다. 두 자료집 간 도내 분포의 차이는 크지 않지만, [정문연] 자료에 와서 <충북>지역이 다소 'ㅅ'탈락형으로 개신이 진행되었을 뿐이다. <경북>과 <경남>에도 산발적으로 'ㅅ'탈락형이 나타나고 있지만, 전반적으로 'ㅅ'유지형이 남한의 남부 지역을 중심으로 광범위하게 나타나고 있다. 어휘 내부 환경이지만, 일상생활 어휘보다 사용 빈도수가 많지 않으므로 개신이 비교적 느리게 진행(80→50%)되고 있다.

또한 특이한 점은 <강원>을 중심으로 '여끼, 여깽이' 등 'ㄱ'유지형이 <충북>의 동부 지역과 <경북>의 북부 지역에 나타나고 있다. <함경도>를 중심으로 'ㅅ' 대신에 'ㄱ'유지형이 나타나는 현상과 관련된다. 또한 <평남>평양과 <함남>고원, 정평, 함흥, 신흥 등지와 남한의 <경기>

개신되었다.

양주, <충북>단양, <경북>울진 등에 산발적으로 나타나는 'ㅎ'유지형인 '영호, 여호, 여후, 여히'는 'ㅅ'과 'ㅎ'이 흔히 교체되는 현상을 보여 주는 단적인 예라 하겠다. 서북방언을 중심으로 'ㅅ'이 'ㅎ'으로 교체되어 나타나는 특징을 '여우'에서도 보여주고 있는 것이다. 이를 한자어 '호(狐)'에 유추되어 나타난 것으로 해석하기도 하는데, 한자어 '호'의 'ㅎ' 또한 'ㅅ'과 관련지어 봄직하다.

북한 지역에서는 'ㅅ'탈락형이 <황해>에서는 '여위'형으로, <평북>에서는 '여우'형으로 나타나고 있다. 반면에, <함북>을 중심으로 <함남>의 북부 지역에 이르는 지역에서는 'ㄱ'유지형인 '여끼, 예기'형이 나타나고 있다. <평남>에 인접한 <함남>의 남부 지역에서는 '여우'형과 '영호'형이 나타나고 있다. [오구라] 자료에 <평남>의 대부분 지역이 조사되지 않았지만, <평남>의 평양(영우, 영호)과 숙천(옝이, 영호)에 '영호'형이 나타나고 있어 <평남>지역은 'ㅎ'형이 대세임을 짐작할 수 있다.

요컨대, <전남>을 중심으로 하는 서남방언에 'ㅅ'유지형이, <강원><함경도>를 중심으로 하는 동북방언에 'ㄱ'유지형이, <평남>을 중심으로 하는 서북방언에 'ㅎ'형이, <경기><황해>를 중심으로 하는 중부방언에 'ø'형이 각각 우세한 세력을 형성하며 '여우'어휘에 그 흔적을 남기고 있는 것이다. 국어사에서 논의된 중요한 특징을 고스란히 간직하고 있어 보수형의 모습을 압축하여 보여주는 중요한 단어라 할 만하다.

'무'의 경우, 최초 형태는 15세기 문헌에 나타나는 '무수'이다. 방언 자료로는 'ㅅ : ㄱ : ø'대응에 따른 변이형태인 '무시, 무꾸, 무우' 등의 대표적인 형태가 나타나고 있다. [지도 69-1, 69-2]에서 보듯이 'ㅅ : ㄱ : ø' 대응 관계가 '여우'와 비슷한 분포양상을 보이되, '여우'보다 'ㅅ'유지형의 등어선이 다소 위로 올라가 있다. <경기>와 <강원>의 남부 지역에까지 'ㅅ'유지형이 나타나고 있는 것이다. 개신형 'ㅅ'탈락형은 <경기>를 중심으로 분포하되, <강원>을 비롯하여 <충남><경북>지역에 산발적으로 침투해 있는 양상을 보이고 있다.

'ㅅ'탈락형이 중앙어로서 개신형의 지위를 얻음으로써 각 지역에 일부 영향을 미치고 있으나, 남부 지역까지 그 파급이 크지 않다. 자료 간 개신율(84→68%)도 다른 어휘 내부 환경의 어휘보다 상대적으로 낮다. <경북>지역이 개신의 영향을 가장 많이 받았을 뿐, 기타 지역에서는 도 경계 지역을 중심으로 1, 2곳 정도에서 'ㅅ'탈락형이 나타날 뿐이다. <충북>과 <충남>은 [오구라] 자료에서부터 'ㅅ'탈락형이 일부 지역에 보였으나, <전남>의 옥구와 <경남>의 거창은 [정문연] 자료에 와서 비로소 나타나고 있다.

한편, [오구라] 자료에 <강원>을 중심으로 <경북>의 북부 지역에 나타나던 'ㄱ'유지형이 [정문연] 자료에 와서도 여전히 나타나지만, 세력은 많이 약해지는 형국을 보이고 있다. 특히, <강원>이 <경기>지역의 영향을 강하게 받아 'ㅅ'탈락형으로 개신이 거의 이루어졌지만, 일부 지역에는 여전히 'ㅅ'과 'ㄱ'유지형이 남아 있어 'ㅅ'탈락형과 공존하는 모습을 보이고 있다. <경북>은 [오구라] 자료에 전체적으로 'ㅅ'유지형이 분포하고 있으나 북부 지역을 중심으로 중서부 지역에까지 'ㄱ'유지형이 영향을 미침으로써 'ㅅ'유지형과 공존하는 양상을 보였다. [오구라] 자료에는 'ㅅ'탈락형이 <경북>지역에 보이지 않고 있다. 그러나 [정문연] 자료에 와서는 동·남부 지역을 중심으로 'ㅅ'탈락형이 침투함으로써 남북이 구분되는 형국을 보이고 있다. 즉, 북부 지역을 중심으로는 'ㄱ : ø'가 공존하며, 남부 지역을 중심으로는 'ㅅ : ø'가 공존하는 모습을 보이면서 남북이 양분되고 있다.

북한 지역에서는 'ㅅ'탈락형이 <황해>를 중심으로는 '미우, 무이' 등의 형태로, <평북>에서는 '무ː'형태로 <평남>인 평양에서는 '무이'와

'무:'형이 공존하는 모습으로 나타나고 있다. 반면에, <함남>과 <함북>에서는 'ㄱ'유지형인 '무끼'형이 나타나고 있다. <평남>에 인접한 <함남>의 남부 지역에서는 '무:'형이 나타나고 있어 [오구라] 자료에 평양을 제외한 <평남> 대부분이 조사되지 않았지만, <평남>도 '무:'형이 대세임을 짐작할 수 있다. 따라서 <평남><황해> 등 서북 지역을 중심으로 형성된 'ㅅ'탈락형이 남하하면서 <경기>를 비롯하여 <강원>지역으로 개신이 진행되고 있는 것이다.

닭의 먹이인 '모이'의 경우, 국어사 자료에서 소급하는 최초 형태는 18세기의 '몽이', '모이'형이다. 방언 자료에서는 'ㅅ : ø'의 대응을 보이며 중부 지역과 남부 지역을 나누며 분포하고 있다. [지도 70-1, 70-2]에서 보듯이, 'ㅅ'유지형과 탈락형의 분포 역시 앞서 논의한 '여우'와 '무'와 크게 다르지 않다. 'ㅅ'유지형이 두 자료 모두 <충남><충북><경북>과 <경기><강원>의 도경계를 구분하는 수평형(―)의 등어선 모습으로 나타내면서, 그 이남 지역에 'ㅅ'유지형이 분포하고 있다. 다만, [정문연] 자료에 와서 <충북>의 북동부 지역에 'ㅅ'탈락형이 침투함으로써, 등어선의 모습이 가운데가 함몰되는 형상을 보이며 다소 개신이 진행되었다. 'ㅅ'탈락형이 <경남>의 밀양과 울주에 침투해 있는 것이 이색적이기도 하다. 반면에, <경기>의 이천과 <강원>의 영월에 'ㅅ'유지형이 나타나고 있음은 예전부터 이들 지역에서도 'ㅅ'유지형에 대한 인식이 있었기에 나타난 흔적이라 볼 수 있다.

북한 지역에서는 'ㅅ'탈락형인 '멍이, 멩이, 몽이'형이 <황해><평남><평북>에 분포되어 있고, 'ㅅ'유지형인 '모시'형이 <함남>을 중심으로 나타나고 있다. <함북>에서는 '모시'와 함께 '유에'라는 독특한 형태가 '모시'형보다 우세하게 나타나고 있다.

따라서 '모이'는 서북 지역에서 시작된 'ㅅ'탈락형이 남하하면서 <경

기>와 <강원>지역에까지 영향을 미치고 있음을 확인할 수 있다. 일상적으로 사용되고 있는 생활용어인 '가을'이나 '겨울'보다 농촌에서 주로 사용되는 닭의 사료인 '모이' 역시 사용 빈도수가 상대적으로 많지 않음으로써 어휘 내부 환경임에도 불구하고 개신의 진행속도(90 → 71%)가 다른 어휘 내부 환경의 어휘보다 상대적으로 느리지만, 형태소 경계 환경의 어휘보다는 개신이 빠르게 진행되었다.

'구유'의 경우, 문헌 자료에는 15세기에 '구싀'의 형태로 처음 나타나면서 16세기 이후 'ㅅ'유지형(구슈)과 탈락형(구유, 구요 등)이 함께 나타나고 있다. '구유'의 방언 자료도 'ㅅ'유지형과 탈락형이 나타나고 있어, 'ㅅ' 유무에 따라 크게 두 계열로 나뉜다. [지도 71-1, 71-2]에서 보듯이, 두 자료집 간 변화 차이(65 → 57%)가 크지 않다. 'ㅅ'유지형이 <전남>을 중심으로 북으로는 <전북>과 <충남> 전 지역과 <충북>의 남부 지역에 이르기까지, 동으로는 <경남>의 전 지역과 <충북><전북><전남>의 각 도경계선을 중심으로 하는 <경북>의 접경 지역에까지만 나타나고 있다. 따라서 서남부 지역을 중심으로 역사선형(\)의 등어선을 그으며 그 이남 지역에 'ㅅ'유지형이 널리 분포되어 있다.

<전남>의 영향을 받은 <전북>은 중남부 지역까지만 '구시'형이 나타나고, 그 외 <전북>의 북부 지역과 <충남>은 모두 '구송'형이 나타나고 있다. <충북>은 <전북>무주의 영향을 받은 남부 지역인 영동, 보은 등지는 '구시'형이, <충남>의 영향을 받은 청원은 '구송'형이 각각 나타나고 있다. <경북>은 주로 '죽통'이라는 다른 어휘를 사용하면서, <충북><전북><경남>에 각각 인접한 도경계 지역을 중심으로만 '구시'형이 나타날 뿐이다.

한편, 북한 지역은 'ㅅ'유지형이 <함남>과 <함북>의 전체 조사지점 모두에서 나타나고 있다. 다만, <함남>의 신고산, 안변, 원산, 덕원, 문천,

고원, 영흥 등지에만 '구승'형이 나타나고 그 외 나머지 지역에서는 모두 '구시'형만 나타나고 있다. 이처럼 북한 지역도 어중 'ㅅ'유무에 따라 동서로 확연히 나뉘고 있다.

② 용언 활용 환경

위 (2)의 어휘를 대상으로 'ㅅ : ø' 변화의 지리적 분포와 변화 추이를 비교한 결과를 정리하면 [표 18-2]와 같다. 아래 표의 방언형은 'ㅅ'유지형을 중심으로 나타내었다.

[18-2] 'ᅀ[z]' 변화의 지리적 분포와 변화 추이(용언 활용의 경우)

음운 환경	형태소 층위	표준어 (15C 표기)	문헌 자료	[오구라] 자료			[정문연] 자료			자료 간 변화 차이
				방언형	도별 출현지점수 /도별 총 조사지점수	전체출현 빈도수와 빈도율(%)	방언형	도별 출현지점수 /도별 총 조사지점수	전체출현 빈도수와 빈도율(%)	
유성음 사이	용언 활용	잇-	니어 넜다 니을 니을 니서 잇다	이서(서) 이사(서) 이서아 (서)	경기 × 강원 0/3 (ㅅ/ø:공존 1) 충북 5/5 충남 5/5 전북 × 전남 × 경북 9/11 (ㅅ/ø:공존 3) 경남 7/7 제주 ×	26/31 (84)	이(ː)서(서) 이성 이사(서) 이쇠아 이스(서)	경기 3/18 (ㅅ/ø:공존 1) 강원 2/15 (ㅅ/ø:공존 2) 충북 9/10 충남 15/15 (ㅅ/ø:공존 5) 전북 13/13 전남 22/22 경북 22/23 경남 18/19 제주 2/2	106/137 (77)	- 7
		낫-	나ᅀᆞ며 나ᅀᆞ미 나ᅀᆞ니 나ᅀᆞ며 나ᅀᆞ니	나서(서)	경기 × 강원 0/10 충북 5/6 충남 1/1 전북 9/9 전남 20/20 경북 3/4	41/53 (77)	나사(서) 나산 나서(서) 나승개 나싱개	경기 1/18 강원 0/15 충북 2/10 충남 12/15 전북 11/13 전남 20/22 경북 18/23	83/137 (61)	- 16

				경남 1/1 제주 2/2			경남 17/19 제주 2/2		
쪼(啄)-		쪼사(서) 조사(서)	경기 0/3 강원 0/11 충북 2/8 충남 13/13 전북 10/10 전남 19/19 경북 10/15 경남 12/13 제주 2/2	68/94 (72)	쪼사(서) 쪼서 쭈서 찌서 주서 조사 쏘사	경기 0/18 강원 0/15 충북 4/10 충남 6/15 (ㅅ/ø : 공존 1) 전북 7/13 전남 20/22 경북 12/23 경남 16/19 제주 2/2	67/137 (49)	- 23
평균 출현 빈도율 및 변화율 [78→62 % (- 16 %)]									

　　용언 활용 환경에 있어서는, 중부와 남부 지역을 수평형(—)의 등어선으로 뚜렷한 구분을 보이고 있다. 어휘 내부 환경에서보다 'ㅅ'유지형의 등어선이 위로 올라가 있는 모습을 보이고 있다. [정문연] 자료에 오면서 'ㅅ'유지형이 <경기><강원>의 남부 지역까지 보이고 있을 뿐만 아니라 개신형 'ㅅ'탈락형의 침투도 한반도의 남부 지역에는 거의 보이지 않고 있다. 특히, <경기>의 섬지역인 옹진에까지 'ㅅ'유지형이 나타나고 있는 점으로 미루어 보아 예전에는 <경기>의 중부 지역 깊숙이 'ㅅ'유지형이 나타났을 것으로 짐작된다. 이를 개별 어휘들을 중심으로 구체적으로 논의해 본다.

　　용언 활용형인 '잇-어(서)'의 경우, 문헌 자료에는 '니서, 니을, 니을, 니서' 등이 보이고 있다. 방언 자료에는 [지도 72-1, 72-2]에서 보듯이 'ㅅ : ø'의 대응을 보이며 중부 지역과 남부 지역을 나누어 뚜렷한 구분을 보이며 나타나고 있는데, '모이'와 거의 비슷한 분포를 보이고 있다. 다만 용언 활용형 환경인 '잇-어(서)'의 경우는 어휘 내부 환경인 '여우, 무, 모이'에서보다 'ㅅ'유지형의 등어선이 위로 올라가 있는 모습을 보이고 있다. [정문연] 자료에 오면서 'ㅅ'유지형이 <경기>의 옹진, 이천, 평택과

<강원>의 인제, 춘성, 정선 등지까지 보이고 있을 뿐만 아니라 개신형 'ㅅ'탈락형의 침투가 남부 지역에는 거의 보이지 않고 있다. [오구라] 자료에 <경북>지역을 중심으로 나타나던 'ㅅ'탈락형마저 [정문연] 자료에 와서는 오히려 'ㅅ'유지형으로 교체되어 나타나고 있는 것이다.

반면에, <충남>의 서해안을 중심으로 'ㅅ'탈락형이 나타나면서 'ㅅ'유지형과 공존하고 있어 개신이 다소 진행되었지만, 전반적으로 'ㅅ'탈락형으로의 개신은 어휘 내부에서보다 진행(84→77%)이 더디다 하겠다. <경기>의 옹진에 'ㅅ'유지형이 나타나고 있다.

용언 활용형 '낫-아(서)'의 경우, 문헌 자료에는 '나ᅀᅳ-, 나ᅀᅩ-, 나으-, 나ᅌᅳ-, 나스-' 등의 형태로 나타나고 있다. 방언 자료에는 'ㅅ : ø'의 대응을 보이며 <경기><강원>의 중부 지역과 <충남><충북><경북>의 도 경계를 중심으로 나뉘어 나타나고 있다. 그런데 개신형인 'ㅅ'탈락형이 [정문연]에 오면서 남부 지역 깊숙이 침투해 있는 양상을 보이고 있어, 다른 용언 활용형 어휘인 '잇-어'보다 'ㅅ'탈락형의 영향을 많이 받고 있다. 즉, 'ㅅ'탈락형이 일부 지역이기는 하지만, <전북><전남><경남>지역에까지 타도와 접경 지역을 중심으로 나타나고 있는 것이다.

개신의 영향을 가장 많이 받은 지역이 <경기>와 <강원>에 맞닿은 <충북>이다. 이 지역은 [정문연] 자료에 오면서 남부 지역인 옥천과 영동을 제외한 전 지역에서 'ㅅ'탈락형으로 개신이 진행되었다. 또한 <충북>에 인접한 <충남>의 동부 지역인 천원, 연기, 대덕에도 개신형인 'ㅅ'탈락형이 나타나고 있다. <경북>에도 북부 지역(영풍, 봉화, 울진, 안동)을 중심으로 'ㅅ'탈락형이 나타나고 있어 비교적 '낫-아(서)'어휘는 개신의 진행속도(77→61%)가 빠르다고 하겠다. 이는 그만큼 사용 빈도수가 다른 어휘들에 비해서 높기 때문이라 하겠다.

용언 활용형 '쪼-아(서)'의 경우, 문헌 자료로는 '조ᅀᅡ, 조술, 조아' 등으로 나타나고 있다. [지도 73-1, 73-2]에서 보듯이, 방언 자료에는 'ㅅ : ø'의 대응관계를 보이면서 'ㅅ'유지형이 <충남>과 <경북>의 북부 지역에까지 나타나고 있다. <충북>은 [오구라] 자료에서부터 개신이 진행되어 남부 지역을 중심으로 'ㅅ'유지형이 나타나고 있다. '쪼-아(서)'의 경우에는 다른 용언 활용형인 '잇-어(서)'나 '낫-아(서)'의 경우보다 <충북>은 일찍부터 개신이 시작되었다.

중앙에서 시작된 'ㅅ'탈락형인 개신형의 진행 방향은 동남 지역을 향해 있음을 확인할 수 있다. <경북>지역에는 'ㅅ'유지형과 탈락형이 공존하는 모습을 보이고 있다. 이에 반해 <전북>과 <전남>을 중심으로 하는 서남 지역은 'ㅅ'유지형에 대해 강한 인식을 갖고 있으므로, 중앙어에서 시작된 'ㅅ'탈락형으로 개신이 진행되기보다 오히려 <충남>지역에서 형성된 '찍어'형의 영향을 받아 <전북>과 <전남>의 북부 지역에서는 '찍어'형과 함께 '쪼사'형이 공존하고 있는 것이다.

특히, 홍미로운 점은 '찍어'형이 [오구라] 자료에서는 <충남>을 중심으로 'ㅅ'유지형과 공존하며 나타났으나, 이 지역은 <경기>지역의 'ㅅ' 탈락형인 '쪼아'형으로 개신이 되면서 '찍어'형을 쓰지 않게 되었다. 그러나 주변 지역인 <경기>남부와 <전북>의 북부 지역에서는 '찍어'형을 주로 사용하고 있는 것이다. <전북>의 남부 지역을 건너뛰어 <전남>의 북부 지역에서 또다시 'ㅅ'유지형과 함께 '찍어'형이 나타나고 있다. 그러나 <전남>의 남부 지역에서는 '찍어'형이 보이지 않고 '쪼사'형만 나타나고 있다. 이렇듯, '찍어'형이 층을 이루며 건너 띄어 나타나는 현상은 앞서 논의한 '깊(으)다' 어휘의 둘째 음절이 '으~우'를 교차하며 층을 달리하여 나타나던 현상과 유사하다고 하겠다. 즉, <전남>의 남부와 북부, <전북>의 남부와 북부, <충남>과 <경기>의 남부와 북부 지역에 '찍어' 와 'ㅅ'탈락형과 'ㅅ'유지형이 층을 달리하며 나타나고 있는 것이다. 이러한 현상은 도내에서도 타 지역과 다른 자신들만의 지역색을 가지려는 현상이 반영된 것이라 하겠다.

북한 지역에서는 'ㅅ'탈락형인 '쪼아(서)'가 <황해><평남><평북>과 <평남>에 인접한 <함남>의 남부 지역을 중심으로 나타나고 있다. 반면에, 'ㅅ'유지형인 '쪼사(서)'가 <함북>과 <함남>의 북부 지역을 중심으로 나타나고 있다. 그 밖에 용언 활용형 환경에서 나타나는 어중 'ㅅ'유지형의 예로 '줍-어서'가 있다.34) 이 단어는 [오구라] 자료집에 조사된 지점이 많지 않아, 정확히 그 변화양상을 파악하기 어렵지만, [정문연] 자료를 살펴보면, <충북><충남><전북><전남><제주>를 중심으로 광범위하게 분포할 뿐만 아니라, <경기>의 연천, (가평), 옹진, 화성, 용인, 이천, 여주에까지 나타나고 있다. 이는 'ㅅ'유지형이 서울을 중심으로 원을 그리며 도 경계선 주변지역을 따라 분포되어 있는 모습이다. 즉, 서울을 중심으로 개신형인 'ㅅ'탈락형이 분포되어 있으나, 아직 <경기> 외곽 지역까지는 개신형이 침투하지 않음으로써, 여전히 보수형인 'ㅅ'유지형이 남아있다. 이는 '줍다'형으로 표준어형을 삼음으로써, 사용 빈도수가 낮은 '줏다'어형의 개신이 상대적으로 느리게 진행되었다고 해석해 볼 수 있다.

그런데 어중 'ㅅ'유지형은 남한의 동부 지역을 중심으로 나타나는 어중 'ㄱ'과 어중 'ㅂ'과 달리, 남한의 서부 지역을 중심으로 강한 세력을 형성하며 분포하는 양상을 보이고 있다. 이 점은 '주워라' 어휘에서도 극명히 나타나고 있다. [오구라] 자료에 보면, 'ㅅ'유지형이 <강원>의 고성(주어/주서), 춘성(주어/주서), 홍천(주어/주서), 평창(주어/주서) 등에 'ㅅ'탈락형과 공존해 나타나고 있다. <충북>에는 진천, 중원, 제원, 청원, 괴산, 영동 등

---

34) 오늘날 'ㅂ'불규칙동사로 보고 있지만, 'ㅂ'을 보존하는 방언은 볼 수 없고 모두 'ㅅ'을 유지하고 있다. 보수형에도 '주서'형으로 나타나고 있지 '줍다, 주버'형은 보이지 않는다. 김형규(1989a : 58)에서도 '줍다'의 원형을 '주순다'로 보고, 오늘날 와서 'ㅅ' 자리에 'ㅂ'이 쓰이게 된 것으로 보고 있다.

조사 지역 모두에서 'ㅅ'유지형만 나타나고 있다. <충남>은 대부분 지역이 조사되지 않았지만, 대덕에 '주서'형이 나타나고 있다. <전북> 역시 조사지점 모두에서 'ㅅ'유지형만 나타나고 있다. 그러나 <경북>에는 조사지점 모두에서 'ㅅ'유지형은 보이지 않는다.

이러한 분포는 [정문연] 자료에 와서 다소 변하는 모습을 보이고 있다. 서부 지역인 <충북><충남><전북>은 'ㅅ'유지형이 [정문연] 자료에도 그대로 유지되고 있으나, 'ㅅ'탈락형과 유지형이 공존하며 나타나던 동부 지역인 <강원>은 모두 'ㅅ'탈락형으로 개신이 진행되어 [정문연] 자료에 'ㅅ'유지형이 전혀 나타나지 않고 있다. 이로써, 언중들의 인식 속에도 'ㅅ'유지형은 서부 지역을 중심으로 강한 세력을 형성하며 분포되어 있음을 확인할 수 있다.

이상의 어휘 외에도 용언 활용 환경에서 'ㅅ : ø' 대립을 보이는 어휘에 [정문연] 자료에 조사된 '빻-, 줍-' 등이 있다. 이들 용언 활용 환경에 나타나는 어휘들의 'ㅅ'유지형은 'ㄱ'자형의 등어선을 보이며, 서남 지역에 'ㅅ'형이 집중되어 있는 모양새를 보이고 있다. 즉, '빻-'는 <충남>에서 <경남> 중남부 지역을 잇는 'ㄱ'자형을, '줍-'은 <경기>남부 지역에서 <전남> 남부 지역을 잇는 'ㄱ'자형을 보이고 있어, 'ㅅ'유지형은 서남 지역이 핵방언 지역이라 할 만하다(김경숙, 1997 : 103).

③ 파생어 및 합성어 환경

위 (3)의 어휘를 대상으로 'ㅅ : ø' 변화의 지리적 분포와 변화 추이를 비교한 결과를 정리하면 [표 18-3]과 같다. 아래 표의 방언형은 'ㅅ'유지형을 중심으로 나타내었다.

[표 18-3] 'ㅿ[z]' 변화의 지리적 분포와 변화 추이(파생어, 합성어의 경우)

음운환경	형태소층위	표준어(15C표기)	문헌자료	[오구라] 자료			[정문연] 자료			자료 간 변화 차이
				방언형	도별 출현지점수/도별 총 조사지점수	전체출현빈도수와 빈도율(%)	방언형	도별 출현지점수/도별 총 조사지점수	전체출현빈도수와 빈도율(%)	
유성음 사이	파생어	가위 (ᄀᅀᅢ)	가ᅀᅢ 가ᅀᅵ ᄀᅀᅢ 가외 가위	가새 가시개 까새 ᄀ새	경기 2/3 강원 11/11 충북 8/8 (ㅅ/ø : 공존 2) 충남 13/13 (ㅅ/ø : 공존 1) 전북 10/10 전남 19/19 (ㅅ/ø : 공존 1) 경북 15/15 (ㅅ/ø : 공존 3) 경남 14/14 제주 2/2	94/95 (99)	가(:)새 까새 ᄀ새 가시개 가새개	경기 13/18 (ㅅ/ø : 공존 8) 강원 10/15 충북 9/10 (ㅅ/ø : 공존 8) 충남 15/15 (ㅅ/ø : 공존 6) 전북 12/13 전남 22/22 (ㅅ/ø : 공존 1) 경북 21/23 (ㅅ/ø : 공존 5) 경남 18/19 제주 2/2	122/137 (89)	- 10
		냉이 (나ᅀᅵ)	나ᅀᅵ 나히 낭이 나이 낭히 나시 냉이	나생이 나상이 나싱이 난생이 나승개 나승개 나싱개 나신개 나신갱 나상구 나수랭이 나시랭이 나시갱이 낙신갱이 내사니 나시 난시	경기 0/3 강원 11/11 충북 8/8 충남 11/11 전북 10/10 전남 17/17 경북 15/15 경남 12/12 제주 2/2	86/89 (97))	나(:)생이 나싱이 나새이 나승개 나승개(게) 나상개 나싱개(게) 나쓩게 아승개 나상구 나생구 나승갱이 나승갱이 나시랭이 나시 나새 난시	경기 7/18 강원 11/15 (ㅅ/ø : 공존 1) 충북 10/10 충남 15/15 전북 13/13 전남 21/22 경북 22/23 (ㅅ/ø : 공존 6) 경남 16/19 제주 2/2	117/137 (85)	- 12
	합성어	김매다	기ᅀᅮᆷ매다 기ᅀᅮᆷ미다 김매다	지심맨다 지슴맨다 지섬맨다	경기 0/3 강원 1/10 (ㅅ/ø : 공존 1)	63/89 (71)	지심맨다 지심민다 지슴맨다	경기 0/18 강원 3/15 충북 8/10	92/137 (67)	- 4

			충북 0/8 충남 10/12 (ㅅ/ø : 공존 1) 전북 10/10 전남 18/18 경북 11/12 경남 13/14 제주 ×/2		기심맨다 기슴맨다	(ㅅ/ø : 공존 5) 충남 12/15 (ㅅ/ø : 공존 4) 전북 13/13 (ㅅ/ø : 공존 1) 전남 22/22 경북 20/23 경남 14/19 제주 ×/2	
김믜다	기심맨다						
			평균 출현 빈도율 및 변화율 [89→80 % (– 9 %)]				

파생어 및 합성어 환경에 있어서는, <경기>와 <강원>지역에까지 'ㅅ' 유지형이 광범위하게 분포하는 모습을 보이고 있다. 이는 형태음소론적 층위에 따라 개신의 진행 속도가 다르기 때문이다. 합성어나 파생어 환경에서는 두 자료 간 변화 차이가 뚜렷하지 않고 거의 비슷하다. 즉, 100여 년을 사이에 두고도 큰 변화가 없다는 뜻이다. 이러한 특징을 개별 어휘들을 중심으로 구체적으로 논의해 보기로 한다.

파생어 '가위'의 경우, 최초의 형태는 15세기의 'ᄀᆞᅀᅢ'이다. 동사 'ᄀᆞᇫ-' 뒤에 파생접사 '-개'가 결합한 후에 'ㅿ' 뒤에서 'ㄱ'이 'ㅇ'으로 약화된 결과로 나온 형태라고 보는 것이 일반적 해석이다. 방언 자료에서는 'ㅅ' 유지형이 나타나고 있어, 'ㅅ' 유무에 따라 크게 두 계열로 나뉜다. 앞서 2장에서 언급한 [지도 1-1, 1-2]에 보듯이, 전체적인 흐름으로 볼 때, 두 자료집 간 변화율의 차이(99 → 89%)는 어휘 내부나 용언 활용 환경의 어휘보다 상대적으로 크지 않다. 'ㅅ'유지형이 남한 지역 전역에서 나타나며, 탈락형은 <경기><충북><충남><경북>의 극히 일부 지역에서 산발적으로 나타나고 있는 정도이며 그 또한 'ㅅ'유지형과 공존하는 양상을 보이고 있다. 중부 및 서부 지역에는 주로 '가새'형이, <경북>과 <경남> 등 남동부 지역에는 주로 '가시개'형이 분포되어 있다.

한편, 북한 지역에서는 <황해><평남><평북>(<함북>에 인접한 후창에 '가새'형이 '강애'형과 공존하고 있다.)을 제외한 <함북><함남> 전 지역에서 '가새'형만 나타나고 있다. 오늘날 표준어로 삼고 있는 'ㅅ'탈락형인 '가위'형은 <황해>에 대부분 분포되어 있다. '가위'형이 '가우'형과 함께(간혹 '가웨'도 보임) 공존하는 모습을 보이고 있어, <황해>는 'ㅅ'탈락형인 '가위'의 진원지라 하겠다. <평남>은 'ㅅ'탈락형인 '가우/가웨/강우/강애'형으로 나타나고 있다. <평북>은 '강애(에)'형이 주로 나타나면서 '강아'형(구성, 용천)도 간혹 보이고 있다.

요컨대, '가위' 어휘는 'ㅅ'유지형인 '가새' 또는 '가시개'형이 남한 전 지역에서 강한 세력을 형성하며 두 자료집에서 큰 변화 없이 나타나고 있다. <황해>지역을 중심으로 시작된 개신형인 'ㅅ'탈락형 '가위'형이 남한으로는 <경기><충북>지역에까지는 어느 정도 영향을 미치면서 남부 지역으로 개신이 진행되어 갔지만, 남한의 일부 지역에 산발적으로 나타날 뿐, 전반적으로는 강한 세력을 형성하지 못하고 있다.

파생어 '냉이'의 경우, 국어사 자료에 나타나는 최초 형태는 15세기의 '나싀'이다. 17세기 이후 'ㅅ'탈락형(나이, 낭이, 나히, 낭히)과 'ㅅ'유지형(나시)도 보이고 있다. 문헌에는 방언에 많이 보이는 파생어 형태가 보이지 않고 있다. 이는 보수형인 어중 'ㅅ'유지형이 파생어 형태에는 화석형으로 굳어져 있기에, 이를 기록하는 입장에서는 파생어형을 방언형으로 판단하고 문헌에 기록하지 않았을 가능성으로 해석해 볼 수도 있다.

방언 자료에서도 'ㅅ'유지형이 나타나고 있어, 'ㅅ' 유무에 따라 크게 두 계열로 나뉜다. '나시'를 보수형으로 하여 여기에 'ㅿ'이 탈락하고 동시에 'ㅇ'음이 개입된 형('냉이' 계열)과 접미사 '-앵이' 또는 '-개' 등이 개입하여 파생된 형태('나생이' 또는 '나싱개' 계열)가 대부분이다. 앞서 2장에서 언급한 [지도 11-1, 11-2]에서 보듯이 '냉이'는 두 자료집 모두에서

'ㅅ'유지형이 <경기>남부 지역을 포함하여 남한 전역에 나타나고 있다. 즉, 'ㅅ'유지형이 <경기>의 동남부 지역과 <강원>의 중부 지역을 잇는 경사가 완만한 사선형(/)의 이남 지역에까지 등어선이 올라가 있다. 자료 간 변화 차이(97 → 85%)에서도 어휘 내부나 용언 활용 환경에서보다 큰 차이가 없다.

이상, 남한 지역에 나타나는 특이한 점은 파생어 형태가 거의 대부분 지역에서 나타나고 있다는 것이다.[35] 단일어 형태인 '나시'형은 서부 지역에는 주로 섬 지역을 중심으로 분포되어 있는 특성을 보이고 있다. <경기>의 옹진 <전남>의 신안, 진도, 해남, 완도 <제주>의 전 지역(난시)에서만 단일어 형태인 '나시'형이 나타날 뿐, 대부분 지역에서는 파생어 형태로 존재하고 있다. 동부 지역인 <경북>과 <경남>에는 단일어 형태인 '나시'형이 파생어 형태와 공존하여 일부 나타나고 있긴 하지만, 대부분 지역에서는 파생어 형태로 나타나고 있다. 이는 단일어 형태는 개신이 빨리 진행되어 일부 섬지역을 중심으로 남아 있고, 'ㅅ'유지형이 화석형으로 남아 있는 파생어 형태는 개신이 느리므로, 대부분 지역에 오늘날까지 언중들 의식 속에 잔존하여 있는 것이다.

다만 파생어의 형태가 지역마다 다소 차이가 있다. <충북>은 주로 '나생이' 형태가 나타나지만, <충남>에 인접한 보은, 옥천, 영동은 '나싱개' 형태가 나타나고 있다. <충남><전북><전남>은 '나싱개' 계열의 형태가 대부분 나타나고 있다. 이에 비해, <경북>은 '나생이'형이 주로 나타

---

35) 한편, 북한 지역에서는 <함남>과 <함북>에만 'ㅅ'유지형이 나타나고 있다. <함남>은 20개 전체 조사 대상 지점 중 16개 조사지점 모두에서 '나시'형이 나타났다. <함북> 역시 전체 15개 조사 대상 지점 중, 조사된 7개 지점 모두에서 '나시'형이 나타났다. <황해>에는 '애이/앵이/냉이'가, <평남>과 <평북>에는 '냉이' 형태가 나타나고 있다. 요컨대, '냉이' 어휘는 남한에서는 주로 파생어 형태로, 북한에서는 단일어 형태로 나타나고 있다.

나며, <경남>은 다양한 형태의 변이형들이 나타나고 있다. 즉, '나시/나시갱이/나시랭이/나생이/나상이/나숭개/나상구/신냉이/항가꾸' 등 다른 도에서 나타나고 있는 변이형들을 비롯하여 이 지역에만 보이는 독특한 형태들이 나타나고 있다.

그 밖에 15세기에 '브스름'으로 나타나는 파생어 '부스럼'도 보인다. 문헌에도 '브스름'을 포함하여 '브으름, 부으름, 부름' 등 'ㅅ' 유무에 따라 달리 나타나고 있다. 그러나 [오구라]와 [정문연] 자료집을 살펴보면, <경기>전역을 비롯하여 남한의 전 지역에 'ㅅ'유지형인 '부스름/부시럼'형이 나타나고 있으므로, 'ㅅ'유지형을 남부 지역 방언으로 한정지어 말하기에는 무리가 많다. 'ㅅ'탈락형으로 개신이 진행되기 전 이미 <경기>를 비롯한 중부 지역에도 'ㅅ'유지형은 존재해 있었기 때문이다.

합성어 '김매다'의 경우, 문헌에 보이는 형태는 16세기에 '기슴미다'형으로 처음 나타나기 시작하여 이후 '기음미다, 김매다'형으로 나타났다. 방언 자료에서는 'ㅅ'유지형이 보이고 있어, 'ㅅ' 유무에 따라 크게 두 계열로 나뉜다. [지도 74-1, 74-2]에서 보듯이, 'ㅅ'유지형은 대체적으로 <경기>와 <강원>의 남쪽 경계선을 잇는 수평형(─)의 등어선을 보이며 그 이남 지역에 주로 분포하고 있다. 다만 이들의 접경 지역에서는 변화를 감지할 수 있다. <충남>은 <경기>의 영향으로 'ㅅ'탈락형으로 개신이 다소 된 듯하지만, <충북>과 <강원>은 오히려 'ㅅ'유지형으로 다소 변화하는 추세를 보이고 있어 대조적이다. 그리하여 [오구라] 자료보다 [정문연] 자료에 와서 등어선이 다소 위쪽으로 올라간 듯한 모습을 보이고 있으며 두 자료 간 변화 차이(71 → 67%)도 크지 않다. 한편, 북한 지역에서는 <함남>과 <함북>을 중심으로 'ㅅ'유지형이 나타나고 있다.[36]

36) <황해>에는 전체 조사지점인 12개 조사지점 모두에서 '김맨다'형만 나타나고 있어 'ㅅ'탈락형의 핵방언 지역이라 하겠다. <평남>과 <평북>에도 조사지점 모두에서 'ㅅ'

요컨대, 합성어 환경인 '김매다'에서는 'ㅅ'유지형이 남한에서는 <경기>를 제외한 <충남>에서 <강원>남부 지역에 이르는 그 이남 지역에까지 광범위하게 분포되어 있고, 북한에서는 <함북>을 중심으로 <함남>의 북부 지역에 나타나고 있다.

이 밖에 합성어 환경에서 나타나는 어휘로는 '아우타다', '마을가다' 등이 있다. 이들 어휘들은 [오구라] 자료에서는 조사되지 않아 [정문연] 자료만 살펴보면, 앞서 언급한 2장의 [지도 10-3]에서 보듯이, 'ㅅ'유지형 '마실간다'형이 <경기>와 <강원>지역에까지 광범위하게 분포되어 있음을 확인할 수 있다. 즉, '마실가다'형이 <충북><충남><전북><전남><경북><경남><제주>의 전 지역은 물론, <경기>의 남부 지역인 옹진, 화성, 용인, 이천, 평택, 안성과 <강원>의 남부 지역인 횡성, 평창, 명주, 원성, 영월, 정선, 삼척에 이르는 이남 지역에까지 광범위하게 분포되어 있다. 이 지역 내에서는 개신형의 침투도 활발하지 못해 거의 보수형 '마실간다'형만 나타나고 있다.

'아우보다' 역시 2장의 [지도 9-3]에서 보듯이 'ㅅ'유지형인 '아시타다' 계열이 <경기>남부 지역(이천, 안성)에서 <강원>의 전 지역에 이르기까지 남한의 대부분 지역에 광범위하게 분포되어 있다. 이에 반해, 어휘 내부

탈락형만 나타나고 있다. 단지 <평남>은 전체 17개 조사 대상 지점 중 중화, 평양, 순천, 숙천, 안주 등 5개 지점만 조사되어 정확한 분포를 알 수는 없지만, 이들 지역 모두에서 '김맨다'형만 나타났으며, <평북> 역시 전체 20개 조사 대상 지점 중 박천, 영변, 희천, 구성, 정주, 선천, 용천, 의주, 강계, 자성, 후창 등 11개 지점이 조사되었는데, 이들 중 후창을 제외하고는 모두 '김맨다'형만 나타났다. 후창에는 '기심맨다/김맨다'가 나타나 'ㅅ'유지형이 탈락형과 공존하는 양상을 보여 <함북>의 영향으로 볼 수 있겠다. 그러나 <함남>은 17개 전체 조사 대상 지점 중 신고산, 안변, 덕원, 문천, 고원, 영흥 등 남부 지역에서는 '짐:맨다'형만, 나머지 북부 지역 11개 지점에서는 '지슴맨다'형만 나타나고 있어, 'ㅅ'유지형이 'ㅅ'탈락형보다 전반적으로 우세하게 분포되어 있다. <함북>은 전체 13개 조사지점 모두에서 'ㅅ'유지형인 '지슴맨다/기슴맨다'형만 나타나고 있어 'ㅅ'유지형이 절대적으로 우세하다.

형태인 '아우'는 전국적으로 개신이 이루어져 '아우'형만 나타나고 고형인 '아시'형은 나타나지 않고 있다. 합성어 환경에서의 개신이 어휘 내부 환경에서의 개신보다 느리게 진행되고 있음을 반증하는 좋은 예라 하겠다.

이상 중세국어에 'ㅿ'으로 나타나던 어휘들에 대한 논의를 종합적으로 정리하면 다음과 같은 결론을 도출할 수 있다.

첫째, [오구라]와 [정문연] 두 자료집 모두에서 약간의 지역적 분포의 차이는 있지만, 고대국어에서부터 일관되게 존재했던 'ㅅ'유지형과 탈락형이 오늘에 이르고 있음을 확인할 수 있었다. 'ㅅ'유지형은 한반도 전체에서 'ㅅ'의 진원지인 <전라도>를 중심으로 하여 북으로는 <충청도><경기도>에 이르고, 동으로는 <경상도><강원도>를 거쳐 <함경도>지역에 이르는, 한반도의 서북부 지역을 제외한 전 지역에 분포하는 경향을 보이고 있다. 반면에, 'ㅅ'탈락형은 <평안도>에서 시작하여 <황해도><경기도>의 일부 지역에 이르는 한반도의 서북부 지역에만 제한적으로 나타나고 있다.

둘째, 'ㅅ : ø' 대응관계는 'ㅂ : ø' 대응관계와는 다소 다른 분포를 보이고 있다. 'ㅂ : ø'대응관계의 경우는 'ㅂ'의 진원지가 중앙어와 떨어져 있는 <경상도>지역이라, 현대국어에 와서 'ㅂ'유지형에 대한 방언적 인식이 강해 개신도 빠르게 진행되어 파생어나 합성어의 경우를 제외하고는 대부분 어휘들이 <경상도>지역을 중심으로 'ㅂ'형이 잔존해 있다. 심지어 파생어나 합성어의 경우에도 서부 지역에서는 'ㅂ'유지형이 거의 보이지 않고 있어 'ㅂ : ø'대응관계의 경우는 확실히 동서 구분이 뚜렷이 나타나고 있다. 반면에, 'ㅅ : ø'대응관계의 경우는 <전라도>지역이 'ㅅ'유지형의 진원지가 되므로, 용언 활용이나 어휘 내부 환경에서 'ㅂ'유지형보다 광범위한 지역에서 'ㅅ'유지형이 나타나고 있다. 예컨대, 용언활용 환경에서 'ㅂ'유지형의 경우는, 어휘마다 약간의 차이는 있지만 대부분의 어휘에서 <경상도>를 경계로 'ㅂ'유지형과 탈락형이 구분된다. 반면에, 'ㅅ'유지형은 <경기도>와 <강원도>의 이남 지역까지 등어선이 올라가 <충남>과 <경북>을 잇는 지역을 경계로 하여 그 이남 지역 대부분에서 나타나고 있다. 즉, 동서 구분이 아닌 남북으로 구분 짓는 등어선(—형)을 보이고 있다. 파생어나 합성어 환경에서도 'ㅂ'유지형보다 더 넓은 분포 지역을 보이고 있다.

셋째, <평남>과 <황해>지역(고려어)에서 시작된 개신형인 탈락형(ø)의 개신 방향은 서부 지역으로 향해 있는 'ㅂ'탈락형과 달리 동부 지역으로 다소 치우쳐 있는 모습을 보이고 있다. 개신의 진행이 빠른 어휘 내부 환경에서 살피면 'ㅅ'유지형은 <전남>지역이, 'ㅂ'유지형은 <경북>과 <경남>지역이 최후방어선이 되고 있는 형국이다. 물론 'ㅅ'유지형이 대부분 <전남>을 중심으로 분포하되, <경북>지역에도 일부 보이고는 있다. 이는 'ㅂ'유지형이 <전남>을 비롯하여 서부 지역에는 전혀 보이지 않는 점과 대조적이다. 결국 개신형 'ㅂ'탈락형이나 'ㅅ'탈락형의 진원지인 <평안도>와 <황해도>를 잇는 서북 지역은 옛 고려 지역으로서 조선을 거쳐 현대에 이르기까지 강력한 중앙어로서의 세력을 획득하면서, 백제를 중심으로 형성된 'ㅅ'유지형과 신라를 중심으로 형성된 'ㅂ'유지형을 밀어내면서 차츰 세력을 확장해 나가고 있는 형국을 보이고 있는 것이다.

넷째, 형태음소론적 층위에 따라 'ㅅ'유지형의 분포는 확연히 구별되어 나타나고 있다. 특히, 합성어나 파생어 환경에서는 <경기>와 <강원>지역에까지 'ㅅ'유지형이 광범위하게 분포하는 모습을 보이고 있다. 이는 형태음소론적 층위에 따라 개신의 진행속도가 다르기 때문이다. 합성어나 파생어 환경에서는 두 자료 간 차이가 뚜렷하지 않고 거의 비슷하다. 즉, 100여 년을 사이에 두고도 큰 변화가 없다는 뜻이다. 그러나 어휘 내부 환경에서는 두 자료 사이에서도 변화되는 모습이 뚜렷이 확인되고 있다. [오구라] 자료에서 보이던 'ㅅ'유지형의 등어선이 [정문연] 자료에 오면서 훨씬 남쪽으로 이동되거나 분포 범위도 축소되는 모습을 보이고 있다. 그러나 어휘 내부 환경이지만 일상생활 용어가 아닌 사용 빈도수가 상대적으로 낮은 어휘[37]나 파생어 및 합성어 환경에서는 보수형이 화석화된 형태로 남아 있기 때문에 변화가 심하지 않아, 두 자료집 간에도 차이점이 두드러지게 나타나지 않는다는 것이다. 따라서 음운체계를 재구하는데 상당히 유효한 어휘로 이들 어휘를 살피는 것이 필요할 것이다.

④ 'ㅅ : ø'의 방언 구획

'ㅅ'유무에 따른 방언 분화형의 방언 구획을 카토그램으로 나타내면 다음과 같다. 어휘마다 다소의 차이는 있지만, 형태음소론적 층위에 따라 등어선이 그어지는 위치를 달리하며 유형화되어 나타나고 있다. 'ㅅ : ø' 대응관계 역시 형태음소론적 층위에 따른 분포의 차이가 드러나고 있다.

---

37) 오구라 신페이도 1841년 小田菅作(당시 한국어 통역관)의 '象胥紀聞拾遺' 중 한국 방언 '무'를 서술한 항목에서 <경남>의 일부 지역에서 '무'를 '무시'라고 말한 기사를 인용하고 있다. 이는 그 당시에도 약 100년 전 방언에서 'ㅅ'이 나타났음을 시사하고 있다. [오구라] 자료에서 또 거의 100여 년 가까운 세월이 흘러 조사된 [정문연] 자료에서도 여전히 'ㅅ'이 광범위하게 존재하고 있을 뿐 아니라, 그 분포의 차이도 거의 없다. '무우'는 개신의 진행이 빠른 어휘 내부 환경이면서도 [정문연] 자료에서조차 <충남><충북>을 비롯하여 <강원>의 남부 지역까지 'ㅅ'유지형의 등어선이 올라가 있다. 심지어 <경기>의 평택에도 '무수'형이 보이고 있다.

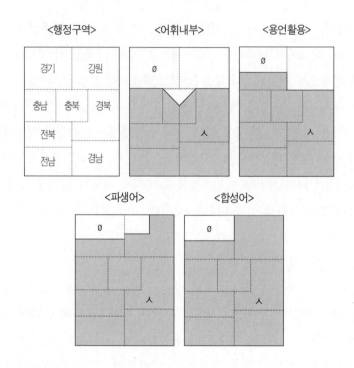

5.2. 기타 자음의 대응관계

본 절에서는 선행 연구들의 고대국어 자음체계 재구에서 의견의 일치를 보지 못한 또 다른 문제인 15세기 후음 계열(ㅇ, ㆆ, ㅎ, ㆅ) 중 'ㅎ'의 고대국어 단계에서의 존재 여부와 관련하여 논의해 보고자 한다. 치조음 'ㄷ, ㅌ', 연구개음 'ㄱ, ㅋ', 후음 'ㅎ'이 단모음 'i'나 반모음 'j' 앞에서 'ㅈ,ㅊ,ㅅ'로 나타나는 현상이 여러 문헌이나 방언 자료에 보이고 있다. 여기에 근거하여 국어사에서의 일반적인 입장은 'ㅎ : ㅅ'의 대응 현상을 'ㄷ : ㅈ'과, 'ㄱ : ㅈ'의 대응 현상과 동일하게 구개음화로 단정 짓고 있다. 이에 본 장에서는 'ㅎ'계열을 'ㄱ'계열의 방언적 분포와 대비함으로써, 'ㅎ : ㅅ'의 교체현상과 'ㄱ : ㅈ'의 교체현상이 지리적 분포와 변화 추이에 있어서 어떤 기제로 움직이는지를 고찰해 보고자 한다.

1) 'ㅎ'의 변화

15세기 국어의 자음체계에서 후음 계열에 'ㅇ, ㆆ, ㅎ, ㆅ'의 4종류가 있다. 이 중 음소의 자격을 갖는 데 논란의 여지가 없는 음소인 'ㅎ[h]'이 고대국어에서도 존재하였는가에 대해서 많은 학자들 사이에 논란이 되고 있다.

첫째, 'ㅎ'을 인정하는 견해 : 박병채(1971), 장세경(1990), 박동규(1995)
둘째, 'ㅎ'을 인정하지 않는 견해 : 이기문(1972), 조규태(1986), 유창균(1991), 김동소(1995, 2007), 이승재(2013)

박병채(1971)는 국어 한자음의 반영에서 曉母, 匣母의 'ㅎ' 반영뿐 아니라, 향가나 고대지명 표기에서도 유기음 'ㅎ'의 존재는 확고한 것이며, 고대국어 자음체계에서 'ㅎ'음소는 유기음 발달과도 관련되는 중요한 의의를 갖는 것으로 보고 있다.

반면에, 김동소(2007)은 『삼국사기』와 『삼국유사』 등의 인명, 지명, 관명 표기에 나타나는 'ㅎ'과 'ㄱ'의 혼기 자료38)를 근거로, 또 한편으로는 중세국어에서 'ㅎ' 어두음을 갖는 상당수 어휘가 'ㅅ'에서 변화된 것을 근거로 11세기까지 'ㅎ'의 존재를 부정하고 있다. 이는 이기문(1972)에서도 국어와 알타이조어의 자음 간의 대응관계를 말하면서 대부분 'i'에 선행한 's'에 소급하는 것으로 생각하여 'ㅎ'을 제외시켰다. 결국 중세국어

---

38) 전통 한자음으로 'ㄱ'을 가지는 '干, 骨, 恭, 乞, 驚, 甘'자와 'ㅎ'음을 가지는 '翰, 邯, 忽, 洪, 訖, 荊, 咸'자가 혼기된 예가 많다는 사실로 이 글자들의 음이 동일했음을 주장하는 것이다.

'ㅎ'은 고대국어의 '*k' 또는 '*s'에서 발달한 것이며, 고대국어 단계에서는 'ㅎ'음소가 존재하지 않았다는 것이다.

그러나 학계의 일반적인 견해는 '*s'로부터 발달한 예로 제시한 'ㅎ'과 방언형의 'ㅅ'의 대응을 'ㅎ'구개음화로 보고 논의를 전개하고 있다. 그렇다면 'ㅎ'구개음화는 언제 발생하였는가라는 의문이 생긴다. 'ㅎ'구개음화의 가장 이른 문헌 자료의 예는 송광사본 사법어(四法語)(1577)에 나타나는 '兄셩弟뎨'(안병희, 1972 : 99)이며, 중앙어에서 간행된 문헌으로는 첩해신어(1676)의 심심ㅎ매(이명규, 1974 : 83)과 '슈지(휴지)'에서 'ㅎ'구개음화가 발견되고 있다고 보고 있다.39) 특히, 백두현(1992a)는 'ㅎ'구개음화의 예가 18세기 문헌에 많이 나타남으로써, 이 현상은 18세기 초에 완성되었고, 또한 18세기 초부터 'ㅎ'구개음화에 대한 과도교정도 나타나고 있어, 이 변화가 당시 화자들에게 뚜렷하게 인식된 변화로 해석하고 있다. 특히, 20세기 문헌에 'ㅎ'구개음화가 드문 이유로 'ㅎ'구개음화형이 방언적 특징이라는 인식을 당시 유학자들이 갖고 있었기 때문으로 보고 있다.

이상의 논의는 'ㅎ'의 존재에 대해 상이한 입장 차이를 보이는 것이다. 'ㅅ>ㅎ'으로의 변화인가, 아니면 구개음화 현상으로 인한 'ㅎ>ㅅ'으로의 변화인가. 즉, 고어형을 'ㅅ'으로 보아야 할 것인지 'ㅎ'으로 보아야 할 것인지 문제가 생긴다. 그렇다면 방언 자료에는 어떠한 양상으로 'ㅎ'과 'ㅅ'이 분포하며 그 변화 추이는 어떠한지를 살펴볼 필요가 있겠다. [오구라]와 [정문연] 자료에서 공통으로 조사된 어휘를 정리하면 다음 (1)과 같다.

---

39) 백두현(1992a : 344)에서 인용. 그러나 'ㅅ'을 'ㅎ'의 구개음화로 해석하면 '심심하다'의 경우에도 문제가 존재하게 된다. '심심하다'에 대한 최초의 어형이 16세기 자료인 <順天金氏墓出土簡札>에 나오는 '심심ㅎ다'이다. 이를 '힘힘하다'의 구개음화된 변화형으로 본다면, '힘힘ㅎ다'가 17세기 문헌(1657, 어록초)에 처음으로 등장하기 때문인 것이다.

(1) 힘>심(力), 혀>서(舌), 효자>쇼자/소자(孝子), 흉년>슝연/슝년/숭년(凶
   年), 힘줄>심줄, 형님>성님, 흉>숭

위 (1) 어휘의 지리적 분포와 변화 추이를 비교한 결과 'ㅅ'형과 'ㅎ'형
이 지리적 분포를 달리 하여 나타나고 있다. 전체 조사지점 대비 출현 빈
도수와 변화 차이를 분석한 결과를 정리하면 [표 19]와 같다. 아래 표의
방언형은 'ㅅ'유지형을 중심으로 정리하였다.

[표 19] 'ㅎ' 변화의 지리적 분포와 변화 추이

음운 환경	형태소 층위	표준어 (15C 표기)	문헌 자료	[오구라] 자료			[정문연] 자료			자료 간 변화 차이
				방언형	도별 출현지점수/도별 총 조사지점수	전체출현 빈도수와 빈도율(%)	방언형	도별 출현지점수/도별 총 조사지점수	전체출현 빈도수와 빈도율(%)	
i 또는 j 모음 앞	어휘내부 (or 합성어)	혀 (혀)	혀 서 혜 혜 셔	서(바다) 새 세(바다) 쎄 쎄 시 씨(바다) 쇠 쉐	경기 3/3 (ㅅ/ㅎ : 공존1) 강원 12/12 (ㅅ/ㅎ : 공존1) 충북 8/8 (ㅅ/ㅎ : 공존2) 충남 13/13 전북 10/10 전남 19/19 경북 15/16 (ㅅ/ㅎ : 공존2) 경남 13/13 제주 2/2	95/96 (99)	서(빠닥) 섭빠닥 새빠닥 세(빠닥) 세(:) 쇠(빠닥) 쉬 시 써(빠닥) 쌔빠닥 쎄(빠닥) 쎄(빠닥) 쐬빠닥 씨	경기 18/18 (ㅅ/ㅎ : 공존3) 강원 13/15 (ㅅ/ㅎ : 공존2) 충북 10/10 (ㅅ/ㅎ : 공존1) 충남 15/15 (ㅅ/ㅎ : 공존2) 전북 13/13 전남 22/22 경북 20/23 (ㅅ/ㅎ : 공존9) 경남 15/19 제주 2/2	128/137 (93)	- 6
	어휘내부	형	성	성	경기 1/1 강원 7/7 충북 2/2 충남 × 전북 × 전남 × 경북 10/14 (ㅅ/ㅎ : 공존4) 경남 3/6	23/30 (77)	성	경기 7/18 (ㅅ/ㅎ : 공존7) 강원 5/15 (ㅅ/ㅎ : 공존4) 충북 6/10 (ㅅ/ㅎ : 공존6) 충남 9/15 (ㅅ/ø : 공존2) 전북 12/13	78/137 (57)	- 20

				(ㅅ/ㅎ : 공존1) 제주 ×		(ㅅ/ㅎ : 공존3) 전남 22/22 경북 12/23 (ㅅ/ㅎ : 공존8) 경남 3/19 제주 2/2		
	힘	심		경기 1/3 (ㅅ/ㅎ : 공존1) 강원 12/12 (ㅅ/ㅎ : 공존1) 충북 8/8 (ㅅ/ㅎ : 공존5) 충남 12/12 (ㅅ/ㅎ : 공존5) 전북 11/11 전남 19/19 경북 15/16 (ㅅ/ㅎ : 공존3) 경남 14/14 (ㅅ/ㅎ : 공존1) 제주 1/2	93/97 (96)	미조사됨		
	효자		소자	경기 × 강원 0/8 충북 × 충남 1/1 전북 0/9 전남 0/16 경북 0/8 경남 0/15 제주 ×	1/57 (2)	소자	경기 0/18 강원 3/15 (ㅅ/ㅎ : 공존3) 충북 1/10 (ㅅ/ㅎ : 공존1) 충남 1/15 (ㅅ/ㅎ : 공존1) 전북 4/13 (ㅅ/ㅎ : 공존4) 전남 16/22 (ㅅ/ㅎ : 공존6) 경북 3/23 (ㅅ/ㅎ : 공존2) 경남 0/19 제주 2/2 (ㅅ/ㅎ : 공존2)	30/137 (22)	+ 20
용 언	헤아리다 (헤아리다)	헤아리다 헤아리다	'ㅅ'형 세아리다	경기 0/1 강원 4/11	50/59 (85)	미조사됨		

활용	혀아리다 헤아르다	(ㅅ/ㅎ:공존1) 충북 7/8 (ㅅ/ㅎ:공존1) 충남 4/4 전북 5/5 전남 × 경북 17/17 (ㅅ/ㅎ:공존4) 경남 13/13 제주 ×				

'혀'의 경우, 문헌 자료에 나타나는 최초 형태인 '혀'는 15세기 이후로 오늘날까지 형태의 변화 없이 이어지고 있으나, '혜, 헤, 셔, 서' 등의 형태로도 나타나고 있다. 특히, '셔, 서'형은 19~20세기에 나타난 'ㅎ'구개음화와 관련된 방언형의 반영으로 해석하는 경우가 국어사 해석에서 일반적이다. 방언 자료에서도 'ㅎ' 또는 'ㅅ'형이 나타나고 있어, 'ㅎ : ㅅ' 교체에 따라 크게 두 계열로 나뉜다.

2장의 [지도 2-1, 2-2]에서 보듯이, 두 자료집 모두 'ㅅ'형이 남한 대부분 지역에 광범위하게 나타나고 있어, '세, 세빠닥' 형태가 절대적으로 우세하다. 자료 간 변화 차이(99→93%)도 크지 않다. 다만, 'ㅎ'형이 동부 지역에 치우쳐 나타나며, <전북><전남>지역에는 전혀 나타나지 않고 있다. [오구라] 자료보다 [정문연] 자료에 와서 'ㅎ'으로의 개신이 <강원>과 <경북><경남>에 이르는 동부 지역에 길게 띠를 형성하며 나타나고 있다. 특히, [정문연] 자료에 'ㅎ'형은 합성어의 경우에는, 남한 전체 조사지점에서 <경기>의 용인(헤빠닥), <충남>의 보령(혀빠닥) 등 2곳에만 나타나고, 그 밖의 지역에서는 모두 합성어의 경우는 대부분 '세+바닥'형으로 나타났다. 어휘 내부의 경우에는, 남한 전체 137개 조사지점 중 24개 지점에서만 '혀, 헤' 형태로 나타났다. 이처럼 어휘 내부 환경에서보다 합성어 환경인 경우, 변화(혀)를 거부하고 보수형태(세)를 유지하고자 하는 경향이 강하기 때문에, '세'형이 훨씬 고형이라 하겠다. 이를 보다 구체적으로 살펴보면 다음과 같다.

<경기>는 [오구라] 자료에 조사된 연천, 파주, 고양 3곳에서 모두 'ㅅ'형 '세(빠닥)'형이 나타나면서 'ㅅ'형이 우세하다. 다만, 고양에는 단일어형인 '혀/세'형이 공존함으로써, '세'형의 개신이 이미 진행되었다. [정문연] 자료에 와서도 전체 18개 조사지점 중, 고양(세빠닥/혀), 용인(세빠닥/헤빠닥), 평택(세빠닥/혀,헤) 등 3곳에는 'ㅎ'형이 'ㅅ'형과 공존하며 나타나는데, 'ㅎ'형으로 나타날 경우는 '혀, 헤' 등 단일어 환경으로만 나타나고 있다. 나머지 15곳 모두에서는 합성어 형태인 '세(빠닥), 쇠(빠닥)'형으로 나타나고 있어 보수형의 모습을 고스란히 보이고 있다. 이는 합성어 환경에서보다 단일어 환경에서 개신이 빠르게 진행되었음을 보여주는 단적인 예가 된다. 이처럼 <경기>지역은 '혀'형태로 개신이 일부 진행되었으나, 'ㅅ'형태가 절대적으로 우세하다. 이러한 분포를 'ㄱ'구개음화와 관련지어 보면, '세'형을 'ㅎ'구개음화로 보기 어렵다는 의문이 생긴다. 'ㄱ'구개음화는 <경기>지역에서 거의 일어나지 않기 때문이다. <경기>지역에 'ㄱ'구개음화는 잘 일어나지 않는데 'ㅎ'구개음화는 생산적이라는 말이 된다.

<강원>은 [오구라] 자료에 철원에만 '혀/서,세'형으로 공존하는 형태가 나타나면서, 일부 개신형이 보였으나, 전체적으로는 'ㅅ'형이 절대적으로 우세하다. 전체 15개 조사대상 지점 중, 조사되지 않은 화천, 양구, 정선을 제외한 12개 조사지점 모두에서 '세'형이 나타나고 있다. [정문연] 자료에 와서도 13개 지점에서 '세, 쇠, 셰'형이 나타나고 있어, 'ㅅ'형이 절대적으로 우세하다. 다만, 인제, 고성, 양양, 명주 등 동해안 지역을 중심으로 '헤, 혀'형이 부분적으로 나타나고 있어, 개신이 일부 진행되었다.

<충북>은 전체 10개 조사 대상 지점 중, [오구라] 자료에서는 조사되

지 않은 음성, 옥천을 제외한 8개 조사지점 모두에서 '세(빠닥), 서'형이 나타나 'ㅅ'형이 전체적으로 우세하였다. 다만, 중원과 괴산 2곳에 '혀/세' 형으로 공존하였으나, [정문연] 자료에 와서는 오히려 음성 1곳에만 '혀/세빠닥'이 공존하고 있다. 10개 조사지점 모두에서 '세(빠닥), 세, 쉐, 쇠(빠닥)'형으로 나타나고 있다.

　<충남>은 전체 15개 조사대상 지점 중, [오구라] 자료에서는 조사되지 않은 아산, 대덕을 제외한 13개 조사지점 모두에서 '서(빠닥), 세(빠닥)'형만 나타나고, '혀'형은 나타나지 않았다. '세빠닥'형만 나타나는 금산을 제외한 나머지 12개 지점에서 모두 '서'형이 나타나고 있는 것이다. 공주와 부여에서 일부 '세(빠닥)'형이 나타나기 하지만, 모두 구개음화 환경이 아닌 '서'형과 공존하고 있다. 따라서 대부분 다른 도 지역에서는 '세'형이 일반적이라면, 이와 달리 <충남>은 '서'형이 보다 일반적이다. 이는 '이'모음 앞에서 'ㅎ'이 'ㅅ'으로의 구개음화가 적용되기 앞서 원래 'ㅅ'이 보수형으로 존재하였기에, 이 지역 화자들 사이에서 '세'가 아닌 '서'로 발음하는 것으로 해석하는 것이 보다 타당한 설명이라 하겠다. [정문연] 자료에 와서도 이러한 현상은 그대로 유지되었다. 다만, 당진과 보령에 '혀(빠닥)/서(빠닥)'형이 공존하는 정도일 뿐, 15개 조사지점 모두에서 '서/서빠닥'형이 나타나고 있어, 'ㅅ'형이 절대적으로 우세하다.

　<전북>과 <전남>은 한반도의 서부 지역에서 유일하게 두 자료집 모두에서 'ㅅ'형태만 나타나고 있다. '서(빠닥), 세/새(빠닥), 쎄/쌔(빠닥)' 등의 형만 나타나고 있어, 'ㅅ'형이 절대적으로 우세하다. 특히, <전북>은 [오구라] 자료에 전체 13개 조사 대상 지점 중 조사되지 않은 익산, 부안, 고창을 제외한 10개 조사지점 모두에서 'ㅅ'형만 나타나는데, '서'형과 '세(빠닥)'형의 비율이 5 : 5로 나타나고 있다. 옥구, 완주, 김제, 정읍, 순창 등 주로 서부 지역에는 <충남>의 영향을 받아 '서'형이, 진안, 무주,

임실, 장수, 남원 등 동부 지역에는 <경북>의 영향으로 '세'형이 나타나고 있다. [정문연] 자료에 오면서도 'ㅅ'형만 나타나되, 진안, 무주, 임실, 장수, 남원 등 동부 지역에서는 주로 '세(빠닥)'형이, 옥구, 익산, 완주, 김제, 부안, 정읍, 고창, 순창 등 서부 지역에서는 '서(빠닥)'형이 주로 나타나고 있어 [오구라] 자료와 거의 같다.

<전남> 역시 [오구라] 자료에 전체 22개 조사대상 지점 중 조사되지 않은 무안, 화순, 광양을 제외한 19개 조사지점 모두에서 'ㅅ'형만 나타나고, 'ㅎ'형은 전혀 나타나지 않고 있다. '서'형이 주로 분포한 <전북>의 서부 지역에 인접한 영광, 장성, 담양, 함평, 광산, 나주 등 서북부 지역에서는 '서'형이, 그 밖의 나머지 지역에서는 모두 '세'형이 나타나고 있다. [정문연] 자료에 와서도 전체 22개 조사지점 모두에서 'ㅅ'형만 나타나고, 'ㅎ'형은 전혀 보이지 않고 있다. 다만, 영광, 장성, 담양, 함평, 광산, 신안, 무안, 나주, 화순 등 서·북부 지역에서는 '서(빠닥)'형이, 곡성, 구례, 승주, 광양, 영암, 진도, 해남, 강진, 장흥, 보성, 고흥, 여천, 완도 등 동·남부 지역에서는 '새(빠닥)'형이 주로 나타나고 있음도 [오구라] 자료와 거의 일치하고 있다.

<경북>도 전체적으로는 'ㅅ'형이 우세하다. 다만, '혀'계열형의 출현이 다른 도에 비해 비교적 여러 지역에서 나타나고 있다는 점이 특이하다. 전체 23개 조사대상 지점 중, [오구라] 자료에서는 조사되지 않은 봉화, 영양, 선산, 군위, 칠곡, 경산, 청도 등 7곳을 제외한 전체 16개 조사지점 중에서, '세'계열형이 15개 지점에서, '혀'계열형이 4개 지점(영풍, 울진, 청송, 영일)에서 나타나 '세'계열형과 공존하고 있다. '혀/세'계열형의 공존 정도는 [정문연] 자료에 와서 더욱 강해졌다. 즉, 전체 23개 조사대상 지점 중 20개 조사지점 모두에서 '세'계열형이 나타나면서도, 10개 조사지점(영풍, 봉화, 문경, 예천, 안동, 영양, 의성, 영일, 영천, 월성)에서 '해/세'계열형

이 공존하여 개신이 다른 도에 비해 많이 이루어졌다. 이 지역의 가장 두 드러진 특징은 '혀/세' 계열의 모든 방언 변이형('해,헤,혀/새(빠닥),세,시,쌔(빠 닥),쎄(빠닥),씨')들이 다양하게 공존한다는 점이다.

<경남>은 전체 19개 조사지점 중, [오구라] 자료에서는 조사되지 않은 거창, 의령, 하동, 의창, 사천, 고성 등 6곳을 제외한 13개 조사지점 모두 에서 'ㅅ'계열형만 나타났으나, [정문연] 자료에 와서는 'ㅎ'계열형이 창 녕(히), 밀양(히), 함안(헤), 의창(해) 등 4곳에 나타나면서 일부 개신이 진행 되어, 15개 지점에서 '세'계열형이 나타나고 있다.

<제주>는 두 자료집 모두에서 '세'계열형만 나타나고 있다. 남제주에 '세', 북제주에 '세(빠닥)'형이 나타나고 있다.

한편, 북한 지역에서는 'ㅅ'형이 <황해><함남><함북>을 중심으로, 'ㅎ'형이 <평남><평북>을 중심으로 나타나고 있다. 'ㅎ'의 'ㅅ'으로의 표기가 'ㄱ'구개음화와 또 다른 점은 <황해>지역이다. 'ㄱ'구개음화가 적용되지 않은 핵방언 지역은 <황해>가 중심이 되어 <경기>지역에까지 영향을 미쳤으나, 'ㅎ'의 'ㅅ'으로의 표기가 적용되지 않은 지역으로 <황 해>가 제외되고 <평남><평북>에서만 나타나고 있다는 점이다. <황 해>는 전체 14개 조사대상 지점 중 조사되지 않은 송화, 신천, 사리원 3 곳을 제외한 11개 조사 지역에서, '헤'형이 나타나는 <평남>에 맞닿은 황주를 제외한, 나머지 10개 지역에서는 모두 '서끝, 서깔, 서빠닥' 등의 형태로 'ㅅ'형이 나타나고 있다. <함남><함북>에서도 <평남>에 맞닿 은 수안에서만 '헤떼기'형이 '세끝'형과 공존할 뿐, 모든 조사지점에서 '세, 세때기, 세때, 세띄'형으로 나타나고 있다. 반면, <평남><평북>에서 는 조사지점 모두에서 단일어형 '헤'형만 나타나고 있다. 따라서 'ㅎ'으로 만 나타나는 핵방언 지역은 <평남>과 <평북>이다. 단일어형보다 보수 형이 잔존할 가능성이 큰 형태소 경계 환경의 경우, [오구라] 자료에는

<평안도>지역이 조사되지 않았지만, 『한민족 언어정보화 통합 검색 프로그램』(2007)에서는 형태소 경계 환경에서도 <평안도>지역에서는 모두 'ㅎ'형인 '헤때기, 혀때기, 헤뚱머리, 헤바닥, 헷바닥, 헷갓' 등으로 나타나고 있다.

이상, 한반도 전체를 아울러 <평남><평북>을 제외한 대부분 지역에서 'ㅅ'형태가 나타났으며, 합성어 형태일 경우는 모두 'ㅅ'형으로 나타나고 있다. 합성어 환경 중에서 '혀빠닥, 헤빠닥'형이 나타나는 지역으로는 [정문연] 자료의 전체 137개 조사지점 중 <경기>의 용인(세빠닥/헤빠닥)과 <충남>의 보령(서빠닥/혀빠닥) 등 단 2지점뿐이다. 보수형의 잔재가 단일어 환경에서보다 형태소 경계 환경에서 남아 있는 경우가 보다 강함을 다시 한 번 더 입증한 예가 되겠다.

이 밖에도 'ㅎ'과 'ㅅ'의 방언 분화형에 따라 달리 나타나는 예로 '형님/성님', '힘/심', '효자/쇼자,소자', '흉년/슝연,슝년,숭년', '힘줄/심줄', '헤아리다/세아리다' 등이 자료집에 조사된 바 있다. 그러나 이들은 [오구라] 자료에 조사 지역이 많지 않은 경우, 또는 한 자료집에만 조사된 경우 등의 이유로 비교가 불가능한 예들이다. 따라서 구체적으로는 논의가 어렵겠지만, 간략하게나마 본 절에서 살펴보기로 한다.

'형(님)'의 경우, 앞서 언급한 2장의 [지도 6-1, 6-2]에서 보듯이, 두 자료집 모두 '성'계열형의 분포가 훨씬 넓다. 두 자료 간 '성>형'으로의 변화율(-20%)도 주로 합성어 형태로 나타나는 '혓바닥'의 경우(-6%)보다 크다. [오구라] 자료에는 <경기><충남><전북><전남><제주> 등 서부 지역과 북한 지역은 조사되지 않고, <강원><충북><경북><경남> 등 동부 지역을 중심으로 조사되었는데, 조사된 <경기>연천과 <강원><충북>에는 '성'계열형만 나타났다. 반면에, <경북>과 <경남>에만 개신형 '형'이 나타나면서 '성'과 공존하는 양상을 보이고 있다. <경북>의 영풍,

안동, 청송, 영덕, 영일, 성주, 영천, 월성과 <경남>의 거창, 합천, 창녕, 밀양 등에 '형'계열형이 나타났다. <경북>은 주로 서부 지역에는 '성'계열이, 동부 지역에는 '형'계열형이 주로 분포하는 경향을 보이고 있다. 이는 '성'계열의 주된 분포 지역인 서부 지역의 영향이라 하겠다. 서부 지역보다 동부 지역으로 개신이 진행된 '혀'의 경우와 같은 맥락에서 이해해도 좋을 것이다.

[정문연] 자료에 와서는 전국적으로 개신이 상당히 이루어지면서 '형/성'계열이 동서를 구분 짓는 형국을 보이고 있다. <경기>를 포함하여 <강원><경북><경남> 등 동부 지역은 '형'계열로 개신이 주로 이루어졌고, <충남><전북><전남><제주> 등 서부 지역에서는 여전히 보수형 '성'계열이 분포하는 경향을 보이고 있다. <강원>은 [오구라] 자료에서는 철원, 인제, 홍천, 횡성, 평창, 원성, 영월 등 7개 조사된 지역 모두에서 '성'형만 보였으나, [정문연]에 와서 이들 지역 중 영월을 제외한 나머지 지역이 모두 '형'계열로 개신이 이루어졌다. <경북>은 '형'계열형과 '성'계열형이 여전히 공존하고 있는데, '형'계열형이 19개 지역에, '성'계열형이 12개 지역에 나타나고 있어, '형'계열형이 보다 광범위하다. 따라서 <경북>은 '형'계열형이 우세하면서도 다양한 변이형들이 존재하고 있는, 변화에 가장 개방적이면서도 역동적인 지역이다. <경남>도 <전남>에 인접한 하동(성)을 제외한 전 지역에서 '행'계열형이 주로 나타나고 있다. 그런데 비해, <전남>은 '성'계열형 하나만 나타나고 있어, 다양한 형태가 공존(형,형/힝,성,싱)하는 <경북>과 달리 단일한 형태인 '성'만이 존재하는 언어적 보수성이 가장 강한 지역이라 하겠다. <제주>에도 모두 '성'형만 나타나고 있다.

특이한 점은 <충남><충북>을 중심으로 '엉아'형이 나타나고 있다는 점이다. 북쪽 지역인 <경기>의 '형'과 남쪽 지역인 <전남>의 '성' 사이에서 '엉'으로 자음을 탈락시킨 형태가 보이고 있다. 'ㅅ'과 'ㅎ'이 충돌 되는 지역에서 아예 자음을 탈락시켜 버리는 흥미 있는 현상이 보인다. 이러한 현상은 <경남>의 진양에도 나타나고 있다. 동부 지역인 의창의 '헹남'과 서부 지역인 하동의 '성'이 충돌하는 진양에서는 '엉'으로의 변 화를 보이고 있는 것이다.

'힘'의 경우는 [오구라] 자료에만 조사되었는데, [지도 75]에서 보듯이, 남한 전체에서 '심'형이 대부분 지역(96%)에서 나타나고 있다. 즉, <경 기>는 3개 조사지점인 연천, 파주, 고양 중 고양(힘/심)을 제외하고는 '힘' 형이 나타나고 있을 뿐, 나머지 <강원><충북><충남><전북><전남> <경북><경남><남제주> 등과 북한의 <황해><함남><함북>에는 대 부분 '심'형이 나타나고 있다. 다만, 'ㅎ'의 진원지인 <평남><평북>에서 시작된 개신형 '힘'형이 <경기>를 중심으로 하여 <강원><충북><충 남><경북><경남><제주>의 극히 일부 지역에 산발적으로 나타나면서, '심'형과 공존하며 개신이 일부 진행되고 있을 뿐이다. 그러나 타 지역과 달리 <전북><전남>까지는 개신형 'ㅎ'의 힘이 전혀 미치지 못하고 있 으므로, 이들 지역을 'ㅅ'음의 핵방언 지역이라 할 만하다. 이 지역의 'ㅅ' 잔존세력은 'ㅅ∽ㅎ'의 교체뿐만 아니라, 어중에서 나타났던 'ㅅ : ø'의 대응관계에서도 개신을 거부하는 가장 강력한 힘을 지닌 지역이다. 과연 보수형의 보고라 할 만한 지역이라 하겠다. 거의 모든 음운체계에서 개신 을 허용하지 않는 강한 지역성을 지니고 있는 보수적인 지역이다.

한자어인 '효자'의 경우에서도 'ㅅ'형이 방언형에 보이고 있다. [지도 76]에서 보듯이, [오구라] 자료에서는 'ㅅ'형이 전혀 나타나지 않았으나, [정문연] 자료에 와서는 '소자'형이 <전남><제주>지역을 중심으로 <강 원><충북><충남><전북><경북> 등에도 산발적으로 일부 지역에 나 타나고 있다.40) [오구라] 자료에서는 나타나지 않던 '소자'계열형이 [정문연] 자료에서 나타나고 있다는 점이 특이한데, 이는 'ㅎ'으로의 개신이 이른 시기에 이루어졌지만, 'ㅅ'형이 보수형으로 이 지역의 언중들 의식 속에 자연스럽게 녹아있었기 때문으로 볼 수 있다. 그만큼 <전남>지역은 'ㅅ'유지형의 핵방언 지역이라 할 만하다.

　'헤아리다(考量)'의 경우도 [지도 77-1]에서 보듯이 '헤아리다'형이 <경기>의 고양과 <강원>에서의 '세아리다'형이 보이는 고성, 양양, 명주, 삼척 등 동해안 지역을 제외한 나머지 지역, <충북>의 제원과 괴산, <경북>의 영풍, 울진, 안동, 청송 등 동·북부 지역에만 나타나되, '세아리다'형과 공존하고 있다. 그 외 남한의 나머지 대부분 지역(85%)은 '세아리다'형이 주로 분포되어 있다. <충남><전북><전남-미조사 지역><경남><제주>의 조사지점에서는 모두 '세아리다'형만 나타나고 있다. 따라서 남한에서는 <경기>지역까지 진행된 개신형 '헤아리다'형이 <강원><충북><경북> 등 주로 동부 지역으로 개신이 진행되어 갔다. 서부 지역은 여전히 'ㅅ'계열이 우세하다. 한편, 북한 지역에서는 'ㅅ'유지형이 주로 <황해><함남><함북>을 중심으로 나타나고 있다. 반면에, <평남>과 <평북>에는 'ㅎ'형태가 나타나고 있다.

　이상, '혀, 형, 힘, 효자, 헤아리다' 등의 어휘를 통해 살펴본 'ㅅ'유지형의 지역적 분포는 <전남>을 핵방언 지역으로 하여 전국적으로 분포되어 있다. 자료 간 'ㅅ>ㅎ'으로의 개신이 한자어인 '효자'를 제외하고는 진행이 비교적 미미하며, 개신 방향 또한 <경기>를 중심으로 하여 동부 지역으로 진행되는 경향을 보여 주고 있다.

---

40) '소자'형이 나타나는 지역으로 <강원>고성, 평창, (정선), <충북>(진천), <충남>(예산), <전북>진안, 김제, (순창), 남원, <경북>봉화, 안동, 상주, <제주>전 지역 등이 있는데, 이들 지역은 '효자'가 중심형을 이루면서 '소자'형이 부분적으로 나타나 공존하는 정도이다. 그러나 <전남>은 16개 조사지점 모두에서 '소자'형이 중심을 이루며 일부 '효자'형이 나타나고 있다.

한편, 북한 지역에서는 <평남><평북>을 중심으로 'ㅎ'유지형이 뚜렷하게 나타나고 있어 'ㅎ'의 핵방언 지역이라 할 만하다. 이에 비해, <황해><함남><함북>에서는 'ㅅ'유지형이 뚜렷하게 나타나고 있다. 요컨대, <함남><함북>은 'ㄷ/ㄱ'의 구개음화 현상과 함께 'ㅎ'의 보수형인 'ㅅ'형이 모두 활발하게 나타나지만(단 함북은 일부 공존함.), <평남><평북>은 'ㄷ/ㄱ'구개음화 현상이 나타나지 않는 지역으로 'ㅅ'형도 전혀 나타나지 않는다. 이에 비해, <황해>는 'ㄱ'구개음화 현상이 나타나지 않는 지역이지만, 'ㅅ'형은 활발하게 나타나고 있다. 따라서 'ㅎ∞ㅅ'형을 'ㄷ/ㄱ'구개음화 현상과 동일하게 'ㅎ'구개음화 결과로 'ㅅ'을 해석하는 데는 다소 문제가 있어 보인다.

이렇듯, <평북>과 <평남>을 제외한 <황해>지역조차 'ㅅ'형이 우세한 현상을 두고 2가지 해석이 가능하다. 하나는 'ㅅ'이 'ㅎ'의 구개음화된 결과로 볼 수 없다는 견해이다. 원래 한반도 전체에서 'ㅅ'이 보수형으로 우세하였으나, 이를 방언형으로 인식하면서 후대에 강한 세력을 얻게 된 서북방언(고려어)인 <평남><평북>에서 시작된 'ㅎ'이 개신형으로 자리잡게 되어 갔다고 볼 수도 있다. 또 다른 하나는 구개음화로 보고 'ㅎ'구개음화 발생 시기를 추정하는 근거 자료로 볼 수도 있는 것이다. 어휘 확산 가설로 볼 때, <전남>에서 시작된 구개음화 현상이 <황해>와 <함경도>에는 이르렀으나, <평남><평북>까지는 개신을 시키지 못했다는 것으로 해석해 볼 수도 있는 것이다.[41]

---

41) 본 연구에서는 'ㅎ'과 'ㅅ'의 대응관계에서 어느 것이 고어형인지 결론을 내리지 않겠다. 객관적 입장에서 방언 자료에 나타나는 사실만을 정리하는 선에서 이 문제를 다루도록 하고 보다 깊이 있는 연구는 후일을 기약하도록 한다. 다만, 방언 자료를 정리하면서, 기존의 'ㅎ'구개음화에 대한 의문을 가지게 되었다. 학계에서는 'ㄱ'과 'ㅎ'을 동일한 구개음화로 보고 있지만, 분포에 있어 차이가 남으로써, 이들이 다소 다른 기제로 움직이는 것이 아닐까라는 생각에 이르렀다. 이에 앞선 학자들의 논쟁거리에 다다르게 되면서, 문헌 자료와 다른 방언 자료의 시각에서 구개음화를 비롯한 여러 음운현상에

여기서 의문점을 갖고 이상의 방언형의 분포와 변화 추이를 바탕으로 고대국어의 후음 계열의 존재유무를 고찰해 보기로 한다. 중세국어 'ㆆ'음은 15세기 이전의 고대국어 자음 체계에서는 음소로서 자격을 갖기보다 'ㅅ'음의 변이음으로 존재하였다. 이는 김동소(2007 : 62~66)가 고대 한국어의 자음 체계를 'k, t, p, n, m, ŋ, r, s, j'로 재구하면서 'ㅎ[h]'음을 11세기까지 뜻을 변별하는 음소로 분류하지 않은 설명과도 일맥상통한다고 볼 수 있다. 그는 중세 한국어의 'ㅎ[h]'음은 고대 한국어의 'ㄱ[k]' 또는 'ㅅ[s]'으로부터의 발달로 믿으면서 'ㅎ'음을 갖는 어휘의 상당수가 'ㅅ[s]' 또는 'ㄱ[k]'음과 교체된 다양한 예를 제시하고 있다. 여기서 이승재(2003 : 254~262)도 'ㅎ'이 고대 한국어에 없었음을 백제어 목간에 쓰인 한자어 연구를 통해 주장하고 있다. 즉, 후음의 曉母가 자격을 갖지 못하고 見母에 편입되었다고 말하고 있다. 'ㅎ'의 'ㅅ[s]' 또는 'ㄱ[k]'음과의 관련성은 다음 예들에서 보듯이 고대 문헌 자료에서도 상당수 찾을 수 있다.

(ㅎ∽ㅅ)

- ㅎ-(爲)'의 사동형∽'시-기-', 말숨(語)∽말홈(謂)
- 土=息.∽훍(삼국사기 권 35), 未斯∽美海(삼국유사 권2)
- 九月山(아홉)∽阿斯達山(신증동국여지승람 권42), 九十(아홉)∽鴉順(계림유사)
- 고려어가 기록된 「계림유사」의 日日 契 黑猛切(han), 土曰 轄希(*halki), 小曰 胡根(hjok-n)
- 중세 한국어와 현대방언과의 대응관계 : 혁∽셕, 혀(橡)∽셔, 힘(力, 腱)∽심, 힌(太陽, 年)∽새(曙), 힌-/희-(白)∽세-(髮, 白), 혀(舌)∽세, 헤윰(泅)∽수영, 훍(토)-쎅(土), 활(弓)-살(矢), 효근(小)-쇼근

대한 재고가 있어야 할 필요성을 가지게 되었다. 문헌 자료에 극히 일부 나타나는 어형에 매달리기보다, 고어형의 잔재가 그대로 살아 숨 쉬고 있는 방언형의 실체에 보다 깊이 있는 관심을 가져야 할 필요성을 새삼 느끼게 되었다.

(ㅎ∽ㄱ)

- 『삼국유사』 및 『삼국사기』의 인명, 지명, 관명의 이중 표기와 교체표기 : '干∽邯/翰, 骨∽忽, 恭∽洪, 古∽忽, 乞∽訖, 驚∽荊, 甘∽咸'
- 이두와 향가 자료 : 岩乎(바회/방구)
- 『계림유사』 忽次∽古次(입),
- 『향약구급방』 '豆何非두터비(둡거비), 吉刑(길경이), 厚(=韭)菜(구치(부추)), 芳荷(박하)', 白斂 = 犬刀叱草가히 = 加海吐(鄕採 8), 槐 廻之木, 槐子 괴화삐 = 槐枝 회홧가지, 韭(韮) 厚菜, 海菜, 木串子 夫背也只木實, 無患子 모관주나무(植彙 242)=무환자나무, 모감주나무(植名 643), 荊芥 = 假蘇

이상의 예들에서 보듯이, 'ㅎ'음을 갖는 어휘의 상당수가 고대 한국어 표기에서도 '*s'음 또는 '*k'음을 가졌던 것으로 확인되고 있다. 특히, 'ㅎ∽ㅅ'의 교체는 구개음화 환경 아닌 경우에서도 나타나고 있다. 김동소(2007)는 'ㅎ'음을 '*s'에서의 발달과 '*k'에서의 발달 두 가지로 나누어, '*s'에서 변화된 'h'음이 '*k'에서 변화된 'h'음보다 일찍 형성된 것으로 보고 있다. '*k'에서 변화된 'h'음은 13세기 초까지도 '*k'음과 구별되지 않았음을 『계림유사』 등을 통해 확인하고 있다. 반면, '*s'에서 변화된 'h' 음은 <경기> 및 <평안>방언의 영향으로 이미 11세기에 형성되기 시작하여 12세기에는 완성된 것으로 추정하고 있다. 오구라 신페이(1944 : 261)에서도 "'ㅎ'음을 어두에 갖는 낱말 중 '혀, 힘, 혀다'와 같은 것은 전 조선 각지에 걸쳐서 '세, 심, 써다' 등처럼 'ㅎ'이 'ㅅ'으로 바뀌는 지역이 적지 않은데, 평안도에서는 이들을 '혀, 힘, 혀다'라고 하여 원음을 보존한다."라고 언급하고 있다.

여기서 오구라 신페이와 김동소의 두 견해 사이에 차이가 있음을 확인할 수 있다. 오구라 신페이는 'ㅎ'음을 'ㅅ'음의 원음이라고 하여 'ㅎ'음을 'ㅅ'의 고형으로 보고 설명을 전개하고 있는데 비해, 김동소는 'ㅅ'음을 'ㅎ'음보다 고형으로 파악함으로써, 'ㅅ'음에서 'ㅎ'음이 변하였다고 보고 있다. 본 연구에서 분석한 결과로는 'ㅅ'음이 한반도 전역에 분포되어 있었으나, <평안도>를 중심으로 세력을 형성한 'ㅎ'음이 중앙어로서 지위를 획득하게 되면서 개별 어휘에 따라 개신이 'ㅅ → ㅎ' 방향으로 진행되어 'ㅅ'음이 차츰 'ㅎ'음으로 흡수되어 가는 지역적 변화 추이를 보여주었다. 그러나 여전히 오늘날까지 'ㅅ'은 상당한 세력을 형성하면서 'ㅎ'과 공존하며 그 생명을 유지하고 있어, 각 방언은 옛 국어의 흔적을 보존하고 있음을 확인할 수 있다. 특히, 보수형의 흔적이 가장 잘 보존되어 있는 형태소 경계인 합성어 환경에서는 대부분 지역에서 'ㅎ'음이 아닌 'ㅅ'음을 지니고 있다. 대표적인 예가 '혓바닥'이다. 두 자료집 모두에서 합성어 환경일 경우에는 <평안도>를 제외한 전국 거의 대부분 지역에서 '셋바닥'형으로 나타났다. <평안도>지역에서는 형태소 경계 환경은 물론 단일어 환경(혀)에서조차 'ㅎ'음인 '혜'형으로 나타남으로써, 'ㅎ'의 핵방언 지역이라 할 만하다. 이처럼 합성어 환경에서는 보수형 'ㅅ'형이 주로 나타나는데 비해, 개신형 'ㅎ'형이 나타날 경우에는 대부분 지역에서 단일어 환경인 '혀'의 경우에 주로 나타났다. 단일어 환경에서는 개신이 비교적 빠르게 진행되어 '세/혀'가 공존하는 모습을 많은 지역에서 보여 주었다. 이는 개신의 진행이 합성어 환경에서보다 단일어 환경에서 빠르게 진행되었음을 보여 주는 중요한 단서가 된다.

이상의 논의에 근거한다면 'ㅎ'과 'ㅅ'이 교체되어 나타나는 어휘들을 '이'계 모음 앞이라는 구개음화 환경에서 나타나는 'ㅎ'의 구개음화 현상으로 보기에는 다소 무리인 듯하다. 왜냐하면 일반적으로 구개음화 현상은 17세기 이후 문헌 자료에 빈번하게 등장한다는 이유로 근대국어 시기에 나타난 음운변동 현상으로 보고 있기 때문이다. 이미 15세기 이전부터 'ㅅ'형은 존재하였다. 'ㅅ'형을 'ㅎ'구개음화로 분석하는 관점은 15세기 중세 문헌 자료를 기준으로 하여 어형을 분석한 결과 생긴 관점이라 하겠다.

이러한 맥락에서 'ㅎ'음의 존재도 추정해 볼 수 있다. 15세기 이전 고 대국어에서 존재했던 'ㅅ'음이 오늘날까지 잔존해 있다면, 'ㅅ'과 교체를 보였던 'ㅎ'음도 15세기 이전부터 존재했으리라 생각된다. 다만 어느 시 기부터 'ㅎ'음이 생성되었는지는 정확히 알 수 없기에, 학자들마다 고대 국어 자음체계를 달리 설정하고 있는 형편이다. 'ㅎ[h]'음을 인정하는 학 자에는 박병채(1971), 장세경(1990), 박동규(1995) 등이 있다. 'ㅎ[h]'음을 인 정하지 않는 학자에는 조규태(1986), 김동소(1995) 등이 있다. 특히, 김동소 는 'h'음을 '*s'에서 변화된 음으로 보고 11세기에 형성되기 시작하여 12 세기에 완성된 것으로 추정하고 있다. 한편, '*k'로부터 발달한 'h'음은 13 세기 초까지도 'k'음과 구별되지 않았음을 『향약구급방』을 통해 확인함으 로써, 'ㅎ'음을 'ㄱ'음과 동일한 음으로 간주하고 있다.

그러나 고대 문헌 자료에 'ㅎ'음이 'ㅅ'음 또는 'ㄱ'음과 혼용되어 표기 된 예가 많다고 해서, 이들 다른 글자들의 음이 동일했다고 보는 김동소 의 논리도 합리적이라 볼 수 없다. 이는 오늘날 방언에 보이는 '혓바닥'과 '셋바닥'의 음이 같다고 볼 수 없는 이유와 같다. 따라서 고대 문헌에 동 일한 인명, 지명 등을 표기한 'ㅎ'에 대응하여 교체되어 나타난 'ㅅ' 또는 'ㄱ'음은 지역에 따라 달리 나타난 'ㅎ'음에 대한 방언 분화형으로 보는 것이 보다 타당한 논리라 할 수 있겠다.

따라서 <평안도>를 중심으로 세력을 형성한 'ㅎ'음을 갖는 어형(고려 어)이 중앙어로 우세한 세력을 확보하면서 개별 어휘가 갖고 있는 층위에 따라 한반도 전역에 분포되어 있는 보수형 'ㅅ'음 또는 'ㄱ'음을 갖는 어 형과 공존하거나, 'ㅎ'형으로 점진적으로 개신을 시키며 현재에 이르고 있는 것이다. 형태음소론적 층위에 따른 지역적 분포의 차이를 바탕으로 하는 이러한 해석은 수많은 예외적인 음운현상을 설명할 수 있는 기술적 타당성을 얻게 되는 것이다.

한 예로, '두꺼비'의 경우 오늘날 <평북>과 <평남>을 중심[42]으로 <함북>지역에 '두터비'형이 나타나고 있다. 이 어형은 '*둗거비'에서 제2 음절 'ㄱ'이 'ㅎ'으로 약화되어 그 앞의 'ㄷ'과 함께 'ㅌ'으로 축약된 형 태로 해석이 가능하다. 이 '두터비'의 원형을 『향약구급방』의 '豆何非'와 관련시키는 데는 별 무리가 없어 보인다. 오늘날 방언에도 여전히 엣 고 구려 지역인 <평북>과 <평남>을 중심으로 <함북>지역은 'ㄱ'음 대신 에 'ㅎ'음이 강한 세력을 지닌 지역이다. 역사적 자료에서도 '城'[43]을 '買 忽一云水城'에서 보듯이 고구려 지명에서는 '忽'로, '呼所治城曰固麻'에서 보듯이 백제 지명에서는 '固麻'로 표기[44]하는 데서도 알 수 있다.[45] 또한 '居柒夫 或云 荒宗'에서 '居柒'의 음가를 오늘날 발음으로도 충분히 짐작 할 정도로 음운은 잘 변하지 않는다. 특히, 보수형의 잔재가 분명히 드러 나는 파생어 '둗거비'형은 남한 지역에서 절대적으로 큰 세력을 형성하고 있어 서울말로 채택되면서 그 세력을 넓힘에 따라 오히려 'ㅎ'유지형인

---

42) [오구라] 자료에는 <평남>과 <평북>지역이 대부분 조사되지 않아 정확한 분포를 알 수 없지만, <함북>에 '두테비'형이 주로 분포하고 있다. 그러나 「2007 한민족 언어정 보화 통합 검색 프로그램」에는 '두터비'형이 <평북><평남><함북>지역을 중심으로 나타나고 있다.

43) 한자식 지명 '城'자로 대역한 삼국의 명칭은 '忽(谷), 伐' 등으로 나타났다. 『삼국지』 위 지 동이전 고구려 조항에서 고구려는 '큰 산과 깊은 골짜기가 많고 언덕과 못이 없었으 며 산골짜기를 따라 거주하였고 산골의 물을 먹었다.'고 했듯이 산골짜기에 취락을 이 루었으므로 취락명은 '골짜기'를 뜻하는 '골(谷)'의 방언변이형인 '忽'을, 신라는 '토지 가 기름지고 좋아 오곡을 심기에 알맞은' 벌판에 취락이 형성되었으므로 그 이름이 '벌 판'을 뜻하는 '伐/弗/火' 등을 사용하게 되었다.

44) 고구려 지명표기는 『삼국사기』 권37에, 백제 지명표기는 『양서열전』 백제조항에 기록되어 있다.

45) 김동소(2007 : 43)에서는 '忽(홀)'의 첫소리를 k로 재구하여 '*kur'로 읽고 있다. 중세 시 대의 'ㅎ'이 고대에는 'k'나 's'였을 것으로 추정하는 관점에서 비롯된 해석이다.

'두터비'의 세력은 점차 약화된 것으로 보인다.

2) 'ㄱ'의 변화

'ㄱ : ㅈ'의 대응관계를 학계에서는 'ㅎ : ㅅ'의 대응관계와 동일하게 구개음화로 보고 있는 것이 일반적인 입장이다. 이에 'ㅎ : ㅅ'과의 상호 관련성 속에서 'ㄱ : ㅈ'의 대응관계를 논의하고자 한다. 우선 두 자료집에 공통으로 조사된 어휘를 정리하면 다음 (1)과 같다.

(1) 김(海苔), 곁, 겨울, 키, 길다, 기둥, 김매다

(1) 어휘들의 'ㄱ'의 변화가 보여주는 지리적 분포와 변이추이를 분석한 결과, 'ㄱ'의 구개음화 유무에 따라 북한 지역은 확연히 동서로 구별되고 있다. 구개음화되지 않은 'ㄱ'형이 <황해>에서 시작하여 북으로는 <평남><평북> 등 서부 지역을 중심으로 개신이 진행되었으며, 남으로는 <경기>를 중심으로 개신이 활발하게 전개되었을 뿐, 그 밖의 지역까지는 아직 활발하게 진행되지 않았다. <경기>지역도 도서 지방을 중심으로 한 서해안 지역이나, <경기> 남부 일부 지역에까지는 완전히 영향을 미치지 못함으로써, 여전히 구개음화된 'ㅈ'형이 존재하고 있다.

이처럼 구개음화 현상은 전국적으로 광범위하게 분포되는 상당히 보편적인 현상이라 하겠다. 조사된 대부분의 어휘들이 [오구라] 자료에서 90% 이상, [정문연] 자료에 와서도 80% 이상 구개음화된 'ㅈ'형이 나타나고 있는 것이다. 이상의 어휘들의 전체 조사지점 대비 출현 빈도수와 변화율을 분석한 후 나온 결과는 [표 20]과 같다. 아래 표의 방언형은 'ㅈ'을 중심으로 나타내었다.

[표 20] 'ㄱ' 변화의 지리적 분포와 변화 추이

음운환경	형태소층위	표준어(15C표기)	문헌자료	[오구라] 자료 방언형	[오구라] 자료 도별 출현지점수/도별 총 조사지점수	[오구라] 자료 전체출현빈도수와 빈도율(%)	[정문연] 자료 방언형	[정문연] 자료 도별 출현지점수/도별 총 조사지점수	[정문연] 자료 전체출현빈도수와 빈도율(%)	자료 간 변화 차이
i 또는 j 모음 앞	어휘 내부	김		짐:	경기 × 강원 11/11 충북 8/8 충남 13/13 전북 9/9 전남 × 경북 15/15 경남 13/13 제주 ×	69/69 (100)	짐	경기 5/18 강원 11/15 충북 9/10 충남 12/15 전북 13/13 전남 17/22 경북 23/23 경남 17/19 제주 1/2	108/137 (79)	− 21
		겨		제 저 찌깅이 체	경기 0/3 강원 11/12 충북 5/7 충남 12/12 전북 7/7 전남 11/11 경북 2/2 경남 1/1 제주 2/2	51/57 (89)	제 재 저 왕저 센지 왕지 체	경기 1/18 강원 11/15 충북 2/10 충남 15/15 전북 12/13 전남 21/21 경북 3/23 경남 0/19 제주 2/2	67/136 (49)	− 40
		곁		젙 잗	경기 1/3 강원 11/12 충북 6/6 충남 13/13 전북 10/10 전남 19/19 경북 16/16 경남 14/14 제주 2/2	92/95 (97)	젙 잩 저꿋 저꿋디	경기 4/18 강원 12/15 충북 8/10 충남 10/15 전북 13/13 전남 22/22 경북 23/23 경남 19/19 제주 2/2	113/137 (82)	− 15
		겨울 (겨슬ㅎ)	겨슬ㅎ 겨슬 겨을 겨스 겨을ㅎ 겨을	저울(기) 저울 절(기) 즐:(기:) 즉,: 저슬(기)	경기 1/3 강원 10/12 충북 6/8 충남 13/13 전북 9/9 전남 19/20	90/97 (93)	저울 저을 절 즐 저슬 저실	경기 0/18 강원 4/15 충북 1/10 충남 5/15 전북 4/13 전남 14/22	43/137 (31)	− 62

		겨울 겨으	저실(기) 저식	경북 16/16 경남 14/14 제주 2/2			경북 13/23 경남 1/19 제주 1/2		
	키 (크)	크 키	치 칭이 치이 체 쳉이 챙이	경기 0/3 강원 11/11 충북 8/8 충남 13/13 전북 10/10 전남 17/17 경북 16/16 경남 13/13 제주 2/2	90/93 (97)	치(:) 칭(:)이 체 쳉이 챙이 채:이 칭이	경기 2/18 강원 15/15 충북 10/10 충남 14/15 전북 13/13 전남 22/22 경북 23/23 경남 19/19 제주 2/2	120/137 (88)	- 9
용 언 활 용	길다		질다	경기 0/1 강원 11/11 충북 8/8 충남 12/12 전북 7/7 전남 6/6 경북 15/15 경남 14/14 제주 2/2	75/76 (99)	질(:)다 자(:)다	경기 4/18 강원 14/15 충북 9/10 충남 15/15 전북 13/13 전남 22/22 경북 22/23 경남 15/19 제주 2/2	116/137 (85)	-14
파 생 어	길이 (기릐 기라)	기릐 기리 기리 기러 길이	지리 지러기 지래기 지레기 지럭씨 지럭찌 지럭수	경기 0/3 강원 × 충북 × 충남 1/1 전북 9/9 전남 10/10 경북 × 경남 1/1 제주 2/2	23/26 (88)	지리 찌리 지레기 지럭씨 지럭찌 찌럭찌 지럭수 질기	경기 1/18 강원 10/10 충북 7/10 충남 8/15 전북 13/13 전남 22/22 경북 18/23 경남 12/19 제주 2/2	83/137 (61)	- 27
	기둥 (기동 긴)	기동 긷 기동 기둥 기둥 기듕 지둥	지동 지둥	경기 1/3 강원 9/9 충북 8/8 충남 13/13 전북 10/10 전남 20/20 경북 16/16 경남 14/14 제주 2/2	93/95 (98)	지동 지둥	경기 2/18 강원 11/15 충북 8/10 충남 15/15 전북 13/13 전남 22/22 경북 23/23 경남 14/19 제주 2/2	110/137 (80)	- 18

합성어	김매다	기슴믹다 기음믹다 김매다 김믹다	지심맨다 지슴맨다 지섬맨다 짐:맨다 지음맨다	경기 0/3 강원 10/10 충북 4/8 충남 11/12 전북 10/10 전남 18/18 경북 1/12 경남 13/14 제주 0/2	67/89 (75)	지심맨다 지슴맨다 짐(:)맨다	경기 5/18 강원 13/15 충북 10/10 충남 14/15 전북 12/13 전남 22/22 경북 21/23 경남 13/19 제주 0/2	110/137 (80)	+ 5
어휘 내부 환경의 평균 출현 빈도율 및 변화율 [95→66 % (- 29 %)]									
형태소 경계 환경의 평균 출현 빈도율 및 변화율 [87→74 % (- 13 %)]									

　'김'의 경우, [지도 78-1, 78-2]에서 보듯이, [오구라] 자료에서는 'ㄱ' 형이 전혀 나타나지 않고 'ㅈ'형만 나타났으나, [정문연] 자료에 와서는 'ㄱ'형이 <전북>과 <전남>을 제외하고 <경기>지역을 중심으로 그 밖의 지역에 산발적으로 나타나면서 개신(100 → 79%)이 비교적 많이 이루어졌다. 따라서 구개음화된 'ㅈ'형의 핵방언 지역은 <전남>이며, 구개음화되지 않은 'ㄱ'형의 핵방언 지역은 <황해>지역임을 알 수 있다. <전남>을 중심으로 하는 남부 지역에는 주로 'ㅈ'형이, <황해>와 <경기>를 중심으로 하는 중부 지역에는 주로 'ㄱ'형이 분포하고 있으며, 그 밖의 지역에는 산발적으로 'ㄱ'형이 나타나면서 'ㅈ'형과 공존하고 있는 형세이다. 특히, <전북>과 <전남>에서는 중앙어의 개신형 '김'형을 받아들이기보다 다른 계열의 어휘인 '해우'를 사용하고 있는 점은 '겨울'과 비슷한 양상을 보이는 점이다.

　'겨울'의 경우는 앞서 2장에서 살펴본 [지도 4-1, 4-2]에서 보듯이, 다른 어휘보다 자료 간 변화 차이(97 → 31%)가 상당히 높다. 사용 빈도수가 높은 일상생활 어휘는 개신의 속도가 상대적으로 빠르기 때문이다. <황해>지역에서 시작된 개신형 '겨울'형이 남하하면서 남한 지역에서는 <경

기>를 중심으로 개신을 시작하여 <제주>에 이르기까지 일부 지역(특히, 전남)을 제외하고, 전국적으로 개신이 확산되어 갔다. 같은 음운 조건인 '겨'(89→49%)와 '곁'(97→82%)의 경우에는 '겨울'에 비해 상대적으로 개신이 덜 이루어졌다.

반면에, [지도 81-1, 81-2]에서 보듯이, '키'와 같이 일상생활에서 자주 사용하는 기본 어휘가 아닌 경우에는, 사용빈도수가 높은 '겨울'의 경우보다 개신이 <경기>를 제외한 남한 전체(97→88%)에서 미미하게 일어났다. <황해>에서 시작한 개신형 '키'가 남한에서는 <경기>지역을 중심으로만 널리 분포하고 있고, 아직은 다른 지역까지 활발하게 그 세력을 확장하지 못하고 있는 것이다.

용언 활용형인 '길다'의 경우, [지도 82-1, 82-2]에서 보듯이, [오구라] 자료에 구개음화되지 않은 '길다'형이 나타나는 지역으로 <경기>고양, <충북>중원, <충남>홍성, <제주>남제주에만 있고, 나머지 지역 모두에서 '질다'형만 나타나고 있다. 그러나 [정문연] 자료에 <경기>의 가평과 옹진에 '질다'형이 나타나고 있으며, 광주와 이천에는 '길:다/질:다'형이 공존하고 있다. 이러한 현상은 <황해>를 중심으로 발생한 '길다'형이 <경기>지역에까지 전반적으로 확대되었으나, 도서 지역인 옹진이나 <강원>에 인접한 가평에는 영향을 미치지 않아 여전히 '질다'형이 남아있는 것으로 볼 수 있다. 이처럼 남한 전체에서 구개음화가 적용된 '질다'형이 절대적으로 우세하며 두 자료집 간에도 큰 차이는 없다. 다만, [오구라]에 비해 [정문연]에 와서 개신형인 '길다'형이 <전남>을 제외한 전 도에 산발적으로 일부 지역에 나타나면서 '질다'형과 공존하는 양상을 부분적으로 보이고 있다.

용언 환경인 '길다'와 달리 파생어 환경인 '길이'의 경우에서 구개음화되지 않은 '길이' 형의 분포가 다소 넓다. 이는 비생산적인 접사가 결합된 경우(기둥)와 달리 보편적인 접사가 결합된 파생어의 경우는 용언 활용형에 비해 형태소 경계에 대한 인식이 다소 떨어진다고 볼 수 있겠다. 따라서 '길이'의 경우는 '길다'보다 개신의 진행속도가 다소 빠르게 이루어졌다. [오구라] 자료에는 <경기>와 <전남>지역만 조사되었는데, <경기>는 'ㄱ'구개음화가 일어나지 않은 형태로만, <전남>은 'ㄱ'구개음화가 적용된 형태로만 나타나고 있다. [정문연] 자료에 와서도 개신형 '길이'형이 <전북>과 <전남>지역으로는 여전히 침투되지 않은 모습을 보이고 있다. 개신의 방향은 <경북>과 <경남>쪽으로 향해 있다. 'ㄱ'구개음화 현상에서도 <전북>과 <전남>지역은 중앙어로의 개신을 거부하는 가장 보수적인 지역으로 드러났다.

'깊다'의 활용 형태인 '깊-은'의 분포를 살펴보면, '깊다'와 거의 유사한 분포를 보이지만, 개신형인 '깊은'의 분포에 있어 다소 차이가 있다. '깊다'의 경우는 <전남>을 제외한 전 도에 구개음화가 적용되지 않은 '깊다'형이 나타났다. 그런데 비해, '깊-은'의 경우는 <충북><충남><전북><전남> 등 서부 지역에서는 구개음화가 적용되지 않은 '깊은'형이 전혀 나타나지 않았다. 다만 <경북>과 <경남>의 일부 지역에서만 '깊은'형이 나타날 뿐이다. <경기>지역에서는 [오구라] 자료에 연천, 고양에서 '기푸다'형이 나타나고 있다. 이 외 지역이 조사되지 않아 정확한 분포 양상을 알 수는 없지만, '짚다'형도 존재했을 것이다. 이는 [정문연]에 포천, 가평, 옹진, 양평 등 4곳에 '짚다'는 '지푸다'형이 나타날 뿐 아니라, 활용형 '깊은'에서는 이들 지역 외에 용인에도 '짚은'형이 나타나고 있기 때문이다.

이러한 분포 양상을 통해 구개음화 현상은 주로 남한 지역에서는 <전남>을 중심으로 한 <전북><충남> 등 서부 지역에서 큰 세력을 형성하고 있다. 반면에, 구개음화가 적용되지 않은 형태의 핵방언 지역이라 할 수 있는 <황해>에서 시작된 'ㄱ'형은 <경기>지역을 중심으로 개신이 상당히 이루어졌으며, 나아가 개신의 진행 방향이 <강원><경북><경남> 등 동부 지역을 향해 있다. 개신형의 분포가 서부 지역에 비해 동부 지역에서 훨씬 활발하게 나타나고 있음이 이를 반증한다.

이처럼 개신의 방향이 서남부 지역인 <전북><전남>보다 동남부 지역인 <경북><경남>으로 진행되어 갔음은 파생어 '기둥'에서도 잘 드러나고 있다. [지도 83-1, 83-2]에서 보듯이, [정문연] 자료에 보면, 구개음화되지 않은 형태인 '기둥'형이 <전북>에는 1곳, <전남>지역에는 전혀 나타나지 않은데 비해, <경북><경남>지역에는 '기둥/기동'형이 제법 나타나고 있다. '기둥'형이 <경북>에는 10곳('기둥/지둥'이 공존함.), <경남>에는 5곳('기동'만 나타남.)에 나타나고 있다. 이로 볼 때, 'ㄱ' 구개음화는 <전남>지역이 핵방언 지역이라 하겠다.

합성어 '김매다'의 경우에는 거의 개신(75 → 80%)이 이루어지지 않았다. 오히려 'ㄱ'구개음화 현상이 더욱 강화된 모습을 보이고 있다. 이는 합성어의 경우 개신의 영향을 받지 않고 오히려 보수형을 유지하려는 경향이 보다 강함을 보여주는 단적인 예라 하겠다. 어휘 내부나 용언 활용 환경에서 개신이 비교적 활발하게 이루어졌던 <경북>이나 <경남>지역에서도 거의 'ㄱ'구개음화 현상이 유지되고 있어 '기심매다'형은 찾아볼 수 없다.

어휘 내부 환경에서의 평균 변화율(29%)이 형태소 경계 환경인 파생어 및 합성어 환경의 평균 변화율(13%)보다 크다. 'ㄱ'구개음화에서도 형태음소론적 층위에 따라 변화되는 정도가 다름을 확인할 수 있다.

제6장 결론

지금까지 약 100여 년의 현장시간적 의미를 갖는 [오구라] 자료와 [정문연] 자료의 비교를 통하여, 한국 방언의 음운 변이형의 지리적 분포와 변화 추이를 분석하였다. 이를 위하여, 남한의 137개 군 지역을 대상으로 하여, 약 150여 개 어휘에 해당하는 80여 쌍의 언어지도를 그리고 비교·분석하였다. 연구방법으로 형태음소론적 층위(어휘 내부, 용언 활용, 파생어 및 합성어 환경)에 따른 분석과 함께 방언 분화형의 공간적 확산 이론을 적용하여 음운 변화 현상의 기제를 찾고자 하였다. 그 결과, 국어 음운사에서 쟁점이 되어 온 많은 예외적 문제에 대한 해결의 실마리를 제시하게 되었다. 연구 대상으로 다룬 자료들은 자료 간 시각적 비교를 쉽게 하기 위하여 두 자료집의 언어지도를 나란히 제시하였으며 각 방언형의 출현 빈도수와 빈도율 및 두 자료집 간 변화 차이를 분석한 도표, 형태음소론적 층위에 따른 방언 구획을 위한 카토그램도 함께 제시하였다. 이상 논의한 내용을 장별로 요약하여 결론으로 삼고자 한다.

2장은 본 연구의 핵심 관점이자 논의를 위한 전제가 된다. 문헌 자료와 방언 자료의 차이, 음운변화와 언어의 공간적 확산, 형태론적 층위에 따른 지리적 분포와 변화로 나누어 논의하였다.

2.1.에서는 '가위, 혀, 기둥' 등의 대표적인 어휘를 통해, 문헌 자료와 방언 자료 간 차이점이 존재함을 기술하였다. 구어에 존재하는 대부분의 용법들은 규범화된 보수적인 문자언어와는 많은 차이를 갖고 있다. 실제 국어사 문헌 자료에 나타나는 표기어형과 방언형이 대부분 차이가 날 뿐 아니라, 월등히 우세한 세력을 갖는 방언 변이형들이 문헌 자료에는 전혀 반영되지 않고 소홀히 다루고 있는 문제가 있다. 방언 자료는 이전의 형태가 그대로 화석화 되어 남아 있어 살아있는 국어사 자료이다. 따라서 과거 문헌 속에서 이미 알고 있는 규칙의 종적인 변화를 지리언어학에서 확인한 횡적인 변화 추이와 서로 대조한 다음에 언어변화의 흔적을 찾는 균형 잡힌 시각으로 국어사를 접근할 필요가 있다.

2.2.에서는 '겨울, 나물/형, 깊(으)-, 가루' 등의 대표적인 어휘를 통해 확인한 바, 음운변화에는 언어의 공간적 확산에 따라, '하향물결형', '언어섬형', '건너뛰기형', '상향물결형' 등의 4가지 유형이 있음을 제시하였다. '하향 물결형(겨울)'은 표준어 지위를 획득하게 된 어휘('ㄱ'형)가 강력한 중앙어로서의 세력을 형성하면서 인접 지역인 <강원><충청>지역을 거쳐 남부 지역으로 활발하게 확산되어 가는 대표적인 방언 확산의 유형이다. '언어섬형(나물, 형)'은 중앙에서 시작된 음운변화와 관련된 개신파('나물'형 계열형)들이 외곽지까지 완전히 도달하지 못하거나 인접 지역('너물/노물, 성' 계열형)과 전혀 다른 언어 체계를 가지게 된 유형이다. '건너뛰기형(깊 (으)-)'은 인접하지 않는 지역으로 건너뛰어 확산되는 유형으로, '깊(은)-' 의 경우 서부 지역에서 비어두 음절에서의 'ㆍ'의 변화형 '으/우'가 번갈

아 가며 층을 이루어 나타나는 양상을 통해 확인되었다. '상향 물결형(가루)'은 방언형(가리형)의 세력이 오히려 강화되어, 중앙어의 개신형(가루형)을 수용하기보다 그 지역에서 유지되어 오던 기존의 고어형인 방언형을 유지하려는 경향이 강한 경우이다.

2.3에서는 '아우—아우보다', '마을—마을가다' 등의 대표적인 예를 통해, 언어 내적 변화 요인으로 제시된 형태음소론적 층위(어휘 내부, 합성어)에 따라 지리적 분포와 변화가 다르게 나타났음을 확인하였다. 고어형은 어휘내부 환경보다 파생어 및 합성어 환경에서 잔존 가능성이 크다. 개신의 속도도 '어휘 내부<용언 활용<파생어 및 합성어' 순으로 느리게 진행되고 있다. 곧, 두 자료 간 개신의 진행이 어휘 내부 환경(아우, 마을)에서 가장 빠르고 파생어 및 합성어 환경(아우보다, 마을가다)에서 가장 느리다. 언어 변화 외적 요인으로는 언어의 사용빈도수와 한국의 기층문화와의 관련성을 언급하였다. 특히 사회구조적 변화에 의해 전통 내지 농촌 관련 어휘 사용(확)이 급감함으로써, 일상생활 어휘와 달리 이들 관련 어휘들의 자료 간 변화가 거의 없음을 확인하였다. 또한 한국방언은 농촌의 세시를 기반으로 한 기층문화와도 관련이 있음을 김택규(1985)가 제시한 기층문화의 3개 영역인 추석권, 단오권, 추석·단오 복합권과 거의 일치함도 확인하였다.

3장에서는 고대국어에서부터 모음 연구의 핵심 과제로 다루어왔던 'ᄋᆞ'와 '으'를 중심으로 방언 변이형의 분포와 변화 추이를 비교·분석하였다.
3.1.에서는 'ᄋᆞ'변화를 1) 어두 음절에서의 (1) 'ᄋᆞ>오', (2) 'ᄋᆞ>어' 변화를, 2) 비어두 음절에서의 (1) 'ᄋᆞ>으', (2) 'ᄋᆞ>이', (3) 'ᄋᆞ>오(우)' 변화를 중심으로 분석하였다.

1) 어두 음절에서의 'ᄋ'의 변화

어두 음절에서는 'ᄋ'가 대부분 지역에서 '아'로 나타나지만, 순음 환경에서는 'ᄋ>오'나 'ᄋ>어'로 나타나고 있다. '물, ᄑ리, 붉쥐, ᄆ술, ᄑ, 묽다, ᄆᄅ다, 넓다, 샬다, 풀다, ᄂ물, 놈' 등을 대표 어휘로 삼아 논의하였다. 순행 환경에서의 'ᄋ>오' 변화가 <전남>을 중심으로 <전북>과 <경남>의 일부 지역에 형태음소론적 층위를 달리하여 분포하되, <전남>은 거의 변화가 없다. 출현 빈도율과 두 자료 간 평균 변화율에서 '체언<용언<합성어'환경 순으로 분포 범위가 넓을 뿐 아니라 개신도 느리게 진행되었다. 개신형의 침투 방향은 동남쪽을 향해 있다. 이는 <전남>이 강한 지역성을 유지하려는 보수성이 강한 지역임을 보여주는 반증이라 하겠다. 역행 환경에서의 변화는 순행동화보다 출현빈도율과 자료집간 변화율이 낮다.

한편, 'ᄋ>아'와 'ᄋ>오' 변화가 일어나는 그 사이 지역에 'ᄋ>어' 변화가 분포하고 있다. <전북>을 중심으로 <충남>과 <경남>의 서남부에 이르는 지역에 역사선형(\) 모양으로 길게 띠를 이루며 'ᄋ>어' 변화가 나타나고 있다. 이로써 'ᄋ'는 지역을 3분하며 'ᄋ>아', 'ᄋ>어', 'ᄋ>오'로의 변화를 보이고 있다.

2) 비어두 음절에서의 'ᄋ'의 변화

비어두 음절에서도 'ᄋ'표기가 15세기 초기 문헌에서부터 혼란(으, 오/우, 이)을 보이고 있어 논란의 대상이 되었다. 특히 [+cor]자음과 관련된 어휘들이 대부분 표기상 혼란을 보이고 있다. 비어두 음절에서의 'ᄋ'의 변화는 어두 음절에서와 달리 방언에서 상당히 다양한 형태(으,우,어,아,이)로 나타나고 있다. 즉 'ᄋ'음 자체의 1단계 변화(ᄋ>으)보다 주변음의 영향으로 생긴 2차적 변화(으>오/우,이)에 의한 다양한 형태가 나타나고 있다는 것이다. 주로 보편적 음운변동 현상인 양순음 아래의 원순모음화나 'ㅈ,ㅊ' 아래의 전설고모음화는 중앙어의 영향을 다소 강하게 받아 개신에도 적극적이지만, 보편적인 음운변동 현상이 아닌 경우(ㄴ,ㄷ,ㄹ 아래 ♀>우)에는 남부 지역을 중심으로 중앙어로의 개신에 적극적이지 않고 오히려 다른 독자적인 노선(♀>이)을 걷고 있는 경향이 강하다. 동일한 음운변동 현상이라도 어휘 내부 환경(어두 음절)에서보다 형태소 연결 환경(비어두 음절)에서 변화의 속도가 느리고 불안정한 모습을 보이고 있다.

(1) '♀>으' 변화에서는 ① 'ㅁ,ㅂ,ㅃ,ㅍ' 아래, ② [순음+cor] 아래, ③ 'ㄷ,ㄹ' 아래, ④ 'ㅅ,ㅈ,ㅊ' 아래 환경으로 각각 나누어 분석하였다.

①의 경우(깊오, 고푼)에서는 '♀>으>우' 변화가 한반도 전체에서 보편적으로 나타나는 현상이지만, 서부 지역을 중심으로 '으/우'가 지역 간 층을 이루며 건너뛰기 확산을 하여 교체하는 불안정한 모습을 보이고 있다. 반면에, 동부 지역은 원순모음화가 안정을 이루어 두 자료 간 변화 차이도 크게 없다. 특히 <전남>은 원순모음화와 관련하여 어두 음절(형태소 내부 환경)과 비어두 음절(형태소 경계 환경)이 다른 기제에 의해 움직이고 있다. 즉, 순음 아래 어두 음절에서는 '♀>오'로의 변화가 큰 세력을 형성하지만, 비어두 음절에서는 '♀>으/우'가 공존하고 있어 원순모음화 현상이 안정적이지 않다.

②의 경우(마눌, 바눌, 비눌, 며느리 등)에서는 '♀>으>우' 변화가 <경기><강원><충북><충남><전북> 등 중부 지역을 중심으로 두루 나타나고 있는데 반해, '♀>으' 변화가 <전남>을 중심으로 자주 나타나고 있다. 중부 지역을 중심으로 나타나던 '♀>으>우'가 남부 지역까지는 완전히 영향을 미치지 못하고 있어, '♀>으'형이 그대로 남아 있는 것이다. 최

남단인 <전남>은 중앙어로의 개신에 적극 반응하지 않는 지역적 보수성
을 가지고 있기 때문이다.

③의 경우(다듬다, 다르다, 마르다, 모르다)에서는 '으>으>우'로의 변화 대
신에 <경북>을 중심으로 <전북><전남><경남> 등 남부 지역에서는
'으>으'(74→73%) 또는 '으>으>이'(0→24%) 변화가 대부분 나타나고
있다.

④의 경우(가술, ᄆ술)에서는 '으>의/이' 변화가 <전북><전남><경
남><제주>를 비롯하여 <경북><충북><강원>에 이르기까지 광범위하
게 나타나고 있다. 두 자료 간 평균 출현 빈도율에서 '으>으>이'(92→
96%)가, '으>으'(6→5%)보다 월등히 높다.

(2) '으>이' 변화는 'ㅅ,ㅈ,ㅊ' 아래에서 '으>으,어,이' 변화(아춤, 마침)
로 다양하게 나타나고 있다. 특히 '아춤'의 경우, <전북><경북>은 전이
지역의 성격이 강하여 다양한 형태인 '아침, 아칙, 아척, 아직, 아적'형이
공존한다. <전남>은 고어형인 '아직, 아적'형만을 간직하고 있어 강한 지
역색을 보이고 있다.

(3) '으>오(우)'로의 변화는 순음과의 결합에서는 보편적 현상으로 대부
분 지역에서 광범위하게 나타나고 있다. 그러나 'ㄹ'과의 결합(ᄀ르, ᄌ르,
노르)에서는 '으>의/이' 변화가 중부 지역과 달리 남부 지역을 중심으로
나타나고 있다. 이는 보편적 규칙이 아닌 관계로, 중앙어로의 개신을 거부
하고 남부 지역에서는 독자적인 노선을 걷고 있는 것이다. '으>으>우'
변화는 북한의 <황해><평북><평남>에서부터 남한의 <경기><강
원><충북><충남><전북>에 이르기까지 한반도의 서부 지역에 주로 나
타나고 있다. 반면에, '으>으>이' 변화는 북한의 <함북><함남>을 비롯

하여 <전남><제주><경북><경남> 등 동·남부 지역을 중심으로 나타
나고 있다. 두 자료 간 평균 출현 빈도율과 변화율(ᄋ>우, 38→51%; ᄋ>이,
60→45%)에서 보듯이, 중앙어의 영향으로 차츰 '우'로의 개신이 갈수록
증가하는 추세이다.

3.2.에서는 '으' 변화를 분석하였다. '으'가 인접한 자음이나 모음의 영
향을 받아 방언에 따라 '으'가 원순모음 '우'나 전설모음 '이'로 변화하여
나타나는 경우가 전국적 단위에서 보이고 있다. 또한 인접하는 음운과 크
게 관련 없이 '으'가 개별 어휘에 따라 '이,우,어,아' 등 다양한 형태로 나
타나는 경우도 있다. 따라서 '으'는 이들 모음과 변별되지 않고 변이음으
로 쓰이는 경우가 많아 보인다.

으'가 인접 음운에 영향을 받아 '이'로의 변화나 '오/우'로의 변화에 가
장 민감하게 반응하며 고어형을 유지하려는 경향이 강한 지역은 <전라
도>를 중심으로 하는 서남 지역이다. 인접 음운과 관계없이 '으'형을 유
지하려는 경향이 강한 지역은 대체로 <충남>을 중심으로 하는 중부 지
역이다. <경상도>를 중심으로 하는 동남 지역은 인접 음운의 영향에 민
감하게 반응하여 서남방언과 같은 변화 흐름을 보이면서도 지역색 강한
'으[ㅌ]'로의 변화도 함께 보이는 지역이다.

따라서 '으'의 변화가 한반도의 동서를 가르는 중요한 변수가 되고 있
다. 서부 지역에서는 '으'를 고수하려는 <충남>의 영향과 '으>이' 또는
'으>오/우'로의 변화에 가장 민감하게 반응하는 <전라도>가 충돌하면서
다양한 모음이 나타나고 있다. 반면에, 동부 지역에서는 '으>이' 또는
'으>오/우'로의 변화도 수용하면서도 '으[ㅌ]'를 지키려는 동남방언의 영
향으로 다양한 모음이 나타나고 있어, 동서의 차이가 분명하다.

이렇듯 '으'가 주변음의 영향을 받아 다양한 분화형으로 나타나고 있음

을 고려하여 '으'의 변화를 1)치찰음과의 결합, 2)순음과의 결합, 3)기타 음운과의 결합적 변화와 관련하여 분석하였다.

1) 치찰음과의 결합적 변화에서는 '벼슬, 보습, 버짐, 브스름, 쓰레기, 기슴미다, 거짓말' 등의 어휘를 대상으로 살폈다. 이들 어휘의 평균 출현 빈도율('으', 25→24%; '이', 62→65%)에서 보듯이, 남한 대부분 지역에서 '으>이' 변화를 경험하였다. 다만, <충남>은 '으>이' 변화에 소극적인 반면, <전북><전남>은 가장 적극적이다. 형태음소론적 층위에 따라서는 단일어형(15%)에서보다 형태소 경계 환경(9%)에서 변화가 느리다. 형태소 경계 환경에서는 <충청>은 물론, '으>이'로의 변화에 민감한 <전남>에 까지 '으'형의 흔적이 남아있으므로, 형태소 경계 환경이 '으>이' 변화에 덜 민감하다.

2) 순음과의 결합적 변화에서는 '깊은/고드름, 비름, 요즈음, 이름' 등의 어휘를 대상으로 살폈다. 순행 환경에서는 '으>우'가 남한 대부분 지역에서 활발하게 나타나지만, 북한의 서북, 동북, 육진방언에서는 소극적이다. 역행 환경에서는 '으'가 '으,우,애/의[ㅢ]' 등 다양한 모습으로 지역을 달리하여 나타나고 있다. '으>우' 변화는 <충남>이 가장 소극적이다. '의/우' 형이 <전북><전남>에서는 비슷한 분포를 보이지만, '우'형이 다소 우세하다. '으>이>애' 변화를 보이는 곳은 <강원>이며, '의[ㅢ]'가 <경북><경남>에 보이고 있다.

3) 기타 음운과의 결합적 변화에서는 (1) ㄱ,ㄲ 아래 (2) 오/우 아래 (3) 으>어로 나누어 분석하였다.

(1)의 경우는 다시 ① 'ㄱ' 아래 '으>우'와 ② 'ㄲ' 아래 '으>이'로의

변화가 나타나고 있다. ①의 경우(그네)에서, '으>우' 변화가 '으'의 진원지라 할 만한 <충남>을 제외하고 전국적으로 나타나고 있다. 특히 '우'형은 <전북><전남><경북><경남> 등 남부 지역이 우세하다. 북한에서도 <황해>를 제외한 전 지역에서 '으>우'가 우세하다. 'ㄱ' 아래 '으>우' 변화는 생산적이고 보편적인 현상이지만, 표준어 지위를 획득한 '으'형의 영향으로 '으'로의 개신(우, 74→51%(-23); 으, 25→46%%(+21))이 많이 이루어졌다. ②의 경우(끈), '으>이' 변화가 <경기><충북><전남>을 제외하고 일부이긴 하지만, 전국적으로 보였다. 그러나 '노끈'의 출현 빈도율과 변화 차이('이'형 : 53→7%(-46); '으'형 : 48→52%(+4))에서 보듯이, '으'형이 표준어 자격을 가지면서, '이>으'로의 개신이 빠르게 진행되었다.

(2)의 경우, 다시 어두에 ①'오'가 오는 경우와 ②'우'가 오는 경우로 나누어 분석하였다. ①의 경우(소금쟁이, 오금, 고름), '으>오'가 <충남>을 제외한 남한 대부분 지역에서 나타나되, 특히 <전북>에 비교적 많이 분포되어 있다. 평균 출현 빈도율이 '오'형(15%)보다 '우'형(21%)이 다소 높게 나오듯이 '우'로의 개신이 많이 진행되었다. ②의 경우(무릎, 두름, 부스럼, 두드러기)는 어휘들의 환경에 따라 그 분포가 달리 나타나고 있다. '무릎'의 경우는 어휘 내부 환경이면서도 첫음절 'ㅁ'으로 인해, '우'로의 변화에 그다지 적극적이지 않은 <충남>을 포함하여 '으>우' 변화가 전역에 나타나고 있다. 반면에, '두름'의 경우, <충남>을 제외하고 전 지역에 '으>우'가 나타나고 있다. 특히, <전북><전남>에 '으>우'형이 대부분 분포되어 있다. 형태소 경계 환경(두드러기)에서는 어휘 내부와 달리 <충남>에도 '우'형이 나타나고 있다. '으'형이 표준어로 채택되면서 또다시 '으'로의 변화가 어휘 내부 환경에서부터 빠르게 진행되고 있는 것이다.

(3)의 경우, '의[ɨ]>으[ɯ]'와 '의[ɨ]>어[ə]', '어[ə]>으[ɨ]'로의 3가지 변
화 양상을 보이고 있다. '의[ɨ]>으[ɯ]'로의 변화(흙)는 <경북><경남>을
중심으로, '의[ɨ]>어[ə]'변화(-을/-를, 무릎, 머슴)는 뚜렷한 지역색을 찾기
어렵다. '어[ə]>으[ɨ]'변화(거지, 거머리)는 <충북><충남>을 중심으로 분
포되어 있어, 이들 지역이 '어>으'변화의 핵방언 지역이라 하겠다.

4장에서는 전부모음화의 분포와 변화 추이를 분석하였다.
4.1.에서는 '이'모음 역행동화를 개재자음 유무, 개재자음의 개수 및 자
질 특성, 피동화음의 종류, 형태소 내부와 경계 등을 고려하여 두 자료집
간 공통으로 나오는 어휘를 중심으로 그 지리적 분포와 변화 추이를 비교
하며 통시적 변화 과정을 기술하였다.
1)개재자음이 없는 경우, 2)개재자음이 있는 경우로 나누고 다시 (2)는
(1) 1개의 개재자음이 있는 경우, (2) 2개의 개재자음이 있는 경우로 나누
어 분석하였다.

1)의 경우(수염, 모이, 구유, 외양간), '이'역행동화는 한반도의 서부 지역이
동부 지역보다 우세한 경향을 다소 보이고 있다. 남한 지역에서는 <전
북><전남> 등 서남 지역이 '이'모음 역행동화 현상의 최후 방어선 지역
으로, 변이형도 가장 단순하다. 그러나 <충남>을 중심으로 시작된 '우'형
이 표준어로 세력을 형성하면서 <강원><경북><경남> 쪽으로는 개신
이 일부 진행되었으나, <전라도> 쪽으로는 거의 일어나지 않았다. 이에
비해, <경북>은 두 자료집 모두 가장 다양한 방언 변이형을 보이고 있어,
변화를 가장 많이 수용한 전이 지역의 성격을 보이고 있다. '우'형으로의
개신에 가장 적극적인 지역은 <충남>이다.
2)(1)의 경우, 대상 어휘로 각 환경에 따라 다음의 어휘들이 선정되었다.

①개재자음이 'ㄱ,ㄲ,ㅇ'인 경우 : '고기, 두루마기, 토끼, 노끈, 아지랑이, 지렁이' 등이, ②'ㅁ,ㅂ,ㅃ'인 경우 : '어미+야, 아가미, 올가미, 피라미, 바구미, 다듬이, 꾸미, 홀어미, 누비, 두꺼비, 고삐' 등이, ③'ㄴ,ㄷ,ㄹ'인 경우 : '다님, 저녁, 마디, 디리미' 등이다. 이들 어휘를 중심으로 그 지리적 분포와 변화 추이를 비교·분석한 결과, '이'모음 역행동화형이 '위,웨, 이,외,애,에'형 등 다양한 형태의 변이형을 보이며 지리적 분포를 달리하여 나타나고 있다.

'이' 동화형은 <전북><전남>을 중심으로 전국적인 분포를 보이고 있다. '이' 미동화형으로의 개신이 <경북>과 <경남>지역에서 빠르게 진행되는데 비해, <전북>과 <전남>은 개신의 속도가 가장 느린 지역으로 고어형이 잔존할 가능성이 가장 큰 지역이라 하겠다. <경북>은 개신형과 보수형이 공존하는 전이 지역의 성격이 강하다. <경기><충북><충남><전북><전남>을 중심으로 하는 서부 지역에는 '이' 동화형이, <강원><경북><경남>을 중심으로 하는 동부 지역에는 '이' 미동화형이 분포됨으로써, 크게는 동서를 나누는 방언 구획을 보이고 있다.

'이'모음 역행동화의 적용 여부가 개재자음의 성질에 따라 상대적인 차이가 있음을 확인할 수 있다. 즉, '이'모음 역행동화 현상은 '설단음<양순음<연구개음' 순으로 활발히 적용되고 있다. 설단음 중에서는 'ㄹ'자음이, 양순음에서는 'ㅁ'이, 연구개음에서는 'ㅇ'이 가장 활발하게 적용되고 있다.

어휘 내부 환경이 형태소 경계 환경보다 '이>아'형으로의 개신의 진행속도가 빠르다.

2)(2)의 경우(안기다, 감기었다, 장끼, 참기름, 왕겨(등겨)/바람벽(담벼락)/멸치), 개재자음이 1개인 경우보다는 적용되는 어휘가 많지 않다. 어휘 내부 환경

에서는 거의 일어나지 않는데 비해, 용언 활용형 환경에서는 상당히 활발하게 일어나기도 하고, 앞뒤 음절의 음운적 성질에 따라 그 분포가 달라지기도 한다. 즉 '이'모음 역행동화가 빈번하게 일어나는 어휘는 뒤 음절이 설음<양순음<연구개음 순이며, 앞 음절은 유성자음 'ㄴ,ㅁ,ㅇ,ㄹ'인 경우가 대부분이다. 다만, '딸기, 줄기, 들기름, 백설기' 등 앞 자음이 'ㄹ'인 경우에는 '이'역행동화가 일어나는 지역이 없다.

㉠ 뒤 음절이 '연구개음'인 경우, 중·서부 지역을 중심으로 더욱 널리 분포되어 있다. 동남부 지역에서는 중서부 지역에 비해 '애' 동화형이 활발하지 않다. ㉡ 뒤 음절이 '양순음'인 경우, 중·서부 지역에서 '이'동화형이 활발하게 나타나고 있는데 비해, 동·남부 지역에서는 활발하지 않다. ㉢ 뒤 음절이 '설음'인 경우, <경남>을 중심으로 <전북><전남><경북> 등 남부 지역에 주로 나타나고 있다. <경기><강원><충북>에도 일부 나타나고 있으나, <충남>은 금산을 제외하고는 나타나지 않아 가장 활발하지 않다.

4.2.에서는 어말에서의 '이'의 첨가 현상을 분석하였다. 개음절로 된 명사 끝음절에서의 '이'모음 첨가 현상은 빈번하게 일어나고 있지만, 대부분 단일어형 환경에서 나타나는 특징을 보이고 있다. 1) '아>애', 2) '어>에', 3) '오>외/이', 4) '우>위/이'의 변화로 나누어 분석하였다.

1)의 경우(가마(솥), 치마), '이'첨가 현상은 <강원><경북><경남>을 중심으로 <전남>에 이르기까지 한반도의 동·남부 지역에 분포되는 경향이 강하다. 이러한 특징은 한반도의 중·서부 지역을 중심으로 분포되는 경향인 강한 '이' 역행동화와 다른 점이라 하겠다. 따라서 '이'첨가 현상역시 한반도를 동서로 가르는 주요 표식이 되고 있다. '아>애' 변화는 평

균 출현 빈도율 94%로, 상당히 활발하게 나타나는 현상이다

2)의 경우(고등어, 은어, 오징어), '아>애'로의 변화보다 활발하지 않다. <전북><전남><제주><경남> 등 남부 지역을 중심으로 분포되어 있다. '어>에'의 평균 출현 빈도율은 34%이다.

3)의 경우(화로), [오구라] 자료에 중서부 일부 지역을 제외한 남·동부 대부분 지역에 '이'형이 분포(93%)되는 양상을 보였다. '오'형의 세력이 동·남부 지역으로 깊숙이 영향을 미치고 있으나, 서남부 지역으로는 영향력이 거의 없다. [정문연] 자료에 와서도 여전히 '이'형의 세력이 남한 전체에서 강하게 작용(64%)하고 있는 것이다.

4)의 경우(머루, 마루, 시루, 수수), 남부 지역을 중심으로 '이'형이 나타나고 있다. 특히, <전북>지역은 두 자료 모두 '이'형이 '우'형보다 그 분포 지역이 넓다. <전남>은 '이'모음 첨가 현상의 핵방언 지역이라 할 만하다. <전북>은 여전히 '우'형이 대세이다. 반면에, <전남>은 [오구라] 자료에 많은 지역에서 '에'형이 나타났으나, [정문연] 자료에 오면서 '이/에'형 등의 형태로 다양화되고 있다. 대부분 지역에서 끝음절이 '이' 또는 '에'형으로 끝나고 있어 이 지역은 비교적 '이'모음 첨가 현상이 활발하다고 하겠다. '이/애'형도 <경남>을 중심으로 나타날 뿐, '우'형이 중앙어로서의 지위를 얻으면서 대부분 지역이 '우'형으로 이미 개신이 진행되었다. '우>위/이'의 평균 출현 빈도율과 변화율은 45 → 34%(-11)이다.

4.3.에서는 상향이중모음의 단모음화를 1) '야>애'의 변화, 2) '여>에'의 변화, 3) '요>외'의 변화로 나누어 분석하였다. '야, 요, 유'의 변화는

'여'의 변화에 비해 활발하지 않기에, 주로 '여'의 변화를 중심으로 논의를 진행하였다.

1)의 경우(뺨), <경기><강원><충북> 등 남한의 중부 지역을 중심으로 다소 활발하게 나타나고 있으며, <전남><경남> 등 남부 지역은 활발하지 않다.

2)의 경우(벼, 병, 별, 벼락, 뼈, 며느리, 혀), <황해>를 제외한 대부분의 지역에서 '여'형보다 '에'형이 우세하다. '에'형을 거부하는 핵방언 지역이 <황해>이다. 그 외 한반도 전역은 모두 '에'형이 우세하다. '에'가 고어형으로 이른 시기에 '여>에'로의 변화를 경험하였으나, <황해>에서 시작된 개신어 '여'형이 중앙어로 세력을 형성하면서 어휘 내부에서부터 개신이 빠르게 진행되고 있다. 두 자료 간 평균 출현 빈도율과 변화율(62→56%(-6))이 단모음화 중에서 가장 활발하다.

3)의 경우(효자), 두 자료 간 큰 변화를 보이고 있다. 개신의 속도(60→3%(-57))가 빠른 만큼 '요>외' 변화는 보편성이 결여된 규칙이라 하겠다.

5장에서는 자음 분화형의 분포와 변화 추이를 살피되, 어중 자음 'ㄱ : ø', 'ㅂ : ø', 'ㅅ : ø'의 대응 관계와 기타 자음으로 'ㅎ : ㅅ'과 'ㄱ : ㅈ'의 대응 관계로 나누어 분석하였다.

5.1에서는 15세기 어형 어중자음 1)ㄱ[ɣ], 2)ㅸ[ß], 3)ㅿ[z]이 보여 주었던 'ㄱ : ø', 'ㅂ : ø', 'ㅅ : ø'대응 관계를 중심으로 고찰하였다. 형태음소론적 층위를 고려하여 ①어휘 내부 ②용언 활용형 ③파생어 및 합성어 환경으로 구분하였다. 평균 출현 빈도율은 어휘 내부<용언 활용<파생어 및 합성어 환경 순으로 높이 나타나고 있지만, 평균 변화율은 대체로 그

역순이다. 다만 어휘내부 환경에서는 'ㄱ,ㅂ' 대응 어휘의 경우, 이미 이른 시기에 변화가 시작되었고 분포 지역도 그리 넓지 않기에 평균 변화율이 가장 낮다. 반면에 'ㅅ' 대응 어휘의 경우는 다소 다른 양상을 보이고 있다. 어휘 사용 빈도수에 따라 변화율의 차이를 보이고 있지만, 대체로 평균 변화율이 가장 크다.

1) 'ㄱ : ø'의 대응을 보이는 어휘들은 원래 'ㄱ'유지형이 한반도 전체에 우세하게 분포되어 있었는데, <황해>지역에서 시작된 'ㄱ'탈락형이 중앙어로서 세력을 획득하면서 북으로는 <평남>과 <평북>으로, 남으로는 <경기>를 비롯하여 서부 지역으로 어휘 내부에서부터 개신이 빠르게 진행되었다. 그리하여 'ㄱ'유지형은 남한에서는 'ㄱ'유지형의 최후 방어선이 <강원>의 동해안과 <경북>의 일부 지역이 되었다. 'ㄱ : ø' 대응관계는 동서를 구분 짓는 중요한 지표가 되고 있다. 두 자료집 간 'ㄱ'유지형의 평균 출현 빈도율과 변화율이 ① 어휘내부(10→12%(+2)), ② 용언활용(36→19%(-17)), ③ 파생어 및 합성어(80→71%(-9))로 나타나고 있다.

①의 경우(가루, 노루, 모래, 수수, 숯), 'ㄱ'유지형이 동해안 지역인 <강원>을 중심으로 <경북>의 일부 지역에만 분포하고 있다. 개신이 빠르게 진행이 되었다.

②의 경우(짜(鹽)-, 씻(洗)-, 심(植)-, 냅(煙)-), 'ㄱ'유지형이 넓게는 <강원>에서 <전남>서부 지역에 이르기까지의 한반도의 동·남부 지역에, 좁게는 <경북>과 <경남>에 이르는 지역에 나타나고 있다.

③의 경우(벌레, 시렁, 어레미, 살강, 개암, 얼레빗), 'ㄱ'유지형이 <경기>지역까지 깊숙이 침투해 남으로 서부 해안 지역까지 분포되어 있는 양상을 보이고 있다.

2) 'ㅂ'유지형은 한반도 전체에서 핵방언 지역인 <경상도>를 중심으로 <강원>을 거쳐 <함북><함남>지역에 이르는 동부 지역에 주로 분포하는 경향을 보였다. 반면에, 개신형 'ㅂ'탈락형은 <평북><평남>에서 시작하여 <황해><경기><충남><전북><전남><제주>에 이르는 서부 지역에 일관되게 나타나고 있다. 동서 구분이 뚜렷한 방언 구획을 보이고 있다.

특히, 'ㅂ'유지형의 분포는 'ㅅ'유지형보다 분포 범위가 넓지 않다. 이는 진원지가 <전남>인 'ㅅ'유지형의 경우와 달리, 진원지가 <경상도>지역인 'ㅂ'유지형이, 탈락형(ø)으로 개신이 보다 빠르게 진행되었다고 볼 수 있다. 개신에 보다 적극적인 지역은 서남 지역이 아닌 동남 지역이기 때문이다. 평균 출현 빈도율과 변화율이 ① 어휘 내부(28→20%(-8)), ② 용언 활용(45→31%(-14)), ③ 파생어 및 합성어(59→49 %(-10)) 순으로 높이 나타나고 있다.

①의 경우(누이, 누에, 확), 'ㅂ'유지형이 나타나는 지역은 한반도의 동부 지역에 치우쳐 있다. 곧 남으로는 <경북><경남>, 북으로는 <함북><함남>지역뿐이다.

②의 경우(맵-, 부럽-), 'ㅂ'유지형이 <경북><경남>을 비롯하여 <강원><충북><충남><전북><전남>지역에까지 광범위하게 분포되어 있어 동서 구분의 등어선이 서쪽으로 많이 이동되어 있다.

③의 경우(벙어리, 다리, 마름), 파생어휘에서는 개신이 거의 진행되지 않을 뿐 아니라, 큰 변화 없이 아주 느리게 진행되고 있다. 파생어는 북한의 <황해>연안 지역과 남한의 <경기><강원><충남> 등 중부 지역을 제외한 전국적인 단위로 'ㅂ'유지형이 광범위하게 분포되어 있다. 특히 사용 빈도수가 낮은 파생어 '다리' 어휘를 통해서는 어중 'ㅂ : ø' 음의 동서 분화의 극명한 대비를 확인할 수 있다.

3) 'ㅅ : ∅' 대응관계는 'ㄱ : ∅'나 'ㅂ : ∅' 대응관계와는 다른 분포를
보이고 있다. 'ㄱ : ∅'나 'ㅂ : ∅' 대응관계를 보이는 어휘가 동서를 구분
짓는 지표가 된다면, 'ㅅ : ∅' 대응관계를 보이는 어휘는 남북을 구분 짓
는 방언 구획을 보여주고 있는 것이다. 즉, 'ㅅ'유지형은 한반도 전체에서
'ㅅ'의 진원지인 <전남><전북>을 중심으로 하여 북으로는 <충남><충
북><경기>에 이르고, 동으로는 <경남><경북><강원>을 거쳐 <함
남><함북>에 이르는, 한반도의 서북부지역을 제외한 전 지역에 분포하
는 경향을 보이고 있다. 반면에, 'ㅅ'탈락형은 <평안도>에서 시작하여
<황해>와 <경기>의 일부 지역에 이르는 한반도의 서북부 지역에만 제
한적으로 나타나고 있다. <평남>과 <황해>지역에서 시작된 개신형인
탈락형의 개신 방향은 서부 지역으로 향해 있는 'ㅂ'탈락형과 달리, 동부
지역으로 다소 치우쳐 있는 모습을 보이고 있다. 개신의 진행이 빠른 어
휘 내부 환경에서 살피면 'ㅅ'유지형은 <전남>지역이, 'ㅂ'유지형은 <경
북>과 <경남>지역이 최후 방어선이 되고 있는 형국이다. 물론 'ㅅ'유지
형이 대부분 <전남>을 중심으로 분포하되, <경북>지역에도 일부 보이
고는 있다. 이는 'ㅂ'유지형이 <전남>을 비롯하여 서부 지역에는 전혀
보이지 않는 점과 대조적이다.

결국 개신형 'ㅂ'탈락형이나 'ㅅ'탈락형의 진원지인 <평안도>와 <황
해도>를 잇는 서북지역은 옛 고려 지역으로서 조선을 거쳐 현대에 이르
기까지 강력한 중앙어로서의 세력을 획득하면서, 백제를 중심으로 형성된
'ㅅ'유지형과, 신라를 중심으로 형성된 'ㅂ'유지형을 밀어내면서 차츰 세
력을 확장해 나가고 있는 형국을 보이고 있는 것이다. 개신의 영향을 가
장 많이 받은 지역은 <경기>와 <강원>에 맞닿은 <충북>이다.

평균 출현 빈도율과 변화율은 ① 어휘 내부(72 → 42%(-30)), ② 용언 활
용(78 → 62%(-16)), ③ 파생어 및 합성어(89 → 80%(-9))로 나타나고 있다.

①의 경우(가을, 겨울, 마을, 여우, 무, 모이, 구유), 어휘 내부 환경에서는 두 자료 사이에서도 변화되는 모습이 뚜렷이 확인되고 있다. [오구라] 자료에서 보이던 'ㅅ'유지형의 등어선이 [정문연] 자료에 오면서 훨씬 남쪽으로 이동되거나 분포 범위도 축소되는 모습을 보이고 있다. 어휘 내부 환경이라도 일상생활 용어(가을, 겨울, 마을)가 아닌 사용빈도수가 상대적으로 낮은 어휘(여우, 무, 모이, 구유)는 고어형이 화석화된 형태로 남아 있기 때문에 'ㅅ'유지형의 분포지역이 넓을 뿐 아니라, 변화도 심하지 않아, 두 자료집 간 차이점이 두드러지지 않는다는 것이다.

②의 경우(잇-, 낫-, 쪼-), 중부와 남부 지역을 수평으로 나누어 뚜렷한 구분을 보이며 나타나고 있다. 어휘 내부 환경에서보다 'ㅅ'유지형의 등어선이 위로 올라가 있는 모습을 보이고 있다. [정문연] 자료에 오면서 'ㅅ'유지형이 <경기><강원>의 남부 지역까지 보이고 있을 뿐만 아니라, 개신형 'ㅅ'탈락형의 침투도 한반도의 남부 지역에는 거의 보이지 않고 있다. 특히 <경기>의 섬지역인 옹진에까지 'ㅅ'유지형이 나타나고 있는 점으로 미루어 보아 예전에는 <경기>의 중부 지역 깊숙이 'ㅅ'유지형이 나타났을 것으로 짐작된다.

③의 경우(가위, 냉이, 김매다), <경기>와 <강원>지역에까지 'ㅅ'유지형이 광범위하게 분포하는 모습을 보이고 있다. 두 자료집 간 차이가 뚜렷하지 않고 거의 비슷하다.

5.2에서는 구개음화 현상과 관련하여 1) 'ㅎ : ㅅ', 2) 'ㄱ : ㅈ'의 대응 관계를 중심으로 지리적 분포와 변화 흐름을 살펴보았다.

1)의 경우(혀, 형, 힘, 효자, 헤아리다), 'ㅅ'형이 <전남>을 핵방언 지역으로 하여 전국적으로 분포되어 있다. [오구라] 자료에서는 'ㅅ>ㅎ'으로의 개신이 '효자'를 제외하고는 진행이 거의 되지 않았다. 그러나 [정문연]

자료에 와서는 'ㅅ>ㅎ'으로의 개신이 대부분의 어휘에서 상당히 많이 이루어졌다. 따라서 남한에서는 'ㅎ'개신형이 <경기>를 중심으로 하여 동부 지역으로 개신이 진행되는 경향을 보여 주고 있다.

북한 지역에서는 <평남><평북>을 중심으로 'ㅎ'형이 뚜렷하게 나타나고 있어 'ㅎ'의 핵방언 지역이라 할 만하다. 이에 비해, <황해><함남><함북>에서는 'ㅅ'형이 뚜렷하게 나타나고 있다. 'ㅎ'과 'ㅅ'의 대응관계를 'ㅎ'구개음화로 본다면, <함남><함북>은 'ㄷ/ㄱ'의 구개음화 현상과 함께 'ㅅ'형이 모두 활발하게 나타나지만(단 <함북>은 일부 공존함.), <평남><평북>은 'ㄷ/ㄱ'구개음화 현상과 'ㅅ'형이 전혀 나타나지 않는다. 여기서, <황해>는 'ㄱ'구개음화 현상은 나타나지 않지만, 'ㅅ'형은 활발하게 나타나고 있다는 점을 주목할 필요가 있다. 'ㅎ : ㅅ'의 대응관계를 'ㄷ/ㄱ'구개음화 현상과 동일하게 'ㅎ'구개음화 결과로 'ㅅ'형을 해석한다면, 'ㅎ'구개음화의 발생 시기를 'ㄱ'구개음화보다 앞당길 수 있는 근거로 해석해 볼 수 있다. 구개음화의 진원지가 <전남>이라면, 어휘 확산 가설로 볼 때, <황해>지역에 'ㄱ'구개음화는 미처 도달하지 못했으나, 'ㅅ'형은 이미 활발하게 적용되기 때문이다. <평북><평남>은 'ㄷ/ㅎ/ㄱ'구개음화가 모두 적용되지 않고 있어 아직 그 영향을 받지 않은 것으로 볼 수 있다. 반면에, <함북><함남>은 구개음화뿐 아니라 모든 음운변동 현상에 적극적으로 반응하는 모습을 보여 주었다.

2)의 경우(김, 겨, 곁, 겨울. 키, 길다, 길이, 기둥, 김매다), 사용빈도수가 높은 일상생활 어휘(김, 겨울)는 'ㄱ'으로의 개신이 빠르게 진행되었다. 곧, <황해>지역에서 시작된 개신형 'ㄱ'형이 남하하면서 <경기>를 중심으로 개신을 시작하여 <제주>에 이르기까지 일부 지역(특히 전남)을 제외하고, 전국적으로 개신이 확산되어 갔다. 반면에, '키'와 같이 일상생활에서 자주

사용하는 기본 생활어휘가 아닌 경우에는, 개신이 <경기>를 제외한 남한 전체에서 거의 일어나지 않았다. <황해>에서 시작한 개신형 'ㄱ'형이 남한에서는 <경기>지역을 중심으로만 널리 분포하고 있고, 아직은 다른 지역까지 활발하게 그 세력을 확장하지 못하고 있는 것이다. 따라서 '키' 어휘는 고어형 재구와 같은 통시적 연구에 적합한 어휘라 할 만하다. 개신의 방향은 서남부 지역인 <전북><전남>보다 동남부 지역인 <경북><경남>으로 진행되어 갔다. 'ㄱ'구개음화는 <전남>이 핵방언 지역이라 하겠다.

연구를 진행하면서 여러 가지 많은 아쉬움이 남는다. 깊이 있는 연구가 이루어지지 못한 채 자료 정리에만 머물렀다. 방언 자료에 나타나는 객관적 사실만을 정리하는 선에서 일차적 마무리를 하고 보다 깊이 있는 해석과 논구는 후일을 기약하도록 한다. 그러나 방대한 방언 자료 정리와 지도 작성을 통해 자료의 귀중함을 알게 되었고, 나아가 앞으로 논의해야 될 많은 새로운 문제점도 발견하게 된 의미 있는 논의였다. 특히 귀중한 방언 자료를 남겨 준 오구라 신페이의 학자적인 태도에 다시 한 번 머리 숙여 그의 노고에 존경과 경이를 표한다.

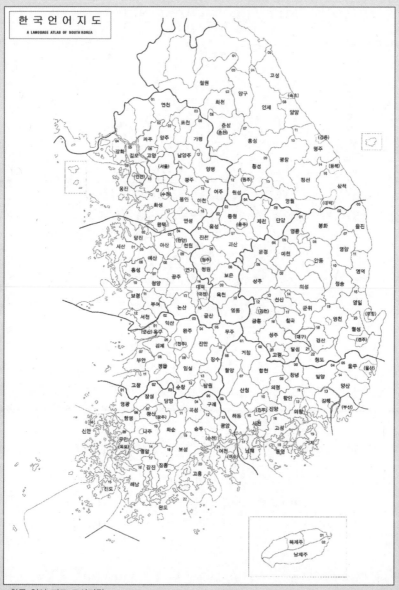

▶ 한국 언어 지도 조사지점

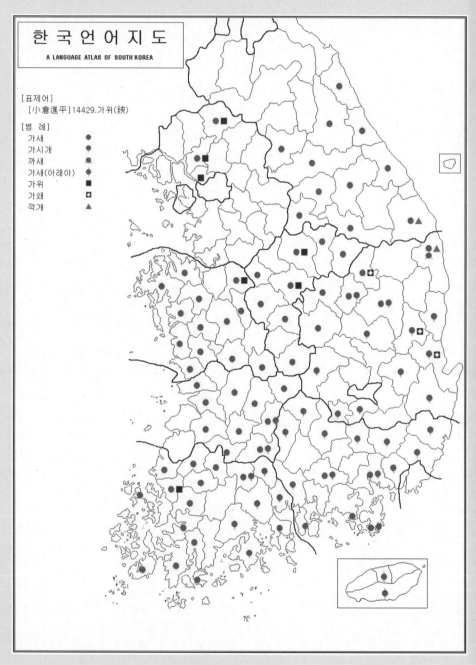

[지도 1-1] 가위[오구라]

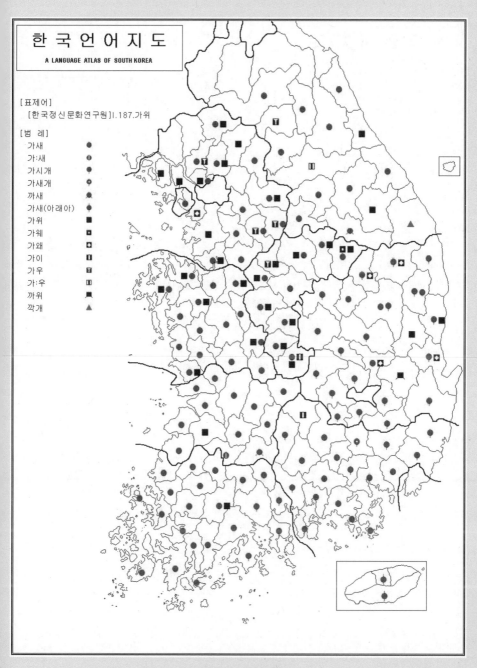

한 국 언 어 지 도
A LANGUAGE ATLAS OF SOUTH KOREA

[표제어]
  [한국정신문화연구원]I.187.가위

[범 례]
  가새
  가:새
  가시개
  가새개
  까새
  가새(아래아)
  가위
  가웨
  가왜
  가이
  가우
  가:우
  까위
  깍개

〔지도 1-2〕 가위〔정문연〕

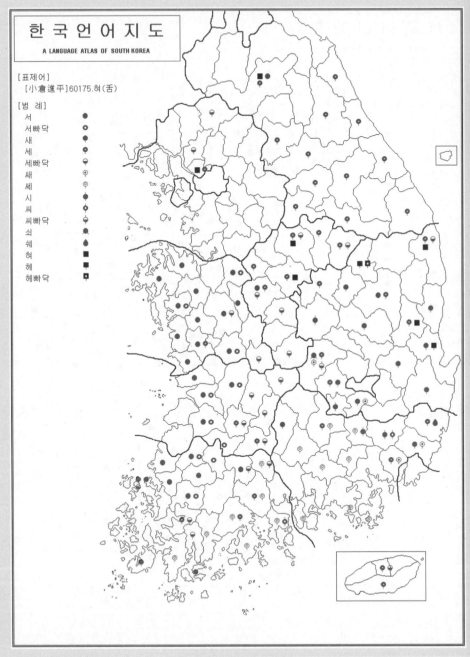

[지도 2-1] 혀a[오구라]

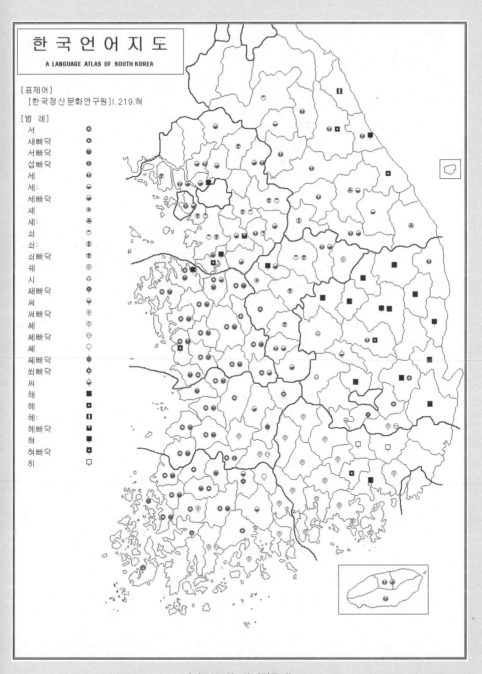

〔지도 2-2〕 혀a〔정문연〕

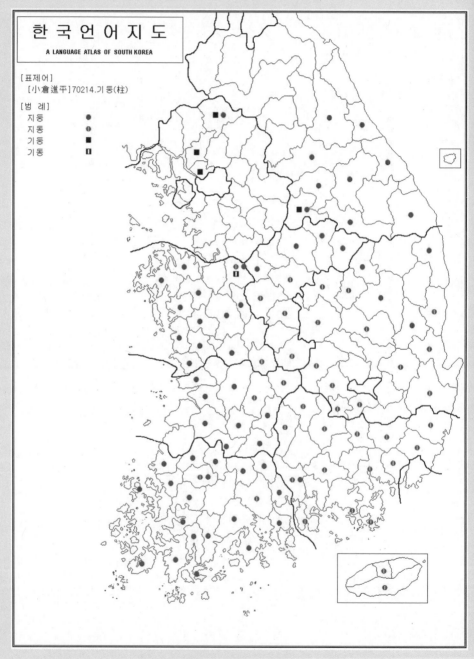

[지도 3-1] 기둥〔오구라〕

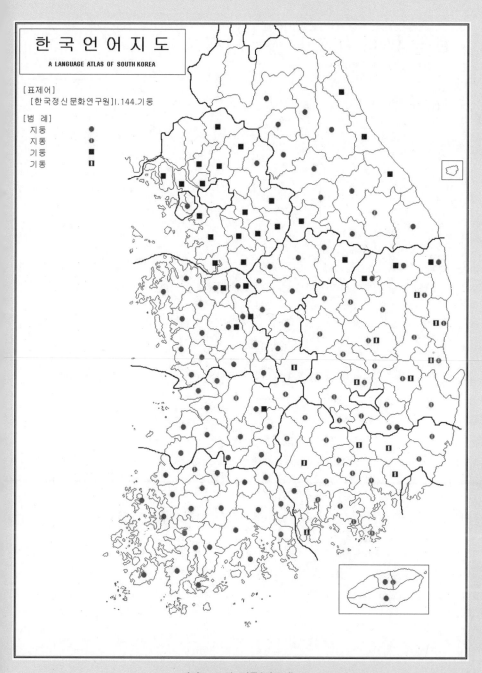

〔지도 3-2〕 기둥〔정문연〕

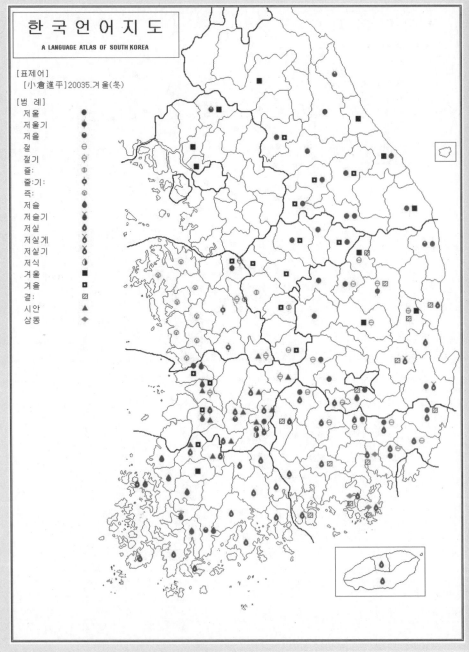

〔지도 4-1〕 겨울a〔오구라〕

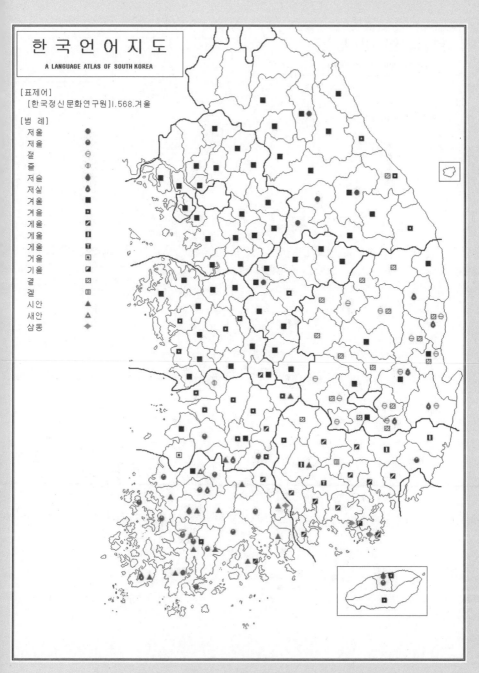

[지도 4-2] 겨울a[정문연]

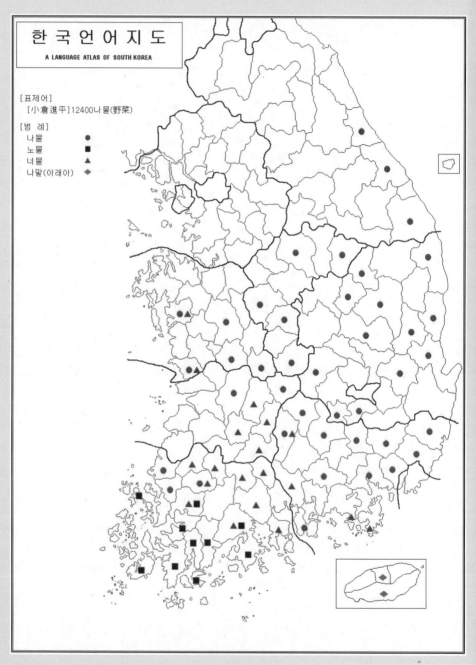

〔지도 5-1〕 나물〔오구라〕

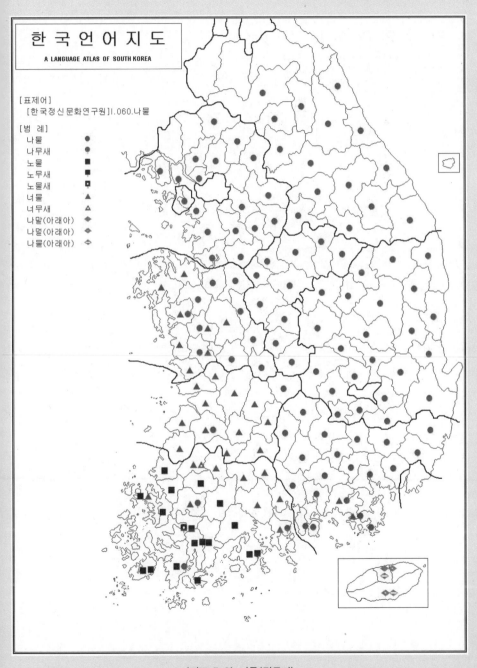

〔지도 5-2〕 나물〔정문연〕

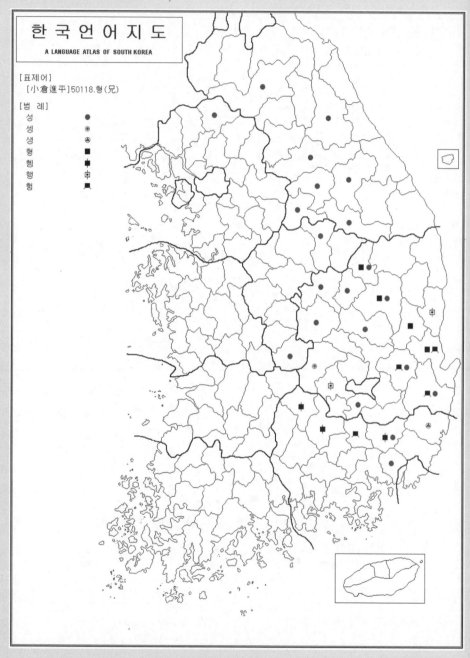

[지도 6-1] 형[오구라]

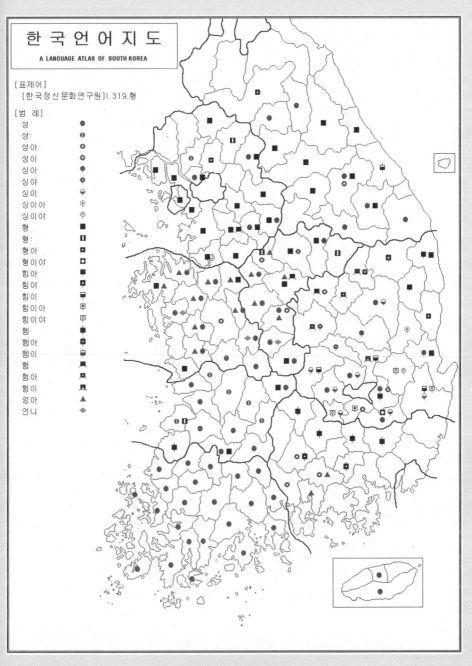

〔지도 6-2〕 형〔정문연〕

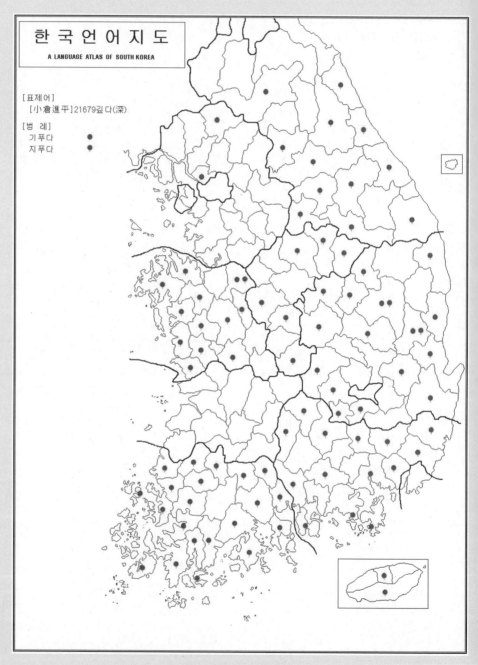

한 국 언 어 지 도

A LANGUAGE ATLAS OF SOUTH KOREA

[표제어]
  [小倉進平] 21679 깊 다(深)

[범 례]
  기 푸 다   ●
  지 푸 다   ●

〔지도 7-1〕 깊(으)다〔오구라〕

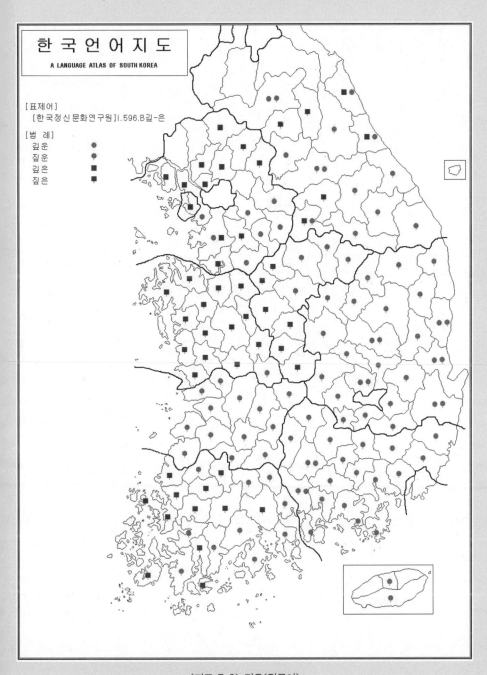

〔지도 7-2〕 깊은〔정문연〕

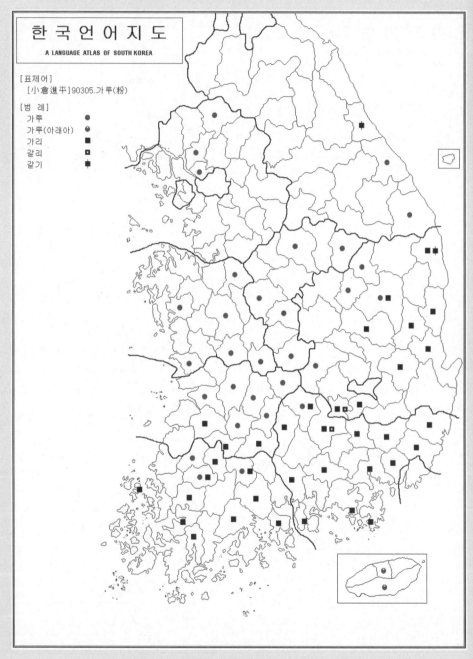

〔지도 8-1〕 가루a〔오구라〕

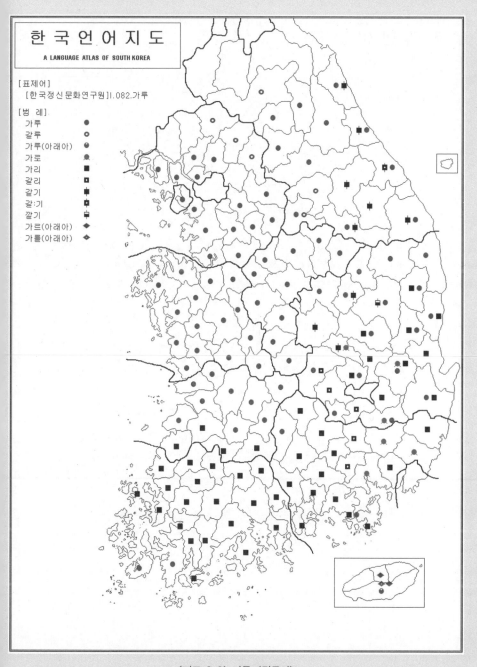

[지도 8-2] 가루a〔정문연〕

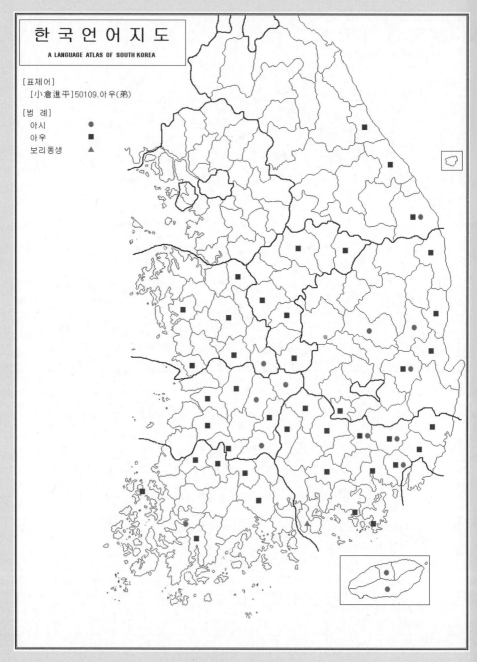

[지도 9-1] 아우(오구라)

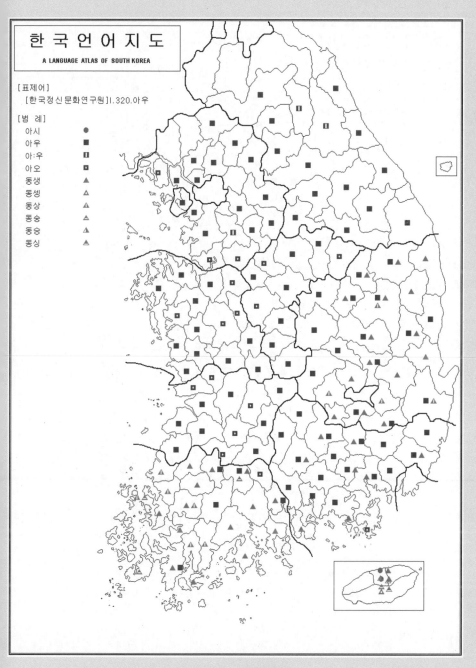

〔지도 9-2〕아우〔정문연〕

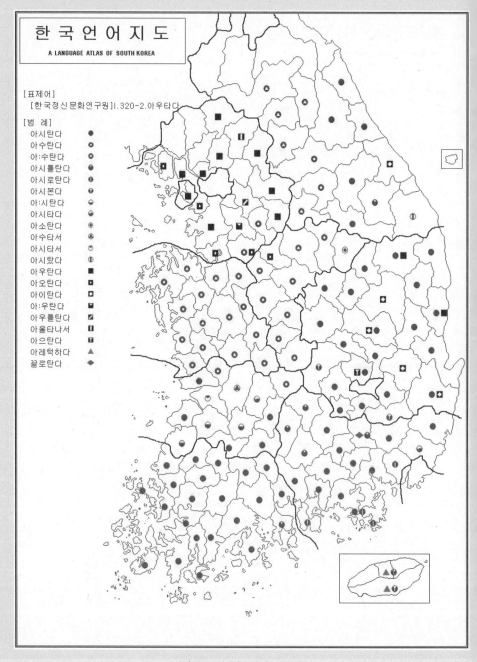

[지도 9-3] 아우보다[정문연]

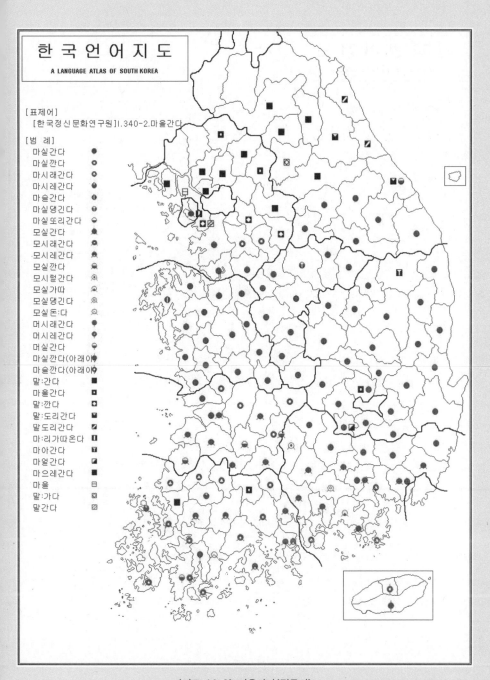

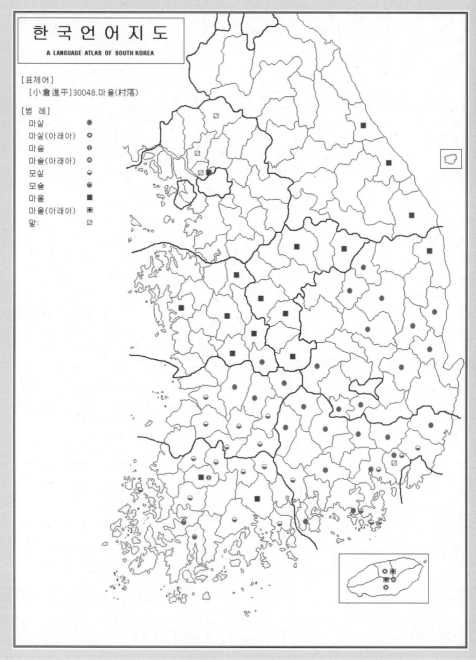

[지도 10-1] 마을a〔오구라〕

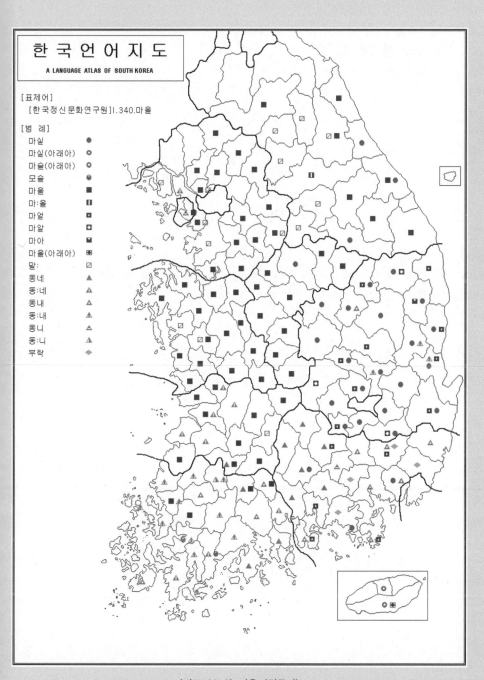

〔지도 10-2〕 마을a〔정문연〕

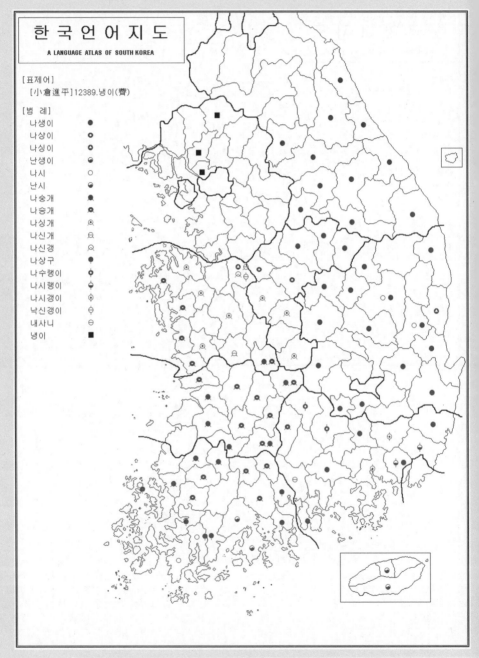

〔지도 11-1〕 냉이〔오구라〕

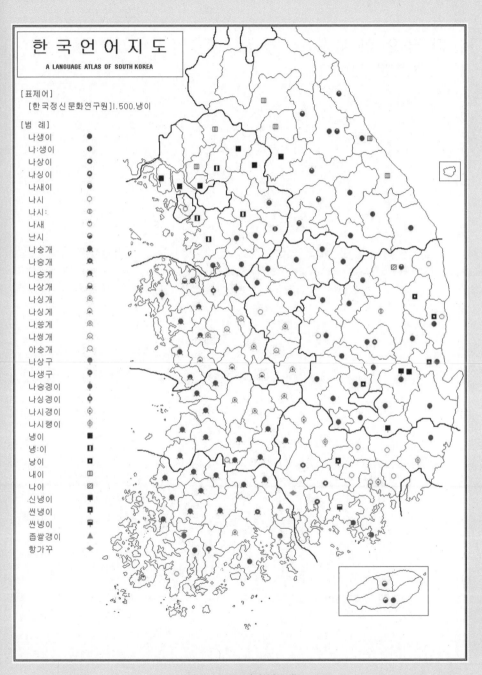

〔지도 11-2〕 냉이〔정문연〕

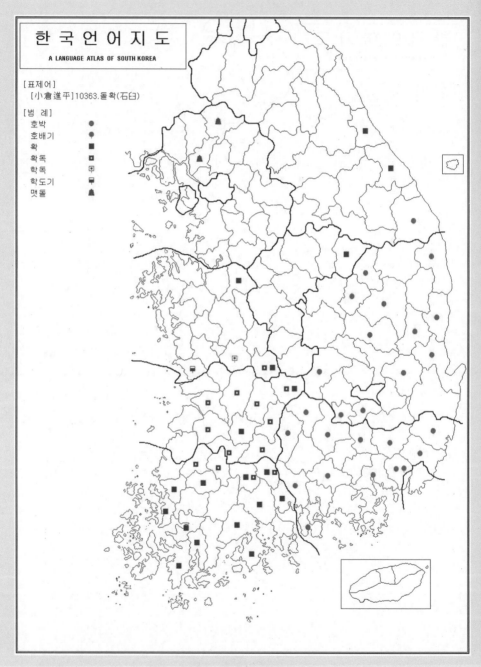

[지도 12-1] 확[오구라]

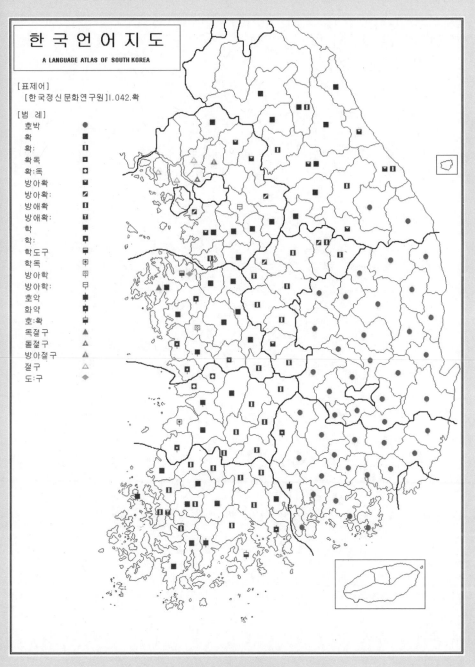

〔지도 12-2〕확〔정문연〕

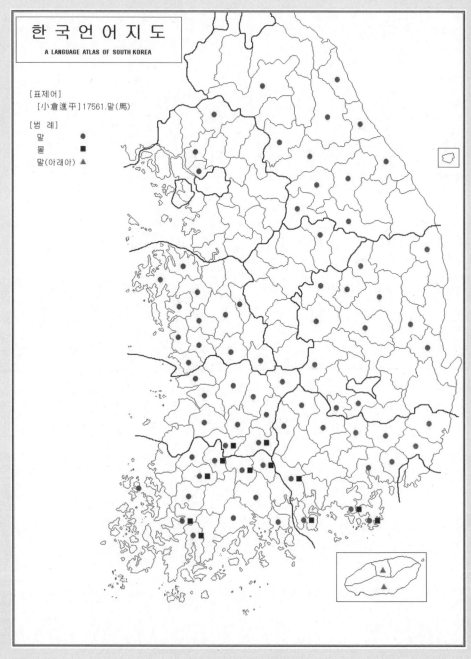

[지도 14-1] 말[오구라]

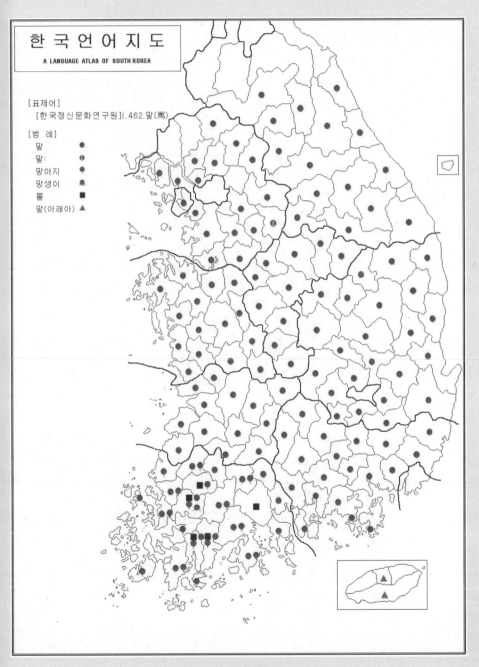

〔지도 14-2〕말〔정문연〕

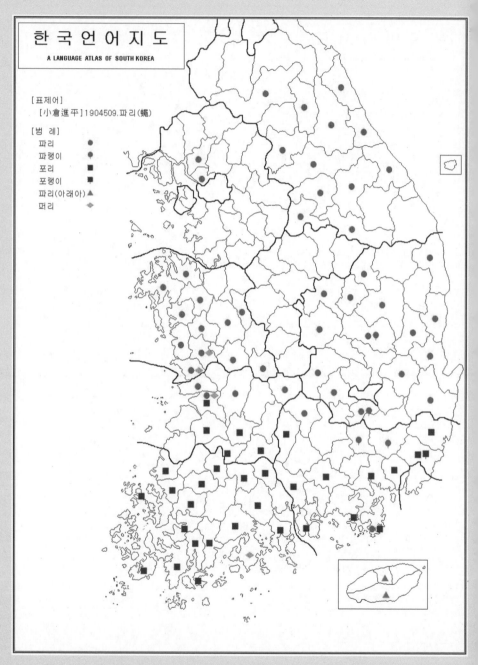

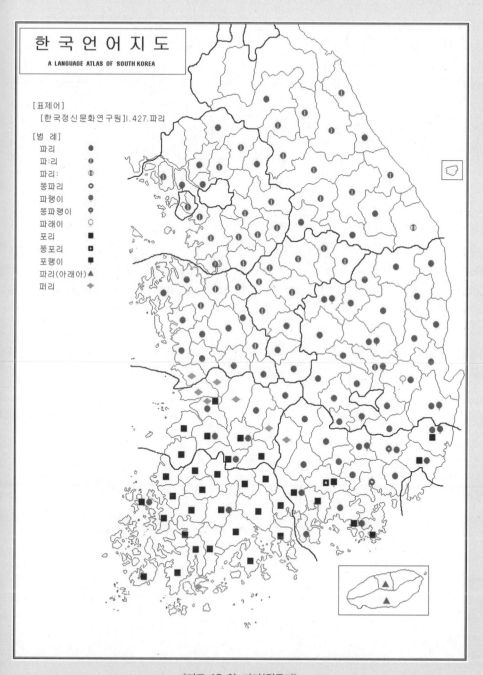

〔지도 15-2〕파리〔정문연〕

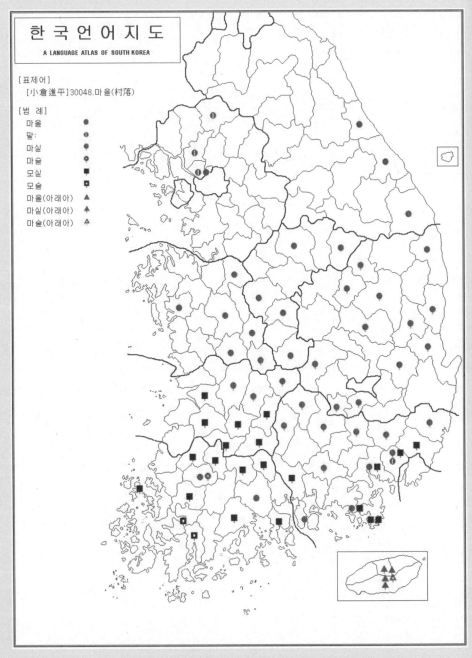

〔지도 16-1〕 마을b〔오구라〕

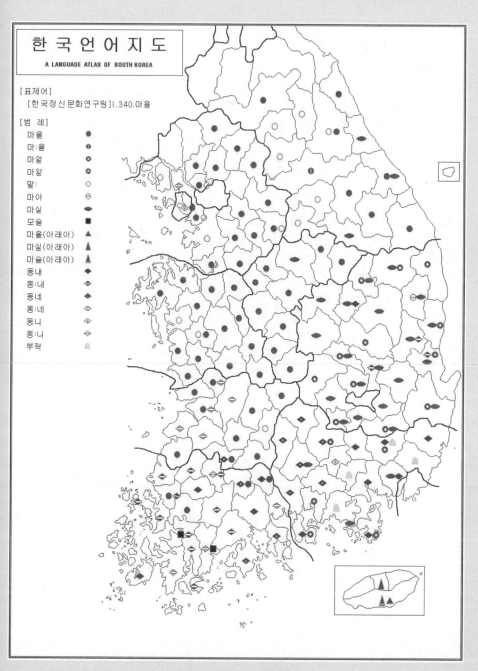

〔지도 16-2〕 마을b〔정문연〕

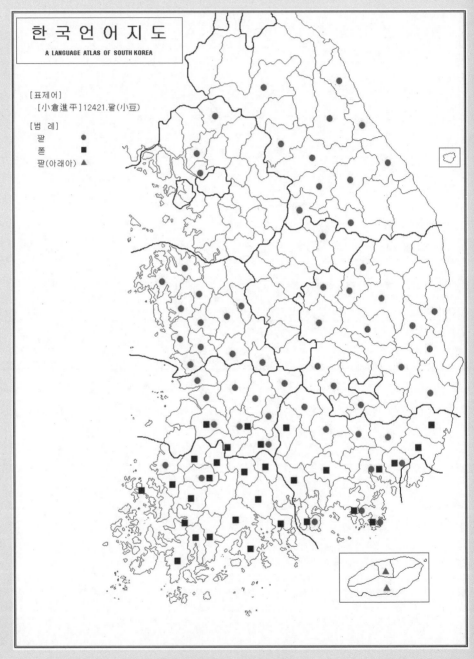

〔지도 17-1〕 팥〔오구라〕

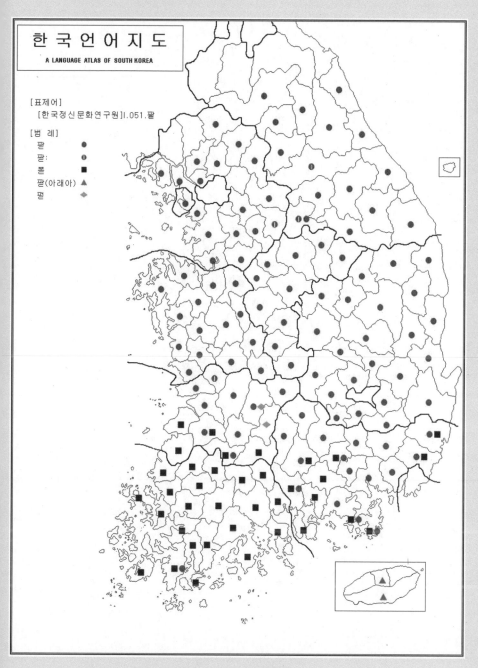

〔지도 17-2〕팥〔정문연〕

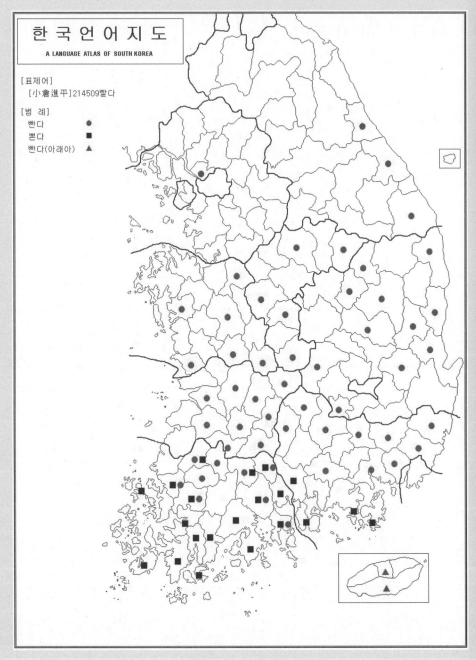

[지도 18-1] 빨다(오구라)

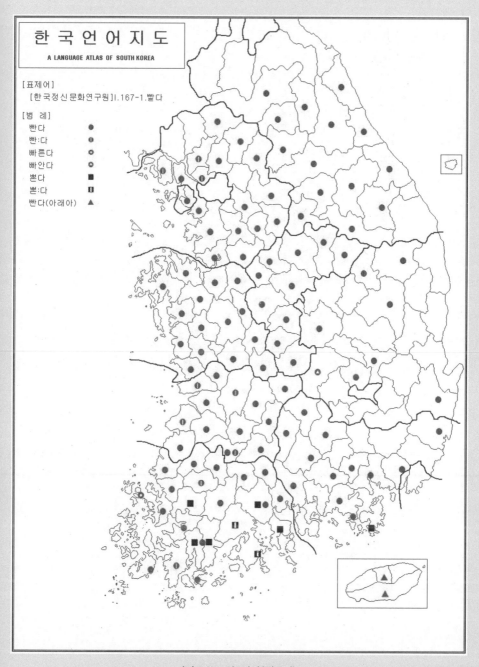

〔지도 18-2〕 빨다〔정문연〕

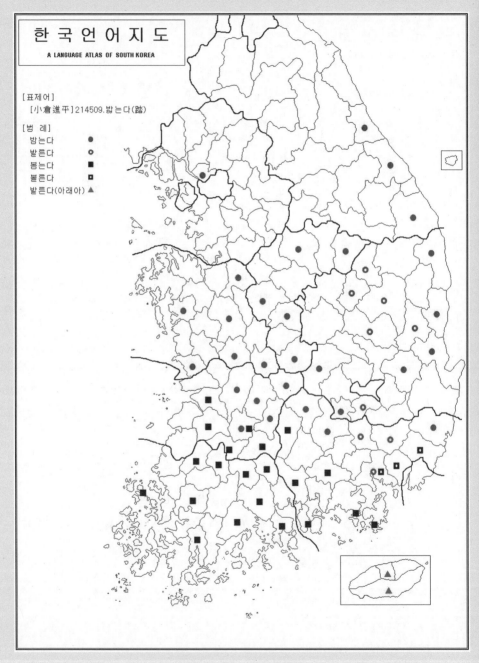

[지도 19-1] 밟는다(오구라)

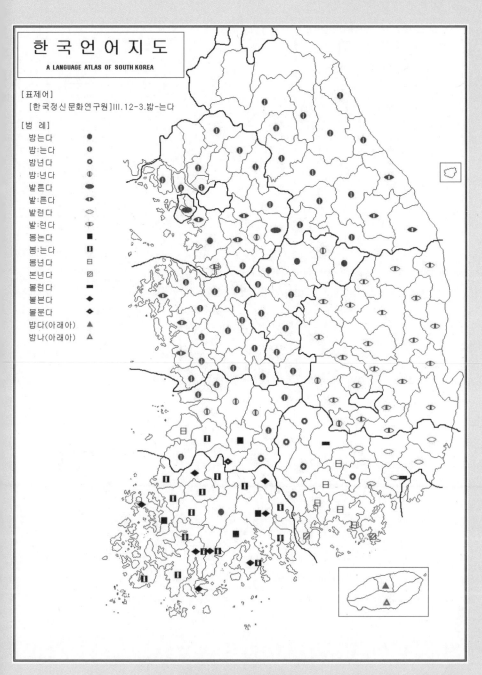

〔지도 19-2〕 밟는다〔정문연〕

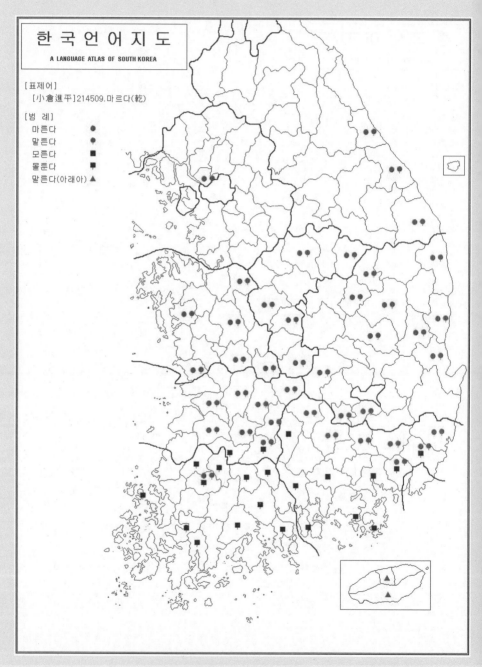

[지도 20-1] 마르다a〔오구라〕

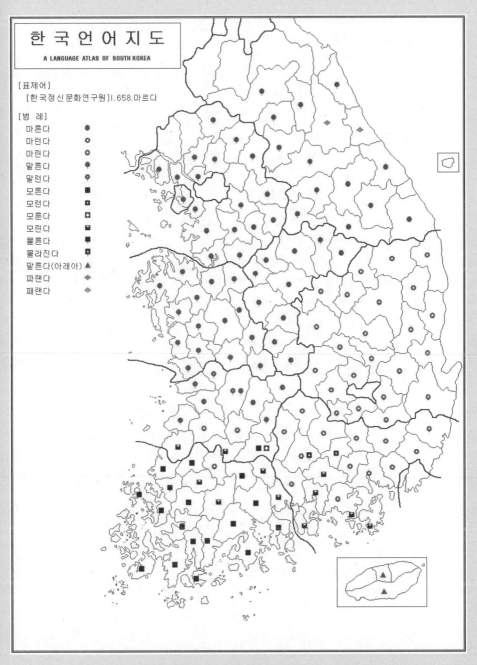

〔지도 20-2〕 마르다a〔정문연〕

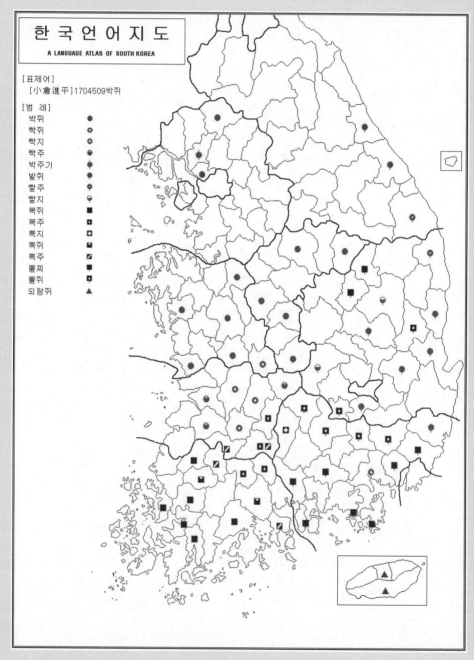

〔지도 21-1〕 박쥐〔오구라〕

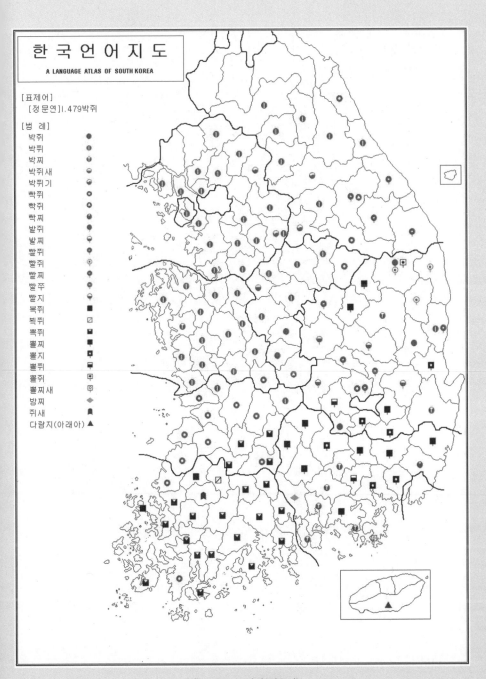

〔지도 21-2〕 박쥐〔정문연〕

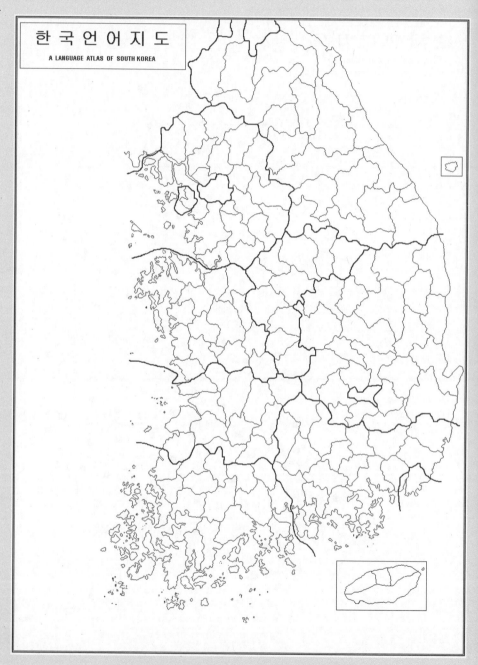

〔지도 22-1〕 고픈가 보다〔오구라〕 자료 미조사됨

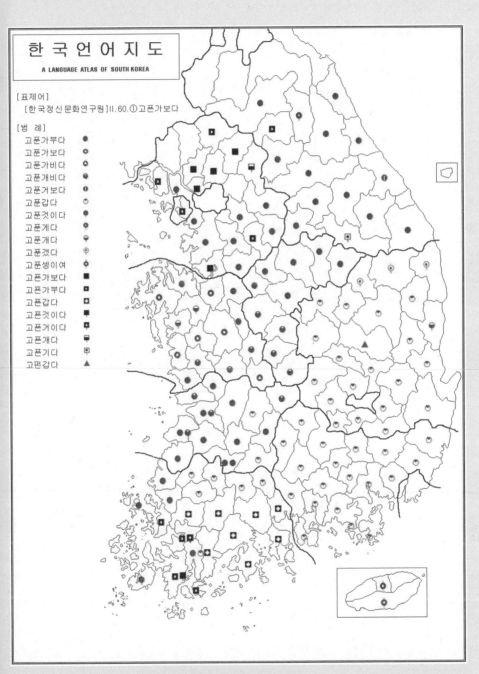

[지도 22-2] 고푼가 보다[정문연]

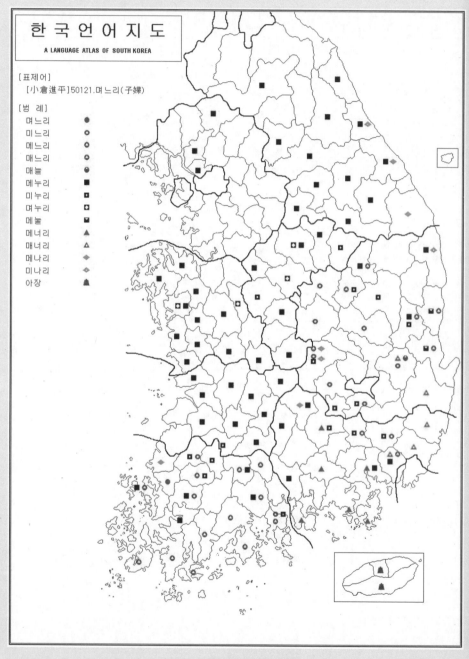

〔지도 23-1〕 며느리a〔오구라〕

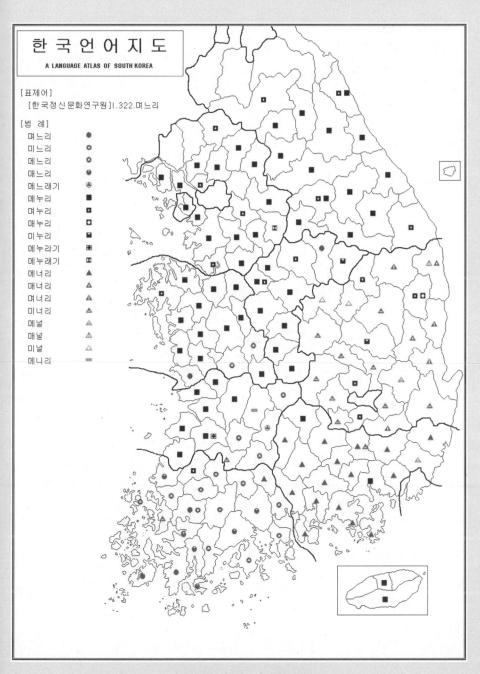

한 국 언 어 지 도
A LANGUAGE ATLAS OF SOUTH KOREA

[표제어]
　[한국정신문화연구원]Ⅰ.322.며느리

[범 례]
　며느리　　　●
　미느리　　　◎
　메느리　　　◍
　매느리　　　◐
　메느래기　　◉
　메누리　　　■
　며누리　　　▫
　매누리　　　◻
　미누리　　　⊟
　메누라기　　⊞
　메누래기　　⊠
　메너리　　　▲
　매너리　　　△
　며너리　　　▲
　미너리　　　▲
　메널　　　　▲
　매널　　　　△
　미널　　　　△
　메니리　　　▬

〔지도 23-2〕 며느리a〔정문연〕

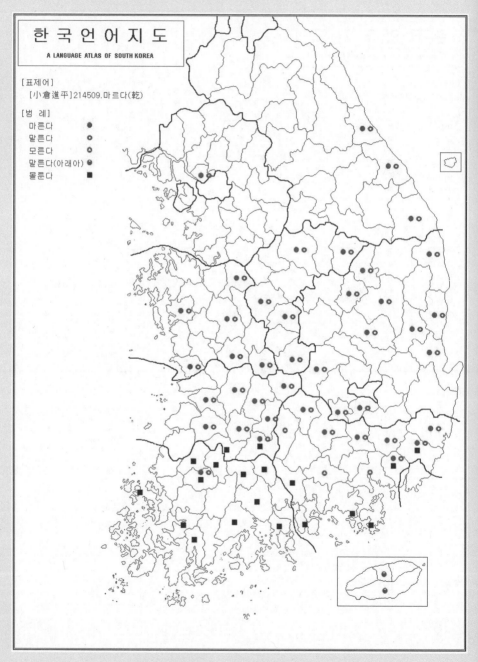

[지도 24-1] 마르다b[오구라]

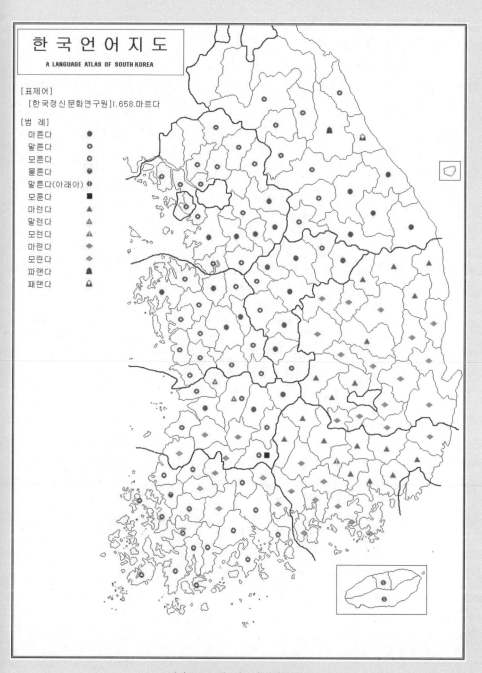

〔지도 24-2〕 마르다b〔정문연〕

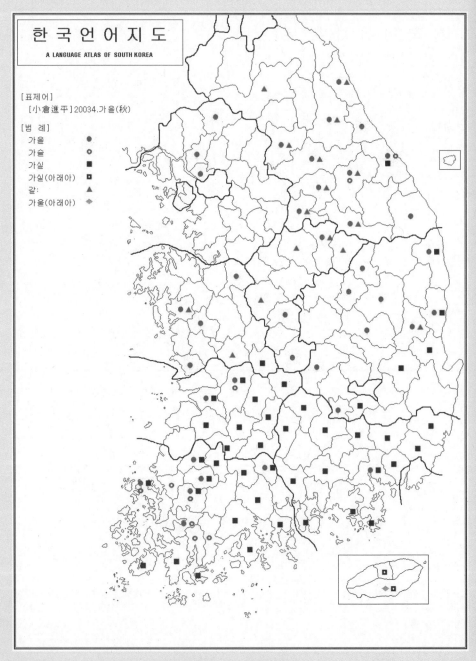

〔지도 25-1〕 가을a〔오구라〕

〔지도 25-2〕 가을a〔정문연〕

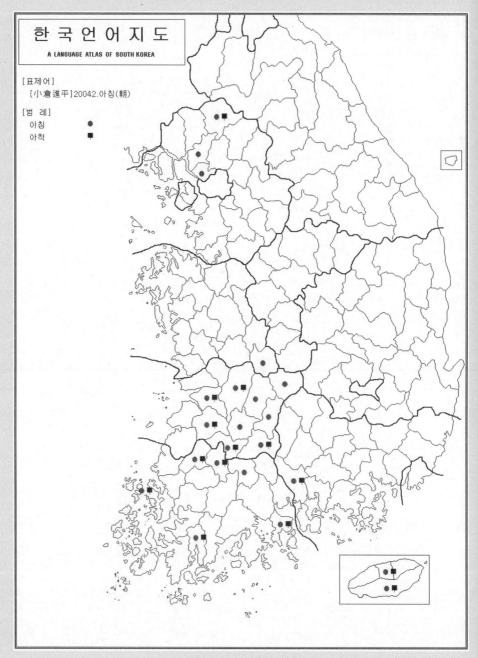

[지도 26-1] 아침[오구라]

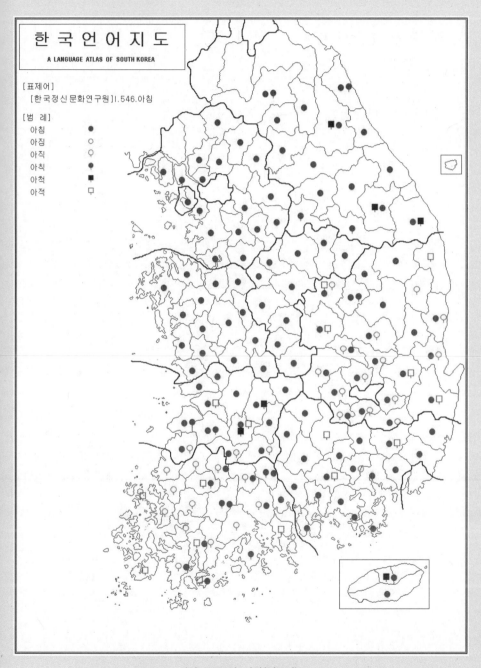

〔지도 26-2〕 아침〔정문연〕

[지도 27-1] 자루〔오구라〕

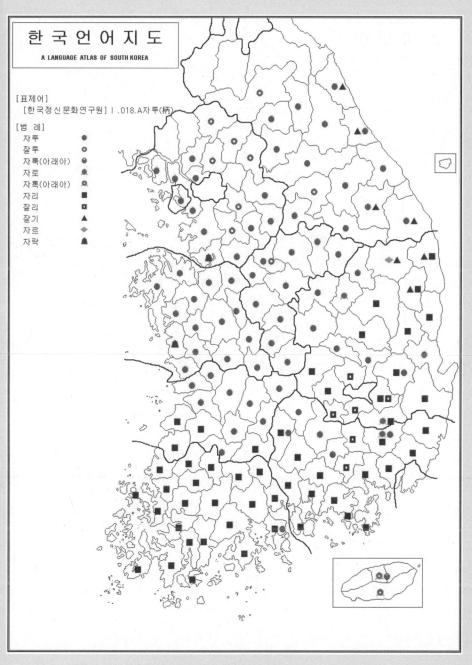

〔지도 27-2〕 자루〔정문연〕

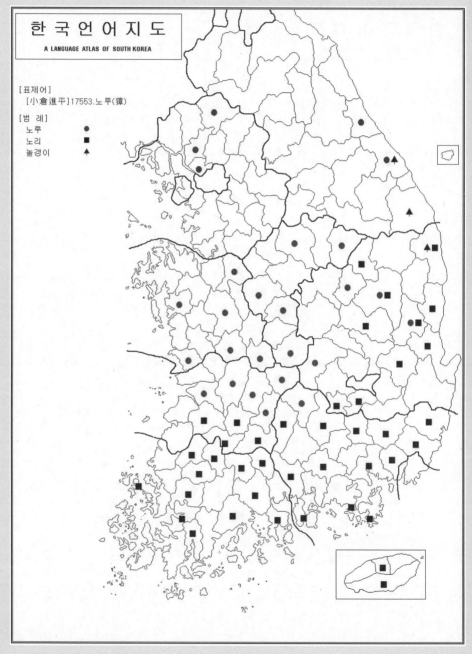

〔지도 28-1〕 노루a〔오구라〕

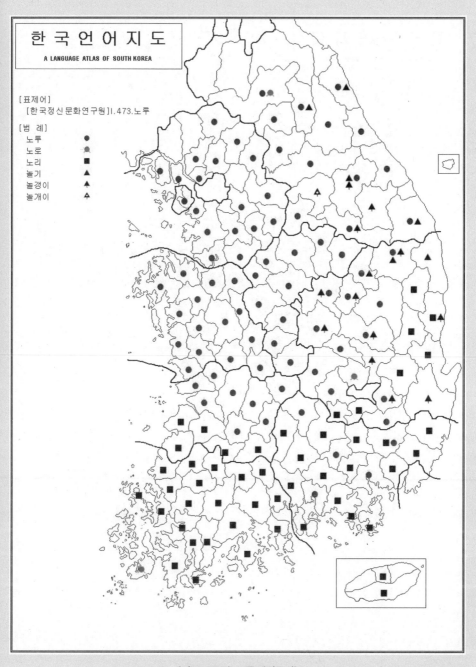

〔지도 28-2〕 노루a〔정문연〕

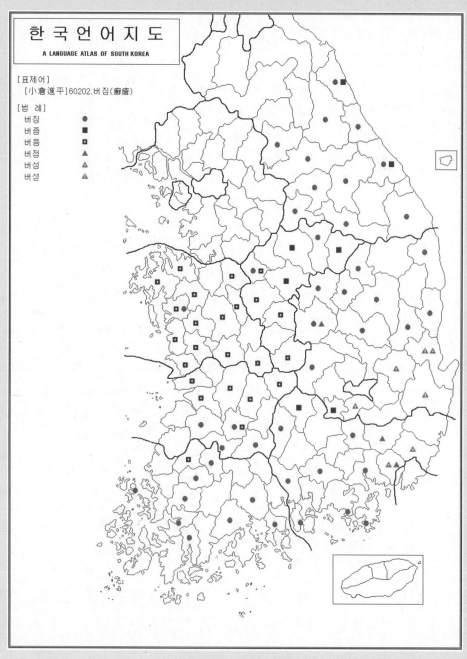

〔지도 29-1〕 버짐〔오구라〕

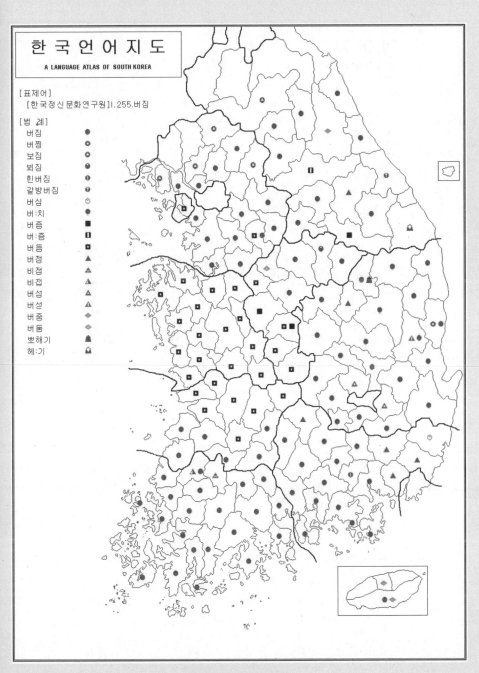

[지도 29-2] 버짐[정문연]

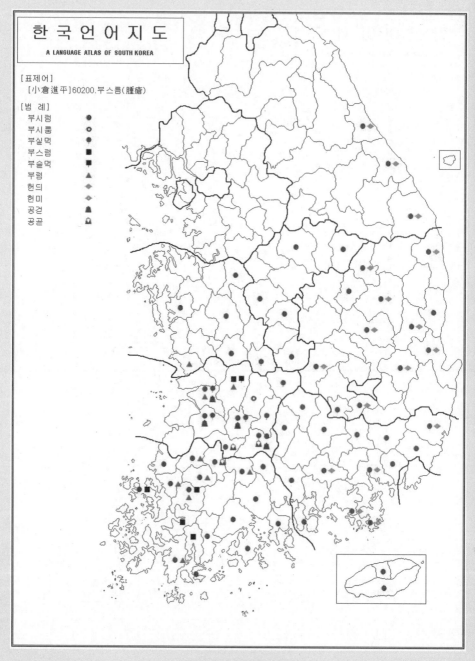

[지도 30-1] 부스름〔오구라〕

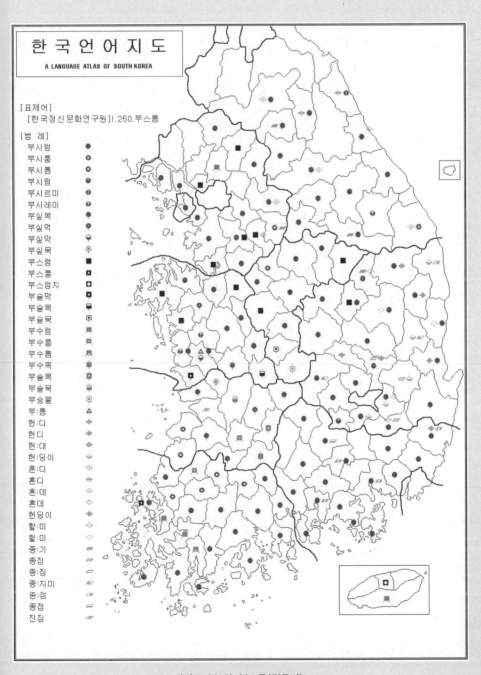

〔지도 30-2〕 부스름〔정문연〕

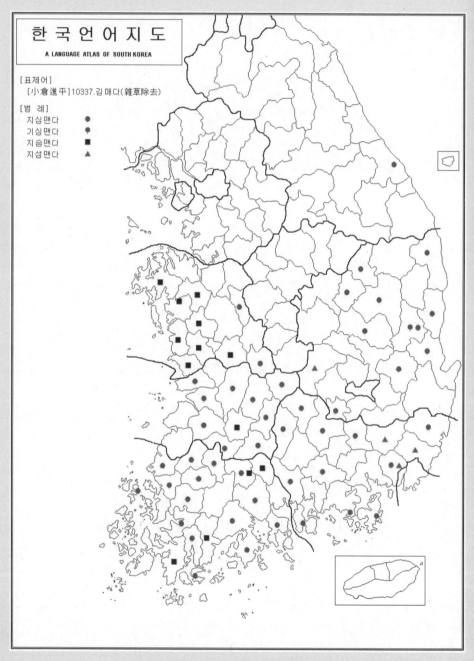

[지도 31-1] 김매다a(오구라)

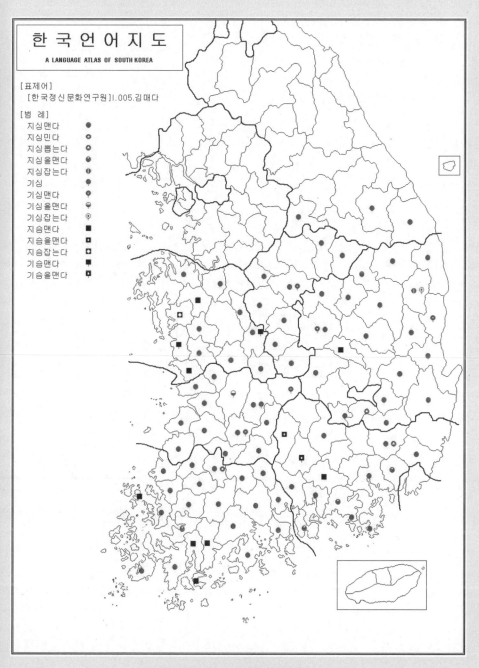

〔지도 31-2〕 김매다a〔정문연〕

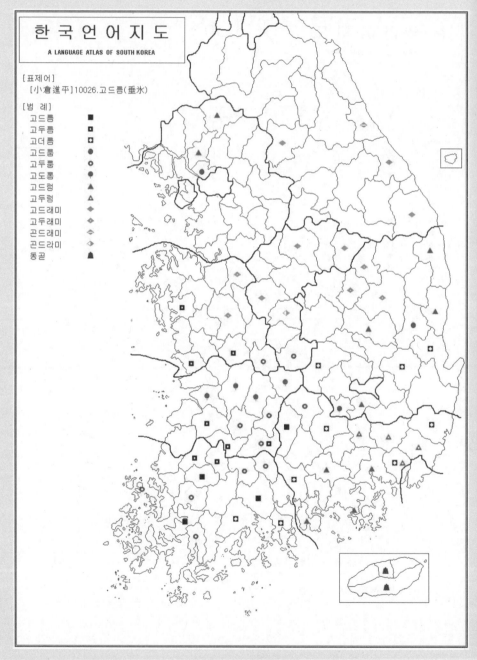

〔지도 32-1〕 고드름〔오구라〕

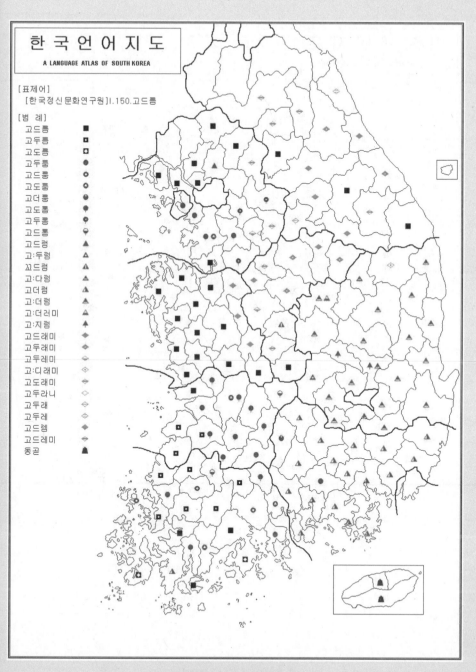

〔지도 32-2〕 고드름〔정문연〕

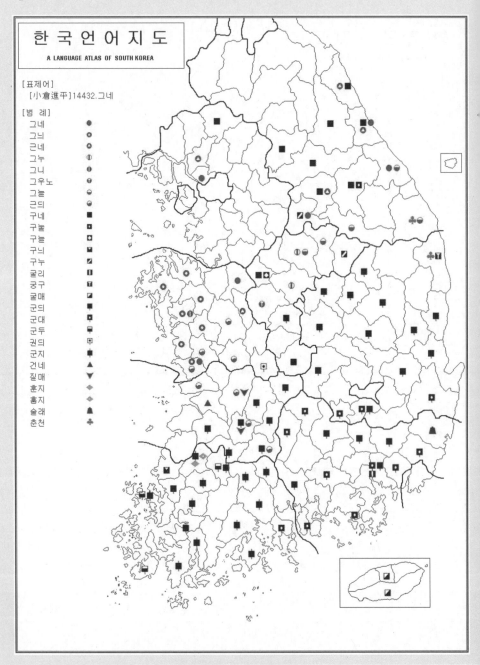

[지도 33-1] 그네[오구라]

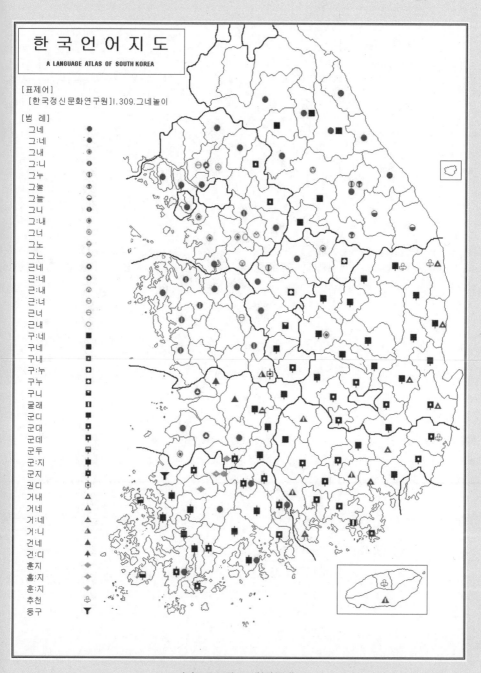

〔지도 33-2〕 그네〔정문연〕

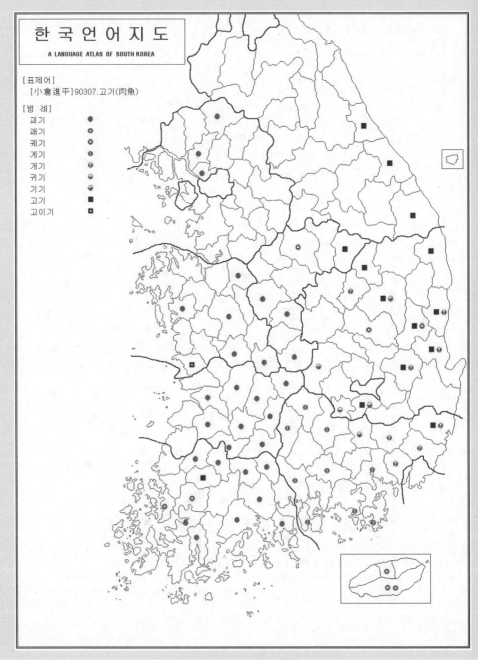

[지도 34-1] 고기〔오구라〕

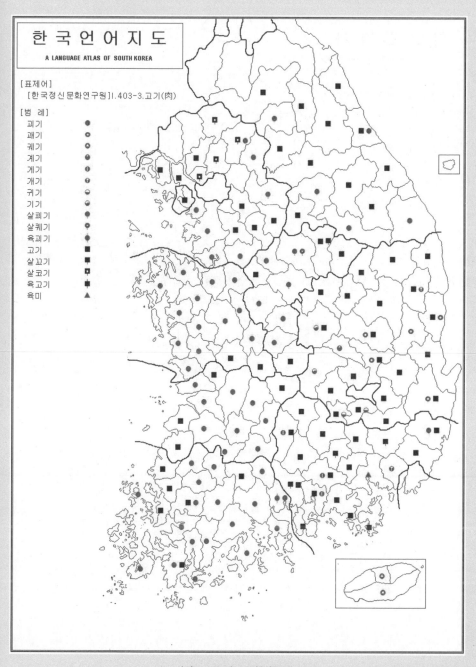

〔지도 34-2〕 고기〔정문연〕

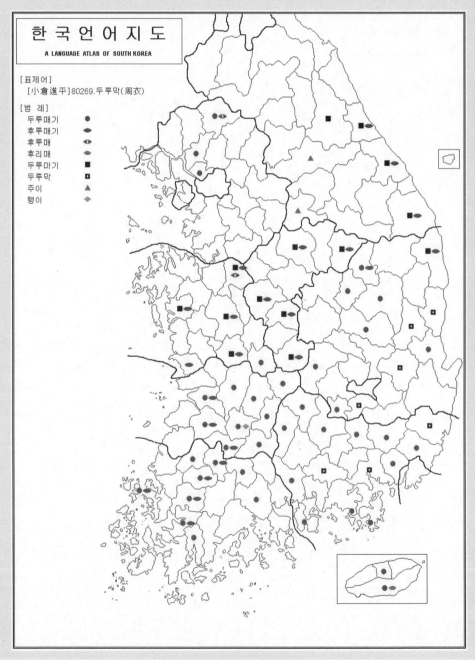

〔지도 35-1〕 두루마기〔오구라〕

〔지도 35-2〕 두루마기〔정문연〕

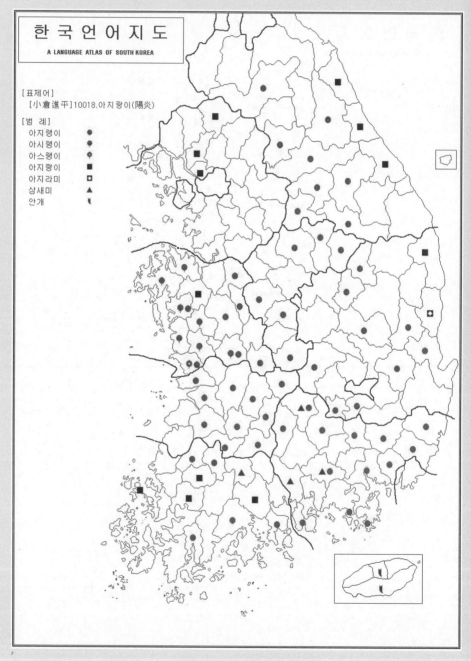

〔지도 36-1〕아지랑이〔오구라〕

〔지도 36-2〕 아지랑이〔정문연〕

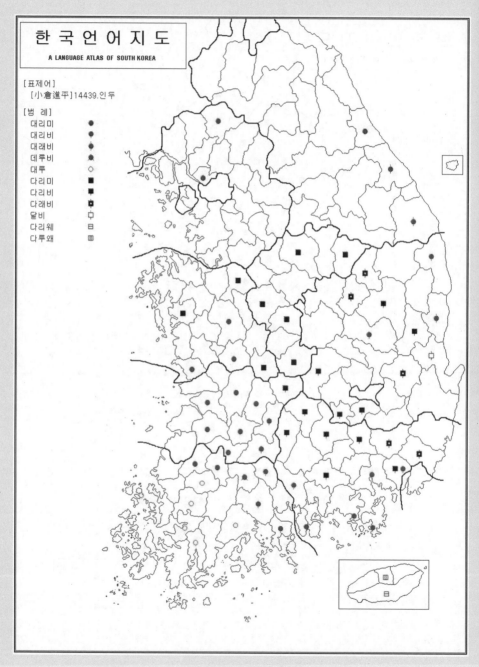

〔지도 37-1〕 다리미〔오구라〕

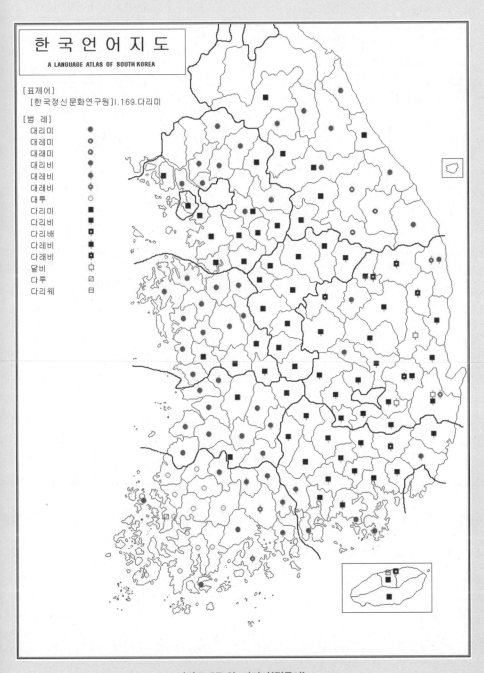

〔지도 37-2〕다리미〔정문연〕

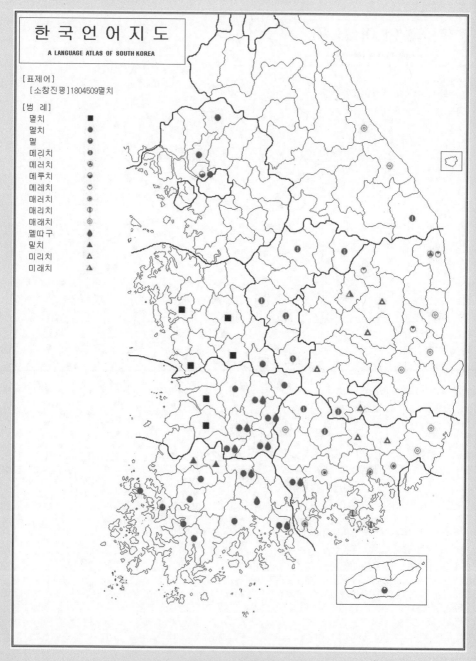

〔지도 38-1〕 멸치〔오구라〕

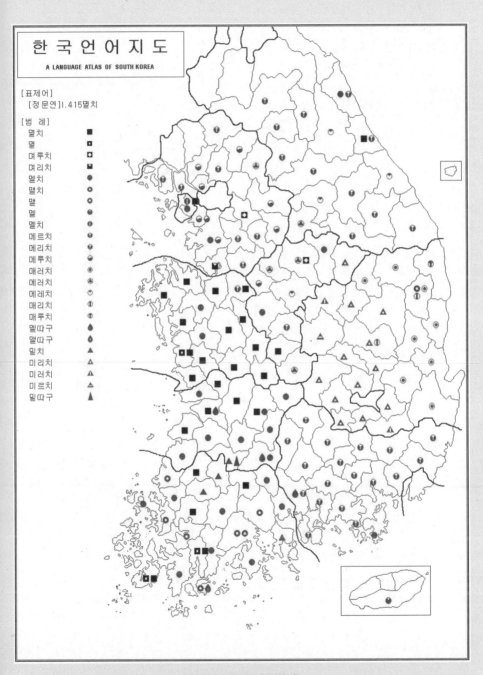

[표제어]
[정문연]1.415멸치

[범례]
멸치　　　■
멸　　　　▣
며루치　　▣
며리치　　▩
멜치　　　●
맬치　　　◉
맬　　　　◎
멜　　　　◓
멜치　　　◒
메르치　　◐
메리치　　◑
메루치　　◉
매러치　　◉
메러치　　◔
메레치　　◖
매리치　　◗
매루치　　◑
멜따구　　◗
맬따구　　◗
밀치　　　△
미리치　　▲
미러치　　△
미르치　　△
밀따구　　▲

〔지도 38-2〕 멸치〔정문연〕

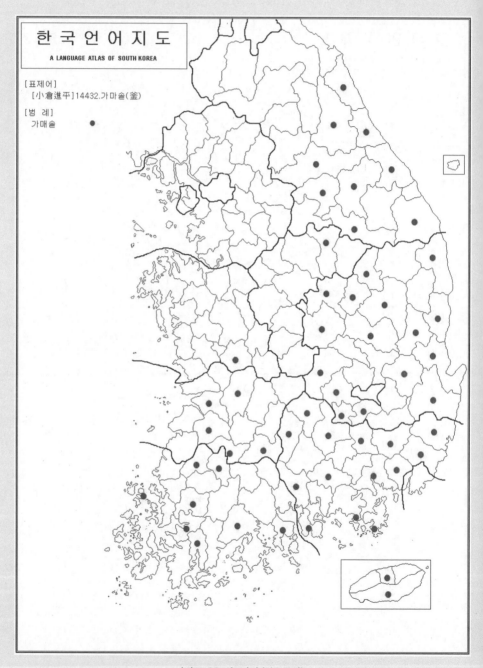

한 국 언 어 지 도
A LANGUAGE ATLAS OF SOUTH KOREA

[표제어]
　[小倉進平]14432.가마솥(釜)

[범 례]
　가매솥　　　●

〔지도 39-1〕 가마솥〔오구라〕

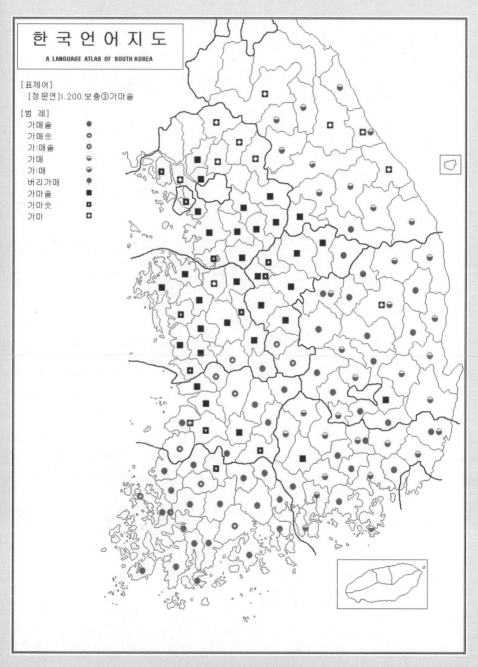

〔지도 39-2〕 가마솥〔정문연〕

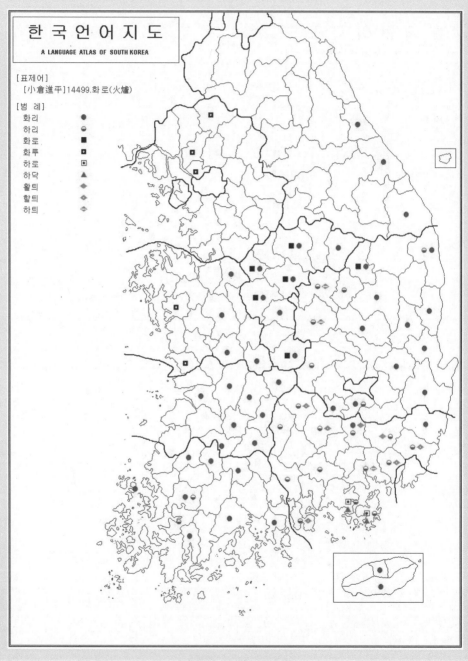

[지도 40-1] 화로[오구라]

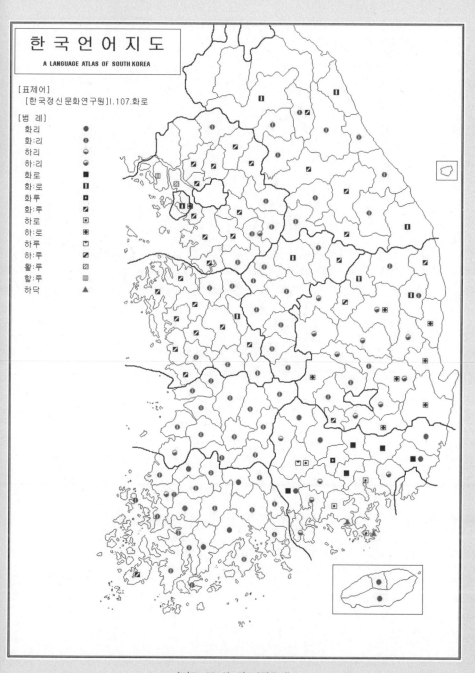

〔지도 40-2〕 화로〔정문연〕

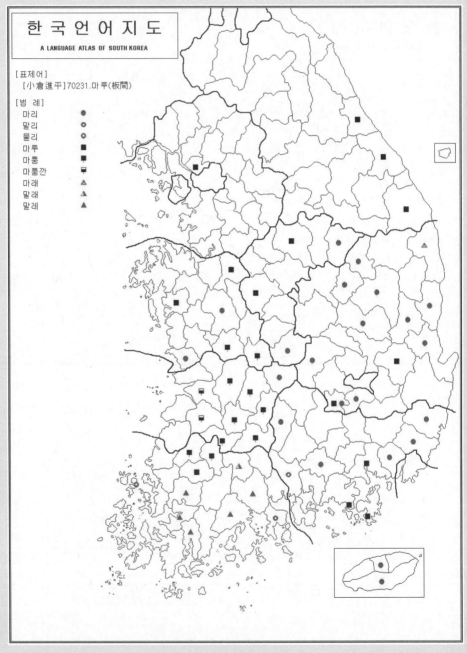

〔지도 41-1〕 마루〔오구라〕

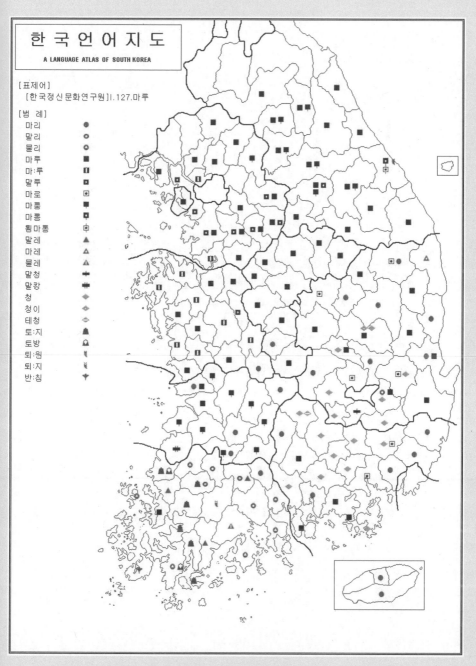

〔지도 41-2〕 마루〔정문연〕

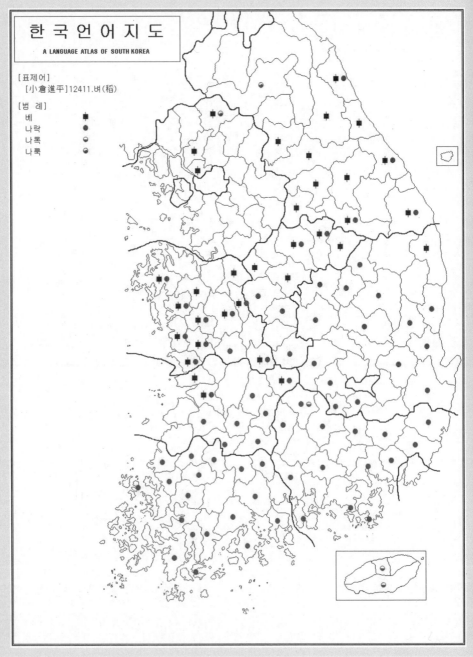

[지도 42-1] 벼〔오구라〕

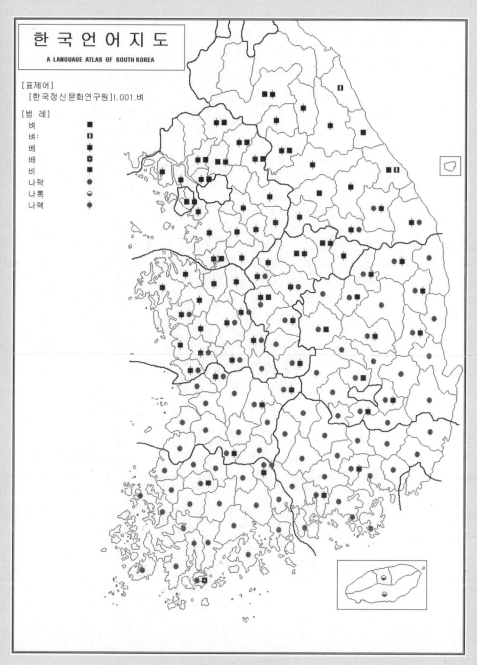

〔지도 42-2〕 벼〔정문연〕

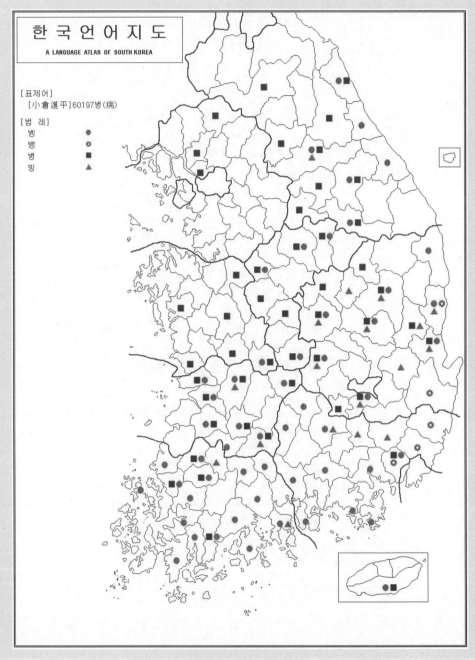

[지도 43-1] 병(病)[오구라]

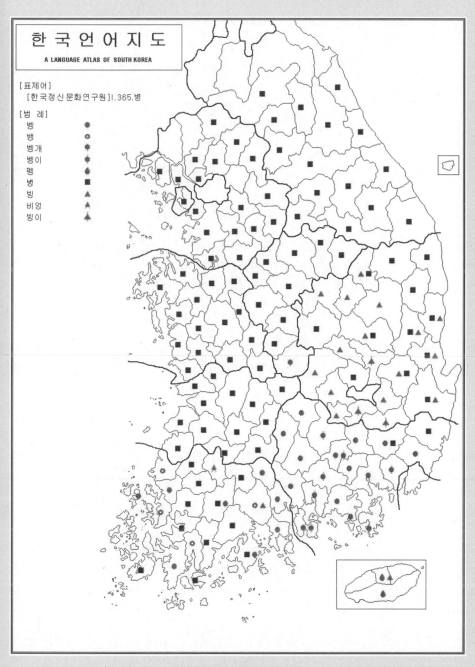

〔지도 43-2〕 병(瓶)〔정문연〕

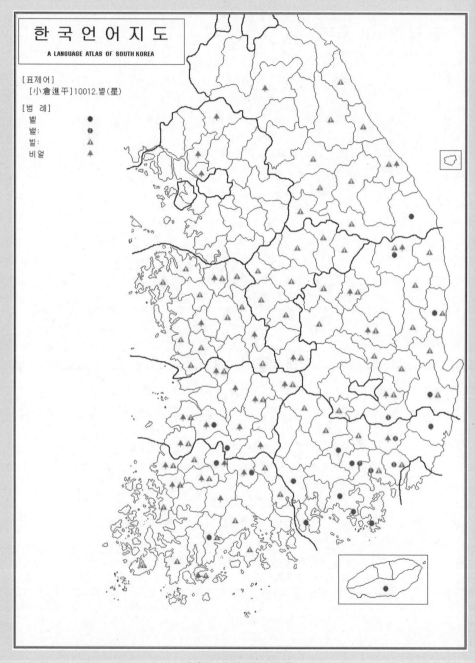

〔지도 44-1〕 별〔오구라〕

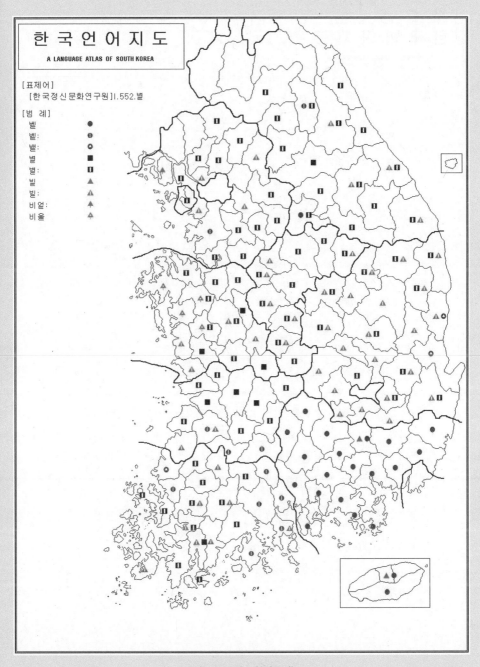

[지도 44-2] 별[정문연]

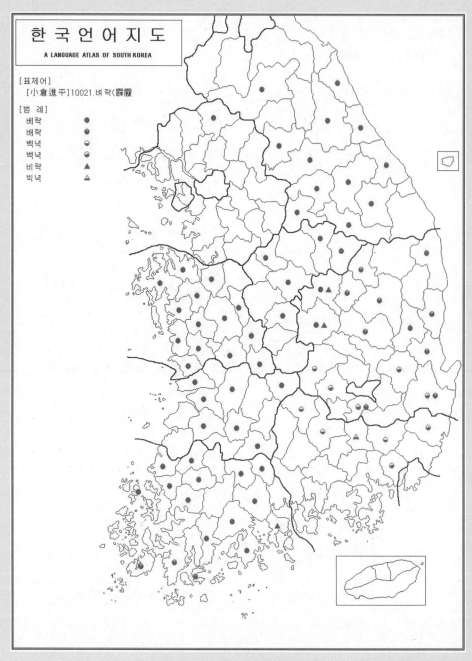

한 국 언 어 지 도
A LANGUAGE ATLAS OF SOUTH KOREA

[표제어]
　[小倉進平]10021.벼락(霹靂)

[범 례]
　베락
　배락
　벡녁
　백녁
　비락
　빅녁

[지도 45-1] 벼락(오구라)

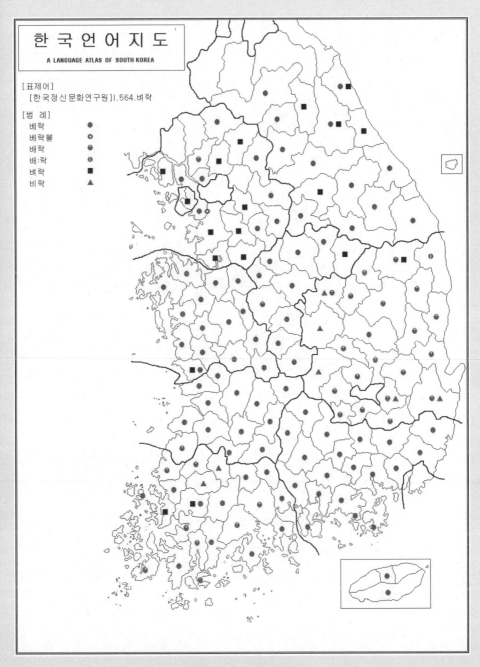

한 국 언 어 지 도
A LANGUAGE ATLAS OF SOUTH KOREA

[표제어]
 [한국정신문화연구원]I.564.벼락

[범례]
 베락   ●
 베락불   ◉
 배락   ◑
 배:락   ◐
 벼락   ■
 비락   ▲

〔지도 45-2〕 벼락〔정문연〕

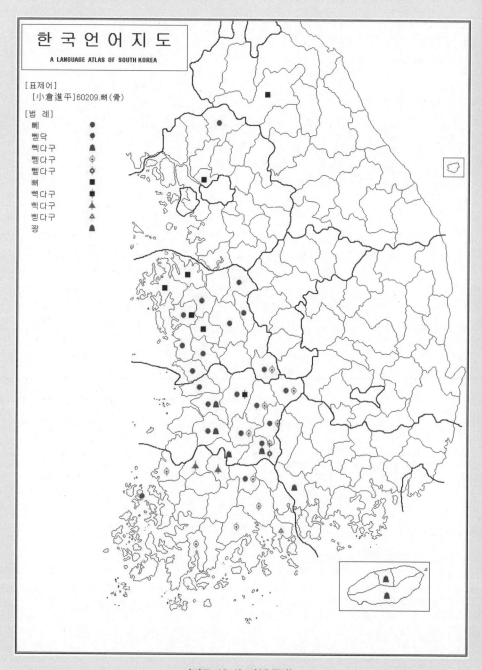

〔지도 46-1〕 뼈〔오구라〕

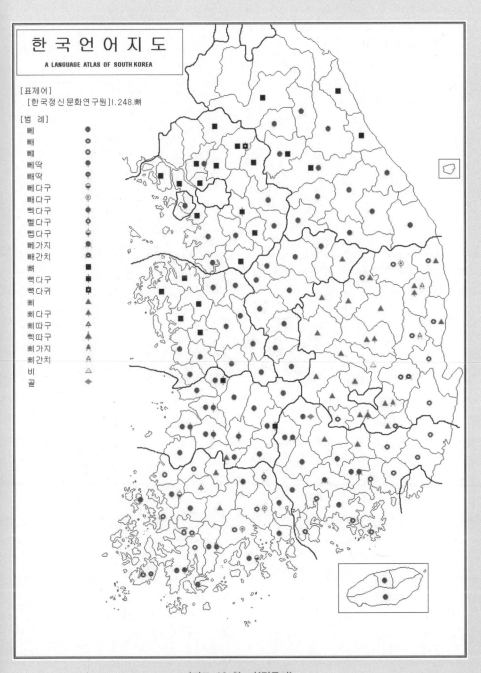

[지도 46-2] 뼈[정문연]

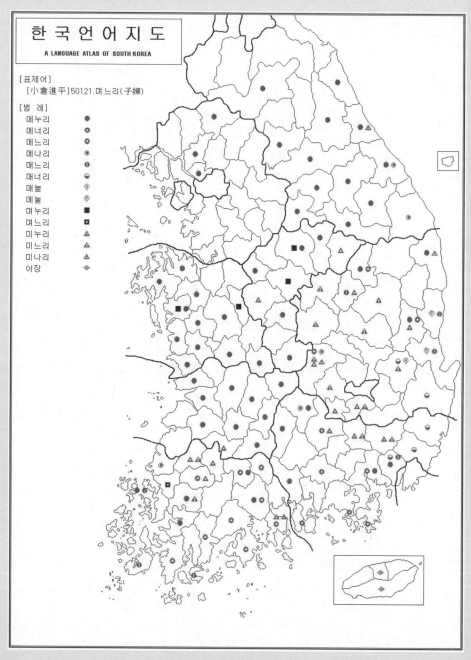

[지도 47-1] 며느리b〔오구라〕

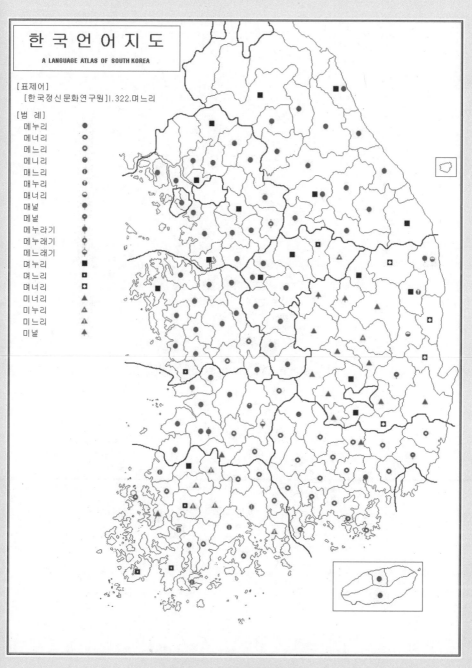

〔지도 47-2〕 며느리b〔정문연〕

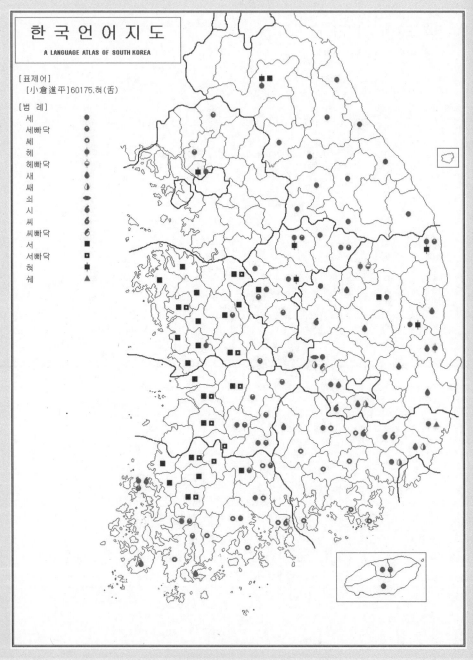

〔지도 48-1〕 혀b〔오구라〕

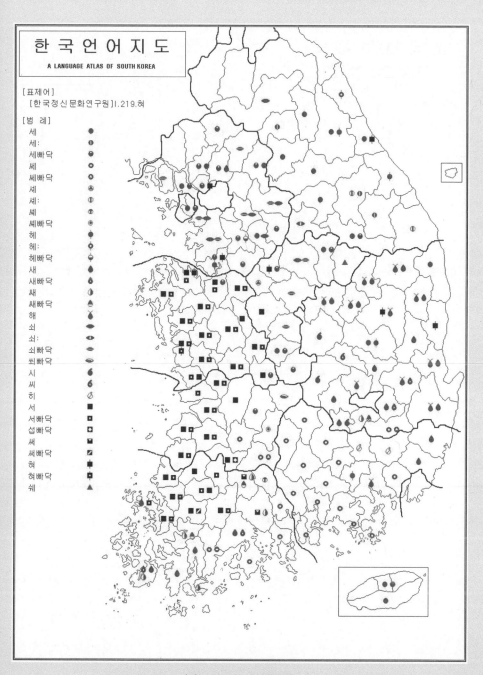

〔지도 48-2〕 혀b〔정문연〕

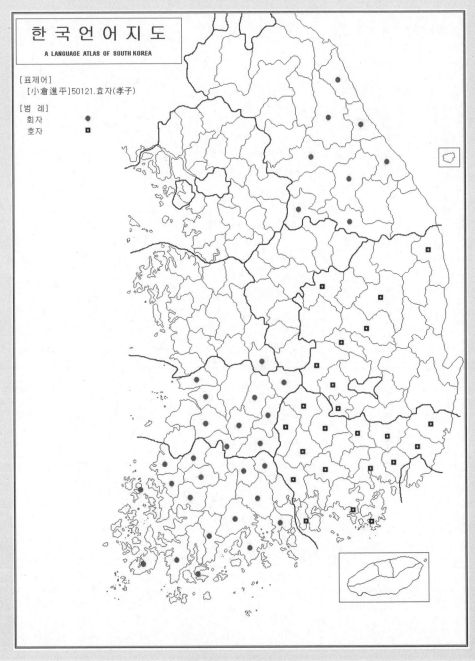

〔지도 49-1〕 효자a〔오구라〕

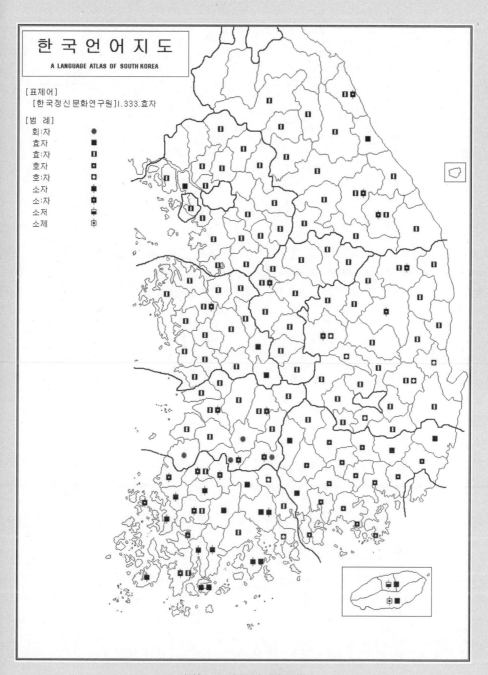

〔지도 49-2〕 효자a〔정문연〕

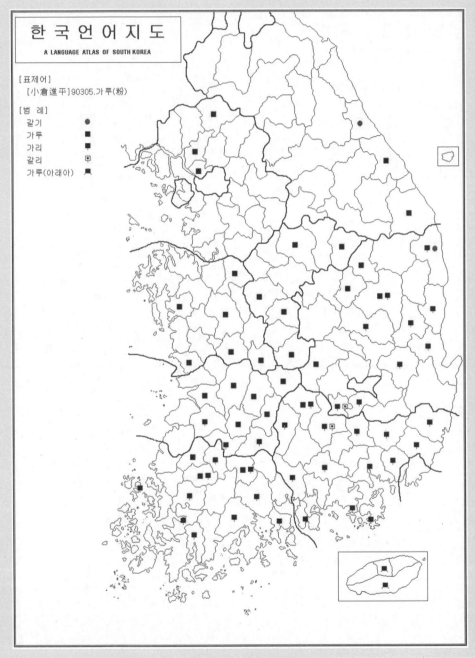

[지도 50-1] 가루b〔오구라〕

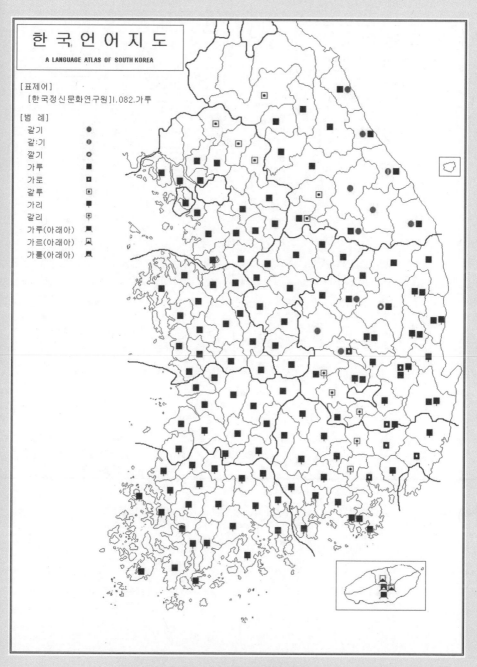

[지도 50-2] 가루b〔정문연〕

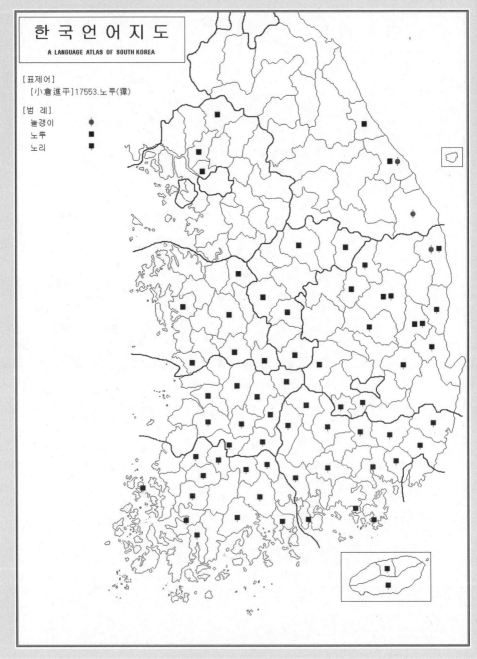

[지도 51-1] 노루b〔오구라〕

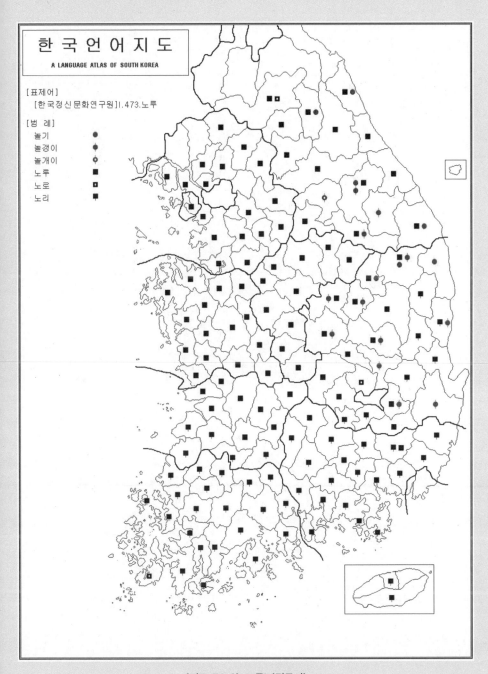

〔지도 51-2〕 노루b〔정문연〕

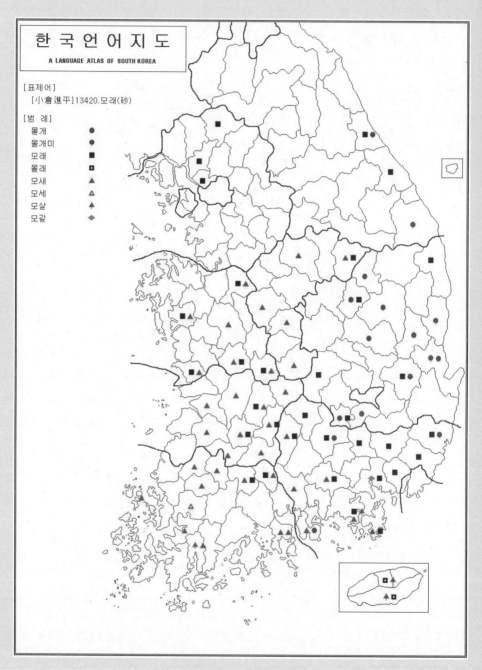

〔지도 52-1〕 모래〔오구라〕

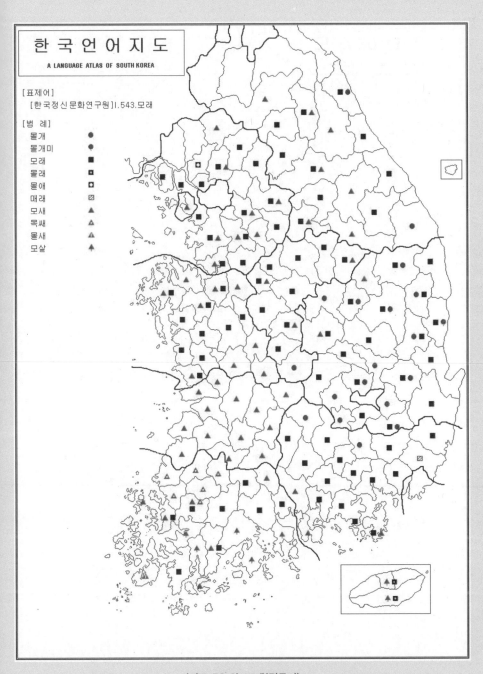

〔지도 52-2〕 모래〔정문연〕

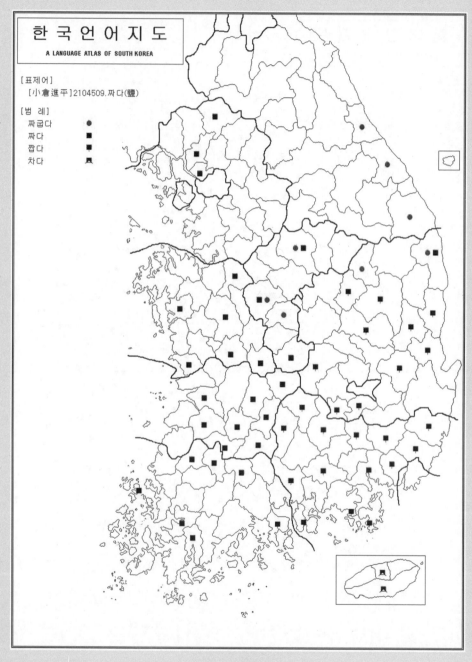

〔지도 53-1〕 짜다〔오구라〕

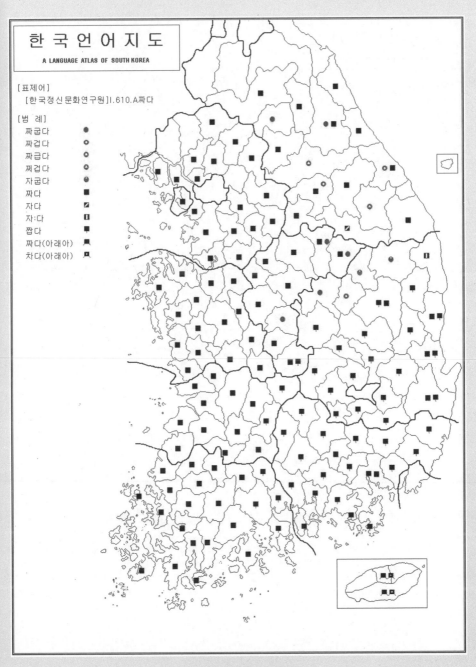

[지도 53-2] 짜다(정문연)

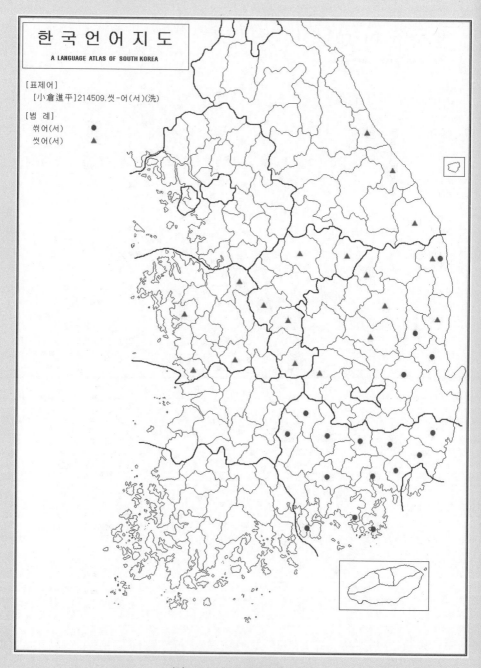

[지도 54-1] 씻-어(서)[오구라]

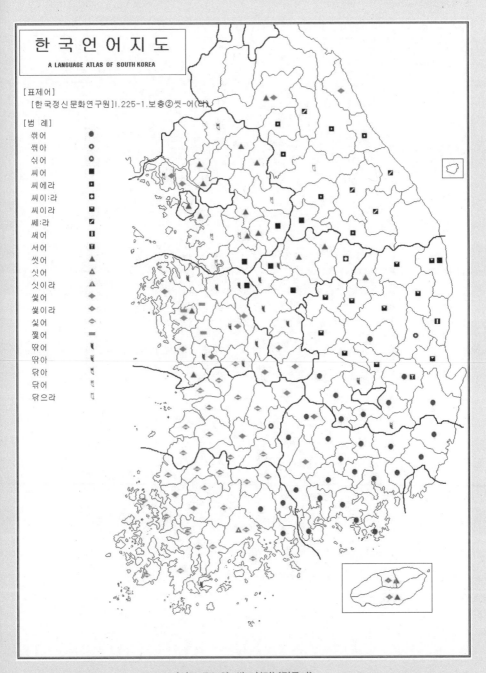

〔지도 54-2〕 씻-어(라)〔정문연〕

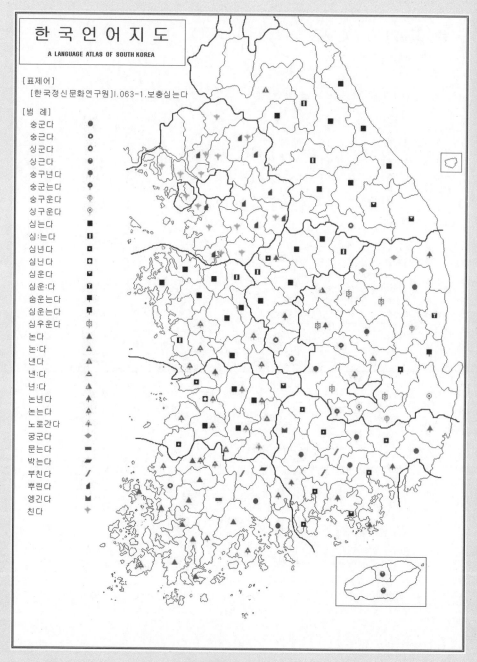

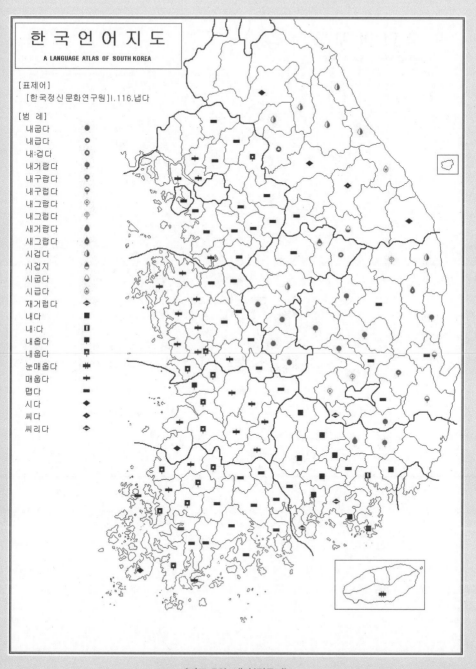

〔지도 56〕 냅다〔정문연〕

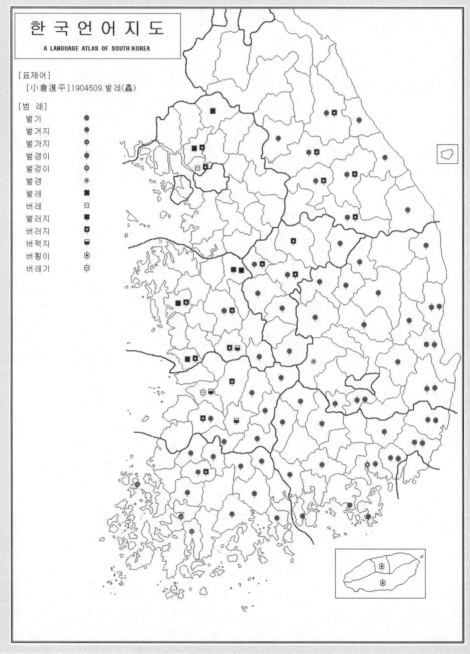

[지도 57-1] 벌레(오구라)

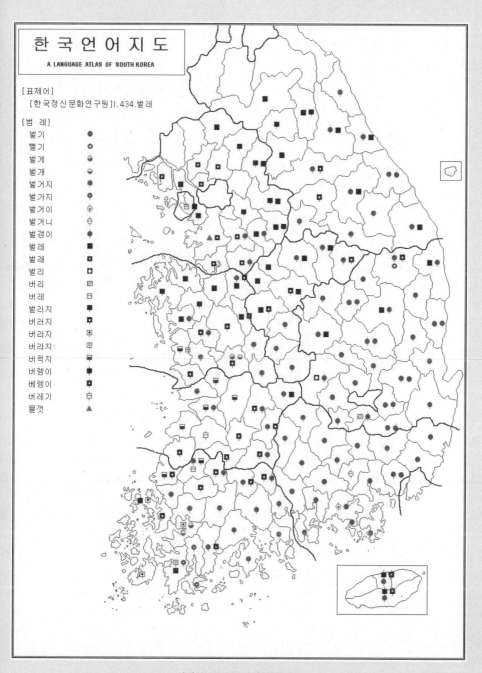

〔지도 57-2〕 벌레〔정문연〕

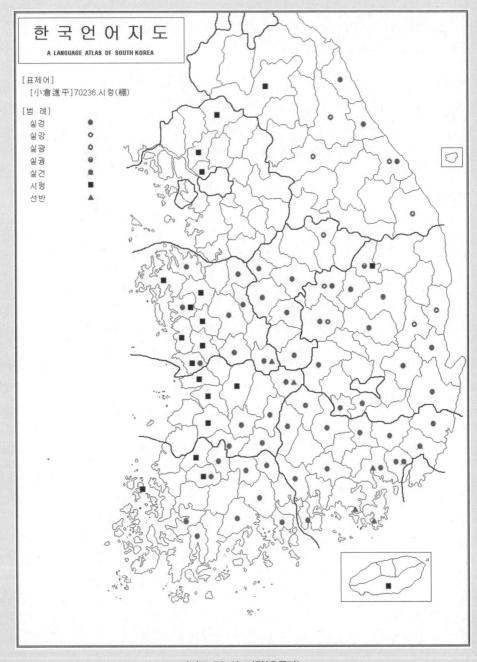

〔지도 58-1〕 시렁〔오구라〕

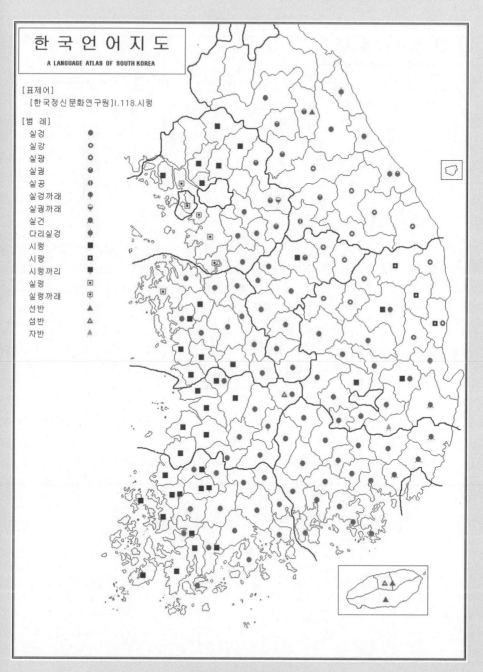

[표제어]
[한국정신문화연구원] I.118.시렁

〔지도 58-2〕 시렁〔정문연〕

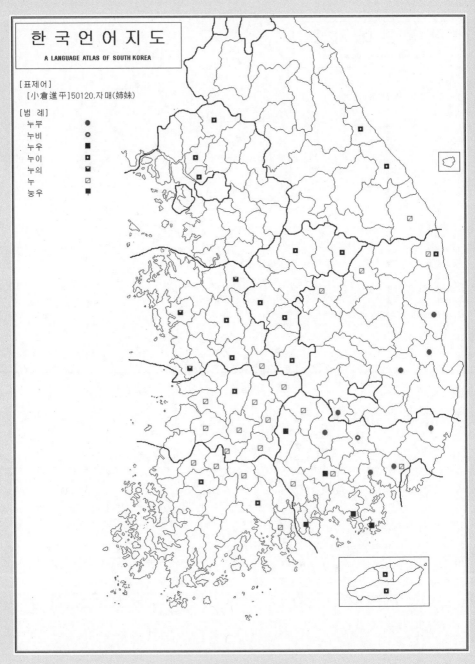

[지도 59-1] 누이(오구라)

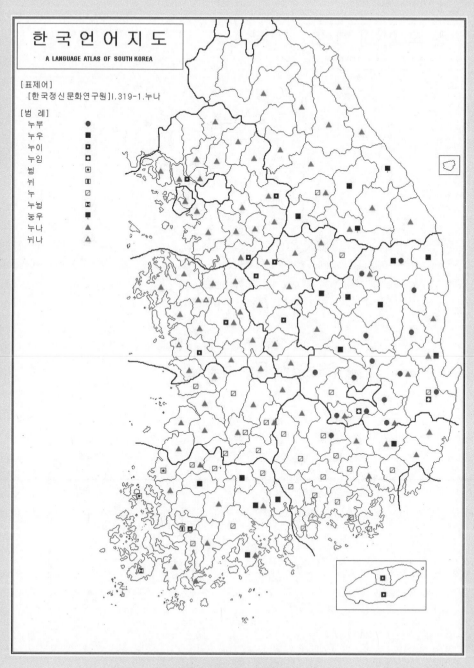

〔지도 59-2〕누이〔정문연〕

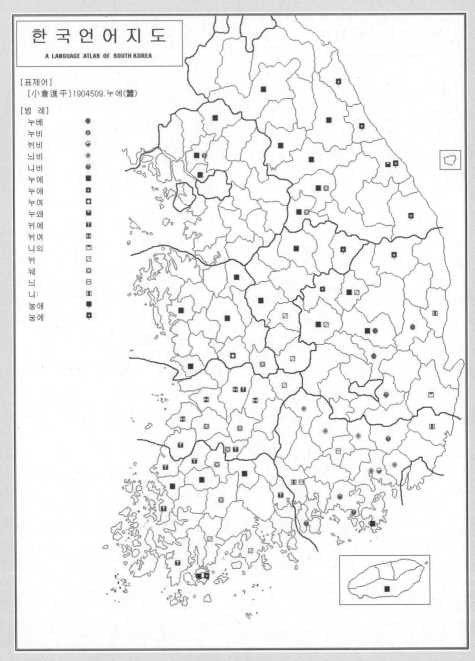

[지도 60-1] 누에[오구라]

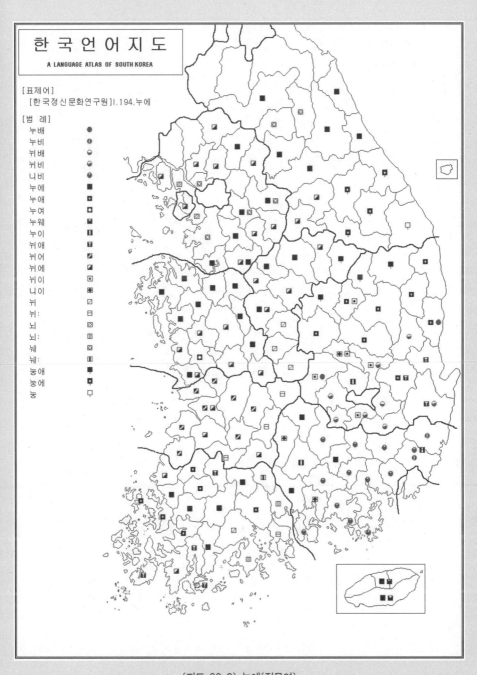

〔지도 60-2〕 누에〔정문연〕

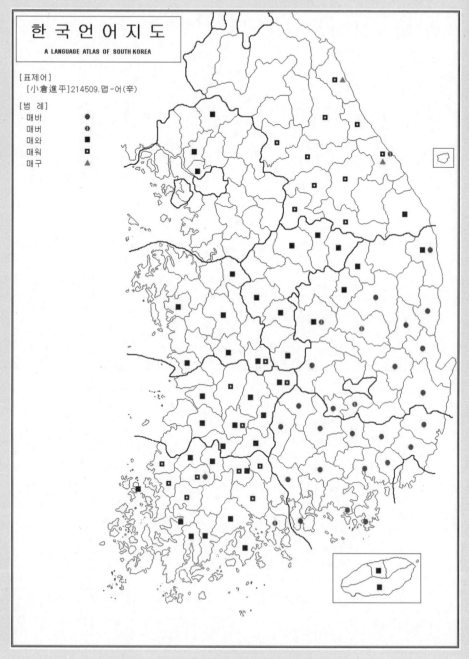

[지도 61-1] 맵-어(오구라)

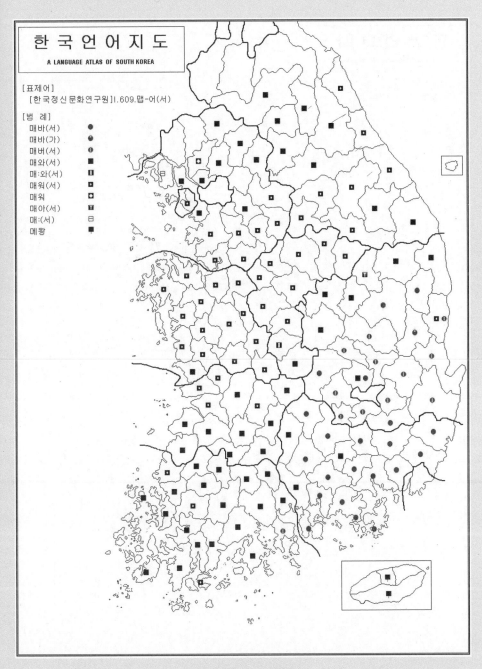

〔지도 61-2〕맵-어〔정문연〕

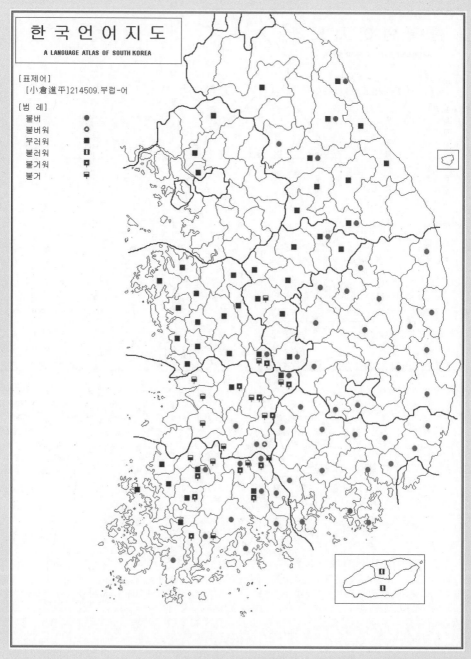

〔지도 62-1〕 부럽-어〔오구라〕

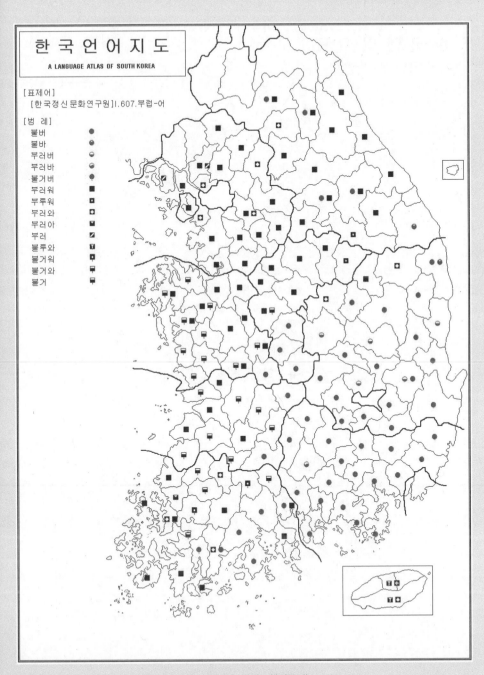

한국언어지도

A LANGUAGE ATLAS OF SOUTH KOREA

[표제어]

　[한국정신 문화연구원]I.607.부럽-어

[범례]

불버

불바

부러버

부러바

불거버

부러워

부루워

부러와

부러아

부러

불루와

불거워

불거와

불거

〔지도 62-2〕 부럽-어〔정문연〕

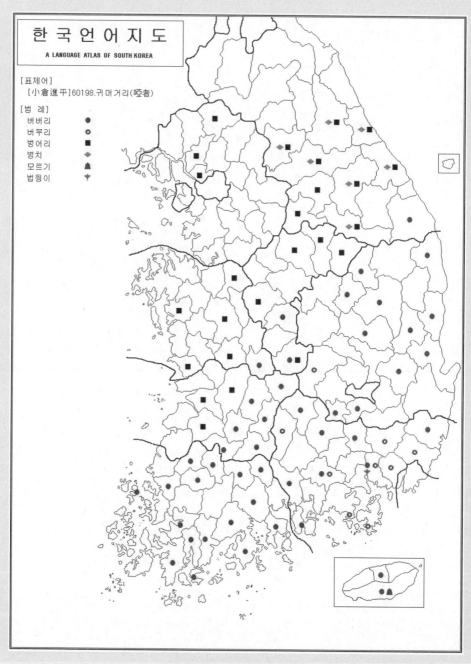

〔지도 63-1〕 벙어리〔오구라〕

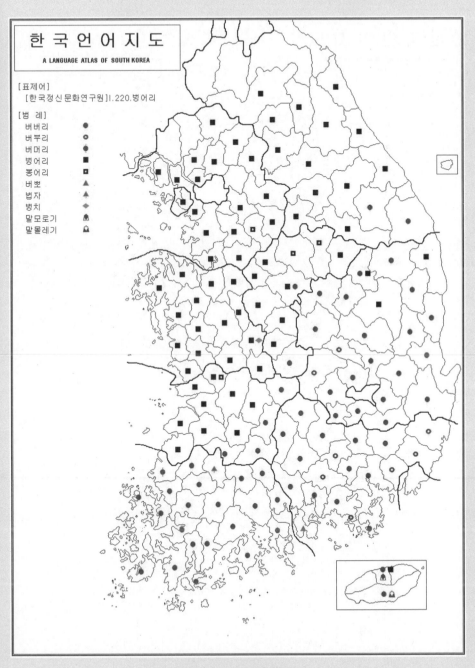

〔지도 63-2〕 벙어리〔정문연〕

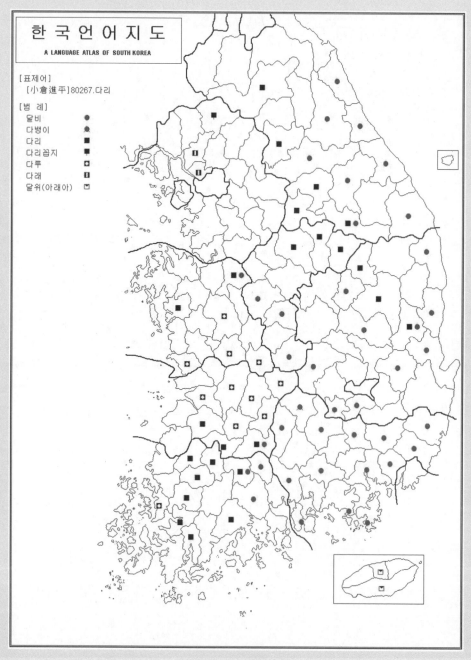

〔지도 64-1〕 다리〔오구라〕

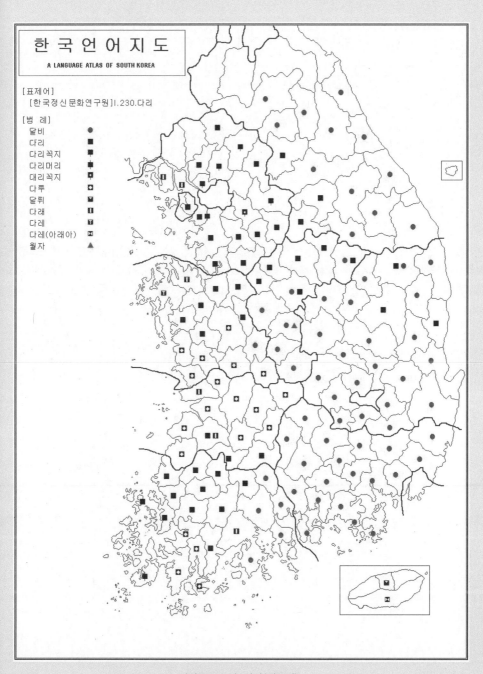

〔지도 64-2〕 다리〔정문연〕

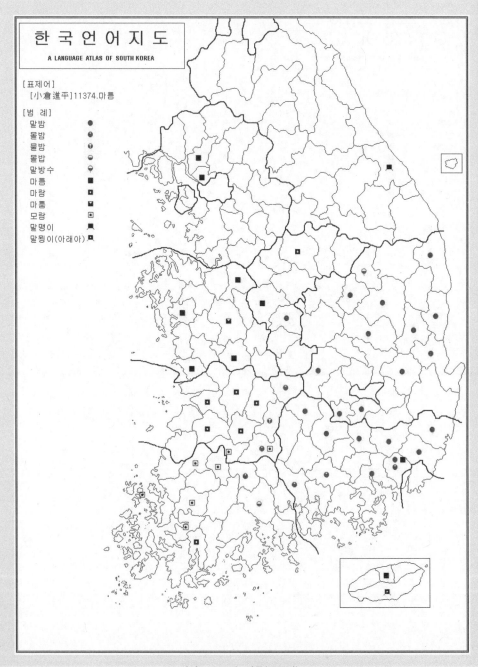

한국언어지도
A LANGUAGE ATLAS OF SOUTH KOREA

[표제어]
　[小倉進平] 11374. 마름

[범례]
　말밤
　몰밤
　물밤
　물밥
　말방수
　마름
　마람
　마룸
　모람
　말맹이
　말뭥이(아래아)

〔지도 65-1〕 마름〔오구라〕

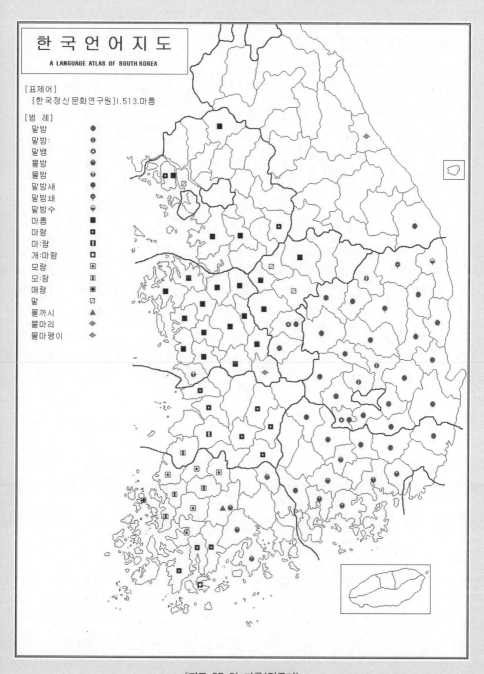

〔지도 65-2〕 마름〔정문연〕

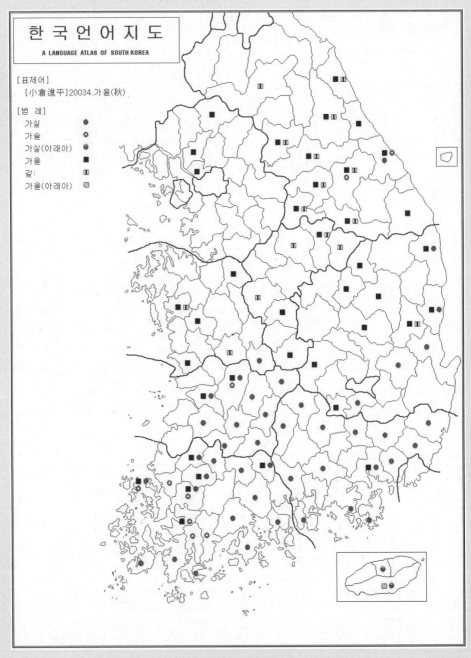

〔지도 66-1〕 가을b〔오구라〕

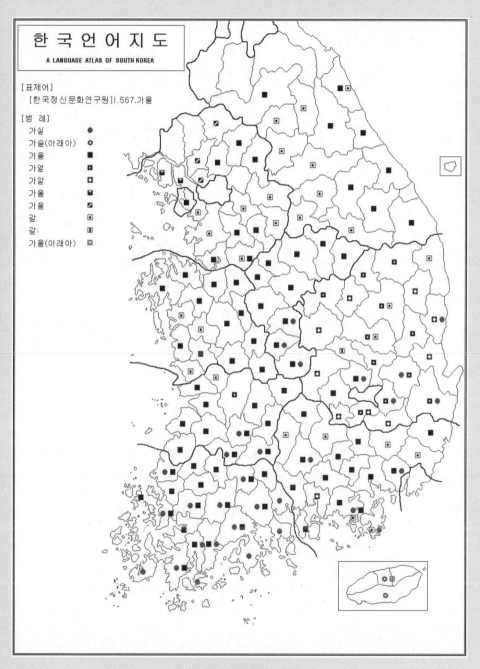

〔지도 66-2〕 가을b〔정문연〕

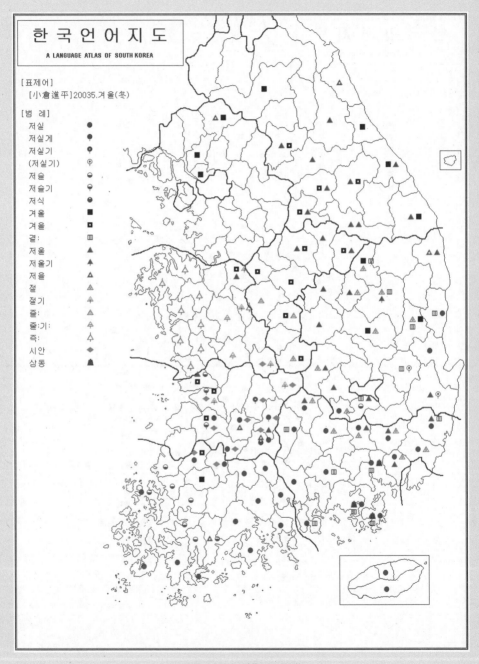

[지도 67-1] 겨울b〔오구라〕

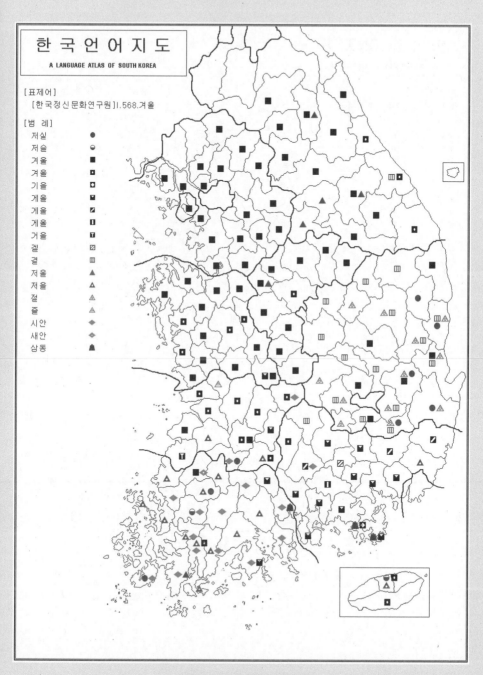

[지도 67-2] 겨울b〔정문연〕

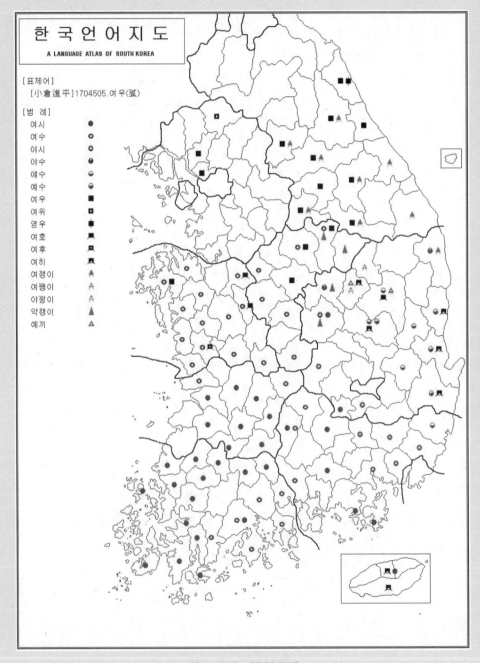

[지도 68-1] 여우〔오구라〕

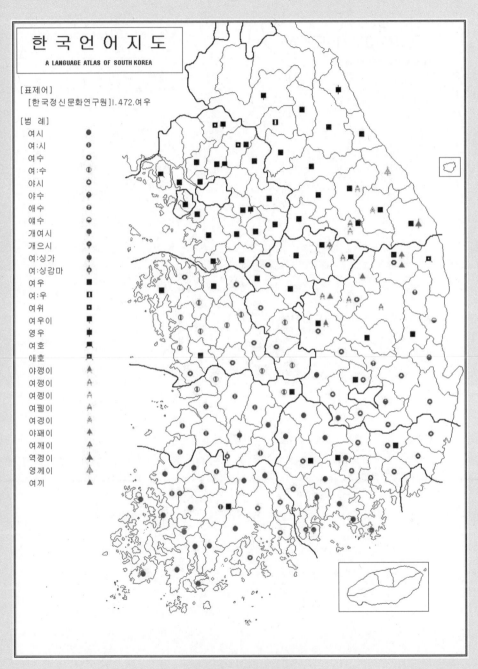

〔지도 68-2〕 여우〔정문연〕

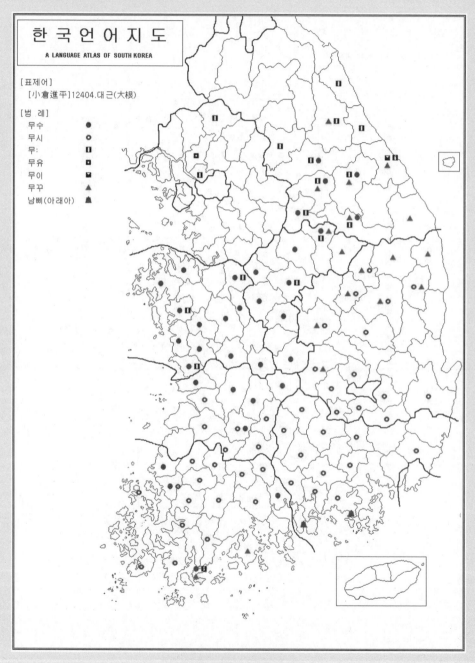

[지도 69-1] 무(오구라)

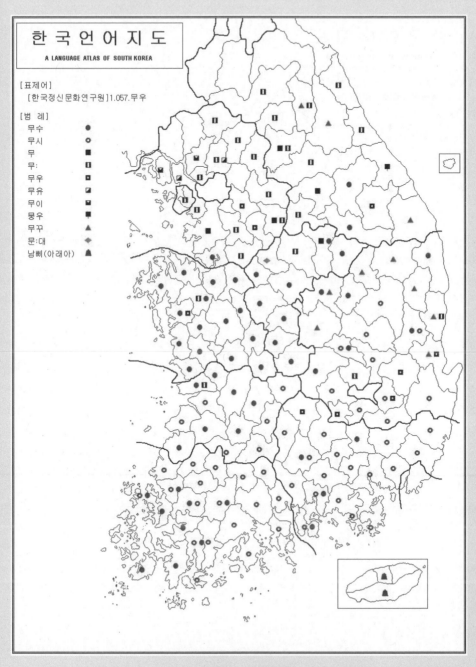

〔지도 69-2〕 무〔정문연〕

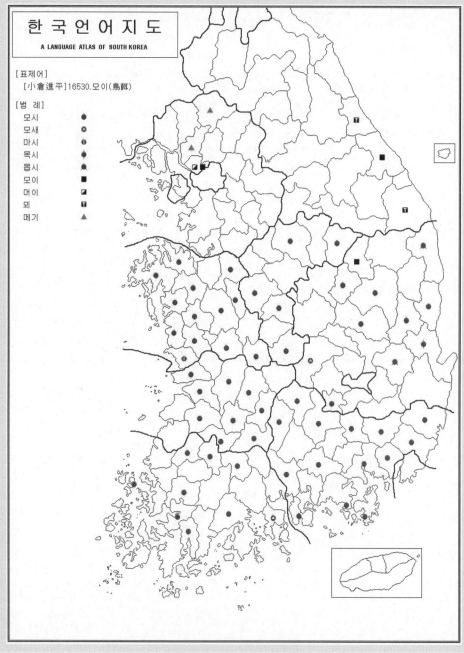

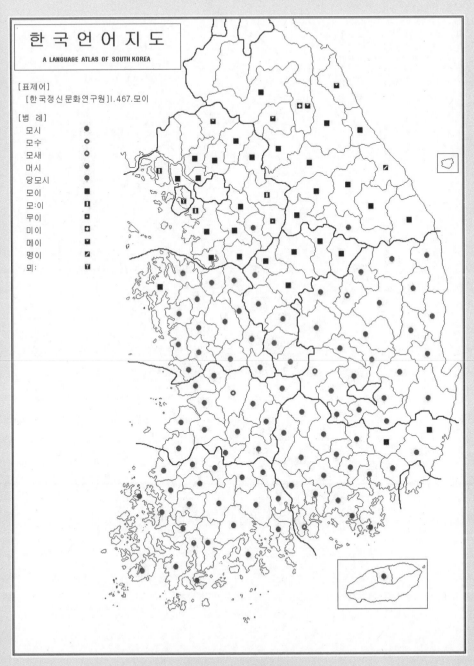

〔지도 70-2〕 모이〔정문연〕

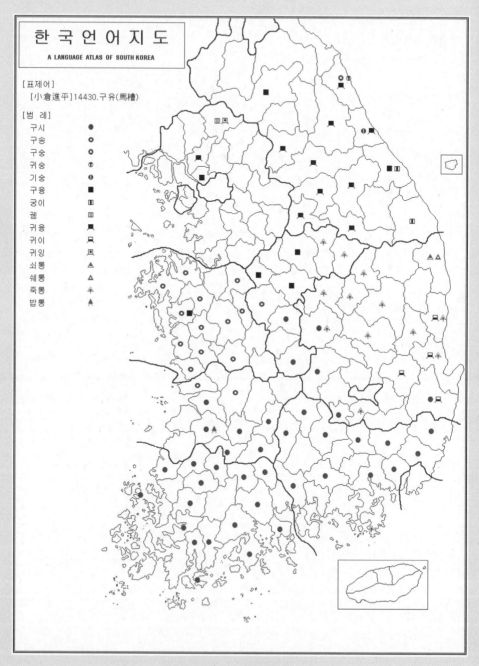

〔지도 71-1〕 구유〔오구라〕

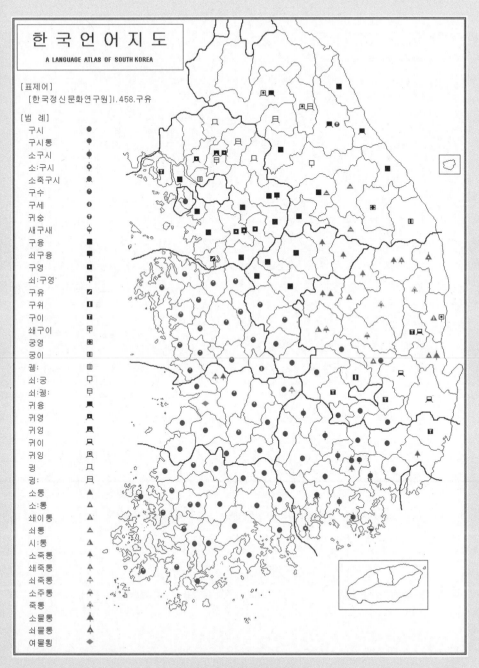

[지도 71-2] 구유[정문연]

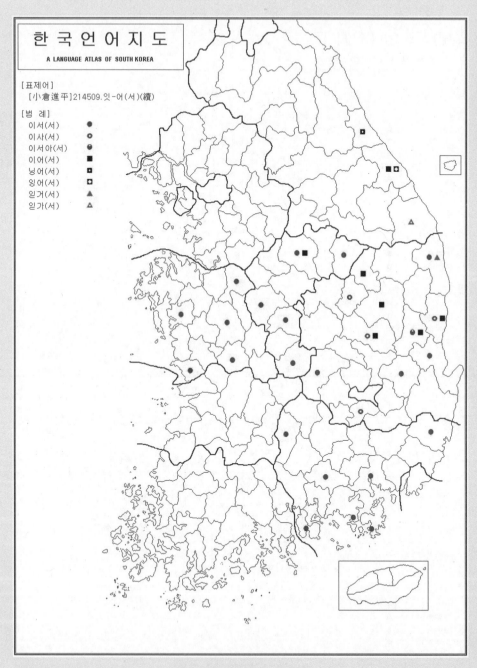

[지도 72-1] 잇-어(서)[오구라]

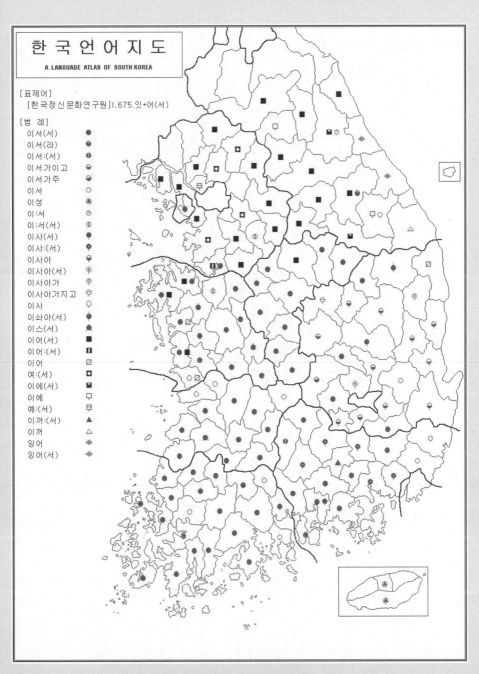

〔지도 72-2〕 잇-어(서)〔정문연〕

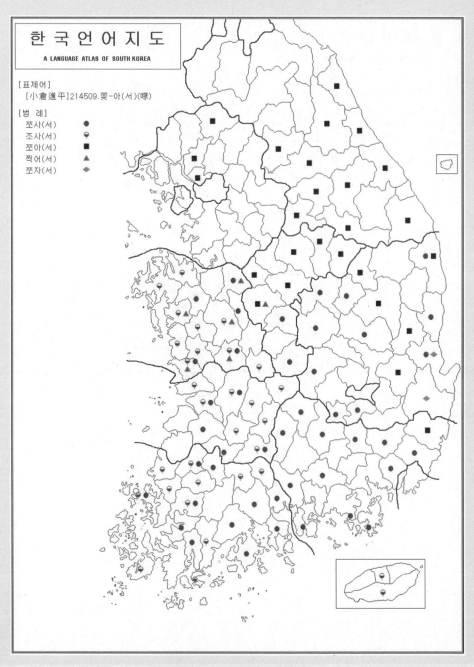

[지도 73-1] 쪼-아(서)〔오구라〕

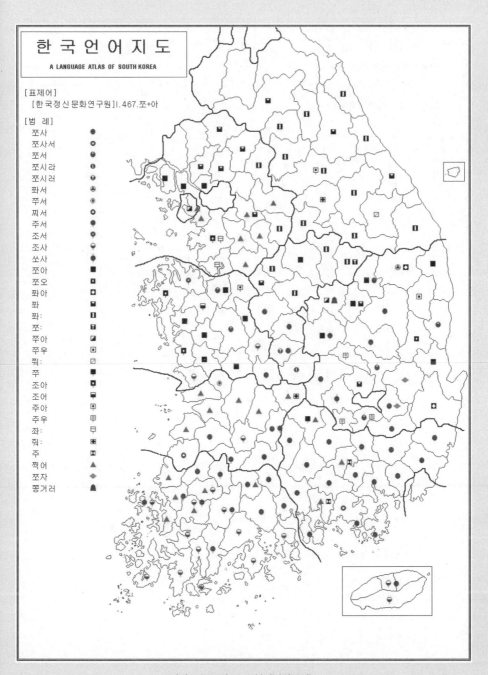

〔지도 73-2〕 쪼-아(서)〔정문연〕

〔지도 74-1〕 김매다b〔오구라〕

〔지도 74-2〕김매다b〔정문연〕

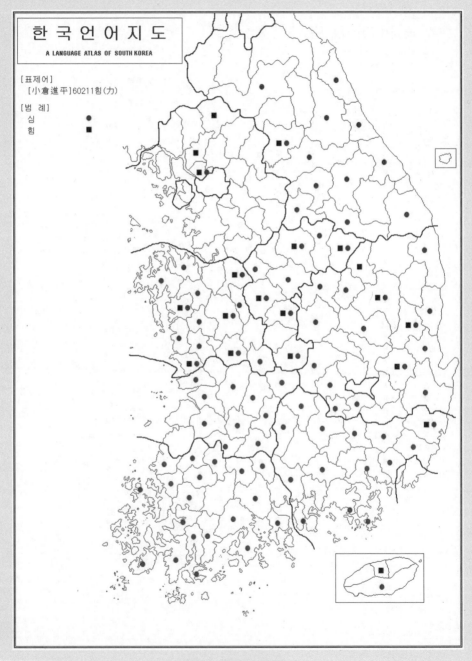

〔지도 75〕 힘〔오구라〕

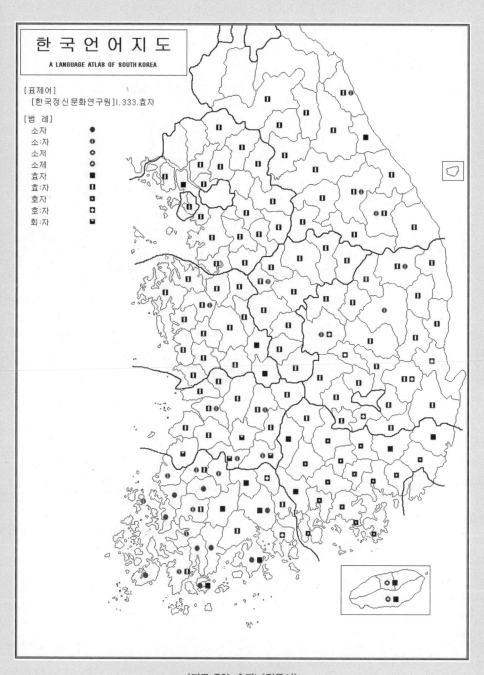

[지도 76] 효자b〔정문연〕

한 국 언 어 지 도
A LANGUAGE ATLAS OF SOUTH KOREA

[표제어]
　[소창진평]214509헤아리다

[범 례]
　센다
　세아린다
　새아린다
　새아랜다
　새린다
　신다
　시아린다
　시알란다
　시린다
　힌다
　헤아린다
　히아린다
　아린다

〔지도 77-1〕 헤아리다〔오구라〕

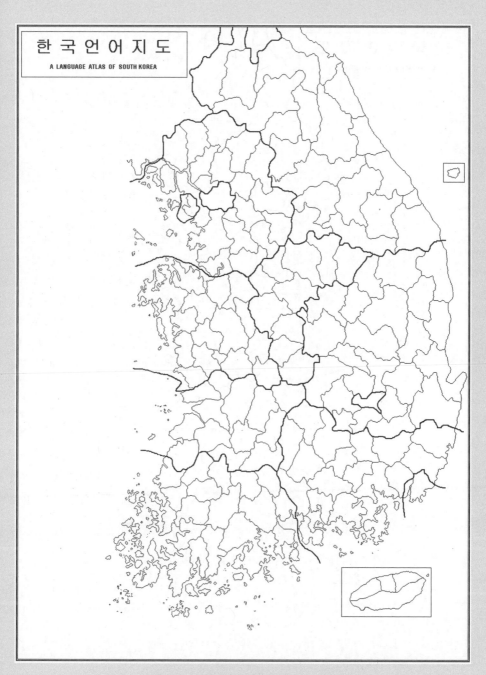

한국언어지도
A LANGUAGE ATLAS OF SOUTH KOREA

〔지도 77-2〕 헤아리다〔정문연〕 자료 미조사됨

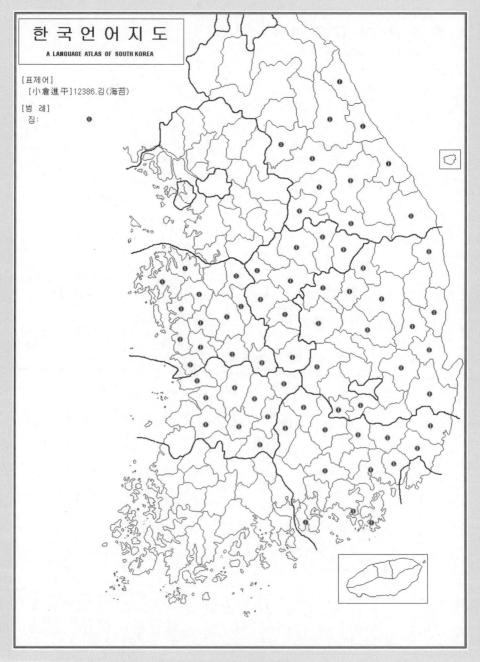

[지도 78-1] 김(오구라)

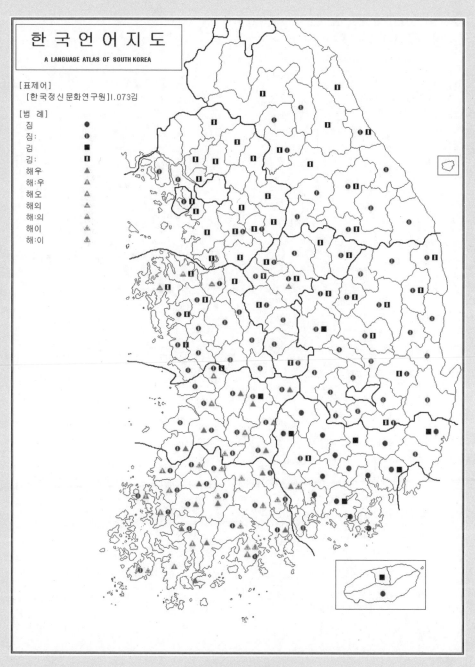

〔지도 78-2〕 김〔정문연〕

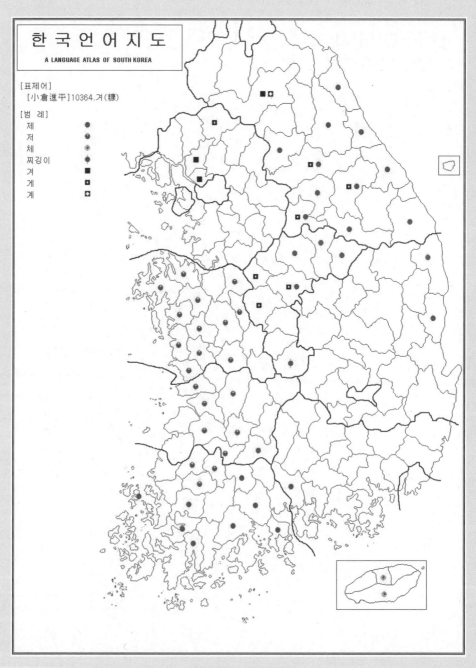

[지도 79-1] 겨[오구라]

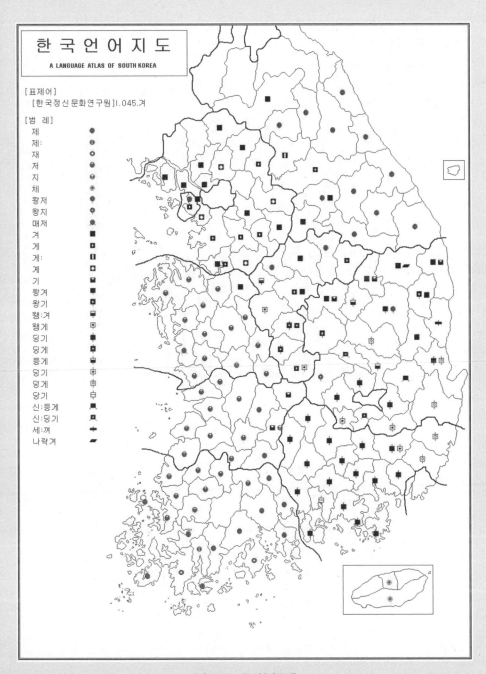

〔지도 79-2〕 겨〔정문연〕

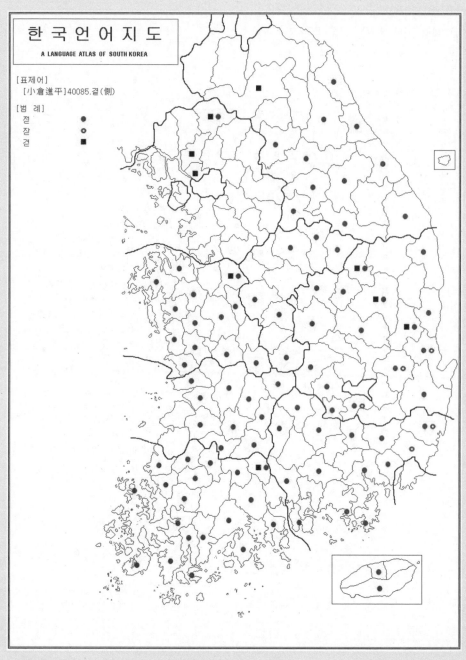

한 국 언 어 지 도

A LANGUAGE ATLAS OF SOUTH KOREA

[표제어]
　[小倉進平]40085.곁(側)

[범 례]
　졀
　쟐
　겯

〔지도 80-1〕 곁〔오구라〕

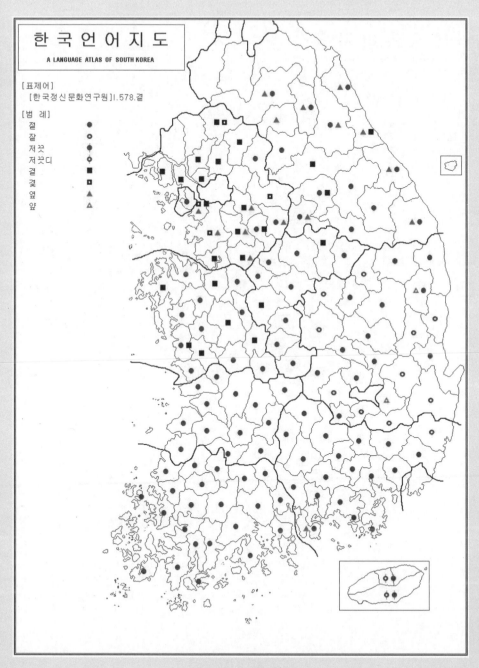

〔지도 80-2〕결〔정문연〕

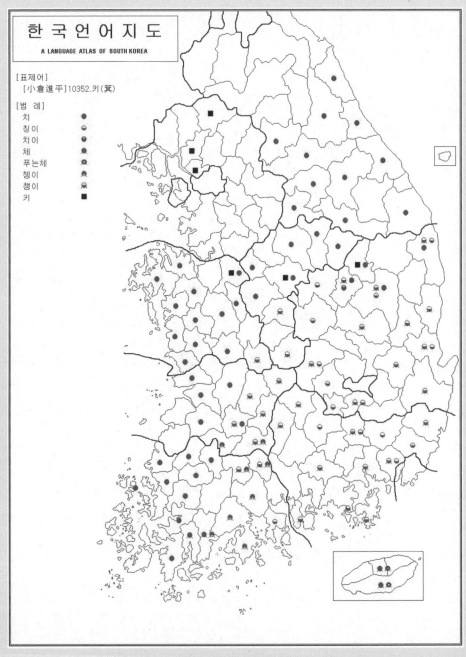

〔지도 81-1〕 키〔오구라〕

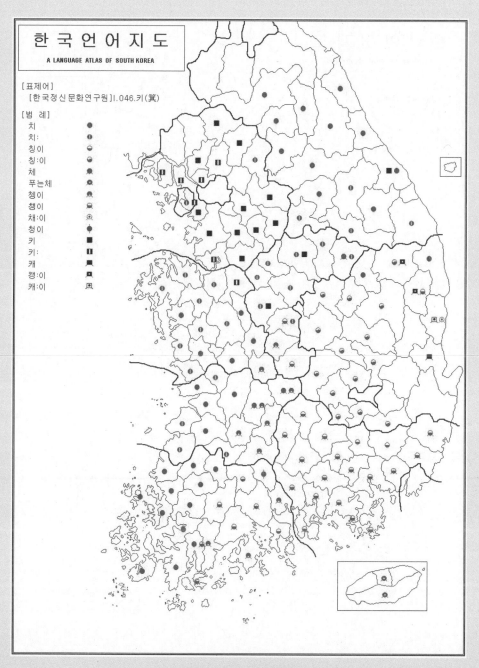

〔지도 81-2〕 키〔정문연〕

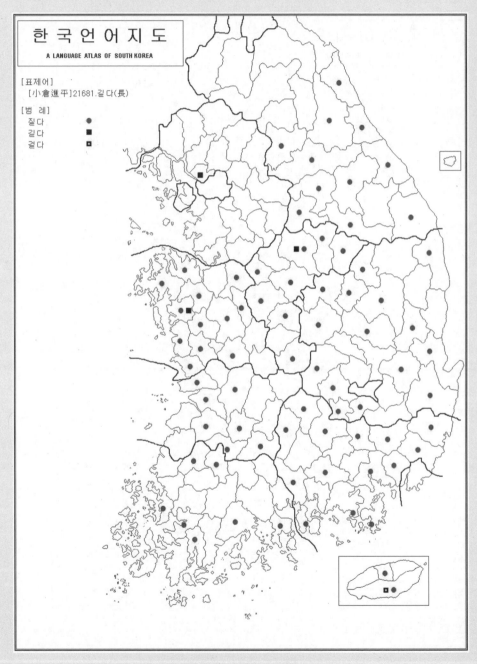

〔지도 82-1〕 길다〔오구라〕

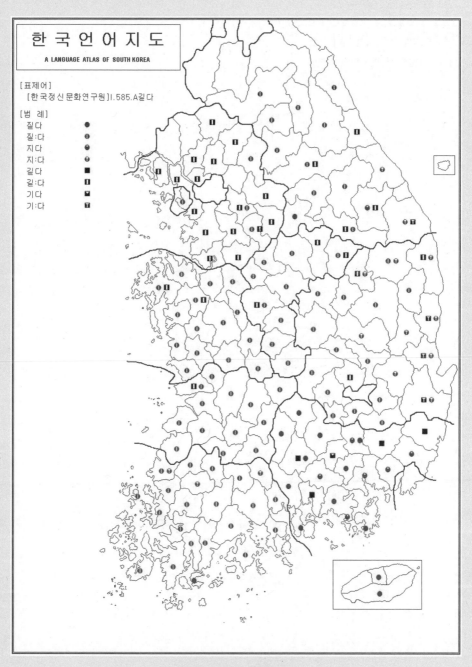

[지도 82-2] 길다(정문연)

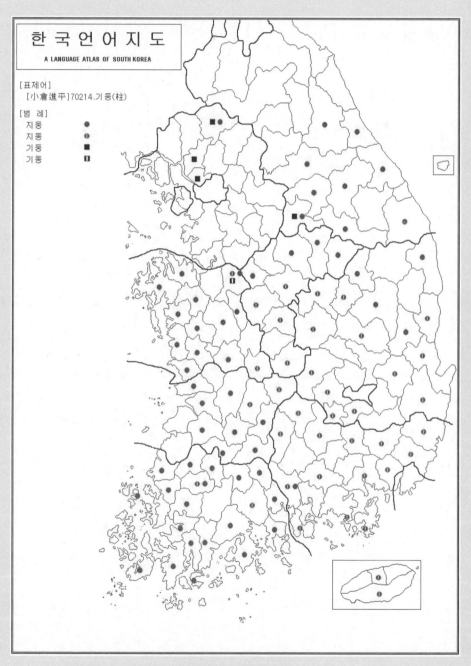

〔지도 83-1〕 기둥〔오구라〕

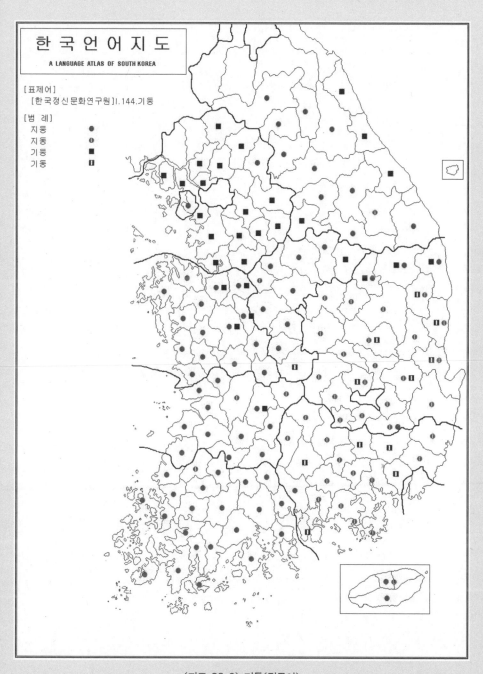

한 국 언 어 지 도
A LANGUAGE ATLAS OF SOUTH KOREA

[표제어]
　[한국정신문화연구원]I.144.기둥

[범 례]
　지둥
　지둥
　기둥
　기둥

〔지도 83-2〕기둥〔정문연〕

참고문헌

자료

小倉進平(1944), 『朝鮮語方言の研究』, 東京：岩波書店.
한국정신문화연구원(1987a), 『한국방언 자료집 Ⅲ(충청북도 편)』.
한국정신문화연구원(1987b), 『한국방언 자료집 Ⅴ(전라북도 편)』.
한국정신문화연구원(1989), 『한국방언 자료집 Ⅶ(경상북도 편)』.
한국정신문화연구원(1990a), 『한국방언 자료집 Ⅳ(충청남도 편)』.
한국정신문화연구원(1990b), 『한국방언 자료집 Ⅱ(강원도 편)』.
한국정신문화연구원(1991), 『한국방언 자료집 Ⅵ(전라남도 편)』.
한국정신문화연구원(1993), 『한국방언 자료집 Ⅷ(경상남도 편)』.
한국정신문화연구원(1995a), 『한국방언 자료집 Ⅰ(경기도 편)』.
한국정신문화연구원(1995b), 『한국방언 자료집 Ⅸ(제주도 편)』.
한국정신문화연구원(1995c), 「국어 방언 연구의 현황과 전망-한국 방언 자료집의 완간을 기
        념하여」, 제4회 학술 세미나.
한국정신문화연구원(1995d), 『17세기 국어사전』 상·하, 한국정신문화연구원.
두길수·안동언(2002), 「한국방언검색 프로그램」, 『한국어와 정보화』, 태학사.
김병제(1980), 『방언사전』, 과학백과사전출판사, 한국문화사.
김영배(1997), 『평안방언연구(자료편)』, 태학사.
김이협(1981), 『평북방언사전』, 한국정신문화연구원.
김형규(1989a), 『한국방언연구』, 서울대학교출판부.
최학근(1978), 『한국방언사전』, 현문사.
황대화(1986·1996), 『80·90년대 북한 지역어 자료 디지털화 사업 보고서』, 국립국어원.
대한민국 학술원(1993), 『한국언어지도첩』.

논문 및 단행본

강대갑(1998), 「함양지역어의 지리언어학적 연구」, 경남대 박사논문, 『방언학과 국어학』(청
        암 김영태 박사 화갑기념 논문집), 태학사.
강신항(1980), 『계림유사 고려방언 연구』, 성균관대 출판부.
강신항(1987), 『훈민정음 연구』, 성균관대 출판부.
강신항(1995), 『증보 조선관역어 연구』, 성균관대 출판부.
강정희(1988), 『제주방언 연구』, 한남대 출판부.
강창석(1982), 「현대 국어의 형태소 분석과 음운 현상」, 『국어연구』 50, 서울대.
고동호(1995), 「국어 마찰음의 통시적 연구」, 서울대 박사학위논문.
곽충구(1980), 「18세기 국어의 음운론적 연구」, 『국어연구』 43, 서울대.
곽충구(1983), 「파생어 및 복합어를 통한 방언사 연구」, 『이응백박사화갑기념 논문집』.

곽충구(1990), 「어의분화에 따른 단어의 형태분화와 음운변화」, 『국어사와 차자표기』.

곽충구(1992), 「근대국어 시기의 방언특징과 방언 분화」, 『동양학』 22, 단국대 동양학연구소.

곽충구(1994a), 『함북 육진 방언의 음운론 : 20세기초 러시아의 Kazan에서 간행된 문헌 자료에 의한』, 국어학총서 20, 태학사.

곽충구(1994b), 「계합 내에서의 단일화에 의한 어간 재구조화」, 『남천 박갑수 선생 화갑 개념논문집』.

곽충구(1995), 「중부방언의 성격과 그 특징」, 『국어방언연구의 현황과 전망』, 한국방언 자료집의 완간을 기념하는 학술발표회 요지서.

곽충구(1997), 「18세기 국어의 음운론적 연구」, 『국어연구』 43, 서울대.

곽충구(2012), 「육진방언의 음성과 음운사」, 『방언학』 16, 한국방언학회.

국립국어연구원(1996), 『국어의 시대별 변천 연구1-중세 국어』.

국립국어연구원(1997), 『국어의 시대별 변천 연구2-근대 국어』.

국립국어연구원(1998), 『국어의 시대별 변천 연구3-고대 국어』.

국립국어연구원(1999), 『국어의 시대별 변천 연구4-개화기 국어』.

국어국문학회(1990), 『방언학의 자료와 이론』, 지식산업사.

국어사 연구회(1997), 『국어사 연구』, 태학사.

권인한(1998), 『조선관역어의 음운론적 연구』, 태학사.

권혁재 외(2001), 『한국지리』, 제29차 세계지리학대회 조직위원회, 교학사.

기세관(1985), 「중부방언과 전남방언의 모음 대응에 대한 통시적 고찰」, 『순천대학논문집』 4.

김경숙(1997), 「어중 〔-*g-〕, 〔-*b-〕, 〔-*z-〕의 분화에 관한 지리언어학적 연구」, 경북대 석사학위논문.

김경숙(2002), 「방언 연구의 최근 동향과 과제-영국, 북미, 일본을 중심으로」, 『어문론총』 37.

김덕호(1995a), 「방언 자료의 전산 처리에 의한 언어 지도 작성 방법론」, 대구언어학회.

김덕호(1995b), 「컴퓨터를 이용한 광역 언어지도 작성 방법론」, 『국어학』 26, 국어학회.

김덕호(2001), 『경북방언의 지리언어학』, 월인.

김덕호 편역(2009), 『지리언어학의 동향과 활용』, 역락.

김덕호(2012), 「한반도 '김치' 명칭의 분포 변화에 대한 연구」, 『방언학』 16, 한국방언학회.

김동소(1995), 「고대 한국어의 종합적 연구」, 『한글』 227, 한글학회.

김동소(1996), 「중세 한국어의 종합적 연구 : 표기법과 음운 체계」, 『한글』 231, 한글학회.

김동소(1998), 「계림유사와 조선관역어의 한국어 모음 체계 연구」, 『한글』 242.

김동소(2003a), 「한국어 음운사 연구에서의 몇 가지 주요 논점」, 『문학과 언어』 25, 문학과 언어학회.

김동소(2003b), 『한국어 변천사』, 형설출판사.

김동소(2007), 『한국어의 역사』, 정림사.

김무식(1992), 「중세 국어 후음 'ㆁㅎㆅ'에 대한 연구」, 『문학과 언어』 13, 경북대.

김무식(1993), 「'훈민정음'의 음운체계 연구」, 경북대 박사학위논문.

김방한(1964), 「국어모음체계의 변동에 대한 고찰 : 중세국어모음체계의 재구를 위한 방법론적 시도」, 『동아문화』 2, 서울대 동아문화연구소.

김방한(1993), 『한국어의 계통』, 민음사.

김병제(1984), 『조선어학사』, 평양, 과학·백과사전출판사.

김병제(1988), 『조선언어지리학시고』, 평양, 과학·백과사전출판사.

김성근(2005), 『조선어방언학』, 조선어학전서 38, 평양, 사회과학 출판사.

김성련(1995), 「국어 음절간의 음운현상에 대한 연구」, 충남대 박사학위논문.

김수곤(1978), 「현대국어의 움라우트 현상」, 『국어학』 6.

김순자(2010), 「제주도방언의 언어지리학적 연구」, 제주대학 박사학위논문.

김영배(1984), 『평안방언연구』, 동국대 출판부.

김영배(1985), 「i모음 역행동화와 그 개재자음 : 평안방언의 경우」, 『한국문화연구』 2, 경기대.

김영배(1987), 「i 역행동화의 방사 중심지에 대한 생각」, 『박은용 박사 회갑기념논총』, 효성
      여대 출판부.

김영송(1963), 「경남방언의 음운」, 『국어국문학』 4, 부산대.

김영진(1987), 「일본한자음과 국어의 모음추이에 대하여」, 『대전어문학』 4.

김영황(1978), 『조선민족어발전력사연구』, 평양, 과학·백과사전 출판사.

김영황(1982), 『조선어방언학』, 평양, 김일성 종합대학 출판사.

김완진(1958), 「원시국어의 자음체계에 대한 연구」, 『국어연구』 3, 국어연구회.

김완진(1963), 「국어 모음 체계의 신고찰」, 『진단학보』 23.

김완진(1967), 「음운사」, 『한국문화사대계』 5, 고려대 민족문화연구소.

김완진(1971a), 「음운현상과 형태음소론적 제약」, 『힉술원논문집』 10.

김완진(1971b), 『국어음운체계의 연구』, 일조각.

김완진(1972a), 「형태음소론적 현안의 음운론적 극복을 위하여」, 『동아문화』 11.

김완진(1972b), 「다시 ß)w를 찾아서」, 『어학연구』 8-2, 서울대.

김완진(1974), 「음운변화와 음소의 분포-순경음 'ㅸ'의 경우」, 『진단학보』 38.

김완진(1996), 『음운과 문자』, 신구문화사.

김정대(2000a), 「언어지리학적 관점으로 본 경남 방언의 특성」, 『경남문화연구』, 경상대학교
      경남문화연구소.

김정대(2000b), 「음운면에서 본 경남 방언의 구획」, 『인문론총』 13, 경남대학교 인문과학연구소.

김정대(2012), 「경남방언 구획 문제를 다시 생각한다」, 『배달말』 51, 배달말학회.

김정우(1984), 「국어음운론의 경계 문제」, 『국어연구』 59, 국어연구회.

김정우(1997), 「중세국어 'ㄱ'탈락 현상 재론」, 『가라문화』 14, 경남대학교 가라문화연구소.

김주원(1990), 「국어사 연구의 방향 정립을 위한 제언」, 『민족문화논총』 11, 영남대학교 민
      족문화연구소.

김주원(1992), 「모음체계와 모음조화」, 『국어학』 22, 국어학회.

김주원(1993), 「경북방언의 눈 흰자위와 달걀 흰자위」, 『언어학』 15, 한국언어학회.

김주원(1994), 「18세기 황해도 방언의 음운 현상」, 『국어학』 24.

김주원(1996), 「18세기 평안도 방언을 반영하는 '염불보권문'에 대하여」, 『음성학과 일반 언
      어학』, 서울대 출판부.

김주원(1997), 「구개음화와 과도교정」, 『국어학』 29, 국어학회.

김주원(2000), 「국어의 방언 분화와 발달」, 『한국문화사상대계』 I, 영남대학교 개교 50주년 기념.

김주필(1985), 「구개음화에 대한 통시론적 연구」, 『국어연구』 68, 서울대.

김주필(1994), 「17·8세기 국어의 구개음화와 관련 음운현상에 대한 통시론적 연구」, 서울대 박사학위논문.

김차균(1971), 「변칙 용언 연구」, 『한글』 147.

김창섭(1996), 『국어의 단어형성과 단어구조 연구』, 태학사.

김충회(1992), 『충청북도의 언어지리학』, 인하대 출판부

김충회·홍윤표·김병선·소강춘(1991), 「방언 자료의 전산 처리에 대한 연구」, 『한국어전산학』 창간호, 한국어전산학회.

김택구(1991), 『경상남도 방언의 지리적 분화에 관한 연구』, 건국대 박사학위논문.

김택규(1985), 『한국농경세시의 연구 : 농경의례의 문화인류학적 고찰』, 영남대학교출판부.

김형규(1989), 『증보 국어사 연구』, 일조각.

남광우(1959), 「'ㅸ, ㅿ' 論攷」, 『중앙대 논문집』 4.

니까이 세이이치 엮음, 이상규, 이순형, 김경숙 옮김(2006), 『사회언어학적 조사와 연구 방법 : 현지 조사와 데이터베이스 정리의 기초』, 이회.

도수희(1975), 「ㅿ음에 대한 數三의 과제」, 『한국언어문학』 3.

도수희(1987a), 「ㄱ시개신고」, 『한국어 음운사 연구』, 탑출판사.

도수희(1987b), 「음운변화의 잠재기능에 대하여」, 『한국어 음운사 연구』, 탑출판사.

도수희(2008), 『삼한어 연구』, 제이앤씨.

문양수(1974), 「역사언어학」, 『어학연구』 10-2, 서울대 언어학연구소.

미즈노 순페이(2009), 『백제와 백제 한자음 백제어』, 역락.

박갑수(1999), 「남북한 언어차이와 그 통일정책」, 『선청어문』 27, 서울대 사대.

박동규(1985), 「ㅸ과 비자모-석음상의 한 원칙」, 『국어국문학』 93.

박동규(1995), 『고대국어 음운연구 I』, 전주대 출판부.

박병채(1971), 『고대국어의 연구 : 음운편』, 고려대 출판부.

박정문(1984), 『조선어사 연구 론문집』, 평양, 교육도서출판사.

박정수(1999), 「경남방언 분화연구」, 『한국문화사』.

박지홍(1983), 「경상도 방언의 하위 방언권 설정」, 『인문론총』 24, 부산대.

방언연구회(2001), 『방언학 사전』, 태학사.

배주채(1996), 「구개음화의 음운론적 성격에 대하여」, 『이기문교수정년퇴임기념논총』 신구문화사.

백두현(1988), 「'ㆍ, ㅗ, ㅡ, ㅜ'의 대립관계와 원순모음화」, 『국어학』 17.

백두현(1992a), 『영남 문헌어의 음운사 연구』, 태학사.

백두현(1992b), 「경상방언의 모음체계와 모음중화」, 『어문교육논집』 2, 부산대 국어교육과.

백두현(1992c), 「원순모음화 'ㆍ〉ㅗ'형의 분포와 통시성」, 『국어학』 22.

백두현(1997), 「19세기 국어의 음운사적 고찰 : 모음론」, 『한국문화』 20, 서울대학교 한국문화연구소.

백두현(2000), 「현풍 곽씨 언간의 음운사적 연구」, 『국어사 자료연구』 1, 국어사자료학회.

서보월(1983), 「경계의 음운론적 기능」, 『논문집』 5, 안동대.

서보월(1991), 「국어자음 연계에서의 음운현상과 제약」, 경북대 박사학위논문.

서영석(1983), 「ㅎ음신고」, 『동악어문논집』 17.

서정범(1982), 『음운의 국어사적 연구』, 집문당.

소강춘(1989), 『방언분화의 음운론적 연구』, 한신문화사.

소강춘(1991), 「원순모음화 현상에 의한 모음 체계의 통시성과 공시성」, 『국어국문학』 105.

송 민(1998), 「근대국어의 음운론적 인식」, 『음운』 II, 국어학 강좌, 태학사.

송완용(2008), 「언어사 연구와 언어지리학의 공헌」, 『한국언어학회 학술발표회 요지문』.

송철의(1977), 「파생어 형성과 음운현상」, 『국어연구』 38.

송철의(1983), 「파생어 형성과 통시성의 문제」, 『국어학』 12.

송철의(1992), 「국어의 파생어 형성 연구」, 『국어학』 18, 국어학회.

송철의(2000), 『형태론과 음운론』, 『국어학』 35.

신승용(2000), 「'ㆍ'의 1단계 변화와 그 원인」, 『어문연구』 107, 한국어문교육연구회.

신승용(2001a), 「통시적 변화에서 음소와 변이음」, 『순천향어문론집』 7.

신승용(2001b), 「음절화의 층위」, 『시학과 언어학』 1, 시학과언어학회.

신승용(2002), 「표시층위 재론」, 『어문학』 75, 한국어문학회.

신승용(2003), 『음운변화의 원인과 과정』, 국어학총서 43, 국어학회.

신승용(2012), 「음운사와 방언, 방언과 공시음운론」, 『방언학』 16, 한국방언학회.

안병희(1972), 「임진란 직전 국어사 자료에 나타난 이삼문제에 대하여」, 『진단학보』 33.

안병희(1985), 「별행록절요언해에 대하여」, 김일근 박사 화갑기념 『어문학논총』.

안병희(2001), 「우리나라의 방언과 국문학」, 『문학과 방언』, 이기문·이상규 외, 역락.

엄익상(2003), 『표준 중국어 음운론』, 한국문화사.

엄태수(1994), 「국어 기저형과 음운규칙에 대한 연구 : 음절구조를 중심으로」, 서강대 박사
      학위논문.

엄태수(1999), 『한국어의 음운규칙』, 국학자료원

오구라 신페이 저, 이상규·이순형 교열(2009), 『조선어 방언사전』, 한국문화사.

오구라 신페이 저, 이진호 역(2009), 『한국어 방언 연구』, 전남대학교 출판부.

오종갑(1981), 「국어유성저해음의 변천에 관한 연구-/b, d, z, g/를 중심으로」, 영남대학 박
      사학위논문.

오종갑(1988), 『국어음운의 통시적 연구 : 국어 유성저해음의 변천』, 계명대학출판부.

오종갑(1997), 「어간 '줍-'의 방언분화와 표준어 문제」, 『인문연구』.

유창균(1983), 『한국 한자음 연구』, 계명대출판부.

유창균(1991), 『삼국시대의 한자음』, 민음사.

유창돈(1958), 「15세기 국어의 음운 체계」, 『국어학』 1.

유창돈(1973), 『이조국어사연구』, 선명문화사.

이기갑(1986), 『전라남도의 언어지리』, 탑출판사.

이기문(1957), 「조선관역어의 편집연대」, 『문리대학보』 5-1, 서울대.

이기문(1963), 「13세기 중엽의 국어 자료」, 『동아문화』 1, 동아문화연구소(서울대).

이기문(1968a), 「계림유사의 재검토」, 『동아문화』 8, 서울대학교 동아문화연구소.

이기문(1968b), 「조선관역어의 종합적 검토」, 『논문집(인문·사회과학)』 14, 서울대

이기문(1972), 『국어 음운사 연구』, 탑출판사.

이기문(1977), 「제주도 방언의 '᎐'와 관련된 몇 문제」, 『이숭녕선생 고희기념 국어국문학논
　　　총』, 탑출판사.

이기문(1980), 『국어사 개설(개정판)』, 탑출판사.

이기문(1998), 『국어사 개설(신정판)』, 태학사.

이기백(1969), 「경상북도의 방언 구획」, 『동서문화』 3, 계명대.

이돈주(1995), 『한자 음운학의 이해』, 탑출판사.

이명규(1974), 「구개음화에 대한 문헌적 고찰」, 『국어연구』 31.

이명규(1990), 「구개음화」, 『국어연구 어디까지 왔나』, 서울대학교 대학원 국어연구회 편.

이명규(1992), 「구개음화에 대한 통시적 연구」, 숭실대학 박사학위논문.

이명규(2000), 『서울 경기지역 지명 및 방언연구』, 한국문화사.

이병건(1976), 『현대 한국어의 생성음운론』, 일지사.

이병근(1976), 「파생어 형성과 i역행동화 규칙들」, 『진단학보』 42, 진단학회.

이병근(1981), 「유음탈락의 음운론과 형태론」, 『한글』 173, 174.

이상규(1987), 「음소체계의 언어지도화」, 『문학과 언어』 8.

이상규(1991), 「경북·충북 접경지역의 어휘분화 : 복합어, 파생어를 중심으로」, 『들메 서재
　　　극 박사 환갑기념논문집』, 계명대출판부.

이상규(1993), 「국어 방언구획론에 대한 검토」, 『문화전통논집』, 창간호, 경성대학교.

이상규(1995), 『방언학』, 학연사.

이상규·백두현 외(1996a), 『내일을 위한 방언 연구』, 경북대출판부.

이상규(1996b), 「언어지도의 상징부호에 대하여」, 『언어연구』.

이상규(2001), 「한국어 어휘지도 제작과 방언차이에 대한 해석」, 『어문론총』 35, 경북어문학회.

이상규(2003), 『국어방언학』, 학연사.

이상규(2004), 「컴퓨터 언어지리학의 방법과 실천」, 경북대학교 언어지도 연구실.

이상규 외(2005), 「방언지도 제작기를 활용한 방언지도 제작」, 『방언학』 2, 한국방언학회.

이상규·김덕호·강병주(2006), 『언어지도의 미래』, 한국문화사.

이상규(2007), 「방언 자료의 처리와 언어지도」, 『世界の言語地理學』, 日本國立國語研究所,
　　　第14回 國際シンポジウム.

이숭녕(1954a), 「·' 음고」, 『국어음운론연구』 1, 을유문화사.

이숭녕(1954b), 「순음고-특히, 순경음 ㅸ을 중심으로 하여」, 『논문집』, 서울대 1.

이숭녕(1956), 「△음고」, 『논문집』 3, 서울대

이숭녕(1971), 「한국방언사」, 『한국문화사대계』 9, 고려대 민족문화연구소

이숭녕(1977), 「·'음의 소실기 추정에 대하여」, 『학술원논문집』 16.

이숭녕(1978), 『신라시대의 표기법 체계 시론』, 탑출판사.

이승재(1977), 「남부방언의 원순모음화와 모음체계 : 구례지역어의 '᎐〉오'를 중심으로」, 『관
　　　악어문연구』 2.

이승재(1983), 「재구와 방언분화 : 어중 '-ㅅㄱ-'류 단어를 중심으로」, 『국어학』 12.

이승재(1986), 「해방 이후의 방언 연구사」, 『국어생활』 5, 국어연구소.

이승재(1996), 「'ㄱ'약화·탈락의 통시적 고찰; 남권희 본 능엄경의 구결자료를 중심으로」, 『국어학』 28.

이승재(2004), 『방언 연구-자료에서 이론으로』, 태학사.

이승재(2013), 『한자음으로 본 백제어 자음 체계』, 태학사.

이익섭(1972), 「강릉방언의 형태음소론적 고찰」, 『진단학보』 34.

이익섭(1978), 「한국방언연구의 방향」, 『어학연구』 14, 서울대 어학연구소.

이익섭(1981), 『영동·영서의 언어 분화-강원도의 언어지리학』, 서울대 출판부.

이익섭(1984), 『방언학』, 민음사.

이익섭·전광현·이광호·이병근·최명옥(2008), 『한국언어지도』, 태학사.

이진호(2006), 「국어 음운론의 중간 층위」, 『어문연구』 34, 한국어문교육연구회.

이진호(2007), 「국어의 기저형 설정 조건」, 『어문학』 96, 한국어문학회.

이진호·이이다 사오리 공편 및 역(2009), 『오구라 신페이와 국어음운론』, 제이엔씨.

장세경(1990), 『고대 차자 복수인명 표기 연구』, 국학자료원.

전광현(1967), 「17세기 국어의 연구」, 『국어연구』 19, 국어연구회.

전광현(1976), 「남원지역어 어말 -U형 어휘에 대한 통시음운론적 소고」, 『국어학』 4.

전광현(2003), 『국어사와 방언 1,2,3』, 월인.

전상범(1976), 「음운론에 있어서의 경계문제」, 『어학연구』 12, 2.

전상범(1995), 『형태론』, 한신문화사.

정승철(1988), 「제주도방언의 모음체계와 그에 관련된 음운현상」, 『국어연구』 84.

정승철(1995), 「제주도방언의 통시음운론」, 태학사.

정영찬(1993), 「근대국어 표기법에 대한 음운론적 해석」, 『정신문화연구』 16-1.

정영찬(1999), 「'ᄋ, 으'에 관한 몇 가지 문제」, 『국어학』 33.

조규태(1986), 『고대국어의 음운연구』, 효성여대 박사학위논문.

조규태(2005), 「남부 방언의 양순음 아래 모음 'ㅗ'에 대하여」, 『배달말』 37.

조선어학회(1937), 『사정한 조선어 표준어 모음』, 한성도서주식회사.

지춘수(1986), 「종성 'ㅿ'의 몇 가지 자질에 대하여」, 『국어학연구원』.

천시권(1965), 「경북지방의 방언구획」, 『어문학』 13, 한국어문학회.

최명옥(1978a), 「'ㅸ, ㅿ'와 동남방언」, 『어학연구』 14-2, 서울대 어학연구소.

최명옥(1978b), 「동남방언의 세 음소」, 『국어학』 7.

최명옥(1980), 「경북 동해안 방언연구」, 『어학연구』 14-2, 서울대 영남대민족문화연구소.

최명옥(1982), 「월성지역어의 음운론」, 영남대 출판부.

최명옥(1985), 「19세기 후기 서북방언의 음운론 : 평북 의주 지방어를 중심으로」, 『인문연구』, 영남대학교 인문과학 연구소.

최명옥(1987), 「평북 의주 지역어의 통시음운론」, 『어학연구』 23-1, 서울대 어학연구소.

최명옥(1988), 「국어 움라우트의 연구사적 검토」, 『진단학보』 65.

최명옥(1989), 「국어 움라우트의 연구사적 고찰」, 『주시경학보』 3, 탑출판사.

최명옥(1992), 「경상북도의 방언분화 연구」, 『애산학보』 13, 애산학회.

최명옥(1994), 「경상도의 방언구획 시론」, 『우리말의 연구』, 외골 권재선 박사 회갑기념논문집, 우골탑.

최명옥(1998a), 『한국어 방언연구의 실제』, 태학사.

최명옥(1998b), 「국어의 방언구획」, 『새국어생활』 8-4, 국립국어연구원.

최명옥(2005), 「한국어 음운규칙 적용의 한계와 그 대체 기제」, 『인문논총』 53, 서울대학교 인문학연구원.

최세화(1979), 「중세국어의 파찰음고」, 『국어국문학』 79, 국어국문학회.

최임식(1984), 「19세기 후기 서북방언의 모음체계」, 계명대 석사학위논문.

최임식(1994), 『국어방언의 음운사적 연구』, 문창사.

최전승(1978), 「국어 i-umlaut 현상의 통시적 고찰」, 『국어문학』 19, 전북대.

최전승(1986), 『19세기 후기 전라방언의 음운 현상과 그 역사성』, 한신문화사.

최전승(1988), 「통시적 음성 변화의 공시적 변이와 예외의 성격」, 『선청어문』 16-17.

최전승(1995), 『한국어 방언사 연구』, 태학사.

최전승(1998), 「국어 방언과 방언사 기술에 있어서 언어 변이에 관한 연구(1)」, 『방언학과 국어학』, 태학사.

최전승(2004), 『한국어 방언의 공시적 구조와 통시적 변화』, 역락.

최전승(2009), 『국어사와 국어방언사와의 만남』, 역락.

최학근(1991), 『국어방언연구』, 명문당.

한국사회언어학회(2012), 『사회언어학사전』, 소통.

한성우(2012), 「방언과 표준어 의식」, 『방언학』 16, 한국방언학회.

한영균(1985a), 「국어음운사에 대한 지리언어학적 연구-이른바 g : ø 대응의 해석을 중심으로」, 서울대 석사학위논문.

한영균(1985b), 「음운변화와 어휘부의 재구조화-순경음 'ㅸ'의 경우」, 『관악어문연구』 10.

한영균(1990), 「모음조화의 붕괴와 'ㆍ'의 제 1단계 변화」, 『국어학』 20.

한영균(1991), 「움라우트의 음운사적 해석에 대하여」, 『주시경학보』 8, 탑출판사.

한영균(1997), 「모음의 변화」, 『국어사 연구』, 국어사 연구회, 태학사.

허웅(1965), 『국어음운학』, 정음사.

허웅(1978), 『개고신판 국어음운학』, 정음사.

현평효(1963), 「제주도방언의 'ㆍ'음 소고」, 『무애 양주동 박사 화탄기념논문집』, 탐구당.

현평효(1985), 『제주도방언연구』(논고편), 이우출판사.

홍윤표(1985), 「구개음화에 대한 역사적 연구」, 『진단학보』 60.

홍윤표(1991), 「방언사 관계 문헌 자료에 대하여」, 『남북한의 방언 연구』, 경운출판사.

홍윤표(1994), 『근대국어 연구』(1), 태학사.

황대화(1998), 『조선의 동서방언 비교 연구』, 한국문화사.

황대화(1999), 『조선어 방언 연구』, 심양, 료녕 민족 출판사.

황인권(1999), 『한국방언연구 : 충남편』, 국학자료원.

Aitchison, J.(1981), 『Language change : Progress or Decay?』, Fontana Paperbacks.

Aitchison, J. & Carter, H(1994), 『A geography of the Welsh language, 1961-1991』, Cardiff University of Wales Press.

Anttila, R.(1972), 「An Introduction to Historical and Comparative Linguistics」, New York, The Macmillan Company.

Bailey, G., Wikle, T., Tillery, J. & Sand, L.(1991), 「The apparent time construct」, 『Language Variation and Change』, 3 : 241-264.

Bailey, G., Wikle, T., Tillery, J. & Sand, L.(1993), 「Some patterns of linguistic diffusion」, 『Language Variation and Change』 5, 359-390.

Burghardt, L. H.(1971), 『Dialectology : Problems and Perspectives』, University od Tennessee, Knoxville, Tennessee.

Carver, C. M.(1987), 『American Regional Dialects』, the University of Michigan Press.

Chambers, J. K. & Trudgill, P.(1998), 『Dialectology』, 2ed. Cambridge University Press.

Chambers, J. K.(1996), 『Sociolinguistic Theory : Linguistic Variation and its Social Significance』, Cambridge, Blackwell.

Chambers, J. K., Trudgill, P. & Schilling-Estes, N.(2004), 『The Handbook of Language Variation and Change』, Blackwell Ltd.

Chen, M.(1978), 『The Time dimension : Contribution toward a Theory of Sound Change, The lexicon in Phonological Change』(edited by William S-Y Wang), Mouton Publishers.

Cheshire, J.(1997), 「Involvement in 'standard' and 'nonstandard' English」, 『Taming the Vernacular from Dialect to Written Standard Language』, Cheshire, J & Stein, D.(ed).

Davis, L. M.(1983), 『English dialectology - An Introduction』, the University of Alabama Press.

Dixon, R. M. W.(2002), 『The rise and fall of languages』, Cambridge University Press, New York.

Eckert, P.(1991), 『New way of analyzing sound change』, Academic Press, Inc.

Eckert, P.(2003), 『Linguistic Variation as Social Practice : The Linguistic Construction of Identity in Belten High』, Blackwell.

Hashomoto, M. J. & Yu, Chang-Kyun(1972), 「Phonological Distinctions of Korean Consonants」, 『어문학』 26.

Hirshberg, J.(1981), 「Regional morphology in American English : Evidence from DARE」, 『American Speech』 v. 56.

Hughes, A. & Trudgill, P.(1996), 『English accents and dialects : an introduction to social and regional varieties of English in the British Isles』, 2nd. London : Edward Arnold.

Hyman, Larry M.(1975), 『Phonology』, New York, Holt.

Johnson, E.(1993), 「The relationship between lexical variation and lexical change」, 『Language Variation and Change』 5, 285-303.

Johnson, E.(1996), 『Lexical change and variation in the Southeastern United States 1930-1990』, the University of Alabama Press.

Kim, Young-Key(1975), 『Korean Consonantal Phonology』, Seoul, Pagoda Press.

King, J. R. P.(1991), 「North Hamkyeng Pitch-Accent according to the Russian Source」, Papers delivered at the ASKE Conference, March 22-26, 1992 in Dourdan, France.

Kirk, J. M, Sanderson, S. F. & Widdowson, J. D. A.(1985), 『Studies on linguistic geography : the dialects of English on Britain and Ireland』, Croom Helm.

Kolb, E.(1964), 『Phonological atlas of the Northern region』, The Six Northern Counties, North Lincolnshire, and the Isle of Man. Bern : Franke Verlag.

Kretzschmar, W. A. & Schneider, E. W.(1996), 『Introduction to quantitative analysis of linguistic survey data : An Atlas by the Numbers』, Thousand Oaks : Sage.

Kretzschmar, W. A.(1988), 『Computers and the American linguistic atlas, Methods in dialectology』, Ed. Alan R. Thomas. London : Multilingual Matters, 200-24.

Kretzschmar, W. A., Schneider, E. W. & Johnson, E.(1989), 「Computer Methods in Dialectology」, 『English Linguistic』, 22. An American Dialect Society Centennial Publication.

Kurath, H.(1973), 『Handbook of the linguistic geography of New England』, Brown University, 2ed.

Labov, W.(1963), 「The social motivation of a sound change」, 『Word』 19 : 273-309.

Labov, W.(1964), 「Stages in acquisition of standard English」, 『Social dialects and language learning』, Proceedings of the Bloomington, Indiana, Conference, National council of Teachers of English. Illinois, Champaign. 77-104

Labov, W.(1966), 「The social stratification of English in New York City」, Washington, DC : Center for Applied Linguistics.

Labov, W.(1972), 『Sociolinguistic patterns』, Philadelphia : University of Pennsylvania Press.

Labov, W.(1992), 「The three dialects of English」, In Penelope Eckert (ed.), 『New Ways of Analyzing Sound Change』. New York : Academic Press, 1-44.

Labov, W.(1994), 『Principles of linguistic change : Internal factors』, Cambridge, MA : Blackwell Pub.

Lawler, J. & Dry, H. A.(1998), 『Using Computers in Linguistics : A Practical Guide』, Routledge.

Marle, J.(1997), 「Dialect versus standard language : nature versus culture」, 『Taming the Vernacular from Dialect to Written Standard Language』, Cheshire, J & Stein, D.(ed.).

McDaid, R. I.(1979), 『Dialects in Culture : Essays in General Dialectology』, The University of Alabama Press.

McMahon, A. M. S.(1994), 『Understanding language change』, Cambridge University Press.

Ogura, M.(1990), 『Dynamic Dialectology : A Study of Language in Time and Space』, Tokyo, Kenkyusha.

Orton, H. & Nathalia, N. W.(1974), 『A word geography of England』, London : Seminar Press.

Pederson, L.(1986), 『Handbook for the linguistic atlas of the Gulf States』, the University of Georgia Press. Athens.

Petyt, K. M.(1980), 『The study of dialect : An introduction to dialectology』, Andre Deutsch.

Pierce, J. E.(1983), 『Language and Dialect Distance in a Space of N-Dimension』, The Hapi Press.

Preston, D. R.(1988), 「Methods in the study of dialect perceptions」, 『Methods in dialectology』. ed. Alan R. Thomas. Clevedon : Multilingual Matters, 373-95.

Preston, D. R.(1993), 「American dialect research」, American Dialect Society Centennial Research Committee, John Benjamins Publishing Company.

Preston, D. R.(1999), 『Handbook of perceptual dialectology』, vol 1, John Benjamins Publishing Company.

Ramsey, S. R.(1974), 「함경・경상 양방언의 액센트 연구」, 『국어학』3, 한국정신문화연구원.

Ramsey, S. R.(1979), 「How we can recover the earliest Korean sound system?」, 『제1회 한국학 국제학술회의 논문집』, 한국 학술원.

Ramstedt, G. J.(1928), 「Remarks on the Korean Language」, 『Mémories de la Sosiété Finno-ougrienne』58.

Ramstedt. G. J.(1939), 「A Korean Grammar」, 전재호 역(1966), 「한국문법」, 『어문론총』 3.

Rogers, E. M.(1983), 『Diffusion of Innovations』, 3rd edn, New York : Free Press.

Sankoff, D.(1978), 『Linguistic variation : Model and Methods』, Academic Press.

Thomas, A. R.(1980), 「Areal analysis of dialect data by computer : a Welsh example」, Cardiff University of Wales Press.

Thomas, A. R.(1987), 「Methods in dialectology」, Proceedings of the Sixth International Conference held at the University College of North Wales, 3rd-7th August.

Trudgill, P.(1986), 『Dialects in Contact』, New York : Basil Blackwell.

Trudgill, P.(1990), 『The dialects of England』, Oxford : Blackwell.

Upton, C. & Widdowson, J.D.A.(1996), 『An atlas of English dialects』, Oxford : Oxford

University Press.

Upton, C., Sanderson, S. & Widdowson, J.D.A.(1987), 『Word Maps：A dialect atlas of England』, Croom Helm, London.

Viereck, W.(1991), 『The computer developed linguistic atlas of England 1』, Max Niemeyer Verlag Tübingen.

Vilkuna, M.(1997), 「Into and out of the standard language」, 『Taming the Vernacular from Dialect to Written Standard Language』, Cheshire, J & Stein, D.(ed).

Wakelin, M. F.(1972), 『English dialectology：An Introduction』, the Athlone Press of University of London.

Wanner, D.(1997), 「Dialect variation as a consequence of standardization」, 『Taming the Vernacular from Dialect to Written Standard Language』, Cheshire, J & Stein, D.(ed).

Wolfram, W. & Schilling-Estes, N.(1998), 『American English：Dialects and Variation』, Blackwell.

Wray, A. & Trott, K. & Bloomer, A.(1998), 『Projects in Linguistics：A Practical Guide to Researching Language』, Arnold.

J.V. ネウストプニー & 宮崎里司(2002), くろしお出版.

ルイリジヤン・カルヴエ Calvet, L. J. 저, 砂野幸捻 역(2002), 『言語學と植民地主義』, 三元社.

橋本萬太郎 저, 하영삼 역(1990), 『言語地理類型學』, 학고방.

國立國語研究所(2013), 「제4회 鶴岡市 における言語調査」結果の概要, 統計數理研究所.

大西拓一郎(2008), 『現代方言の世界』, 東京, 朝倉書店.

德川宗賢・眞田信治 편(1998), 『新・方言學を學ぶ人のために』, 京都, 世界思想社.

東 照二(2002), 『社會言語學入門』, 東京, 研究社

藤原与一(1962), 「方言地理學の方法」, 「方言學槪說」, 國語學會編, 武藏野書阮刊,

小林隆・篠岐隆一(2008), 「ガイドブック方言研究」, ひつじ書房.

小倉進平(1924), 「南部朝鮮の方言」, 『조선사학회』, 京城.

小倉進平(1940), "The Outline of the Korean Dialects", Memoris of the Research Department of the Toyo Bunko, No12, Tokyo.

柿木重宜(2003), 『なぜ言語は 変わるのか』, ナカニシヤ出版.

柴田 武(1969), 「言語言地理學の方法」, 東京, 筑摩書房.

安田敏朗(1999), 『言語の構築：小倉進平と植民地朝鮮』.

伊藤雅光(2002), 『計量言語學入門』, 大修館書店.

佐藤亮一 監修(2002), 『方言の地圖帳』, 東京, 小學館.

中井精一(2007), 『朝鮮半島 言語地圖』, 富山大學 人文學部.

眞田信治(1999), 『展望 現代の方言』, 東京, 白帝社.

河野六郎(1945), 『朝鮮方言學試攷-「鋏」語攷』, 京城, 東都書籍.

http://www.ling.upenn.edu

http://us.english.uga.edu

찾아보기

ㄱ